长三角城市乡土语文丛书

台州乡土语文读本

椒江 黄岩
路桥 临海
温岭 玉环
天台 仙居
三门

Taizhou Xiangtu Yuwen Duben

上海社会科学院长三角城市历史文化研究中心 编

丛书编委会主任◎熊月之

本书主编◎项香女

江苏大学出版社
JIANGSU UNIVERSITY PRESS
镇 江

长三角城市乡土语文丛书

台州乡土语文读本

本 书 主 编 项香女（浙江省语文特级教师、正高级教师）

参 编 人 员 王丽君 刘 强 蒋 丽 项 琪 田继松
苏 素 奚旭慧 丁 敏 陈 佳

本 书 顾 问 黄人川（台州市教育局局长）
戴冠福（台州市教育局原局长）
王 正（台州学院副院长）

（陈晓光　中国文联副主席、全国政协教科文卫体委员会副主任、文化部原副部长）

（黄人川　台州市教育局局长）

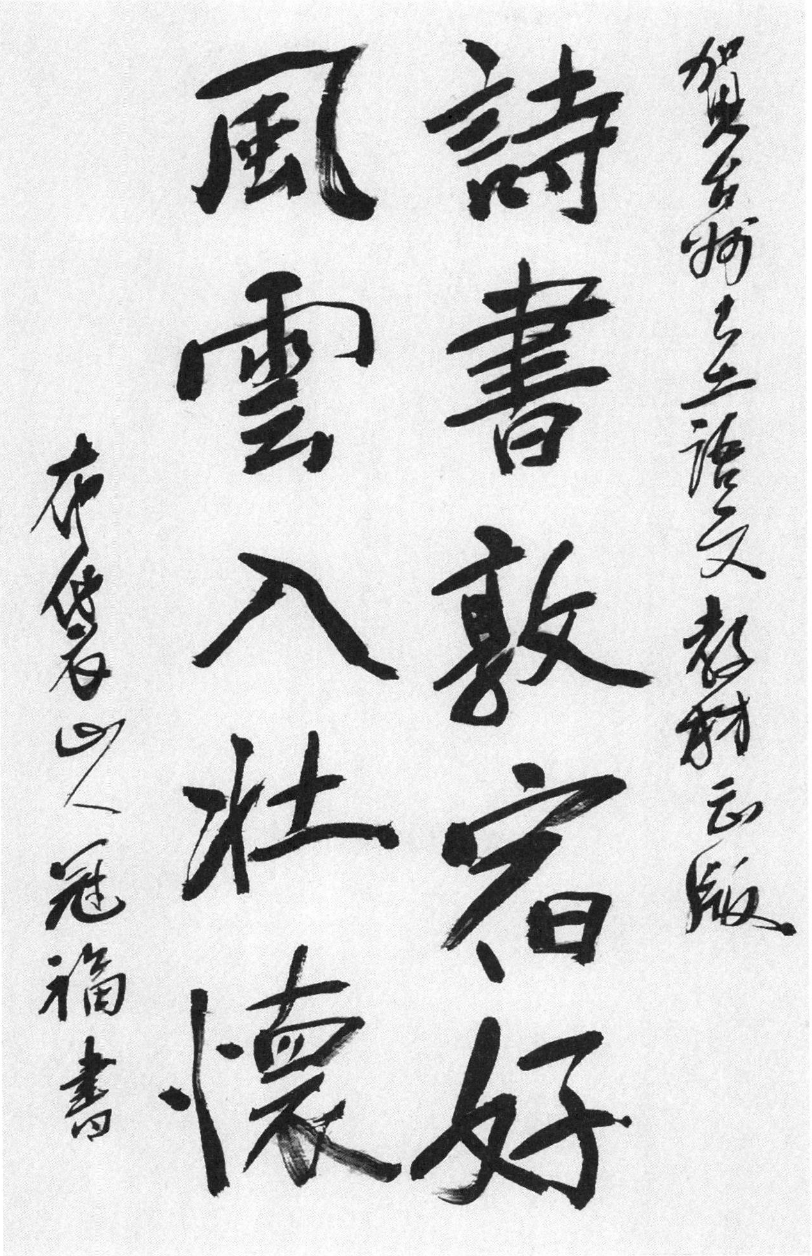

（戴冠福　台州市教育局原局长）

序

王正（台州学院副院长）

台州，坐落于浙东黄金海岸线中段，东南烟波浩渺，西北苍山绵延，素有“海上仙山”“山岳神秀”之美誉。

台州由天台山而得名。而天台山之称，又因其对应着天上的三台星。所以，台州的“台”字必须读成“tāi”（音胎）。在古代，北蓬莱、南天台两者齐名。孙绰《游天台山赋》说：“涉海则有方丈、蓬莱，登陆则有四明、天台”。小说《西游记》第六十回写积累山摩云洞，也说“不亚天台仙洞，胜如海上蓬瀛”。如今，天台山、神仙居是国家5A级景区，临海是国家级历史文化名城，自然风光迷人，人文积淀深厚，台州因此入选中国十大最具幸福感城市之一。另有九峰、九台沟、大鹿岛、蛇蟠岛、石塘渔港、长屿洞天等名胜佳迹，或奇峰幽谷、云霞明灭，或碧海荡漾，渔帆点点，尽显台州山水的神奇瑰丽。国清寺等古刹禅境，委羽、括苍等道教洞天，樊川、桐江等儒家书院，均留下了圣贤踪迹，令天下景仰。

台州是佛教中国化第一个宗派——天台宗的发祥地，道教南宗的祖庭，宋明理学的文化重镇之一。智者大师、司马承祯、紫阳真人张伯端等人，又如禅宗之慧能，全真教之王重阳，均为一代宗师。朱熹等鸿儒名宿又来到这里开坛讲学，引领了文明教化的风尚，台州也因此被冠为“小邹鲁”。佛、道思想赋予了台州人灵秀与飘逸，儒学正宗又给台州人灌注了“士不可以不弘毅”的血性与骨气。正是在这个意义上，我们说佛宗道源、儒教风流开启了台州人的善智。而三教圆融，又凝聚成中华优秀传统文化精髓之一的“和合精神”。

台州是济公活佛的故乡，寒山、拾得的栖居地，也是浙东唐诗之路的目的地。这里曾诞生了项斯、戴复古、柯九思、陶宗仪、谢铎、齐召南等历史人物，并吸引了王羲之、谢灵运、陶弘景、骆宾王、李白、李清照、叶适、文天祥、赵孟頫、袁枚、康有为、郁达夫等文化名人的驻足，至今流传着动人的佳话。寒山诗歌空灵超脱，远播海外，令美国青年为之陶醉；唐代郑虔开创台州文教一脉，方孝孺称其为“斯文之祖”；为了弘法，思托随鉴真东渡扶桑，最澄与道邃缔结佛缘；因为感恩，谢道清被选入宫，其情节可以拍一部台州版《甄嬛传》；读书种子方孝孺宁死不屈，铸就“台州式硬气”；抗倭名将戚继光九战九捷，首创“鸳鸯阵”战法。一江山岛战役，大陈岛垦荒，揭开了波澜壮阔的红色篇章。

在改革开放四十余年里，台州的民营经济和民主恳谈，成为“干在实处，走在前列，勇立潮头”的样板之一。

明代人文地理学家王士性曾将台州地貌分为泽国、山谷、海滨三类，这一地理划分，已为考古发现的“杜桥里坑文化”“仙居下汤文化”“玉环三合潭文化”所证实。王士性还指出，生活在平原水乡、丘陵山区和沿海地带的人，相应地具有豪爽豁达、俭素刚烈、冒险无畏等性格特质，他们共同构成了台州人重情重义、诚朴宽厚、刚正不阿、勇于开拓的秉性。现代文学家朱自清有多篇散文写到台州，他写过紫阳街的寂静和人情的温暖（《冬天》），写过清绿的北固山、春日的紫藤花、望江门的浮桥、东湖的柳色，他深情地称呼台州为“我的南方”，并认为“台州一般的人真是和自然一样朴实”“我对于台州，永远不能忘记”（《一封信》）。

不仅异乡人被台州的文化魅力与独特个性所触动，台州本地人更是深爱着自己的家乡。“举头望明月，低头思故乡”“露从今夜白，月是故乡明”，浓重的乡土情结，自古以来让人梦萦魂绕。因此，编写一本关于台州的乡土语文教材，让思乡情感有所寄托，让家乡风物得以彰显，让优秀传统借此弘扬，让少年学子心灵得以浸润，让文化价值薪火能够传承，无论从哪个方面审视，都是做了一件有裨益、有功德的事。

编写《台州乡土语文读本》，也是为了响应《国务院关于基础教育改革和发展的决定》的明文倡导，为了“开发适应本地区的地方课程”，“必须增强课程资源意识”。台州物华天宝，人杰地灵，有历史文献、哲学经典、文学美篇，甚至连诗文中涉猎的乡间民谣、舌尖美味，都为乡土教材的编写馈赠了丰盈的资源。本书由浙江省特级教师、中学正高级语文教师项香女主编，并由其“名师工作室”集体完成。编者熟悉台州文化，又有长期积累，尤其注重编写的质量。本书精选了台州各地的历代名家诗文，具有经典性、审美性和可读性，必将成为语文教材的有益补充。更重要的，还在于本书激发和培养了学生热爱家乡的美好情怀，以及对核心价值观的自觉传承。赵朴初曾经指出，一个民族的核心价值观是依托经典文本代代相传的。因此，诵读这些名篇佳作，更能让优秀的传统精神贯注于学生的灵魂血脉之中。一本好的乡土教材，往往是“讲好中国故事”的优质素材，也是诗意栖居的精神家园。

台州，在王羲之的墨迹深处，在戚继光的月光吟里，在徐霞客的云游途中，在朱自清的紫藤花下……

目　录

第一单元　台州市区篇

诗词

椒江：

黄岩：

路桥:

第二单元 临海篇

诗词:

文章：

第三单元 温岭篇

诗词：

文章：

第四单元 玉环篇

诗词：

文章：

第五单元 天台篇

诗词：

文章：

第六单元 仙居篇

诗词：

文章:

第七单元 三门篇

诗词:

文章：

第一单元　合州市区篇

第一章 食用常识

诗词·椒江

游清修寺①（二首）

宋·赵构

一

古寺青山春更妍，长松修竹翠含烟。
汲泉拟欲增茶兴，暂就僧房借榻眠。

二

久坐方知春昼长，静中心地自清凉。
人人圆觉②何曾觉，但见尘劳③尽日忙。

【注释】

赵构（1107—1187），即宋高宗。北宋末年，赵构以人质身份从金营逃脱，渡黄河南逃。先在河南商丘封康王，后在金兵追击下，又继续渡长江南逃，迁都苏州、杭州。再遭金兵追击，又继续入海南渡。于建炎四年（1130）正月进入椒江，驻跸章安金鳌山。

椒江区枫山清修寺大门

①清修寺：位于椒江城区枫山顶上，宋宝元元年（1038）为宝兴禅师所建。旧名塔庵，治平三年（1066）宋英宗赐额。枫山高峻，但寺庙内的古井水却清冽甘甜，常年不竭，大旱不枯。山上松竹掩映，古木参天，宝殿金碧辉煌，别有一番气象。于山顶可眺望江海，市区全景尽收眼底。

②圆觉：佛教术语。具足重德叫作“圆”，照破无明叫作“觉”，圆觉，亦指人本具的真心。

③尘劳：指世俗事务的烦恼，亦泛指为俗世之事务奔忙。

【导读】

赵构南下避祸，驻跸章安金鳌山期间，曾过江游览清修寺，御笔题联一副“清修风景千年在，沧海烟岚一笑开”，并于僧房写下了《游清修寺》绝句二首。这两首诗，写出了清修古寺的优美风光，也道出了作者内心的“清凉”与“自得”。

【思考与研讨】

对这两首诗，后人多有揶揄。有人认为，这两首诗是一位逃难国君在一个不适当的场合下抒发的一派不识时务的闲情逸致。对此，你有什么看法？

题金鳌山①如画轩

宋·石憝

京洛风尘久未开②，晚寻云水上天台③。
如何更下金鳌浦，缥缈④江山首重回⑤。

【注释】

石憝（1128—1182），字子重，章安（今椒江章安）人，南宋著名理学家。南宋绍兴十五年（1145）进士，仕至知南康军。曾讲学金鳌山，创办观澜书院，为椒江办学之始。与朱熹交好弥笃，深得其推崇，有“台州大儒”之誉。著有《克斋文集》《周易集解》《大学集解》《中庸集解》等数十卷。

①金鳌山，位于椒江北岸章安码头北边。山上旧有祥符寺、普济院、如画轩等。南宋建炎四年（1130）正月，宋高宗赵构南渡中避难进入台州湾，驻跸金鳌山祥符寺十七天，众多大臣追随到此。站在金鳌山上，看着眼前滚滚的波涛，宋高宗写下了《金鳌阻潮》诗：“碧天低处浪滔滔，万里无云见玉毫。不是长亭多一宿，海神留我看金鳌。”历代到此

感怀赋诗者极多，诸如文天祥、于演、齐召南等。据记载，古代椒江未淤积缩窄时，江面宽达十余里，金鳌山位于大江中流，江口外的老鼠屿亦为海中孤屿，白云山、赤山均位于南岸江边。现山上建有东岳宫、康王庙、观音阁，并有部分建筑台基及石构件等。

椒江区章安金鳌山

②京洛风尘久未开：以原京城和陪都为中心的国土，仍然笼罩在一片风尘之中（实指仍在敌手，但却写得含蓄，可见当时已是几乎无人再议复土、复国之事了）。京洛，分别指开封与洛阳。

③天台：天然的高台。此指金鳌山，而非指天台山。

④缥缈：形容高远隐约的样子，亦有虚无飘忽之意。

⑤首重回：为“重回首”的倒装。

【导读】

这首诗先是写大宋的疆土现状和“京洛”的国事形势，以此来开篇；接着写自己来此登高，虽天色不早，但仍然还有寻览云水山川胜迹之兴；而“我”是如何进一步下得金鳌山，来到江浦滩头，恐怕连“我”自己也都说不清楚，因为“我”此时此刻的心情真是太复杂了。唉，这辽阔广大又隐约飘忽的江山，真是值得让人回首，而又是令人不堪回首呀！

【思考与研讨】

联系这首诗的写作背景及金鳌山的史事，你认为诗人当时怀有怎样的复杂心情？请具体分析。

渔家傲[1]·天接云涛连晓雾

宋·李清照

天接云涛连晓雾，星河欲转[2]千帆舞。仿佛梦魂归帝所[3]，闻天语，殷勤问我归何处。

我报[4]路长嗟日暮，学诗谩有[5]惊人句。九万里风鹏正举，风休住，蓬舟[6]吹取三山[7]去。

【注释】

李清照（1084—约 1155），号易安居士，济南（今山东省济南市章丘区）人。宋代女词人，婉约词派代表，有“千古第一才女”之称。北宋末年，金兵南侵，丈夫赵明诚病死，境况孤苦。她从建德陆行到台州（章安），追随赵构其后，南行海上。晚年寓居临安。著有《漱玉词》1 卷、《易安居士文集》7 卷、《易安词》6 卷等，今均已散佚。现流行的《漱玉词》为后人所辑，非宋代原书，今有《李清照集校注》。她的词，擅长白描，善用口语，能炼字、炼句、炼意，被称为“易安体”。

①渔家傲：词牌名。此词亦题为“记梦”。

②星河欲转：银河似欲调转、跌落下来。星河，即银河。

③帝所：应为宋高宗赵构的去处。也有说是“天帝之所”，即玉皇大帝的天官。

④报：报告，回答。

⑤谩有：空有。谩，枉然、徒然。

⑥蓬舟：类似飘蓬一样的小船。

⑦三山：栅浦（今属椒江）三山。李清照因丈夫赵明诚去世，胞弟为赵构随从，于是一路追随南来，自建德陆行到黄岩，再到章安金鳌山，但此时赵构已走，便只得雇船载金石书画追赶。后未果，辗转到了温州、金华等地。当年，她当从三山（港）经过。

【导读】

此词写梦中海天溟蒙的景象及与天帝的问答，隐喻对社会现实的不满与失望，对理想境界的追求和向往。

此阕词知名度很高，争议性也很大。诗中的“三山”，历来论家有多种说法。有人认为是渤海中的蓬莱、方丈、瀛洲三座神山仙岛，也有人认为是福州城内的九仙乌石、越王三山。一说此处应指椒江中、上游的三山（港）。“三山”在台州确有其地，至今仍然保留着旧名，现在属于栅浦，位于椒江南岸，与北岸章安相望，是李清照当年从黄岩坐船去章安的必经之地。此“三山”至少在晚唐时就有人定居，常见诸诗文。如比李清照年长七八岁、曾任礼部侍郎的临海人陈公辅，经过三山时，听说“后唐贺氏二女与其弟赴水殉父”的故事，写下《过三山吊二孝娥》一诗：“偶憩古岩洞，故传孝女矶。断云来细雨，疑是暮魂归。”清雍正年间，临海诗人沈光邦在《海门访友不遇》诗中亦写道：“登高谁共赋，极目望三山。”三山在北宋晚期，已经成为椒江南岸的一个地理标志。《李清照集笺注》作者、著名词学研究专家徐培均认为这首《渔家傲》作于李清照“前往温州和章安镇”的途中。

按此说，此词应是李清照在到达椒江时，以为马上就要追上皇家船队的“无限幻想”中写就的。“天接云涛连晓雾”，是椒江外海景象的真实写照。“我报路长嗟日暮”，分明道出了她在追随宋家皇帝途中的艰辛及无望。全词充满了怨叹，但更多的是梦想。

【思考与研讨】

查阅资料，深入了解李清照南下经过台州的这段历史；也可以考证这首诗中“三山”的所属地，提出自己的看法。

过龙潭澳[①]

宋 · 陈耆卿

久阔[②]松楸信[③]，因为龙澳来。
四山黄恋叶，一水绿澄苔。
地旷樵声[④]出，天寒雁影回。
无人且无酒，清坐[⑤]兴悠哉。

【注释】

陈耆卿（1180—1237），字寿老，号筼窗，章安人。南宋嘉定七年（1214）进士。历青田县主簿、庆元府学教授、著作郎兼国史院编修、将作少监等，终仕国子司业。为官正直，博学多识，亦擅诗文，理学尤为卓著。晚清浙派学者叶适尝称其诗文。一生著述甚丰，有《论语纪蒙》2卷、《孟子纪闻》14卷、《筼窗集》10卷及台州现存最早的地方总志《嘉定赤城志》40卷。

①龙潭澳：即龙潭岙，在今椒江西部井马水库附近。

②久阔：长久阔别，亦作契阔。

③松楸信：松涛与瀑布的信期。

④樵声：砍柴声，打柴声。

⑤清坐：闲坐。

【导读】

第一联直接点题，写作者自己“过龙潭岙”的由来——就是为了看看龙潭岙的松涛和瀑布，为后文做好了铺垫。第二联写山亦写水，山黄与水绿互相映照，相得益彰，特别是一个“恋”字和一个“澄”字，构成了一幅多彩多姿的画面。第三联准确地传达出了大自然旷远而静默的景况，也多少传达了一点温馨的气息。第四联虽写自己“清坐”——“无人且无酒”，

椒江龙潭岙风景

但兴不因伴，兴不因酒，而更见其兴。

【思考与研讨】

请赏析颈联“地旷樵声出，天寒雁影回”的艺术特点。

入浙东[1]

宋·文天祥

金鳌山在台州界，高宗皇帝曾舣舟于此，寺藏御书。四明既陷，不知天台存亡，忧心如捣，见于此诗。

厄运一百日，危机九十遭[2]。
孤踪落虎口，薄命付鸿毛。
漠漠长淮路[3]，茫茫巨海涛。
惊魂犹未定，消息问金鳌[4]。

【注释】

文天祥（1236—1282），字宋瑞，一字履善，号文山，吉州庐陵（今江西吉安）人。宋理宗宝祐四年（1256）举进士第一。宋恭帝德祐元年（1275），元兵东下，于赣州组义军，入卫临安（今浙江杭州）。次年除右丞相兼枢密使，出使元军议和被拘，后脱逃，经椒江至温州，转战于赣、闽、粤等地，曾收复州县多处。宋末帝祥兴元年（1278）兵败被俘，誓死不屈，就义于大都（今北京）。著有《文山先生全集》。

①文天祥出使元营议和被扣押，送去大都（今北京）途经京口（今镇江）时在义士（其中有黄岩贩运村橘者）的帮助下逃脱，乘运橘船从海上南逃并经椒江（旧称海门）去温州。此诗作于途经椒江期间。

②遭：次，适。

③长淮路：此指（渡过）长江、淮河以南的道路。

④金鳌：即金鳌山。

【导读】

据文天祥《指南录后序》所记，他在这次南逃中，至少有十六次幸免于死。“厄运一百日，危机九十遭”当即指此。“孤踪落虎口”，是指在镇江被捕。“薄命付鸿毛”，是抱定了必死的信念，视自己的生死如同鸿毛。“惊魂犹未定，消息问金鳌”，可见他当时最想急切了解的还是抗元消息和形势，而并非只是个人的安危。

【思考与研讨】

旧志书说文天祥在金鳌山“哭拜高宗御座下，作感遇诗”，但也有人认为这首诗中没一句为高宗恸哭的意思。联系文天祥的品质和人格，再根据这首诗的内容，谈谈你的看法。

金鳌吊古

元 · 卢纶

风急江门[①]白浪高，翠华南渡幸[②]金鳌。
于今辇路[③]迷[④]芳草，疏雨残阳恨未消。

【注释】

卢纶（生卒年不详），字帻峰，元代章安人。他首次把咏金鳌山诗辑成《金鳌集》1卷。后经明、清两代多次续编，由清冯赓雪最后续成，使得大部分咏怀金鳌山的诗得以保存，为清代临海学者黄瑞编写《金鳌山志》提供了便利。

①江门：此指海门，为椒江入海口，故亦称江门。

②幸：指帝王驾临，亦称驻跸。

③辇路：辇车所经过的道路。

④迷：迷失，分辨不清。

金鳌山宋高宗行在遗址纪念碑

【导读】

首句的“风急江门白浪高”，言赵构南行之狼狈；次句的“翠华南渡幸金鳌”，似是说“幸”，实亦含讽。接下的“于今辇路迷芳草，疏雨残阳恨未消”，更是指出了这样一个史实：赵构虽然是做上了皇帝，但其风光早已不再，只留下历经千秋也难以洗雪的国仇家恨与历史耻辱。因赵构实行的是一味投降议和、称臣纳贡、偏安江南，做自己的“儿皇帝”的勾当，故有此恨声。

【思考与研讨】

卢纶辑录的《金鳌集》经明、清两代多次续编，使得大部分咏怀金鳌山的诗得以保存。你还能举出其他咏怀金鳌山的诗作吗？

韬钤[1]深处

明 · 戚继光

小筑惭高枕，忧时旧有盟。
呼尊[2]来揖客，挥麈坐谈兵[3]。
云护牙签满[4]，星含宝剑横[5]。
封侯非我意，但愿海波平[6]。

【注释】

椒江戚继光纪念馆

戚继光（1528—1588），字元敬，号南塘，晚号孟诸，卒谥武毅。山东蓬莱人。明朝抗倭名将，杰出的军事家、书法家、诗人、民族英雄。出身将门，初任登州卫指挥佥事。嘉靖三十四年（1555）调浙江，任参将，抵御倭寇。嘉靖四十年（1561）在台州大胜。次年后，接连赴闽、粤抗倭，直至解除东南倭患。隆庆元年（1567）又被调往北方，镇守蓟州。他对练兵、治械、阵图等都有创见，著有军事著作《纪效新书》《武备新书》《练兵实纪》及诗文集《止止堂集》等。

①韬钤：古代兵书有《六韬》和《玉钤》，合称“韬钤”，称用兵的方略。此以代指作者与同僚商议军机之营帐。

②呼尊：尊，即樽，古代饮酒器具；呼尊，置酒。揖客：请客。

③“挥麈”句：坐而从容谈论兵法将略。挥麈：谓清谈、座谈。古人闲谈时，常挥麈以助兴。麈，麈尾的省称，古人以驼鹿尾为尘拂，故称尘拂为麈尾。

④牙签满：谓藏书多。牙签：即书签，代指书籍。

⑤“星含”句：谓帐壁悬挂宝剑。《吴越春秋》：“伍子胥过江，解其剑与渔父曰：‘此剑中有七星北斗，其值千金。’”

⑥海波平：喻国家安定。此指荡平倭寇澄清海域。

【导读】

戚继光于1559年至1562年在台州抗倭，驻军海门（今椒江区）城隍庙。该诗当写于此时，表现了他一心戍边卫疆、保国佑民的铁军志向，而并非追求个人功名的崇高品质。全诗格调高旷，慷慨激昂，笔力壮健。

【思考与研讨】

后人评价此诗格调高旷，慷慨激昂，笔力壮健，有“至大至刚之气”。分析这首诗中“至大至刚之气”的具体体现。

登白枫山次韵[1]

明·何宽

鹅岭[2]遥盘霄汉间，千年形胜枕雄关。
林中涛卷层层雪，海外云飞点点山。
放眼乾坤[3]原自小，惊心乌兔[4]几曾闲。
最怜极望渔盐地，轻去田庐未肯还。

【注释】

何宽（1514—1586），字汝肃，号宜山，栅浦（今椒江栅浦）人。明嘉靖二十九年（1551）进士，历官成都知府、工部右侍郎、南京刑部尚书、吏部尚书、湖广按察使等。曾在栅浦建书院一所，后废。著有《宜山集》18卷。与兄何宠齐名，时称“二何”。子何大缙，亦具诗名，历官户部郎中，铜仁知府，“廉敏有父风”。

何宽像

①次韵：即和别人的韵来写诗。

②鹅岭：以鹅颈之高挑，形容山岭之高峻。

③乾坤：指天地。

④乌兔：即日月。乌，金乌，指太阳；兔，玉兔，指月亮。

【导读】

这是一首描写椒江枫山景色的上乘诗作。首句，写出了枫山高耸云霄、枕海而踞的雄姿。次句，写从林隙间看海涛、从天际处看飞云与远山的壮观景象。第三句，写自己看到与领悟到的天地之大和日月光阴之无情。末句，写极望家乡渔盐之地，也表达了自己轻抛家舍而客居他乡的无奈。

【思考与研讨】

尾联中的“怜”是什么意思？表达了诗人怎样的情感？这种情感还体现在哪些诗句中？

题家子[1]庄小辟[2]乡隐

清 · 王咏霓

白云半峰起，来傍读书堂。
流水到门尽，野花时一香[3]。
客来坐啸咏[4]，相与话羲皇[5]。
日夕颇沉醉，悠然乐此乡。

【注释】

王咏霓（1839—1916），字子裳，号六潭、旌夫、鹤叟等，黄岩兆桥（今椒江兆桥）人，晚清政要，近代著名诗人、教育家、书法家。王会畤之子。清同治九年（1870）举人，光绪六年（1880）进士。授刑部主事，署凤阳、安徽太平知府。洋务派外交家，曾随许景澄等为使，出访德、法、美、英、日以及意大利、荷兰、比利时等国，协购北洋海军军舰，考察军政教育。后随张之洞幕，辛亥后引疾还乡，从事著述，担任过《光绪黄岩县志》总纂。其诗文沉雄博大，声名卓著。兼擅书法、篆刻，曾为蒲华治印。著有《函雅堂集》《道西斋日记》等。

①家子：地名，即今椒江葭沚。

②小辟：小筑（居处）。

③时一香：不时地开一次花、放一次香。

④啸咏：与啸吟、啸唱等一样，均有高吟、高唱、高呼之意。

⑤羲皇：即伏羲氏。古人把伏羲以前的人称为“羲皇上人”，认为他们无忧无虑、生活安闲。陶渊明《与子俨等疏》：“常言五六月中，北窗下卧，遇凉风暂至，自谓是羲皇上人。”

【导读】

起句，先写自己乡隐之居的环境之美；接着，通过写水、写门、写时、写花，又写客、写友、写啸咏、写闲话，把自己整个的隐逸生活表现得既安闲又自在。最后，当诗人发出了“日夕颇沉醉，悠然乐此乡”的感叹时，便觉得是那样的水到渠成了。由此可见，这位曾经漫游世界的清代外交家，在晚年是如何钟情于家乡，且有点“乐而忘返”了。

【思考与研讨】

王咏霓的这首诗，充满着怡然自得的文人清趣。请结合具体诗句，分析诗中流露的“文人清趣”。

苍溪竹枝词[1]（二首）

清 · 徐焘

一

咚咚茶鼓闹西乡[2]，谷雨初过雀舌黄[3]。
双鬓如蓬[4]郎莫笑，山棚一月采茶忙。

二

近郭[5]参差第几都[6]，橘林霜后碧成朱[7]。
西邻阿姊针神[8]好，绣出寒林剪橘图。

【注释】

徐焘（生卒年不详），字月波，清代西山（今椒江西山）人。著有《爱吾庐诗集》。

①此系组诗，共有十三首，这是其二和其五。

②西乡：作者家乡。

③雀舌黄：雀舌，指新抽的茶叶，因其状、色均如雀舌而称。

④如蓬：如同蓬草，即很乱的样子。

⑤郭：外城，古代在城的外围加筑的一道城墙、旧有“三里之城，七里之郭”之说。此处指城郭。

⑥都：古代的一种基层行政建制。

⑦碧成朱：由碧绿转为朱红。

⑧针神：即针功。

【导读】

这两首《苍溪竹枝词》，分别描写了椒江西山乡的旧时茶事、橘事、绣事等地方风情，读后令人难忘。

前一首，从“咚咚茶鼓闹西乡”写起，一直写到“山棚一月采茶忙”，仅用“双鬓如蓬”四字便突出了一个“忙”字。后一首，把“近郭桔林霜后朱”与“西邻阿姊绣橘图”相比，突出“西邻阿姊针神好”。层次感强，主题鲜明，至今读来，仍令人神往。

【思考与研讨】

这首诗在描写季节特点的同时，加进了对人物活动的刻画，如闻其声，如见其人。试从中选取一两句为例，谈谈本诗对人物活动刻画的手法。

印山[1]晓望

周载熙

野雾白漫漫，江村杳霭[2]间。
晴云失[3]翠岫，深秀[4]见枫山。
惊梦钟初动，呼春[5]鸟自闲。
劳人[6]来旧地，吟望兴阑珊。

【注释】

周载熙（1874—1933），名文敬，葭沚（属椒江）人，清廪生。光绪三十年（1904），赴贵州为朱提学幕府。旋获官费留学日本，于光绪三十四年（1908）毕业于早稻田大学师范科。归国后，任椒江中学堂监督、椒江甲种商业学校校长，以及省立十一师、省立六师、省立甲种水产学校、东山中学教师。擅长旧体诗，典雅纯正，深刻真挚，富于性灵。又擅白话新诗，叙事、抒情立足于生活，往往以民谣、童谚入诗，反映百姓生活。著有新旧诗合集《寒蝉集》等。

①印山：在椒江城内，天主教堂附近。山平似印，故名。

②杳霭：亦作“杳蔼”，形容茂盛、幽深渺茫或云雾缥缈。

③失：迷失。

④深秀：深重、浓重的秀色。

⑤呼春：因春天的到来而呼鸣。

⑥劳人：劳碌、忙碌之人。

【导读】

旧时印山属椒江城内西隅，其上建有文昌祠，北向岩石陡峭如壁。据传，在明代，岩壁上曾有勒石题字：“平山壁迹，宛如金印。南国虎臣，名扬不隐。”如今，随着椒江城郭大扩，印山已小得不甚吸引人。但从诗中可以得知，近代的印山，还不失为城中的一处胜迹。站在山上，不仅可以看到“晴云失翠岫，深秀见枫山”的景致，听到“惊梦钟初动，呼春鸟自闲”的好音，还可以望见“野雾白漫漫，江村杳霭间”的野趣。然而，那些终年为生活艰辛奔波的“劳人”，踏上如此“胜地”不免要“吟望兴阑珊”了。

【思考与研讨】

尾联“劳人来旧地，吟望兴阑珊”中“阑珊”是什么意思？这一联抒发了诗人怎样的思想感情？

登海门白枫山清修寺

邱韵舫

独上清修寺，沧桑感岁华①。
客来频斫②笋，僧老懒浇花。
鹤立枫林瘦③，云迷跸路④赊。
扪萝⑤谁共语，惆怅夕阳斜。

【注释】

邱韵舫（1904—1985），名咏芬，号漱梅馆主，原籍温岭，少时即迁居海门。1949 年后历任临海造纸厂、乳品厂、酿造厂厂长，临海县一至四届政协委员。晚年居海门。业余爱好吟诗填词，著有《韵舫吟草》《漱梅词草》等。

①岁华：美好的岁月。

②斫：砍伐。

③鹤立枫林瘦：指枫山清修寺前古时曾有的那棵巨大的、形如立鹤的老枫树。此树今已不存。

④跸路：指帝王车驾行经之路。

⑤扪萝：攀援藤萝。

枫山清修寺

【导读】

诗人游清修寺时，不禁想到当地风物、人情的变迁，又想起了世道、史事的变迁，抒发了“沧桑感岁华”的情感。

【思考与研讨】

试分析诗人“惆怅”的具体情感。

浦口归帆[①]

林位东

几家渔户傍山涯，网罟[②]高悬石径斜。
落日苍波金万点，归帆阵阵绕飞鸦[③]。

【注释】

①此系组诗《大陈岛十景》之三。“大陈十景”依次为：旗峰映日、风岭古垒、浦口归帆、骑龙远眺、危庙涛声、古寺钟声、玻坑涤衣、五虎啸风、楚腰浪舞、屏山灯影等。大陈岛，位于台州湾外海，为台州列岛之主岛。主要由上大陈、下大陈两岛组成。明代时，“大陈膏腴，且有淡水，每为倭贼所据”，因此加强了防守。清代，“下大陈市肆颇盛”，海门中营派千总一员、兵十二名驻之，兼管盐务。“浦口归帆”原题下有“大小浦，位于下大陈岛，渔民出海捕鱼，早出晚归，或暮去朝回，海鸥飞翔，怡然自得”等字样，今移此作注。

②网罟：捕鱼的工具。

③飞鸦：原刊为“飞鸥”，并不押韵，疑为传抄之误。

【导读】

据《大陈撤退》一书记载，《大陈岛十景》为国民党军队撤退大陈岛前夕，由一批文人创作的描写大陈岛风情的诗作。

这首《浦口归帆》，只寥寥数笔，就把大陈岛上的人情风貌写得活灵活现，描绘了一幅富有自然魅力和生活情趣的渔村画面。

浦口归帆

【思考与研讨】

展开联想与想象，就“落日苍波金万点，归帆阵阵绕飞鸦”两句，将它扩写成一段不少于200字的文字，要求：符合诗歌本身的主旨和情趣。

沁园春·一江山渡海登陆战即景

张爱萍

东海风光，寥廓蓝天，滔滔碧浪。看骑鲸①蹈海，风驰虎跃；雄鹰猎猎，雷击龙翔。雄师易统，戎机②难觅，陆海空直捣金汤③。锐难当，望大陈列岛，火海汪洋。

料得帅骇军慌。凭一纸空文④岂能防。忆昔诺曼底⑤，西西里岛⑥；冲绳大战⑦，何须鼓簧。固若磐石，陡崖峭壁，首战⑧奏凯震八荒⑨。英雄赞，似西湖竞渡，初试锋芒。

【注释】

张爱萍（1910—2007），四川达州人。中国人民解放军著名将领，1955 年被授予上将军衔。历任海军司令员兼政委、国防科工委主任、国务院副总理、中央军委副秘书长、国务委员兼国防部长等。1955 年 1 月 18 日，在浙东前线指挥强攻一江山岛战役，取得了中国人民解放军陆海空三军首次联合渡海登陆作战的胜利。爱好书法、摄影及文学。出版有摄影集《战斗在敌后》《江淮敌后烽火》《华东抗日解放战争摄影集》及《神剑之歌——张爱萍诗词、书法、摄影选集》等。

①骑鲸：原指文人隐遁或游仙，如苏轼《次韵张安道读杜诗》：“骑鲸遁沧海，捋虎得绨袍。”此处喻指海军驾战舰渡海作战。

②戎机：战机，即发动军事行动的时机。

③金汤：固若金汤的缩语。一江山岛曾被美国和蒋介石集团吹嘘为“固若金汤”“打不沉的航空母舰”。

④一纸空文：指美国和蒋介石集团的“台湾海峡共同防御条约”。

⑤诺曼底：即诺曼底登陆，二战著名战役。1944 年 6 月 6 日凌晨，美英盟军登陆部队在海空军掩护下，横渡英吉利海峡，在法国西北部的诺曼底登陆。

⑥西西里岛：即西西里岛登陆，二战著名战役。1943 年 7 月，美英军队在西西里岛登陆。

⑦冲绳大战：即冲绳海战，二战著名战役。从 1945 年春季开始，日本对在冲绳外海的美国舰队发起了一系列的自杀式围攻，历时 83 天。

⑧首战：指中国人民解放军陆海空三军首次联合渡海登陆作战。

⑨八荒：即八方。

一江山岛战役遗址

【导读】

作为一江山岛登陆战的指挥者和亲历者，张爱萍将军以这首“沁园春”高度概括了这场战争的时代背景，生动描述了战争的整个战斗状况，并且还将其与国际上的一些著名战役进行了横向的比较，纵横捭阖，大气磅礴。

此词充满了革命英雄主义的豪迈气概和必胜信念，同时也充分表达了中国人民解放军将士和祖国人民对维护领土完整的坚强决心。

【思考与研讨】

结合具体词句，分析这首词的下阕有什么艺术特色。

诗词·黄岩

登望海尖

南朝宋·谢灵运

开春献初岁，白日出悠悠。
荡志将愉乐，瞰海庶忘忧。
策马步兰皋[①]，绁控息椒丘[②]。
采蕙遵大薄，搴茗履长洲[③]。
白华皜[④]阳林，紫翘晔春流[⑤]。
非徒不弭忘[⑥]，览物情弥遒[⑦]。
萱[⑧]苏始无慰，寂寞终可求。

【注释】

谢灵运（385—433），字希逸，祖籍阳夏（今河南太康），生于会稽始宁（今浙江上虞）。诗文之美江左莫逮。18岁承袭“康乐公”封爵，后世称曰谢康乐。官光禄大夫，受权臣排挤出知永嘉。在任重视农业，尤关注植桑和手工业，敦请名儒讲学以兴教育。心情抑郁，寄情山水。足迹遍及全郡名山大川。重视开辟雁荡景区，留下谢公岭、落屐亭等遗迹。并恣意遨游瑞安、平阳、青田、缙云等地。在任二年，托病离任回始宁，后人怀念他，将离境所过之路定名“康乐坊”。

①兰皋：意即美好的平原。

②绁控息椒丘：绁，马缰也。椒丘，意即美好的小山。全句意为拉着马缰停歇在美好的小丘上。

③搴：取也。《楚辞》：“搴芙蓉兮木末”。茗，凌霄花。《诗经》：“邛有旨茗”“茗之华”。

④皜：白绢也。此作白色。

⑤紫翘：香草名，即白芷。晔，光照也。

⑥弭忘：弭，止也。止住忘却。

⑦弥遒：难尽也。《楚辞》：“岁忽忽而遒尽矣。”

⑧萱：即宜男花，俗名金针花。

【导读】

谢公诗浑厚自然，一扫六朝脂粉气。此诗是谢公过黄岩登方山五峙尖望海之作。此诗诗名，《艺文类聚》作“东山望海”，《永嘉县志》作“郡东山望溟海”。“望海尖”在黄岩丫髻岩西南，即五峙山顶脊，形如曲尺，曲中处独高，可望海，故名。其东南有招提，名“闻止堂”，始创东晋。明柯遁翁、吴朗公读书处。其左有辟支洞。

全诗言正月里过平原小丘登望海尖观海、探蕙、搴茗、畔紫翘，都以香草自况；兰皋、大浦、长洲、阳林，春流都以喻美景。犹《楚辞》中之茝兰、蘅若等。末段言：登望海尖原图忘忧，不意观景物后情不能已，只好寂寞避世，不求身后之名。此诗有屈原被放余味。

【思考与研讨】

本诗的手法是借景抒情，请体会诗中之景表达了诗人怎样的情感。

望 海

宋·陈与义

宴坐峰[①]前冲雨急，黄岩县里借舟迟。
百年痴黠不相补[②]，万事悲欢岂可期。
莽莽沧波兼宿雾[③]，纷纷白鹭落山陂[④]。
只应江海凄凉[⑤]地，欠我临风一赋诗。

【注释】

陈与义（1090—1138），字去非，号简斋，其先祖居京兆（今陕西西安），自曾祖陈希亮从眉州迁居洛阳，故为洛（今河南洛阳）人。他生于宋哲宗元祐五年（1090），卒于南宋宋高宗绍兴八年（1138）。北宋末、南宋初年的杰出诗人，同时也工于填词。其词存于今者虽仅十余首，却别具风格，尤近于苏东坡，语意超绝，笔力横空，疏朗明快，自然浑成，著有《简斋集》。南渡后，曾随高宗南逃过黄岩，官至参知政事。以诗著名，原属江西诗派。

①峰：黄岩丫髻岩边的望海尖。

②痴黠不相补：说人生愚钝与聪慧是不会互补的，与后句共同感叹人生的痴黠与悲欢是难以预料和期望的，皆有无常和命定之感。

③宿雾：夜间以来的雾气。指雾气很大很浓，海面雾气茫茫的样子。

④陂：池塘的岸边，常指水塘岸边。

⑤凄凉：环境凄清、孤寂而落寞之感。

【导读】

本诗诗名一作“自黄岩县舟行入台州”。此诗有宋人之风，往往在叙述的时候给以人生的感慨与议论，在平常之处给人以思考和意味。全诗稳健，结构分明。第一联说诗人过望海尖，因天下急雨，黄岩县中小舟也难以送到，因此逗留不去，从而得以欣赏此处风景。第二联开始议论，由游览之事联想到生命中的一些相似情况，凡事皆由天定，人愚钝与聪慧是不会相补的，悲欢也是难以预料和期望，皆有无常和命定之感。冥冥之中仿佛皆有前缘。第三联回到眼前之景：莽莽沧波，大雾茫茫，一望无边，回首山边，纷纷白鹭，上下飞舞，落于山坡之上。江海虽带凄凉，不免以诗赋之而已！在最后一联中，诗人又做一劝勉之言。

【思考与研讨】

本诗的手法夹叙夹议，请体会诗中表达了怎样的思考或感悟。

宿半山庵[1]

宋·左纬

入山须判宿[2]，不宿漫区区[3]。
泉脉寻还有，兰香嗅却无。
杉高方见直，石怪不成粗。
若到三潭[4]顶，归时路更迂。

【注释】

左纬（？—1142），字经臣，号委羽居士，黄岩县（今浙江台州市黄岩区）城东永宁山下人。少时以诗文名。曾从事举子业，后以此不足为学，弃去，终身未仕。诗学杜甫，重视“意理趣”三字。政和年间，左纬百首诗作名满朝野。孙傅说：“此非今人之诗也，若置之杜集，谁能辨别？”政和五年（1115），编成《委羽居士集》，许景衡、黄裳作序。序云：“自唐天宝之后，不闻此作矣。”宣和三年（1121）四月，方腊起义军吕师囊部攻占黄岩，左纬作《避寇七诗》，真德秀称赞可与杜甫《七歌》媲美。人称“文如韩退之（愈），诗如杜子美（甫）”。卒后，右司谏陈公辅（临海人）撰墓志，悼诗曰：“有德传乡里，无金遗子孙。”左纬所著《委羽居士集》，此集已佚。民国时，王棻辑有《委羽居士集》一卷。台湾新文丰出版社《丛书集成续编》收有此书。其子左玶、左璠、左玓皆中进士，时称“三左”。其孙左伯畴、左赉、左伯朋亦皆中进士。

①半山庵：即今半山路廊，尚有庵在。半山路廊位于黄永古道上，是古代黄岩西部通往永嘉的主要交通枢纽。

②判宿：决定宿夜的地方。

③漫区区：心中不定。形容黄岩西部山脉连绵，山势峻峭，一定要住宿山中方可放心。

④三潭：俗称“三井潭”，址在丫岩北下。

【导读】

左纬的诗学杜甫，重意趣，语言朴实之中见情趣。此诗叙事写景娓娓道来，景物纷呈，井然有序。第一联，诗人交代了自己的行踪，入了黄岩西部山脉，需要在山中过夜。同时，从侧面写了山脉的连绵广阔，壮阔雄伟。中间两联，写了山中独特的景色：忽隐忽现的“泉脉”，似有若无的“兰香”，高方见直的杉树，嶙峋奇异的怪石，令人应接不暇、流连忘返。诗人更是游兴大发，心想：如是到三潭顶的话，那么山势之美将更是美不胜收了，但潭太远，山路崎岖，只好夜宿半山庵了。尾联与首联照应。

【思考与研讨】

本诗写景简洁且形象，抓住了事物特点，请品味颔联、颈联。

寻委羽洞[①]

宋·左纬

委羽不知何处是，倩人扶上木兰桡[②]。
欲寻去路花梢[③]密，争认行云酒浪摇。
流水忽随山脚转，洞天疑把杖头挑[④]。
逡巡不觉东风晚，殆有仙人弄玉箫[⑤]。

【注释】

①委羽洞：位于浙江黄岩县城南2公里处。委羽山，俗名俱依山，系一小山丘，山东北有一个宽、高各约2米的深长古洞，道书称此洞为“天下十大洞天”中的“第二大洞天”。洞口镌刻“第二洞天”四个大字。在洞前，建有殿宇和亭台楼阁，四周苍松翠柏，花草掩映。东晋大诗人

谢灵运到此游览后，曾写诗云：“山头方石静，洞口花自开。鹤背人不见，满地空绿苔。”大宫殿里有一副对联“古洞仙自在，鹤支羽还留”。在洞的周围可以拾到许多方石，光泽五色错杂；还留有“大有宫”“大有亭”“迎仙桥”等遗迹。

大有宫

②木兰桡：形容船的精美。桡，船桨。

③花梢：花的枝梢。梢，树枝、枝头。

④杖头挑：指洞天的地势突然高耸。杖头，拐杖的顶端。

⑤弄玉箫：吹洞箫。

【导读】

左公的诗读来很有韵味，让人不断地联想。全诗围绕着一个“寻”字，把黄岩委羽洞幽美的景色一一展现在读者的眼前：山水相绕，花木掩映，幽静雅致。第一联交代了诗人的行踪，乘舟而来，观赏沿岸风景。第二、三联，用一“寻”字，表现了委羽洞的幽冥与花木繁茂，也就写了“寻”的过程与景色特点：欲前行而花木茂盛，遮住了前路和远方；江水茫茫而云雾缭绕，给人一种仙境缥缈之感；山水曲折，豁然见委羽洞，而地势却高峻，感觉无处可登，从而淋漓尽致地表达出“寻”的过程，也一一呈现了委羽洞幽美的景色。最后一联表达了诗人对委羽洞的喜爱与流连往返。

【思考与研讨】

本诗围绕一个“寻”字来写，请说说诗人的行程景物特色。

春游九峰①

宋·范成大

万树梨云白满天，桃花几点破红颜。
春风吹遍黄岩里，数尽峰头不肯还。

【注释】

范成大（1126—1193），字至能，一字幼元，早年自号此山居士，晚号石湖居士。平江府吴县（今江苏苏州）人。

宋高宗绍兴二十四年（1154），范成大登进士第，累官礼部员外郎兼崇政殿说书。乾道六年（1170）出使金国，不畏强暴，不辱使命，还朝后除中书舍人。晚年退居石湖，加资政殿大学士。范成大素有文名，尤工于诗。他从江西派入手，后学习中、晚唐诗，继承白居易、王建、张籍等诗人新乐府的现实主义精神，终于自成一家。风格平易浅显、清新妩媚。诗作题材广泛，以反映农村社会生活内容的作品成就最高。与杨万里、陆游、尤袤合称南宋“中兴四大诗人”。著有《石湖集》等。其作品在南宋末年即产生了显著的影响，到清初影响更大，有“家剑南而户石湖”的说法。

①九峰：即九峰山，位于黄岩城区东部，因有灵台、华盖、文笔、接引、宝鼎、灵鹫、双阙、卧龙、翠屏九个山峰而得名。康有为赞曰：“竣碧摩天，分雁荡之幽奇。”主峰黄茅山，海拔529米。历史悠久，文化气息浓厚。有历史悠久的古亭、古塔。其中，瑞隆感应塔最为古老，峻于宋开宝年间，距今已有1000多年的历史，内藏有许多的文物，现已被列为省级文物保护单位。还有九峰书院、陈叔亮书院馆等人文景点，为九峰增添了许多文化气息。又有九峰梅园，九峰梅园梅桩却以“剪”为主，把梅花的花枝嫁接到得自深山老林中的果梅、花梅上，在每年花开后进行修剪，尽量持其原有风格，能体现出梅花的精神风貌。黄岩梅桩在梅桩比赛中屡获殊荣，有“黄岩梅桩惊天下”之美誉。

【导读】

范成大的《春游九峰》清新自然，朴素无华。读之如见春景，如沐春风。诗人用略带夸张的笔触写出了梨花的盛开，如苍茫天空中白云遮盖了这个九峰之处，花之盛、花之白，如在眼前，不禁让人想起“千树万树梨花开”的盛况。然而更让人喜欢的是，在白中还有点点桃红，更见风致与妖娆了。春风吹来，万物争春，诗人是游尽九峰不肯回啊！

【思考与研讨】

本诗围绕“春游”二字来写，请说说诗人有哪些“春游”之乐。

梅花井①

宋·王十朋

三月离家苦，悠然觉路长。
梅花十里眼，竹叶②一杯肠。
诗思贪佳境，眉头忆故乡。
江山看不尽，回首隔沧浪③。

【注释】

王十朋（1112—1171），字龟龄，号梅溪，乐清雁荡山左原人。据《宁溪王氏宗谱》所载，王十朋祖籍是黄岩宁溪，系始祖李唐大理寺少卿王从德第12世孙。家道清寒，聪颖好学。绍兴二十七年（1157），临安廷试“权”字为对，洋洋洒洒写了万言对策，切中时弊。高宗亲擢状元。当王十朋中状元时，宰相万俟卨欲妻以女，他表示“糟糠妻，不下堂”。

历史上实无拒婚和悲欢离合之事，后人写了《荆钗记》这出戏歌颂他的道德情操。乾道七年（1171）授太子詹事，因病力辞，以龙图阁直学士归里，以病卒，年 60 岁。王十朋在南宋时不仅是政治家，又是位大诗人，他八经雁荡去杭州，沿途留下很多诗作，邑人赵十朋是他诗友，路过黄岩，逗留所作《宿梅花亭》诗，此其一也。

①梅花井：在九峰上山麓，一口古井。元代高明有文字记载："泉清而源深，味甘而色莹。又作亭其上，以休汲者，远迩利之。"在当时应是风景优美的所在。

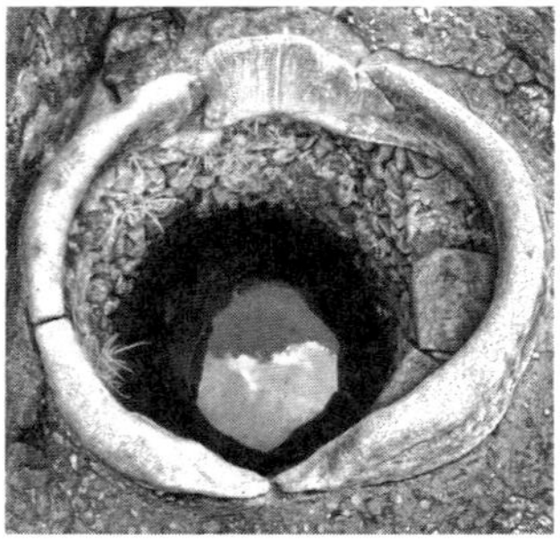
梅花井

②竹叶：酒名。用竹叶的清色来比喻酒色。

③沧浪：本指沧浪水，这里泛指水。

【导读】

诗人离家已久，数月难归，很想回去，但长途漫漫，难以回去。路过黄岩，与友人一起游玩九峰，在梅花井处，见"梅花十里"，不免留此饮酒赋诗。"梅花十里眼，竹叶一杯肠"是工对，写出了眼中之景与心中之情，梅花漫漫，勾起的是茫茫怀乡之情。下联便转入了抒情，故乡之情便聚集于眉头之上了，颇有李清照"才下眉头，却上心头"的意味。然，故乡遥远，美景在眼，还是尽情游玩，故乡只是空忆耳。

【思考与研讨】

全诗弥漫着思乡之情，请说说诗人是如何表现"忆"的。

八月十一夜，风月可爱，自前屋觅酒不得而归，小诗呈百六十叔

宋 · 杜范

晚烟轻拂乱山横，落日才收月已明。
万顷孤光①低阔野，一天寒色带疏星。
交情要与秋容②淡，携手难禁夜气清。
惯识醉中风月好，不知风月更宜醒③。

【注释】

杜范像

杜范（1182—1245），字成之，号立斋，黄岩杜家村人。南宋嘉定元年（1208）中进士，从此踏入仕途，先后在金坛、婺州、安吉等州县为官。绍定三年（1230）调入京城，历任监察御史、吏部侍郎、兵部尚书、礼部尚书，最后官至右丞相兼枢密使。杜范作为一位政治家，以爱国、清正廉洁彪炳史册。他非常同情民间疾苦，在地方为官时经常减轻徭役，赈济贫民，还广修水利，大兴文教。他为官30多年，家中田产未增一分，老家房屋十分简陋。由于日夜操劳，心力交瘁，加上长期清贫的生活，终年64岁，宋理宗追谥“清献”。灵车过处，百姓涕泪滂沱。据说葬于黄岩县西35公里靖化。

①孤光：这里指月光，一轮孤月普照大地。

②秋容：秋天景色肃杀、萧条、疏净。

③醒：酒醒之时，清醒之际。

【导读】

杜范，黄岩历史名人，南宋名相。为诗深渊，为文坛称赞；为官清明正直，为百姓所爱戴。在日渐衰退的南宋政坛上，杜范励精图治、一心为国，是一股清流。此诗很有意境，在夜色之中，杜范谈到了人事感悟，写景、抒情、议论非常自然地交融在一起。诗的题目交代了夜色的

美丽："风月可爱"。诗中写到夜幕降临前的景物：晚照下的烟色斜横于山坡之上，夕阳西下，明月渐渐升起。一轮圆月照耀着大地，皎洁的月光倾泻于万物之上，天地相接，夜幕下垂，一点寒星悬挂于明净的天空。大地一片宁静幽美。后面两联由景色联想起做人的道理：人与人之间的交情，如果像秋光一样的干净素洁、冰清玉洁多好，然尘世之中，哪怕是携手之好也抵不过夜色的清旷。这两句，杜范应该是有感而发，平时官场政事中多是势利短见之徒。诗的最后两联，说明了如此夜色不应醉后欣赏，应该清醒时享受，不光是景色宜人，更有品格的砥砺、为人的启发。在美丽的夜色之中更有一难得人事体悟。

【思考与研讨】

在美丽的夜色之中，杜范有了怎样的人世感悟，请你体会。

登山述怀

宋·杜范

拉[1]泪别妻子，登山望归舟。
舟远望不及，岩溜鸣咿嚘[2]。
足茧坐绝顶，晚色忽已稠。
凄其杜宇声，问我胡为留。
抚襟独浩叹，泪下不可收。
三年足别离，此泪良有由。
区区驹隙[3]中，为形役不休。
为形役尚可，为人役何求。
渊明独何人，我乃如拘囚。
亲老方倚门，甘旨谁供羞。
子幼未知学，择师谁与谋。

黄岩山景

鬼蜮④闪光怪，虎豹嗥昏幽。
世路委丛棘，吾道若缀旒⑤。
岂无知我者，应谓我心忧⑥。

【注释】

①拉：擦去、拭去之意。

②咿嘤：象声词，叹息或言语声。

③驹隙：指时间、岁月、生涯。有成语白驹过隙，指时间飞驰，如白马跑过细缝一般。

④鬼蜮：指害人的鬼和怪兽，这里来指政坛上那些奸邪小人。

⑤缀旒：比喻国君为臣下挟持，国家危险；或指处境艰难危险。

⑥谓我心忧：应了解我心里的忧愁。此句引用了《诗经·黍离》的句子："知我者，谓我心忧；不知我者，谓我何求。悠悠苍天，此何人哉！"

【导读】

杜范非常同情民间疾苦，在地方为官时经常减轻徭役，赈济贫民，还广修水利，大兴文教。他为官 30 多年，家中田产未增一分，老家房屋十分简陋。此诗便是他为国为民的写照。

诗人忍痛和自己的妻儿分别，留守官职之地，但，归家的情感难以抑制，爬上高山，远送归舟，叹息流涕。想着家中种种：亲朋盼我归去，小孩要我教育；再加之为官形役之苦，真真是不可久留。但是，国家衰颓，小人当道，我辈不做出牺牲，谁来做出牺牲呢？我这样的作为，应该有人了解和知晓。《诗经·黍离》云："知我者，谓我心忧；不知我者，谓我何求。悠悠苍天，此何人哉！"以此抒发了自己的忧心，也抒发自己伟大的爱国爱民之情。

【思考与研讨】

杜范的《登山述怀》抒发了哪些情感？塑造了一个怎样的诗人形象？

入瑞岩[1]道间得四绝句（其三）

宋 · 朱熹

清溪流过碧山头，空水澄鲜一色秋。
隔断红尘三十里，白云黄叶共悠悠。

【注释】

朱熹（1130—1200），是我国历史上卓越的哲学家、教育家。南宋徽州婺源人，出生于福建延平。字元晦，号晦庵，别称紫阳。师事李侗，得“二程”（程颐、程颢）三传之学。宁宗嘉泰谥“文”，后代称为“朱文公”。理宗宝庆中赠太师，追封信国公，改徽国公，淳祐年间从祀孔庙，清康熙年间升位于十哲。

朱熹与台州关系密切，曾四次到台州。讲学授徒，培养人才，使台州文风蔚起。还大力整顿吏治，兴修水利，促进台州经济社会发展。朱熹在台州做了许多好事，史载“晦翁传道江南，而台特盛”，信然。朱熹在讲学和著书之余，还遍游台州各地名胜古迹。

①瑞岩：即瑞岩寺，位于黄岩西部群山环绕的北洋镇瑞岩村的梅峰山，占尽地利，竹林掩映，林木葱茏，大树华盖，风光无限，离黄岩城区 45 华里。汉朝此地有道院，为如意人所居，东晋改道院为佛院。迨至隋代，由高僧智凯建寺讲经，开创佛教先河。史至北宋，朝廷赐名“瑞岩寺净土院”，确立东南名刹地位。从隋代至清代近 1400 年间，有高僧怀玉、师彦、扣冰、如净、断桥、义海、无愠、希叟等 20 多位高僧在瑞岩寺主持，弘扬佛法、潜心修禅，并形成“空照”“默照”“净土”等法系。还形成一些有影响的法系，瑞岩鸿禅法系，瑞岩居禅法系，子鸿法系、义海法系、有居法系等。

【导读】

这首诗被收入《千家诗》，题目作《秋月》，误为程颢所作。学术界已证实为朱熹所作。该诗描绘了一幅清新澄澈的秋景图，表达了诗人超凡脱俗、悠然自适的生命情趣。

“清溪流过碧山头”，是因为青山倒映在溪水中，所以看起来像是溪水在碧山间流淌。“空水澄鲜一色秋”，天空和溪水相映在一起，呈现出一派清新的秋色。后两句“隔断红尘三十里，白云黄叶共悠悠”，在诗人眼里，这澄明的秋景仿佛把繁华热闹的尘世隔绝在三十里以外，天空的白云和山间的黄叶也悠然自得地享受着秋天的美好。

【思考与研讨】

此诗所写为古刹名寺，给你怎样的阅读体验？

卜算子·不是爱风尘

宋·严蕊

不是爱风尘①，似被前缘②误。花落花开自有时，总赖东君③主。
去也终须去，住也如何住！若得山花插满头，莫问奴归处。

【注释】

严蕊，原姓周，字幼芳，生卒年不详，南宋中期女词人。出身低微，自小习乐礼诗书，后沦为台州营妓，改称艺名严蕊。严蕊善操琴、弈棋、歌舞、丝竹、书画，学识通晓古今，诗词语意清新，四方闻名，有人不远千里慕名相访。

南宋淳熙九年（1182），台州知府唐仲友为严蕊、王惠等4人脱籍。严蕊回黄岩与母同住。同年，浙东常平使朱熹巡行台州，因唐仲友的永康学派反对朱熹的理学，朱熹连上六疏弹劾唐仲友，其中第三、第四状论及唐与严蕊风化之罪，下令黄岩通判抓捕严蕊，关押在台州和绍兴，施以鞭笞，逼其招供，“两月之间，一再杖，几死”。严蕊宁死不从，并道：“身为贱妓，纵合与太守有滥，科亦不至死；然是非真伪，岂可妄言以污士大夫，虽死不可诬也。”

此事朝野议论，震动宋孝宗，孝宗认为是“秀才争闲气”，将朱熹调任，转由岳飞后人岳霖任提点刑狱，释放严蕊，问其归宿。严蕊作《卜算子·不是爱风尘》以答，岳霖判令从良，后被赵宋宗室近属纳为妾。词作多佚，仅存《如梦令》《鹊桥仙》《卜算子》3 首。据此改编的戏剧《莫问奴归处》，经久不衰。

①风尘：古代称妓女为堕落风尘。

②前缘：前世的因缘。

③东君：司春之神，借指主管妓女的地方官吏。

【导读】

上阕抒写自己沦落风尘、俯仰随人的无奈。词中有自辩，有自伤，也有不平的怨愤。次句却出语和缓，用不定之词，说自己之所以沦落风尘，是为前生的因缘（即所谓宿命）所致。作者既不认为自己贪恋风尘，又不可能认识使自己沉沦的真正根源，无可奈何，之后只好归之于冥冥不可知的前缘与命运。也隐含着对主管刑狱的长官岳霖的期望——希望他能成为护花的东君。但话说得很委婉含蓄。

“去也终须去，住也如何住！”下阕承上不能自主命运之意，转写自己在去住问题上的不得自由。去，指由营妓队伍中放出；住，指仍留乐营为妓。意思是说，以色艺事人的生活终究不能长久，将来总有一天须离此而去。“若得山花插满头，莫问奴归处。”山花插满头，是到山野农村过自由自在生活的一种借代性表述。言外之意是：一般妇女的生活就是自己向往的目标，就是自己的归宿，别的什么都不再考虑了。

这是一首在长官面前陈述衷曲的词，不能不考虑到特定的场合、对象，采取比较含蓄方式，以期引起对方的同情。但并没有因此而低声下气，而是不卑不亢，婉转明确地表达了自己的意愿，这是一位身处卑贱但尊重自己人格的风尘女子的一番婉而有骨的自白。

【思考与研讨】

请结合此词与注释，谈谈你对严蕊的认识。

送青柑与秋房

宋·戴复古

百果之中无此香，青青不待满林霜。
明年归侍传柑宴，认取仙乡御爱黄。

橘①诗

清·王笠舟

落花无数点莓苔，秋雨潇潇客不来。
别有霜天好风景，满山红橘似杨梅。

【注释】

戴复古（1167—1248），字式之，常居南塘石屏山，故自号石屏、石屏樵隐。南宋著名江湖诗派诗人。天台黄岩（今属浙江台州）人。一生不仕，浪游江湖，后归家隐居，卒年80余岁。曾从陆游学诗，作品受晚唐诗风影响，兼具江西诗派风格。部分作品抒发爱国思想，反映人民疾苦，具有现实意义。

王笠舟，清代黄岩人。

①橘：黄岩橘乡，誉满中外。种橘历史，上可溯至东汉，即便从唐代贡柑算起，也已有1300年历史。黄岩是世界柑橘始祖地之一，也是

中国优质柑橘生产基地。三国时，史书里就有黄岩蜜橘的记载；唐朝时，黄岩蜜橘被选为贡品。黄岩蜜橘为宽皮橘类，果皮橙黄色，肾形，中心柱空，果肉柔软化渣，甜酸适口。本地早橘果实扁圆形，果皮薄，较光滑，汁多、有香气；槾橘果实扁圆形或圆锥形，果皮略粗糙，松脆，有香气，耐贮藏；乳橘果实扁圆形，汁胞橙黄色，风味浓甜、有香气；宫川温州蜜柑果实扁圆形，皮薄，味甜。

【导读】

黄岩蜜橘天下闻名。在黄岩永宁江畔与各山地之中，蜜橘茫茫连片，碧青如海，不仅产出了水果珍品，也形成了绝佳的幽美景色。两首诗都是写黄岩蜜橘的，一首侧重于味美，一首侧重于形美。

诗人戴复古从正面和侧面写出了黄岩蜜橘独特的香味，“白果之中无此香”令人神往，作者展开联想，倘若传入宫中的话，那么明年宫中传贡桔的话，那一定要认准是黄岩蜜橘啊。从而赞美了黄岩蜜橘天下第一。王笠舟用优美的笔触写了蜜橘之美：落花纷纭，点缀莓苔，清白相间；霜天之下，红彤彤的蜜橘满树，漫山遍野一片红色，就如盛夏火红的杨梅。

【思考与研讨】

请分析这两首诗分别是从哪些角度来写蜜橘的。

诗词·路桥

宿妙智院[1]

宋·王十朋

问讯开山始，于今二百年。
径幽微见竹，社废尚遗莲。
观颂思元老[2]，游庵忆旧禅。
匆匆一宿客，未尽涤尘缘。

【注释】

①妙智院：即妙智寺，是路桥十里长街上建造时间最早的寺院，建于宋太祖建隆元年（960），旧名“灵感观音”，俗呼“路桥寺”。

②元老：指代一种派别或组织的开门人物，也代指最年长的一群人。

【导读】

本诗是王十朋出任绍兴府（今浙江绍兴）佥判，游历台州时所写。当时，诗人出瓯后游瑞岩（今浙江黄岩境内），再游国清寺、大慈寺（皆在浙江天台境内），途径路桥妙智寺，夜宿于此。坐落在林深幽巷僻静之处的妙智寺虽已历200载，且呈现破败萧条之色，但诗人行走在幽径微竹中，在一“思”一“忆”中依然找到了内心片刻的宁静。值得一提的是，在诗人近15年的游宦过程中，佛寺、道观、庭院、祠堂、祀庙、陵园无所不包，这里有繁盛与破败，尘世喧嚣与心灵肃净的强烈对比，也正因为这种对比，我们得以洞见一个诗人的山河情怀。

路桥区妙智寺寺院一角

【思考与研讨】

有人评价王十朋的诗作“用平常口语，表达委婉深曲之意”，对此你是怎么看待的？请结合《宿妙智寺》谈谈你的体会。

念奴娇·九日有感，次友人韵①

元·陶宗仪

黄花白发，又匆匆佳节，感今怀昔。雨覆云翻无限态，故国②寒烟榛棘③。杜老④飘零，沈郎⑤瘦损，此意天应识。划然长啸，不知身是孤客。

呼酒漫祓⑥清愁，玉奴频劝，两脸添春色。眼底平生空四海，倦拂红尘风帻⑦。戏马台荒，登龙人老，往事休追惜。山林无恙，也须容我高屐。

【注释】

陶宗仪（1321—1407），元末著名思想家、文学家，今路桥区峰江街道上陶村人。父陶煜曾任上虞县尹及福建、江西行枢密院都事，学识渊博。母赵氏亦通经史。陶宗仪自幼刻苦攻读，广览群书，因而学识渊博，工诗文，善书画。在史学、文学、艺术等方面均有建树。隐居松江时，致力田间耕作，辍耕之暇，将见闻所得，随记随放入瓮中，埋于树下。十年后积10余瓮，整理成书三十卷，名《南村辍耕录》，还著有《南村诗集》《沧浪棹歌》等。又节录前人小说笔记，结集成《说郛》《书史会要》等。

路桥区峰江街道上陶村陶宗仪故里陶宗仪塑像

①次韵：指旧时古体诗词写作的一种方式。

按照原诗的韵和用韵的次序来和诗。次韵就是和诗的一种方式，也叫步韵。

②故国：意指汉民族建立的历代前朝。

③榛棘：荆棘，此处引申为阻塞。

④杜老：指杜甫，因其自称“少陵野老”。

⑤沈郎：指南朝梁沈约，亦借指腰肢瘦损之义。著名词人李煜词中有“沈腰潘鬓消磨”一句，指的便是沈约。

⑥漫袚：扫除，清除。清朱彝尊、汪森所编《词综》作“谩拨”。

⑦风帻：古代中国男子包裹鬓发、遮掩发髻的巾帕，始见于汉代。

【导读】

陶宗仪生活在元明易代之际。少年时代，生活比较安定，求学应举，交游名士。青壮年时期，遭逢战乱，寓居松江，躬耕授徒，著书立说。晚年时期，两度却聘，闭门著书。这首词正是写于动荡年代的交替时期，目睹着降临在亲友头上的灾难，如飘瓦风雨，随时可至，这些都深深地影响着陶宗仪的内心。郁闷怨愤被压抑后别无排遣之法，只能诉诸笔端。

【思考与研讨】

明朝唐锦评论陶宗仪的词，认为其“抚羁穷沦落之景，而无危苦激愤之词”，试结合这首词，谈谈你对陶宗仪词风的理解。

次夏士良户侯[①]韵

元·陶宗仪

竹里茅茨[②]白板[③]扉，兴来随意卧牛衣[④]。
天笼平野前山远，水拍危桥过客稀。
钓罢得鱼沽酒去，雨余种豆荷锄归。
故人却在城南住，日日清觞[⑤]四坐飞。

【注释】

①士良、户侯：夏氏之名号。

②茅茨（cí）：亦作“茆茨”。茅草盖的屋顶，亦指茅屋。

③白板：亦作“白版”。不施油漆的木板。出自王维《田家》：“雀乳青苔井，鸡鸣白板扉。”

④牛衣：用麻或草织的给牛保暖的护被。

⑤清觞：清酒。

【导读】

清新俊逸，可以说是陶宗仪诗歌最重要的艺术风格，他的大部分诗作特别是田园、咏物、赠答等更能体现。《南村诗集》中的这一类诗歌写得古淡雅致、晴空超逸，给人清新自然、畅快优美的感觉。陶宗仪的农村田园生活为其提供了最为丰富的创作素材。恬淡的生活、清静的内境，山水田园的美好，以这些素材为内容的诗歌大都有清雅畅达的艺术风貌。这一类诗歌多取材于田园水边，意象多用春园、野水、游鱼、卧牛、疏竹，这些意象虽然平淡，但一旦组合恰当便能形成脱俗的意境。

【思考与研讨】

王国维在《人间词话》中说：“境非独谓景物也，感情亦人心中之一境界。故能写真景物、真感情者，谓之有境界”，请试从景与情的关系，分析这首诗的艺术境界。

玲珑四犯·台州作①

明·刘基

白露点珠，明河生浪，秋光看又一半。翠衾②知夜永，清梦冷孤馆。南楼③数声过雁，西池④桂花零乱。岁序⑤如何，江山若此，赢得鬓霜满。

伤心谩⑥回愁眼，见蛩⑦吟蔓草，萤度荒疃⑧。泪随黄叶下，事逐浮云散。沧波衮衮⑨东流去，问谁是、登楼王粲⑩。菊绽篱边，赋归来恐晚。

（注：方国珍作乱，据温台，岂其时耶？）

【注释】

刘基（1311—1375），字伯温，谥曰文成，浙江青田人，元末明初杰出的政治家、文学家和思想家。精通天文、兵法、数理等，尤以诗文见长。诗文古朴雄放，不乏抨击统治者，同情民间疾苦之作。著作均收入《诚意伯文集》，在文学史上，刘基与宋濂、高启并称“明初诗文三大家”。

①台州作：词作写于刘基担任江浙行省将，参与镇剿方国珍反元起义时。方国珍（1319—1374），又名方谷珍，台州路桥人，元末明初浙东农民起义军领袖。台州有“洋屿青，出海精”的谣谚，“洋屿”，就是洋屿山；“海精”指方国珍。方国珍世代以行船海上贩盐为业，兄弟五人，以此为生。元朝末年，统治者对百姓的压迫和管制十分恶劣。加上当时灾害多，民不聊生。陶宗仪辑有浙东民谣曰：“天高皇帝远，民少相公多。一日三遍打，不反待如何？”

三门县蛇蟠岛海盗村“东海枭雄”群雕（右一方国珍）

②翠衾：指翠被。李商隐《药转》：“忆事怀人兼得句，翠衾归卧绣帘中。”

③南楼：在南面的楼。谢灵运有《南楼中望所迟客》诗。

④西池：泛指西边的池塘。

⑤岁序：指年份更替的顺序，泛指时令。

⑥谩：莫，不要。

⑦蛩：指蟋蟀。

⑧疃：村庄。

⑨衮衮：同“滚滚”，大水奔流不绝、旋转翻滚的样子。

⑩登楼王粲：是指“建安七子”之一、东汉文学家王粲登楼作赋的故事。王粲《登楼赋》主要抒写作者生逢乱世、长期客居他乡而产生怀国思乡之情和怀才不遇之忧，表现了作者对动乱时局的忧虑和对国家和平统一的希望，也倾吐了渴望施展抱负、建功立业的心情。

【导读】

刘基的诗歌中常有忧生之叹。至正十三年（1353），“方国珍起海上，掠郡县，有司不能制。行省复辟基为元帅府都事”。刘基虽对元朝政治极为不满，但为君主、朝廷效忠的正统思想并未泯灭。在踌躇一番后，出山参与镇剿方国珍事宜，并提出了“方氏兄弟手乱，不诛无以惩后”的主张。但是，元廷不但招了方国珍的安，而且还斥责刘基主张剿捕方氏之计。对朝廷一片忠心，得到的却是如此回应，这对刘基的忠元之心无疑是当头一棒。相比与方国珍的志得意满，更是悲慨难抑。

【思考与研讨】

试分析该词下阙最主要的艺术特色。

游圣水寺[1]

明 · 赵大佑

晓发石林烟，寻山款寺泉。
秋声红叶里，野望夕阳前。
酒至余无度，诗成得惠连。

冥心禅榻夜，应结比丘[②]缘。

【注释】

赵大佑（1510—1569），温岭冠城人，善书法，有晋人风骨。诗文温雅俊爽，有《燕石集》。嘉靖十四年（1535）进士，入仕后历任刑事执法、监察诸职，累官至南京兵部尚书、参赞机务，有“持法任职之臣”“真御史”之称誉，时人赞其“清白之操，持衡之守，为天下平”。

①圣水寺：位于路桥螺洋街道上寺前村，一名甘泉山，上有雷公尖，山麓有圣水寺。唐大中年间（847—859）建，明嘉靖乙卯重修，康熙、乾隆年间，两次修葺，迄今兴盛。曲径通幽、花木掩映，亦东南之一名刹也。宋明以来，文人墨客在圣水寺里题诗颇多，形成了相当规模的人文景观。

②比丘：佛教指出家受具足戒的出家人。

【导读】

这首诗以沉湎于佛学的恬静心境，描绘出山林古寺的幽邃环境，从而造成一种清高幽僻的意境。诗题一作“秋日偕弟游圣水寺，有携酒至者越宿而别”。诗歌的前六句纯乎写景，然无一处不透露诗人的心情，可以说，诗人把自己的情趣融化到所描写的景物中去了。因此最后“应结比丘缘”，便是诗人心迹的自然流露。这中间过渡毫无痕迹，浑然天成。

【思考与研讨】

该诗按照鲜明的时间顺序描写和叙事，请找出关键词语。

湖墅[①]

清 · 杨晨

扁舟散发[②]欲何之，早向烟波理钓丝。
一曲鉴湖双桨入，四明狂客[③]几人知。
桃花水暖鱼初上，芦苇霜清[④]蟹共持。
拟傍水仙祠结屋，棹歌[⑤]归趁夕阳时。

【注释】

杨晨（1845—1922），字定旉（fū），路桥河西人。同治四年（1865）举人，光绪三年（1877）进士，山东、四川道监察御史。著《三国会要》《三国志札记》等。路桥的历史是与杨晨分不开的。杨晨非但撰写《路桥志略》，留下珍贵的历史资料，他更以兴办实业开创了台州近代工商业的先河，并以深厚的文化和著述使路桥这个商业重镇增添了儒商风采。

①湖墅：诗人建在鉴洋湖湖心沙洲上的西式别墅。鉴洋湖东邻路桥区螺洋镇，周边有多条河流相连，三面被群山环抱，自然环境优美。

②扁舟散发：扁舟，小船。散发：任意松散头发，表示归隐。李白《宣州谢朓楼饯别校书叔云》云："人生在世不称意，明朝散发弄扁舟。"

③四明狂客：指唐代诗人贺知章，其人性放旷，善谈说。晚年尤加纵诞，自号"四明狂客"。本句一作"一曲鉴湖双桨卧"。

④芦苇霜清：化用诗经"蒹葭苍苍，白露为霜"一句。

⑤棹歌：行船时所唱之歌。

【导读】

这首诗透露出了晚年的杨晨内心深处的山水情怀和浑然忘忧的出离之感。他辞官回到路桥，作别仕宦身份的光环，从容地把后半生的时间交给了辽阔的水域。当他第一次脚踩着鉴洋湖湖心岛潮湿的土地，极目远眺——四面皆山，苍翠如画，湖水荡漾，清澈流韵，幽静至极。于是，他在湖墅四周遍植名贵花木，南侧还建有一玲珑剔透的凉亭，称"湖心亭"。在此，他著书、垂钓，过着潇洒的林泉安逸生活，并为自己起晚号"月河渔隐"。

【思考与研讨】

把一座湖当成精神坐标，杨晨像鉴洋湖的主人一样，以淡然和远视面对尘世，以敬业的精神著书立学，以超拔的姿态追求精神的自由。他的人生态度，决定了他在鉴洋湖中拥有的自由生活。杨晨有鉴湖，正如苏轼有东坡，朱自清有荷塘，你的世界中也一定有这样宁静而自由的去处，不妨也写一首小诗吧。

路 桥

清 · 宋世荦

罾网①村村挂，帆樯路路通。
桥拖虹影落，沙啮浪花融。
蜃炭②涂墙白，渔舟簇火红。
蓬壶③知不远，我欲趁长风。

【注释】

宋世荦（1765—1821），字卣勋，号确山，浙江临海人，清藏书家。曾任福建大田、陕西扶风县知县，以廉洁著称。撰《确山骈体文》《沣川诗征》《台郡识小录》《红杏轩诗抄》等。

①罾网：渔网。

②蜃炭：古代将蛤壳烧成灰粉，可涂饰墙壁以驱虫，也可燥湿，谓之蜃炭。

③蓬壶：蓬莱。古代传说中的海中仙山。

【导读】

宋世荦的诗鲜活生动，既讲究修辞，又俗气有巧思。另有一首《路桥船》也深得其中精髓，诗曰："一回潮上一回鲜，紫蛤花蚶不计钱。拨刺黄鱼长尺半，如飞摇到路桥船。"正因诗中有俗世味，才鲜活，也因诗中有巧思，才生动。

【思考与研讨】

诗中用字精巧，试举其中一二，加以赏析。

南宫河[①]

清 · 谢士俊

何须伟绩著旂常[②]，赢得廉名去亦芳。
豪士官卑原写意，诗人笔健讵[③]嫌忙。
风清两袖春三月，泽瑞千家水一方。
试听讴歌声四起，鹭河无处不甘棠。

【注释】

谢士俊，清代诗人。

①南官河：路桥的母亲河。也是远近闻名的浙东小运河，它是古代官家开凿的一条向南而去的河流。根据路桥年鉴记载，南官河起自黄岩城关，五代开平元年（后梁太祖）到长兴二年（后唐明宗）（907—931）开凿。

②旂常：即旗与常。旗画交龙，常画日月，是王侯的旗帜。

③讵：难道；岂。表示反问。

路桥南官河

【导读】

路桥，湖多，河多。论湖泊，路桥大大小小湖泊恰与天数齐参，计约 365 口。论河流，横穿路桥有三条大河，均属台州金清水系。河流湖泊构成路桥十万民众的生命之源。有河流即有平原，有平原即有农田，有农田即有村庄，有村庄即有集镇。路桥自然成为温黄平原中心点。而南官河，是路桥的母亲河，十里长街傍南官河而建，包括 7 个街区，全长约 3.5 公里。沿街的历史建筑、街巷行道石板、古桥、南官河两岸传统风物，充满了江南水乡神韵，这是一条孕育路桥人民生命和文化的水流。

【思考与研讨】

试着用散文化的语言改写该诗的颈联。

题画《紫藤》

柯璜

有物非松柏，丛生俨[①]自若。仿佛槲寄生[②]，浑身不示弱。
垂花如蔟锦，仰天透碧落[③]。荏苒以荫浓，曲边而盘礴[④]。
春来时迎眸，夏至招人幕。在野庇人民，在山栖猿鹤。
博济悟胞与[⑤]，本性无愧怍。坐下都怡然，万古清凉药。

【注释】

柯璜（1876—1963），字定础，号绿天野人，路桥桐屿人，近代社会活动家、儒学家和书法家。毕业于京师大学堂，历任山西省图书博物馆馆长、北京故宫古物陈列所主任。毕生从事文化教育事业，传播儒学，培养了众多人才。热爱艺术事业，钻研书画，尤长于书法。留下不少作品，在中国艺术界素有名声。

①俨：整齐的样子。

②槲寄生：一种植物。

③碧落：碧霞满空，叫作“碧落”。这里泛指天上。

④盘礴：盘曲牢固。

⑤胞与：“民胞物与”之省略。犹言泛爱一切人与物。宋代张载《西铭》云：“民吾同胞，物吾与也。”

【导读】

柯璜先生善画花卉、青松，所画花卉超脱飘逸，自成一格，“画叶不钩针，画花不点心”。尤喜画紫藤，诗书画皆佳，他画的紫藤清新自然，怡然自若，根茎坚韧，枝叶繁茂，这也是出于他对事物的仔细观察和用心感受，所画之物早已成竹在胸，就如中国画家们常说“丘壑成于胸中，既寤发之于笔墨”。他曾作紫藤多幅，也为其作诗多首。

【思考与研讨】

以借物抒情、托物言志的手法来表达个人情志，这是很多书画作品和诗文常用的方法，请探究柯璜在紫藤中寄托了自己怎样的人格追求。

文章·椒江

《白云稿》①序

元·刘仁本

乡友朱君伯贤②，少颖拔不群，尚志气，好学读书，征师问道，能自树以承其家业。居临海金鳌山之阳③，山多白云，常接连海气，晨夕出没。君览其蓬茀悠扬，郁畅卷舒，若奇峰流水，变态万状，端倪莫测，又蜿蜒若龙蛇鸾鹄，缥缈神化，俛仰呼吸，怡悦性情，以成其文章也。

既而上会稽，过金陵，浮洞庭彭蠡，吊古今名山大川，灵文胜迹，而白云之聚散，又常在目睫。别余去几几十载，遭时多故，遂遁栖④于古姚虞之区。至正十九年，予以师旅事过其地，访得之。既相见，出示所著《白云稿》，累十数卷。且曰："吾于金鳌白云不能一日忘也。虽远游四方而亲舍之望，宁或嫌于狄公乎⑤？故当操觚命牍⑥时，白云之幽思遐情，固已勃于胸臆，发于颖端矣。因之以名编，可与余闻其语，斐然兴，怿然⑦喻。"尽日读之，识其气体浑厚，有西京裁制；而辞意严密典雅，不务险怪限深以求古，不为绮靡缋丽以徇时。若此者，宜其不利于有司，而可驰骋于贾、董、班、扬之疆场，以垂美于后观也。危太史序⑧，得其旨矣。予不能释然忘情，故又为之引说焉。

是岁庚子冬十有一月望日，同郡刘仁本序。

【注释】

刘仁本（？—1367），字德元，黄岩人。工书，善属文，尝撰并书元至正修学记，字意遒媚，清洒甚可爱。尝治兵余姚，于龙泉山作雩咏亭，集一时名士42人，仿效东晋王羲之山阴兰亭修禊赋诗，于后世影响很大。著有《羽庭集》。

椒江白云阁夜景

①白云稿：元末明初朱右所撰，原稿本十卷，所传共五卷，《四库全书》收入集部。

②朱君伯贤：指朱右（1314—1376），字伯贤，一作序贤，号邹阳子，章安（今椒江章安）人。他从学于陈德永与李孝光，博通群书，在元时尝赴进士试不中，遂“刻意为诗歌文词，动以古人为法”（《台州府志》卷一一七《朱右传》）。入明后，于洪武三年（1370）二月召入元史局为纂修官，书成，辞归故里。洪武六年（1373）复因宋濂之荐入京纂修日历，日历修毕后授翰林国史编修，终晋王府右长史。在京任职期间，数上赋颂，受到朱元璋的褒奖。朱右的文章写得很好，最擅史笔，《台州府志》称其“问学该洽，尤长《书》《礼》《春秋》，其文深醇精确，简而有度”。朱右还将唐代韩愈、柳宗元，宋代欧阳修、曾巩、王安石及苏洵、苏轼、苏辙父子八家文辑为一集，首开古文“唐宋八大家”之目。著有《白云稿》等。

③临海金鳌山之阳：临海金鳌山的南麓，即今椒江章安金鳌山；阳，山南水北谓之阳。

④遁栖：隐伏，隐居。

⑤宁或嫌于狄公乎：嫌，嫌弃、厌恶。狄公语，喻想念父母。典出《新唐书·狄仁杰传》：“亲在河阳，仁杰登太行山，反顾，见白云孤飞，谓左右曰：‘吾亲舍其下。’瞻怅久之，云移乃得去。”

⑥操觚命牍：指写文章。

⑦怿然：高兴的样子。

⑧危太史序：指本书另一序，危素的序言。危素（1303—1372），字太朴，号云林，江西人。因曾负责主编宋、金、辽三国历史，故称太史。

【导读】

这是朱右《白云稿》中的序之一，作者是元末进士刘仁本。在这篇序中，作者赞美了朱右的才华，介绍了《白云稿》成书的大致经过及《白云稿》的来名缘由——所谓“白云”，其实是朱右老家金鳌山上常年蒸腾的海气，文章里说“（朱右说）吾于金鳌白云不能一日忘也”，于是便有了《白云稿》的名谓。

【思考与研讨】

第二段末尾中，作者提到“而可驰骋于贾、董、班、扬之疆场，以垂美于后观也”，这里的“贾、董、班、扬”分别指谁？你能分别说出他们的代表作吗？

松楸[①]孝慕[②]图记

明·赵名永

松楸孝慕图者，余友戚公存心[③]哀慕其亲，而寓思于松楸者也。公以甲戌登进士科，初任行人，未及期年，遂参大藩[④]，分阃[⑤]陕西。既及三年，复以荐者之言，授春官侍郎[⑥]。慨念身膺荣显，皆由先世善庆之积，于母之存，有禄不克就养，于亲之亡，墓隧不及一省，东望家山，远隔海壖[⑦]，积思于中，不能自已。于是丐天师今真人张公为图其先人所藏之景，题曰“松楸孝慕图”，将求内翰[⑧]之士纪述其事，而王夫人凶问[⑨]适至，故图虽就，未有为之记者。

今年春，余往唁于堂。公出示斯图，因言曰：“余家世居严屿。自夫兹地规为城隍，陵夷井堙[⑩]，山川为之改变。余先茔在枫山之原，其几危者累矣。幸以先世之德，天佑其衷，独保以全，墓木就拱。虽奠扫有兄，而余宦游日久，徒有望云兴叹而已。今者不幸，复以母氏之戚，居忧于家。尚虑终制之后，不克久居先人墓次，子幸为我记之，庶得以寓其思焉！”余谓陵谷之变迁由乎数，而天道之所庇本乎德。数者，众所同；而德者，公之所独。枫山东岸大海，盘据秀拔，如鸾翔凤舞，界海而止，视者峰如拱如揖，俯瞰东溟，茫如一鉴，佛区僧舍，焜煜[⑪]其颠，扶舆清淑之气，盖有所蓄而发于人。《诗》曰：“维岳降神，生甫及申。”则夫兹山之蕴灵而泄异，笃生伟人，公之名爵，得不兆于兹乎！是宜爱慕□□[⑫]是滋是长，敬之逾于桑梓，爱之重于甘棠[⑬]，俾之盘根厚地，下护九泉，枝覆层空，阴凝雨露。惕然[⑭]若音容之常存，肃然若言笑之俱在，孝思之心，与天罔极，鬼神□[⑮]护，与世无斁[⑯]，行见锡告自天，穹碑[⑰]表墓，俾枫山增重其声价，草木被其光荣，刚公之忠孝，可谓兼尽之矣！苟展拜以屈其枝叶，振撼以伤其本根，勋名志节，一或愧此，尚得以为孝乎！公忠谨仁谅，自庠序而历省部，荣名至行，皆足以训于后。则子若孙披览是图，安得不心公之心存其孝，本公之德以趾其休哉！《诗》曰：“永言孝思，孝思维则”，公之谓欤?

永乐二年甲申五月中浣，浚仪赵名永撰。

【注释】

赵名永（生卒年不详），名昶，黄岩人，辟本县训导。

①楸：落叶乔木，干高叶大，夏天开黄绿色细花，木材质地致密，可

做器具。

②孝慕：指对先辈孝敬追慕。

③戚公存心：即戚存心，名榆，严屿（今浙江椒江）人。明洪武二十七年（1394）甲戌科进士，升陕西布政司参政。未几，召为礼部侍郎。生平刻苦嗜学，玩物适情，不事华靡。住处多艺菊以自怡，尝题游息之所曰“友菊轩”，故亦号友菊。

④大藩：古代指比较重要的州郡一级的行政区。

⑤阃：这里指统兵在外的将军。

⑥春官是礼部侍郎。武则天把六部（吏、户、礼、兵、刑、工）改为六官（天、地、春、夏、秋、冬）。春官侍郎是礼部次高长官。

⑦堧（ruán）：河边的空地或田地。

⑧内翰：唐宋称翰林为内翰，清代称内阁中书为内翰。

⑨凶问：死讯、噩耗。

⑩堙：堵塞，这里指把井堵塞。

⑪焜煜：照耀，明亮。

⑫□□：此处空格表示缺文，民国项士元抄录本文时已缺文。

⑬甘棠：《史记·燕召公世家》：“周武王之灭纣，封召公于北燕……召公巡行乡邑，有棠树，决狱政事其下，自侯伯至庶人各得其所，无失职者。召公卒，而民人思召公之政，怀棠树不敢伐，哥（歌）咏之，作《甘棠》之诗。”后遂以“甘棠”称颂循吏的美政和遗爱。这里指台州当地官员。

⑭惕然：警觉省悟的样子。

⑮同注释⑫。

⑯斁（yì）：厌倦，厌弃。

⑰穹碑：圆顶高大的石碑。

【导读】

戚存心，明朝政治人物，椒江本地人，椒江区白云阁的底层内侧对联“击楫放歌红树晚，振衣长笑白云闲”就是他的作品。他官至礼部侍郎，因一直在外为官，十分思念亲人，尤其哀慕其亲。这篇文章记叙了《松楸孝慕图》的由来和作记的背景、目的，盛赞了戚存心的忠谨仁谅和至诚孝心。

【思考与研讨】

结合文章第二段，举例谈谈你对“陵谷之变迁由乎数，而天道之所庇本乎德”这句话的理解。

何宠[①]传

清 · 何柏章

何宠，字汝峰，号文峰，临海人（栅浦[②]人）。嘉靖癸卯乡魁，癸丑进士，当除部主事，时以方州多墨败，重其选，改知无为州。用治行征入刑部，为员外，晋郎中，满考，出知潮州府。《江南名宦志》云：“公慈祥恺悌[③]，气度宽宏，不事苛察。至法所当施，绝无假借。时有倭警，公预筑城浚池，为一方保障，亲督慰劳而民不扰。州人戴德[④]建祠于城南，曰三贤，与巡按吴公朋[⑤]，通判冀公元[⑥]偕焉。徐少师阶为之记。天启中，又专祠公于墨池之东，盖久而不能忘也。”《广东名宦志》曰：“时潮倭寇频仍[⑦]，郡县驿骚[⑧]，公至而镇以静闾阎[⑨]疾苦，咸许上达，徐察其利病亟与兴革。减赋役之冗，蠲[⑩]盐课之余，一以坦易得民。而检身俭，故军兴旁午，民不以征发为扰。兵骄弗戢[⑪]，按法裁之，部伍贴然。公寝疾[⑫]，阖郡奔走祈祷，比殁，罢市巷哭，肖像与前守袁凤鸣[⑬]并祀，曰：双贤祠。后又传为城隍神焉。

【注释】

何柏章，字梁器，号璞斋，临海岁贡。编录《台峤诗存》18卷，著有《浙江通志订讹》《浙江通志补遗》，援据精当，惜俱未梓。

①何宠（1512—?），字汝锡，号文峰，临海栅浦（今属椒江区）人。父何从良，曾任进贤县尉。宠登明嘉靖三十二年（1553）进士，授无为知州。在任慈祥为政，不事苛察而执法严厉。时值倭寇骚乱，筑城浚池加强防御，百姓得以无忧。升刑部郎中，出知潮州。到任后，听取民众意见，找出利病所在，迅速改革。自奉节俭，以坦诚和平易得民心，军务紧迫而百姓不以征发为扰，对骄兵绳之以法，整肃纪律。终以积劳成疾，卒于任所。病时，合郡奔走祈请；殁时，全城罢市巷哭。

何宠像

②栅浦：地名，今椒江区葭芷街道辖区。

③恺悌：和乐平易。

④戴德：感恩戴德。

⑤吴朋：“吴朋”应为“吴百朋”。吴百朋（1519—1578），字维锡，号尧山，浙江义乌人。明嘉靖二十六年（1547）丁未科进士，官至刑部

尚书，为抗倭寇、平内乱、固边防立下了不朽功勋，系一代儒将。

⑥冀元：生卒年及生平事迹不详，其时任庐州（今安徽合肥）府通判，受吴百朋委派，协助何宠在无为州筑城御寇。

⑦频仍：连续不断；频繁发生。

⑧驿骚：扰动；骚乱。

⑨闾阎：原指古代里巷内外的门，后泛指平民老百姓。

⑩蠲：除去。

⑪戢：收敛。

⑫寝疾：指卧病。

⑬袁凤鸣：生卒年不详，字对瑞，号岐山，湖南沅陵人。明嘉靖十七年（1538）戊戌科进士，授江西贵溪县知县，为官清正，察民疾苦。升江西道御史、四川巡按，后调做京官，正色敢言，受到排挤，嘉靖二十六年（1547）调任潮州知府。在潮州筑堤防水，兴学教士，百姓多受其惠。凤鸣调任他处时，潮州数万士民遮道挡驾挽留，后为其建祠祀奉。与何宠共祀潮州双贤祠。

【导读】

在明代，栅浦何氏为台州文化世家之一，祖孙十几代，共留有著述38部、数百卷，可谓“文化昌隆”。其声名卓著者有：嘉靖三十二年（1553）进士、先后任刑部郎中、潮州知府的何宠；宠弟宽，嘉靖二十九年（1550）进士，先后任刑部尚书、吏部尚书；宽子大缙，官至户部郎中、铜仁知府；宠孙舜韶，万历三十八年（1610）进士，官至大同知府；宠孙舜龄，万历四十一年（1613）进士，曾任安远知县、泉州同知、山东盐运同知；宠孙舜岳，万历四十一年（1613）进士，官至无锡知府；舜龄长子懿、仲子衡及衡子纮度等，也先后登进士第；纮度弟志清、纮度子文鉴皆有文名。其中，何庞被朝廷封为“监察司氏潮州城隍威灵公”，职位正二品，“使人知畏，人有所畏，则不敢妄为”。他是继屈坦后，被尊崇为冥界地方守护神的第二个台州人。

此文记述了何宠的为官经历，赞美了他的“慈祥恺悌，气度宽宏”，尤其肯定了他的为官政绩。何宠一生以济世安民为己任，深受无为、潮州民众喜爱。

【思考与研讨】

根据文章，请模仿“感动中国”的颁奖词形式，为何宠写一段颁奖词。

台州大阅[1]赋

清·朱昭

光绪十六年[2]月日，浙江巡抚嵩公[3]出辕[4]大阅，由绍、宁以至台州，赫赫[5]然，巍巍[6]然，时则旌旆飞扬，气象光昌[7]。马骋骅骝[8]，车排巢广。列貔貅于甲帐，严队伍于海门。士卒尽龙骧选就，韬钤[9]则虎将才优。飞舟舞楫，轻帆利航。雪浪千重，枪炮激昂而鹘起；云梯万丈，扶摇搏击而鹏翔。并采用西法，水陆并进，用是詟[10]夷岛而靖[11]海疆，甚盛典也！今太守陈公孝廉堂课士，以《台州大阅赋》命题，龙用敢缕述管见，爰举大略而为之赋。其词曰：

【注释】

朱昭（生卒年不详），原名士龙，号德荪，临海人，廪生。有《误我庐诗存》。

①大阅：大规模地检阅军队。

②光绪十六年：公元 1890 年。

③嵩公：时任浙江巡抚崧骏。

④出辕：出军营。辕，旧时指军营、官署的外门。

⑤赫赫：显著盛大的样子。

⑥巍巍：高大壮观的样子。

⑦光昌：显扬昌盛。

⑧骅骝：指赤红色的骏马，周穆王的“八骏”之一。常代指骏马。

⑨韬钤：借指武将。

⑩詟：惧怕，这里指使……惧怕。

⑪靖：安定，这里指使……平定、安定。

客有从海门来者，见舆地之雄藩[1]，为海邦之重镇；越鼠屿之奔流，据鳌山之崇峻[2]。时则旗鼓相当，将帅并进。船飞如龙，桨疾若骏。倒海排山，霜风雪刃。鉴戚继光之余徽[3]，习昆明池之古阵。一纵一横，正奇转瞬。观者若堵，天裂地震。炮台飙举而高张，弓矢齐飞而奋进。巨缆牵掣而腾骧[4]，众志成城而效顺。阵螺丝而心坚，势长蛇而目瞵[5]。火轮之船遄飞[6]，水雷之器独震。号令如山，军威谨慎。虽外夷之强悍，实心惊夫余烬。

【注释】

①雄藩，指地位重要、实力雄厚的藩镇。

②越鼠屿之奔流，据鳌山之崇峻：鼠屿、鳌山都是椒江的地名，出自流传于椒江民间的传说：金鳌借助神牛和神鼠为百姓除掉沙龙，最后化为一座山的故事。

③余徽：遗留下来的美德。

④腾骧：飞腾；奔腾。

⑤瞵：凝视的样子。

⑥遄飞：勃发；疾速飞扬。

乃揖主人而告之曰：仆闻三年大阅，天子所为。台州之地，风俗异宜，负山濒海，寇盗潜滋。南历奇田之险，西经苍岭之危，东据桐遂要道，北连上岙之涯。论适中之地在深河，新河不可忽也；论形势之急在海门，海门实难恃也。是故中丞大阅，驻扎于斯。旌旗夹道，剑戟分驰。一声炮震，万队军随。天地为之摇动，山岳为之转移。胜者作气，负者登陴。建大将之旗帜，乃仗钺而挥麾。不必挽颜高之弓，定天山之箭，已足使敌胆丧，种类无遗者矣！

主人曰：客所谓大阅者，此第论其合，尚未论其分也！请以水操、陆操、车队、马队之形势，为余陈其大略，俾①得与闻乎？客曰：唯唯②。其在水也，灵胥③旂④偃，海若⑤宫焚。波臣⑥逐队，铁弩运斤。蹙浪花之澎湃，洗波练之尘氛。虎帜共鲎帆⑦并挂，燕弓与鼍⑧瑟齐昕。鹈鹕扼要津之险，貔貅策水国之勋。倚鼍梁之一柱，环犀甲之千军。合艨艟⑨而击水，屯⑩舴舰而如云。于以肃号令，于以击征鼓载沉载浮⑪，而止齐无失；鼓之舞之，而倏忽成群。法淮阴之背水，多多益善兮缤纷！其在陆也，大地云屯，漫天风劲。战士连镳⑫，将军用命⑬。呈如荼如火之威，懔⑭七纵七擒之令。八阵图开，三军力并。既先锋之突出，复后劲之交并。非鬼谷之阴谋，法孙吴之申儆⑮。阅者移情，操者成性。披戈执盾而齐来，拔帜登坛而力竞。等角力之齐、秦，比争雄之晋、郑。合临黄宁太之兵，有三千九百之盛。其步武之整齐，惟八奇而八正。此都督之力也，亦执事而司敬！其阅车阵也，朱盖飞扬，华轮上下。释甲从容，扬镳闲雅。朱英与绿縢交辉，畅毂[16]与文茵[17]共写。军偷黑夜之营，梯步青云之野。同孙叔之乘车，岂武侯之流马？可以挫外夷，可以威中夏。弱不胜强，众能敌寡。按辔徐行，辘轳解瓦。谯楼[18]则笳角争吹，郊野则轮蹄转锞[19]。忽放忽擒，洋洋洒洒。连株不能挫其锋，逐日不能毁其锈。纵有阿哩客之台炮，英吉利之器械，秘鲁铁舰之精，俄土海雷之捷[20]，俱不足征其实用，而但为苟且云尔也。其阅马队也，奔驰原野，蹀躞[21]临风，蹄翻雪白，汗出霞红。干戈武耀，虎豹皮蒙。咸据鞍而奋勇，亦扬鬣而腾空。骑卒悉熊腰之选，元戎夸猿臂之雄。载骤骎骎[22]，若电气之引线达岸也；载驱薄薄[23]，若爆药之变化无穷也。牝牡骊黄[24]，有逐电追风之象也；载骑结驷，有掀控纵送之冲也。况夫两骖[25]雁行，左攻右攻，为之甲辅也；四牡孔阜，有驱有骓[26]，为之会同也。凡此马兵马队，有不膺重赏而建宏功乎？

【注释】

①俾：使。

②唯唯：恭敬的答应声。

③灵胥：典出《吴越春秋》。相传伍子胥死后为涛神，故称“灵胥”，后亦借指波浪、浪涛。

④旃：古代一种旗子。

⑤海若：古代中国传说中北海的海神，出自《庄子·秋水》。

⑥波臣：指水族。古人设想江海的水族也有君臣，其被统治的臣隶称为“波臣”。

⑦鲎帆：鲎背部甲壳可上下翘动，上举时人称鲎帆。

⑧鼍：扬子鳄。

⑨艨艟：也作蒙冲。古代的一种战船。

⑩屯：聚集。

⑪载沉载浮：在水中上下沉浮。

⑫连镳：指骑马同行。

⑬用命：指效忠、听命。

⑭懔：害怕，警惕。

⑮申儆：儆戒，训戒。

⑯畅毂：意思是长毂。指兵车。

⑰文茵：车中的虎皮坐褥。

⑱谯楼：指古代城门上建造的用以瞭望的楼。

⑲转粿：运转，转动。

⑳纵有阿哩客……俄土海雷之捷：本段原文有相关注释。其云：阿哩客之台炮（光绪七年智人封阿哩客之海口，城上有台炮数座。）英吉利之器械（光绪八年，英吉利派兵防爱力克山，得器械甚精。）秘鲁铁舰之精（光绪三年，有秘鲁水师熟于水演法。）俄土海雷之捷（光绪四年，土国用海雷诸法，最为奇异。）

㉑蹀躞：马行貌。

㉒骎骎：形容马跑得很快的样子。

㉓薄薄：指车疾驰声。

㉔牝牡骊黄：原意是观察事物要注重本质，不在乎外表怎样，后比喻事物的表面现象。

㉕两骖：马拉车，在外侧的两匹马称“两骖”。

㉖有駓有骓：駓（pī），毛色黄白相杂的马。骓，顶级宝马。语出自《诗经》。

主人曰：操演之法，既闻之矣。今日者，信格环瀛，威镇夷狄，耀海观兵，程功课绩，呈百巧以壮观，览众美而辨析，用赋毕而陈诗，譬百金于洴澼。诗曰：

浩浩海门，波浪激兮。桓桓熊罴，雄武觌[1]兮。雕弓卢矢，流星镐兮。铁盔银甲，挥干戚兮。旌纛[2]蔽天，映罗幕兮。舟运火力，机轮击兮。雷在水中，腾霹雳兮。洲岛詟服，咸镇惕兮。愿献螺舟，助攻敌兮。潜行深渊，轶飞鹢[3]兮。针握指南，发有的兮。或浮或沉，不患溺兮。忽后忽前，无可觅兮。引电起针，烈焰焱兮。蠢彼丑类，悉陵轹[4]兮。尘清六合，此荡涤兮。大功告成，震遐逖[5]兮。

【注释】

①觌：见。

②旌纛：古代军队里的大旗。

③飞鹢：像鹭的水鸟。

④陵轹：车轮碾压。

⑤逖：远。

【导读】

光绪十六年(1890),浙江巡抚大规模检阅军队,从绍兴、宁波到台州。当时军队采用西法,水路并进,规模严整,气势宏大,“赫赫然,巍巍然,……甚盛典也”。太守以《台州大阅赋》命题,朱昭遂写了这篇赋。

本文先写排兵布阵之景,一显巡抚阅兵之宏大;再以“客”身份略述台州地物,点明海门的战略意义。然后借主客对话引出巡抚演兵之宏伟雄壮,再显巡抚阅兵盛况。本文文字铺排华丽,比喻、用典频出,极写巡抚练兵之功。

【思考与研讨】

全文为什么要采用主客问答的方式?文章中蕴含了作者什么情感?

海门义渡记

陈崇实

灵江东注，百二十里，入海处，两山夹峙为海门。由海门横江直北十余里，为前所。两涯渚涘，不辨牛马，日以三板轻舫，渡往来过客。夕汐朝潮，必逆流七八里，转舵斜折入顺流，若“之”字形，土名谓之三条江。往往中流遇风，白波若山，舟中人五色无主。一失势，糜碎[①]土沉，下饱鱼鳖，盖天险也。辛酉七月覆一舟，死者二十七人。都阃[②]陈煊，司训[③]张凤藻，生员刘琦、王衷善，联名请于会稽道尹黄公庆澜，拨常平赈余创办轮渡，准所请饬下，邑侯罗，以赈无余款复，事遂中寝[④]。冬，又覆一舟，死尤夥[⑤]。陈煊等申前请，则电限新任江侯恢阅，匝月[⑥]告成。侯商于海门陈照春团长，试演征兵戏，以戏金购渡轮，成如限。自此十八年无一人灭顶，得力于渡轮者侈也。不幸己卯五月，毁于敌弹。越一年春，寇至，又沉于关外。虽曾经王君槐卿垫款修复，雇工曳之起，预备改造，然际此兵燹[⑦]之后，百废待兴，势不能咄嗟[⑧]立办，轮渡于是乎中断。横江限南北，一旦转危为安，攘往熙来，寄性命于惊涛骇浪之中，未有不作色而相戒者。专员杜公伟，县长庄公强华，为今之黄道尹，则曰：“是吾两人责也！”壬午冬，亟令椒江义渡委员会召工，估定九万，拨以公家款两万。维时物价浪增，不足，又益以前拨之数，余由海门区朱区长会同各委员募于当地殷富。计用法币二十万几千有奇，越八月乃告蒇事[⑨]，坚致牢实，焕然一新矣！

尝闻佛以宏愿船济人于生死海。北渡前后填尸不知凡几，倘所谓生死海者非邪？一自纵火鼓轮，日往返以十数计，普渡可千数百人，倘所谓宏愿船者非邪？天下事创始维艰，继承不易。得贤有司后先济美，亦南北岸人民如天福也。惟木质之物，无久而不坏之理，所望董其事者，本己溺盛怀，发我佛宏愿，并仰体贤长官救人苦心，累寸积铢，处脂不染，以永保此渡之安全，此则区区立碑意也。

是役也，募集巨款者为王君公亮、丁君芹波、李君乐逊等；王君槐卿终始其事，用意尤勤；不遗余力督促总其成者，区长长兴朱公赓璬，均得书名。是为记。（三十二年古九月五日）

【注释】

陈崇实（生卒年不详），字楷亭，临海人。清光绪廪生。

①糜碎：碎烂。

②都阃：指统兵在外的将帅。

③司训：明清时府、州、县学皆置训导。司训，当指这类学官。

④中寝：中止。

⑤夥：一群人。

⑥匝月：满一个月。

⑦兵燹：指的是因战乱而遭受焚烧破坏的灾祸。

⑧咄嗟：霎时，另有“叹息、呵叱、吆喝”等意。

⑨蒇（chǎn）事：事情办理完成。

【导读】

有着“水上巴士”之称的海门轮渡，一直以来解决两岸百姓过江问题。到20世纪八九十年代，这里一直是浙江省最大的渡口之一，每年的客流量达到五六百万人次，是椒江区城市公交的重要组成部分。改革开放40年后，城市快速发展，椒江大桥、椒江二桥的通车无疑让椒江人在出行方式上有了更多的选择。而在上下班的高峰里，这一条按时出发，“永远不堵”的过江通道，仍是这座城市的底牌。

这篇文章记述了海门轮渡的“前尘往事”，详细叙述了建成海门义渡的艰难过程，赞扬了为办成此事而四处奔波募集巨款的王公亮、丁芹波、李乐逊等人，也赞扬了“不遗余力督促总其成”的区长朱赓璈。

【思考与研讨】

海门义渡的建成一波三折。根据文章第一段，用简明扼要的语言概括海门义渡建成的经过。

论台属商业

江梦生

台属处山海之隅，纵横千余里，户口殷繁，物产饶富。人生其间者，室家团聚，多以务农捕鱼为业。而工商问题，罕有讨论及之者。

前清光绪二十年间，宁波商人创办海门轮船，往来宁台，建设码头，而吾台商业之萌芽始茁。后台人自行集股，购买永宁轮船往宁，复添买永利轮船往沪。每次进出口，货物填溢，客商拥挤。外郡富商垂涎，竞争斯起，续来可贵、宝华、平安、普济各商轮，排日往返沪、宁、东瓯，络绎不绝，商旅便之。至内港小轮，陆续增置。航路利权，日渐发达，海门场合，愈见繁华。此台州商务一大转机也。

或者谓台之商有三难焉，一则苦于无资本也。语云："长袖善舞，多钱善贾。"台属殷富之家，坐拥厚资，惟求田问舍，为子孙长远之计。而于经商之业，概置诸脑后，即间有经纪观念，而垄断独登，睥睨[①]一切。此土豪之器小易盈，坐井而观，未足与语其大也。其难一。

一则苦于无征信也。语云："忠信可行蛮貊[②]，不忠信难行州里。"台属商轮开驶已十余岁，岁终子母生息，各股东仍无均沾利益，缺望殊多。它如煤铅之开挖，织布之工艺，罐头之制品，当事诸君，皆具盛心，卒无效果，其股本都付虚牝。皆由平日未尝经验，致失信用，一蹶不振。即或有心实业，欲舍旧图新，而人以为诳；再筹入股，百无一应。此育商之妄动失措，挈瓶之智，未可与之有为也。其难二。

一则苦于盗匪之扰害，缉捕之不力也。台属跳梁小丑，实繁有徒，大半为饥寒驱迫，流为盗贼。陆路伏莽丛密，三五成群，横行吓诈，或截隘掳夺，或昏夜抢劫，懦弱良民，遭其毒害者，指难屡数；至海滨辽阔，奸宄[③]出没，尤属靡常[④]，商人被劫，时有所闻，甚至拔人勒赎，得钱分肥，冤沉莫诉，案破无期。即陆有防营兵勇，海有护船巡哨，而山林深邃，港汊[⑤]纷歧，彼窜此藏，踪迹甚秘，诛不胜诛。且间有侦探眼线，阳为投诚，阴仍通贼，故智复萌，伊于胡底[⑥]？数十年来，荆棘满途，商旅裹足。坐此之由，其难三。台属原有美富之利源，生此阻滞之恶感，而不谋所以改良之策，岂不惜哉！

今民国维新，六邑地方社会开幕，着着进行，而经济艰难，左支右绌[⑦]，苟非于商业上求扩张，则利源终无由辟也。亦唯有联合六邑绅富商学界素有经验之士，从新组织一二有限公司，大公无私，各任负担，资众擎之力，奖实行之功，务须详订规则，预算决算之表，及一切登记收发之手续，无不可揭示，一目朗然，以昭大信，俾人人知有密切之关系，优胜之权谋，凡种种经营，皆可希望完成美果，庶几富源广辟，资本日充，台州之商业，何虑不发达哉！

【注释】

江梦生（生卒年不详），别署老衲，黄岩人。

①睥睨：眼睛斜着看，形容高傲的样子。

②蛮貊：指的是南方和北方落后部族。

③奸宄：此指违法作乱的人。

④靡常：是指无常，没有一定的规律。

⑤港汊：河汊，分支的小河。

⑥伊于胡底：到什么地步为止？系对坏现象表示感叹。出自《诗经·小雅·小旻》：“我视谋犹，伊于胡底？”

⑦左支右绌：原指弯弓射箭的姿势，左手支持，右手屈曲。指力量不足，应付了这方面，那方面又出了问题。后用以形容财力或能力不足，顾此失彼的窘状。

【导读】

清末民初，随着外力的楔入与自然社会经济条件的变化，台州商业文化处于转型之中：商业形态从依附趋向独立，经营模式从封闭走向开放，一种崭新的近代商业文化在台州崛起。但是，由于基础欠实，社会环境动荡不宁，台州商业的发展还存在不少困难。在此文中，作者先从台州商业发展的转机入手叙述，直面“台之商有三难焉”，分别从资本、征信、盗贼之扰害三方面论述了台州商业面临的实际困难；尽管如此，作者依旧坚定地认为振兴商业是繁荣台州经济的关窍所在。

【思考与研讨】

从现代的眼光看，对文中作者提出的“台之商有三难”，你认为这三难中，哪一个最易解决？哪一个最难解决？为什么？

大陈岛赋

苏绍康

雄峙苍海，美媲灵区[①]。壮怀不已，美德雅居。襟带烟波，凭上下之二岛；吐纳淑气，笼远近于一图[②]。是以虽为弹丸之地，可媲蓬莱之墟。于是郁郁紫烟，飞虹入海；煌煌宝地，舜步尧趋。无乃仙家之异境，东海之明珠[③]乎？

尔其丘陵逶迤，岗峦起伏。奇洞隐礁，玉带萦谷[④]。天海交映于空，林草威蕤于陆。或连或断，怪石丛生；若啮若踶，幽径迂曲。横无涯际，岸裂翡翠之波；空翥海鸡，风摇蓊郁之木。晨则望海沐日，霞蔚云蒸；暮也驰影归帆，弘舸连舳。若夫天后宫也，红墙绿瓦，金碧辉煌；鱼师庙哉，画栋雕梁，巍峨诡秘[⑤]。少年宫则树影婆娑，掩参差之楼台；蒋氏居也庭院肃穆，对幽深之府邸[⑥]。甲午岩也悬壁如削，冲天而峙。千载风吹，未减自若之姿；万层浪击，更增睥睨之意[⑦]。浪通门则狂风怒吼，海流拍岸而来；巨浪滔天，雪瀑冲天而起[⑧]。帽雨沙兮砾滩侧拱，山堤中分[⑨]；砾石珠玑，斑斓瑰丽。岂非道遥仙乡，徜徉梦里！

大陈岛甲午岩

然则美玉琳琅，有赖神工之琢；胜景旖旎，岂惟自然之功？伊昔人迹罕至，草木丛生。自明且来且居，有人以渔以耕[⑩]。以致景自增美，岛始有灵。惜乎战乱起，烽火兴。斯岛苍夷焚毁，狼藉凋零。幸有党魁号令，俊彦请缨[⑪]。来此开筚路以斩棘，垦荒芜以披荆。穿山凿石，修衢海浦；刀砍斧斫，植绿丘陵。背扛肩挑，汗洒园圃；披星戴月，气吞沧溟。乃至修堤坝，树碑石；增玉阁，闻北京。天晷耀乎台城也[⑫]。于焉回垦荒后裔之信，溢赞美知青之情[⑬]。勉其出新奉献，进取传承。奋强上游，砥砺前行。圆中国梦，作启明星。谁言远乎，鲸舟驰而不绝；孰道僻也，国魂存而长萦也。

【注释】

苏绍康，浙江临海人。中国青年辞赋家协会副主席，浙江省辞赋学会副会长。著有《台州之赋》《苏氏赋学指南》《〈道德经〉俗解》《遥控器》《回归生活》等作品，应邀作《乌镇赋》《寒明岩赋》《仙梅赋》《合州电力百年赋》《后岸村赋》等 30 余篇赋。

①灵区：美善之区，奇美之地。台州为山海神秀，佛宗道源之地。椒江区为美德之区。

②大陈岛由上大陈岛和下大陈岛组成，同属台州列岛。

③东海明珠：岛上岗峦起伏，自然景观和人文景观独特，适宜度假、休闲观光和寻访史迹旅游。它是国家一级渔港、省级森林公园和省海钓基地，岛周海域是浙江省第二渔场。素有“东海明珠”之称。

④大陈岛分布着许多海滩礁石。

⑤天后宫和渔师庙，为古文化遗址和海神宗教寺观。

⑥少年宫，1985 年经胡耀邦总书记批准建成，内辟有岛史陈列室。

⑦甲午岩造型雄奇，向称“东海第一大盆景”。该处岩层垂直节理发育，有若神斧劈就。睥睨：斜视。形容高傲的样子。

⑧浪通门隔海百余米为屏风山，景如其名，滚滚长浪与如屏突兀的屏风山，构成一幅大笔挥就的山海图，旧称“屏山灯影”。

⑨帽后沙砾滩：位于上大陈岛北端一天然长堤两侧，西滩长约 300 米，东滩 200 米。砾石大如鸡卵，小如弹丸，以灰白、灰黄为主，间有红、棕、黑等色。

⑩大陈岛古称东镇山或洞正山，古代台州往朝鲜、日本的商贸船只皆取道该岛。明代 16 世纪中叶，大陈岛为海上抗倭战场之一。嘉靖三十四年（1555），明军水师于此追剿倭寇，并擒获通倭大盗。

⑪ 1956 年 1 月，时任共青团中央书记胡耀邦向温州青年发出“组成志愿垦荒队，开发建设大陈岛”的号召，数天内报名者即达 2000 人。

⑫天晷：太阳。青眼：阮籍能作青白眼，用青眼看他尊敬的人，用白眼看他讨厌之人。

⑬习近平总书记担任浙江省省委书记时，视察过大陈岛。2016 年，习近平给大陈岛老垦荒队员后代回信，勉励他们继承和弘扬大陈岛垦荒精神，热爱祖国，好好学习，砥砺品格。

【导读】

赋是我国古代的文体，盛行于汉魏六朝，是韵文和散文的综合体，通常用来写景叙事，也有以较短的篇幅抒情说理的。

大陈岛，位于台州湾东南，台州列岛中南部。岛上岗峦起伏，自然景观和人文景观独特，适宜度假、休闲观光和寻访史迹旅游。它不仅是一座美丽的岛屿，也是一个富有传奇色彩的著名岛屿，素有“东海明珠”之称。

苏绍康立志写台州之赋，山水赋、水果赋、文物赋、企业赋等，以此来宣传台州文化。这篇《大陈岛赋》不仅描写了大陈岛斑斓瑰丽的独特之景，还介绍了一段大陈岛可歌可泣的垦荒历史，更对未来进行展望，赞美了艰苦创业、奋发图强、无私奉献、开拓创新的垦荒精神。

椒江大陈岛夜景

【思考与研讨】

试用现代散文式的语言，将此赋的第二节改编成一段情景交融的现代文。

椒江习俗

花炳骅

三里不同乡，五里不同俗。中国之大，各地风俗也各有不同，不过几个大节基本相同，元宵看灯，清明上坟，端午龙舟，中秋赏月，重阳登高，大年三十阖家团聚吃年夜饭。但同中有异，各地过节的习俗还是有点差别的。椒江的过节习俗，与台州的其他县市就有差别。

大年初一，各地走亲访友相互拜年，但椒江的年初一却是拜坟岁。所谓拜坟岁就是墓祭，一家人带着水果茶水糕点纸钱去墓地给先人上坟。从早上到下午，各墓地是人流不息，爆竹齐鸣。以家族为单位，扶老携幼，蔚为壮观。有些人连翻几座山头，拜祭先人。这一习俗好像历史不长，却愈来愈兴。每年初一政府部门也要出动大量人员，驻守在上山路口，劝诫不要烧纸钱、燃爆竹，以免引起山林火灾。因此，年初一的花店生意就兴旺了，很多人家用一捧菊花代替纸钱，祭奠先人，告慰亡灵。大约椒江人秉承万事孝为先，于新年第一天第一件事就是行孝。大年初二是结子日，上年有白事的人家于这天一早贴出告示，亲朋好友送去纸烛拜祭亡灵，主家于中午摆酒席招待客人。为此，当地人认为初二是不吉利的日子，这一天是不会去串门访亲友的。椒江人拜年访友聚会大多是从初三开始。

上八是年后热闹的日子，除了年三十的火力集中硝烟弥漫外，上八一天是爆竹声不断，俗称“闹上八”，于开店办厂的生意人和渔民最为热衷。爆竹越多越热闹，昭示着今年生意年成越好。

元宵看灯习俗一样，但椒江与各地不同的是在饮食上。元宵本是吃汤圆的，椒江人却吃糟羹。糟羹是以粗粉或生粉为主料制作而成的一种糊状食物，粗粉是当地的方言，其实就是番薯粉，生粉是各地超市都有售的马蹄莲粉，也就是淀粉，通常做菜用来勾芡的。椒江的糟羹还分甜咸两种，吃法各有讲究，十四夜是咸羹，十五夜是甜羹。咸羹是用开洋、咸肉、冬笋、香菇、鳗鱼鲞等原料制作，用料精良，那个鲜美就别提了。甜羹有的以水果为主做成水果羹，传统的还是以干果为原料，做好后洒上花生糖、芝麻糖的粉末，那份香甜就别说了。糟羹是点心、是消夜，看过花灯回到家中，一小碗糟羹暖心暖身。椒江的糟羹不在量的多，而在选料的精。

清明扫墓，椒江是老坟不拘时间，前后半月甚至到五一期间都无所谓，但清明这一天是不能扫墓的，清明这天只祭扫新坟。一江之隔的椒北，却古风犹存，清明扫墓必定是在清明这一天。清明扫墓的祭品与春节拜坟岁的祭品却完全不同，清明祭品要三杯酒，九碗菜，俗称“九吨碗”，同七月半、冬至、除夕祭祖一样，是最高规格。红烧肉、鱼、虾、肉皮是必不可少的。

立夏是椒江人要过的一个节气，俗称“立夏拄脚骨”，因为过了立夏就是农忙了，借这个节气弄点好吃的补补身体，为节后的忙碌积蓄点底子，这最正常不过的了。椒江人过立夏，吃鸭蛋，吃食饼筒。还有一个节日椒江人也吃食饼筒的，那就是端午节。端午节各地都是吃粽子的，椒江人却吃食饼筒，粽子是过年时吃的。食饼筒的形状与春卷差不多，只是春卷小，食饼筒大。一张薄薄的圆形面皮，包成筒状，里面的内容却是丰富多彩，除了炒糆可以算是主食外，其余全是菜肴。食饼饭是原来丈母娘招待新女婿的，是最客气的了。包食饼筒的菜根据各家口味所好各有不同，但大体上还是差不多的，炒糆、蛋丝、虾仁、春笋（或茭白）、猪肝、豆腐干丝、豌豆、鳝片等可多可少，多的有十几种，少的也有七八种，必不可少的是红烧肉。分门别类炒好，盛盆上桌，再依各人口味择其所好，分量多少不限，不要太多让食饼皮包不下就好了。包好后在上面开口处灌上一小勺红烧肉汁，一口下来，百味齐全。这餐食饼饭是中午吃的，一般人家料备得很足，中午吃不完晚上接着吃，不过晚上的吃法又有所不同。晚上是将食饼先统一包好，再放到油锅里煎，两面烤得黄黄的，煮上一锅稀粥，一口香喷喷的食饼，一口稀粥送下。

椒江的端午与众不同的还有一点是登山，椒江习俗不兴重阳，端午也没有龙舟。端午节买菖蒲，根浸雄黄酒，枝叶制作成剑状挂在大门上避邪。菖蒲与王维《九月九日忆山东兄弟》中写到的“茱萸”都属浓香型的植物，只是不知他们是怎样插的？椒江人大约把这两个节日混一块过了。等喝过雄黄酒，吃过食饼筒，然后就呼朋唤友爬山登高。

“六月六，狗洗浴”，这一天椒江人要吃姜汁。制作姜汁还是比较简单的，菜场中买来一瓶姜汁，先加黄酒、红糖烧开，调散鸡蛋，将冷却后的姜汁冲入鸡蛋中调均匀，撒上桃仁粉末，放入锅中隔水蒸熟即可食用，最传统的做法是放入铁锅中干蒸。《食疗本草》说生姜“止逆，散烦闷，开胃气”，大约夏日即到，胃口不好，先吃点姜汁开胃，何况这东西还补充相当的营养。椒江妇女坐月子都要吃姜汁调蛋，喝姜茶，吃姜汤糆。椒江人是离不了生姜的，烧海鲜，生姜去腥，海边气候，湿气重，生姜去湿。还有米醋也是离不了的，到椒江不管大小饭店，每人面前先上一小碟米醋，因为椒江人的餐桌上不可能没有海鲜。

“十五的月亮十六圆”，椒江人早就深知其意，中秋节就是十六过的。除了吃月饼赏月，椒江还多了一样观潮。椒江的潮水无声无息，慢慢地涨上来，慢慢地退去，远没有钱塘江潮可观，但椒江毕竟也有潮水可看，一年之中八月十六至十八是潮水最大的，所以八月十六赏月观潮在椒江还是很热闹的。最热闹的大约在二十世纪八十年代，江堤未筑，外沙的江边到处都是年轻人。这时候椒江的几个国营大厂还景气，江边独领风骚的就数这些厂的年轻人，一群群、一批批，弹起吉他，点燃篝火，又是唱又是跳，通宵狂欢。

腊八粥在椒江不时兴，不过进入十二月，那年味就渐渐浓起来了。做年糕，做冬米糖，做香肠、腊肉，包粽子，各地基本相同，当然这都是多年以前的事了，现在过年只有很少家庭会去亲手做这类东西，因为超市都有卖，没啥稀奇的了，所以年味也逐渐地变了。

改变的还有其他大小节日的习惯，传统的东西在一步步地消退，新的习俗在一步步地形成，事物的发展变化自有其合理的一面，不必老是在感慨，不过追忆往事还是有趣味的。

【注释】

花炳骅，男，1968 年生，现供职于浙江浙能台州第二发电有限责任公司。浙江省电力作家协会理事、散文创委会副主任，台州市作协会员。作品散见于《浙江杂文界》《台州文学》《浙江能源报》《东海岸》《椒江文学》等处。

【导读】

俗话说，三里不同乡，五里不同俗，各地都有各自的习俗。这篇文章详细地介绍了椒江与众不同的、独特的节日习俗，从正月初一的“拜坟岁”谈起，到闹上八、元宵、清明、立夏、端午……一直谈到腊月，对年轻一代深入了解椒江习俗很有帮助。难得的是，作者在文末并不一味感慨老习俗的逝去，而是用发展的眼光看待习俗的变更。

【思考与研讨】

采访你的祖父母及外祖父母，也可以寻访家乡的老一辈人，想一想、忆一忆家乡还有哪些值得记录下来的习俗。

阳刚之城，阳刚之人

王寒

一

台州是个硬壳壳有嚼头的城市，有点像台州的土特产——笋笳，味道鲜美，吃起来劲道，而且令人回味。

台州固然有溪涧幽谷这样娓娓道来的风景，但更多的是江河湖海这样大开大合的景象。那山那水乍一看，如花似玉一女子，细一接触，原来是冷面峻峭一汉子。草长莺飞时节下江南，乍一看，台州跟那些个花红柳绿、柔弱妩媚的江南城市没什么两样，但呆个三两月下来，你会发现台州藏着剽悍不羁的一面。台州这个江南之地，温柔之下，有掩不住的烈气和雄风。明代《台州府志》就说，“台郡山海雄奇”，故“士多磊落挺拔”。翻翻家谱，台州人的祖先十之八九是从外地迁移过来的，而且多半是从中原或北地迁移而来，或逃难，或流放，背井离乡来到这块南蛮之地，难怪台州人的骨血里面，流淌着强悍的基因。

台州的母亲河波澜壮阔，奔流到海，赋予台州人豪放的性格；台州奇峰迭起的山脉，造就了台州人旷达的个性。台州的沟沟坎坎、山道弯弯，塑造出台州人实硬的筋骨，临海的江南长城、天台的明岩寒岩、温岭的长屿洞天、石塘的千年石屋、椒江大陈岛的甲午岩无不以硬朗著称。这些长城、石梁、石洞、石屋，完全是台州峋峋风骨的象征，这样的山水是不会把壮志消磨掉，把雄心摧毁掉的。台州男人长得硬朗的不少，尤其是北边的“山哈人”（台州话，山里人），脸部棱角分明，有些壮汉的脸，简直像刀刻斧劈过，有着江南人少有的立体感。

台州的气候独特，八九月份来的台风就像猛张飞的脾气一样，没个兆头，说来就来，劈头盖脸。在这样的水土中成长起来的台州人，断头取义的古风绵延至今，哪怕为之满门抄斩，株连十族。

明代国子监祭酒谢铎说过，台州“滨海薄山，鱼龙所腥，豺狼所穴”，这样的地方出的只能是绿林好汉、豪杰英雄。台州出过不少山贼，什么方国珍、山大王金满之类，剪径劫道、打家劫舍，强悍的一面古已有之。山民不好惹，渔民更生猛，俗语有言：“宁波客商，绍兴师爷，台州绿壳。”宁波出客商，绍兴出师爷，而台州则出绿壳。绿壳，是“强盗”的代名词。绿壳之得名，是因为海盗船形似蚱蜢，船壳涂绿色，故称。过去海上有“山东驴，台州狗，福建猪”之说，台州海盗让人闻风丧胆。

台州人的性格火暴，很像炮仗，一点就着，冲动起来就是天王老子也不放在眼里。明代的人文地理学家王士性曾经这样评价自己的家乡人：“人重节义，节操刚烈，勇往直前，风气所致，至今犹然。”清末的杨晨归纳台州人的三个特点：一是好讼，二是好斗，还有一个就是轻生死。台州籍的现代作家许杰、林淡秋也说过，山魂海魄塑造起来的台州男人，性格有时亘爽到暴烈的程度。生活在这块土地上的男人，很难不被激起一股斗志、一种强悍进取的精神，在这个七山一水二分田的地方，如果不强悍、不进取就不能生存。所以，台州男人的性格有棱有角，台州男人的风骨有棱有角，属于剑拔弩张的那类，女人的性格也是那种“柔软的坚硬”，性子比一般的江南女子要刚烈得多，火暴得多。

“宁波客商，绍兴师爷，台州绿壳”这句话，不仅仅指宁波出客商，绍兴出师爷，台州多出强盗，从城市气质看，宁波像个儒商，精明能干，洞若观火；绍兴更像个知性男子，翩翩儒雅，又谦逊低调；而台州，像是个剑客，多情剑客无情剑，这个城市自有一种旷达不羁的男性气质。城市和人一样，也是有“人格”或“性格”甚至“性别”的。城市性格是城市给人的一个总体印象，如城市的山川风物、建筑街衢，最主要的是人的精神状态，是那种人文积淀的东西。浙江诸城中，如果说杭州是最女性化的城市，绍兴是一座半阳刚半阴柔的城市，台州则是一座不折不扣的男性化城市，它的阳刚，它的放达，它的豪迈，它的粗糙，给人留下深刻的印象。“东北虎，北京狼，南方人是个大绵羊”这句话，在台州被彻底颠覆。

二

鲁迅给台州人贴上“台州式硬气”的标签，的确，台州人的性格是硬碰硬，即使受了冷遇，也不爱低眉顺眼地求人“行行好”，而是“面壁十年图破壁”，显示出台州人性格中不肯屈服，不肯向现实低头的一面。有道是，板凳须坐十年冷，台州人的冷板凳又何止坐了十年。

改革开放后，台州像座休眠的火山，在蛰伏多年后，突然喷发出滚烫的岩浆，这一喷一发而不可收，造就了台州传奇，这里是中国股份制经济的发祥地，是中国基层民主恳谈的发轫地。台州人没有祖上的基业可以庇佑，所以草根阶层的创业气氛一向浓厚。草根们书读得不多，不被条条框框所束缚，凭着股冲劲闯下一片天地。贫穷是台州人闯荡江湖的原发动力，人家走西口闯关东，台州人是风风火火闯九州。东西南北中，哪块地盘上没有台州好汉的身影？台州人的脑袋灵光是公认的，在酒桌上，有朋友告诉我两个段子：有一位台州商人大字识不了几个，当地警察让他填写表格时，他在“政治面貌”一栏上画了个圆脸——他以为警察在调查长相，但这并不妨碍他在当地建了一座商业城，成了一方富豪。另一个漂洋过海闯世界，在美国纽约谋生的台州人，二十六个英文字母，只认得扑克牌上的A，J，Q，K，别的都不认识，却愣是凭着“像楼梯样子”的字母开头Z找到他的客户，做成了生意。

台州人踏实肯干，就算偶尔狡黠一下，总也掩盖不了其忠厚朴实的劲儿。台州人喜欢拼老命。赚钱要拼老命，工作要拼老命，喝酒，更是要拼老命，台州人向外人显示的是不服输的劲头、不怕虎的勇气、蓬蓬勃勃的活力和咄咄逼人的气势。

台州人能吃苦是公认的，“女人当男人用，男人当机器用，机器坏了怎么办？修一修还能用”。杭嘉湖地区的人，再是对台州人不以为然，对台州人的吃苦耐劳也是不得不佩服的。台州老板文化程度不高，也许不知道“涉浅水者得鱼虾，涉深水者得蛟龙”这句话，不过，他们靠着不服软的性格，靠着吃苦的劲头，硬是打下一片江山。一直到现在，台州人最喜欢听的称呼是老板，不管从事什么职业，称他为老板准没什么错。

台州人遇山劈山、遇水搭桥，不喜欢墨守成规，创造力十足，但也由此带来日常生活秩序的某种混乱，比如某些台州人好像是色盲，十字马路上到处是乱闯红灯的人，管它红灯绿灯，攒成一堆人就大胆往前走。城区不准按喇叭，但台州人不理这个茬，想按就按，随心所欲。

台州男人有着豪迈激越的性格。既得豪迈之名，也就愿意时时处处表现出自己的豪迈，尽管有的时候，这豪迈成了粗野。台州人爽快，很好相处，不过豪爽之余，略显粗俗。男女老少一开口，有事没事来一句脏话，让外人听了脸红。某些台州男人是山大王一样掏起酒瓶操娘骂老子的性格，某些台州女人也喜欢把骂人当成亲热。幸好台州男人为人仗义，台州女人也是拳头上立得人、胳膊上走得马的女汉子，男男女女虽是炮筒子脾气，身上倒也不失一股豪杰的味道，倒比扭扭捏捏酸文假醋的所谓斯文人更招人爱。

台州男人不含糊，不黏糊，不爱思考，喜欢闹热和排场。台州男人待人热情，直来直去，什么都满不在乎，在生活上自然也不肯拘小节，天一热，赤膊上阵的人到处都是。这里的中年女人喜欢扎堆跳排舞，老年人喜欢在小区里种菜，大马路上可以见到烧纸钱的原住民，这个城市的不少人刚洗脚上岸没多久，有时还不知道怎么做一个好市民。

与周边的城市相比，台州是一座年轻的城市，因为年轻，充满活力和激情，因为年轻，免不了有几分冲动和粗野，所以这个城市在成就财富的同时，也给外人留下不够风雅、略显粗野的印象。

三

台州的地域文化同样少精致缠绵，而多粗犷豪迈。

台州这地方硬朗，最能代表台州戏曲的是台州乱弹，台州乱弹其实叫黄岩乱弹，过去常于农村庙会演出，有浓厚淳朴的民间特色。与越剧的莺莺燕燕不同，它的曲目多为历史正义题材，可见台州虽为吴越之地，到底不乏慷慨激昂之声。

奄奄一息刚被拯救出来的台州乱弹，虽是南方剧种，却不似越剧一般缠绵悱恻，而是高昂激越多于婉转阴柔，调子的高亢、脆亮，简直跟大西北的秦腔有得一拼。听乱弹也得有训练有素的耳朵，否则，一听高亢的调子，耳朵还真受不了这高分贝的刺激，个别人搞不好还有可能心律不齐。

台州的工艺品也以坚实刚硬的居多，在央视的魅力城市评比中，别的地方展示的魅力瑰宝是刺绣等，台州展示的魅力瑰宝是国家级非物质文化遗产——干漆夹苎工艺。当主持人阿丘拿起一块砖头，猛地拍向用干漆夹苎工艺制成的大熊时，结果，砖头砸得粉碎，大熊丝毫未损，金刚不坏之身名不虚传。台州的干漆夹苎工艺，大概是全中国最最坚硬的非物质文化遗产了。

从喝酒上也很能看出一个城市的性格。酒文化是台州男人的精神寄托，台州男人喝酒好像总处于亢奋的状态，三下五除二，就是一箱啤酒，酒一下肚，激发了蛰伏在他们胸中的雄风。台州男人不爱喝红酒和黄酒，喜欢啤酒、白酒，前者引起人们雅致和浪漫的联想，后者让人冲动和躁动。台州的男人是冲动和躁动的。

台州人喝酒是一箱起喝，跟上海人那种拿两瓶啤酒还叫满桌人放开喝的小家子气，完全不是一个层面上的。上海男人一见台州男人喝酒的阵势，哪有招架之力。台州男人酒后喜欢嚼些官场内幕的舌头和杂七杂八的官场绯闻，几杯黄汤下肚，没有不敢说的话，不敢做的事。

如果说喝酒是台州男人的精神寄托，那么打牌则是他们的休闲方式。台州人打的牌一是麻将牌，二是扑克牌，这两样牌都是台州人的心头之爱。

麻将这一个个硬硬的小方块，是很多台州人打发业余时间的宝贝疙瘩。一到周末，满城皆是麻将声，窸窸窣窣的洗牌声夹杂着说笑声，这个城市生硬的脸孔突然鲜活生动起来。台州人最高的待客之道是麻将、扑克搓到兴头上时，来了不速之客，主人虽恋恋不舍，但毅然决然把自己的位置让出来。别小看这一让，对那些老麻将精、扑克精来说，兴致头上的这一让位，简直比“禅让”更显高风亮节。

可以这么说吧，在台州，如果你和你的家人没有做过“会”，你算不上一个台州人；如果你没有在牌桌上大战过三百回合，也算不上一个台州人；如果你没有喝醉酒胡言乱语过，那你更算不上一个台州人！

四

台州是个新城市，市龄不过二十多年，野蛮成长起来的它，年轻、硬朗，有时有点莽撞，还有点幼稚，总急于在外人面前表现自己。大城市应有的完备、饱满、鲜活，台州也渐渐具备了，不过总感觉这个城市还缺少一些从容不迫的气度和风雅精致的气韵。

但是，无论这个城市有什么样的缺点，请别看不起台州，台州是一座不容忽视的城市，对土生土长的台州人来说，这座城市是我们生命的脐带，对新台州人来说，它是充满活力的家园。你可以嘲笑这座城市的显摆，嘲笑它的不羁，但同时你会对它的耿直豪爽产生好感，对它具有的胆魄产生深深的敬意。

没有沧桑没什么关系，少有人文的厚重也不要紧，因为这同时也意味着没有什么东西可以束缚你。只要年轻，一切都有机会。这句话，对人对城市都适用。

【注释】

王寒，当代女作家、报人，浙江台州人。中国作家协会会员，中国散文学会会员。好读书，好码字，好旅游，好音乐，好园艺，好美食。出版《花事》《少见多怪王小姐》《刀子嘴豆腐心》《纯属戏说》《城市的良知》《行走新疆》等六部著作。近年来致力于台州文化的研究和解读，著有“台州人文”系列四部：《台州那些风雅事》《倾听台州大地的耳语》《味蕾上的台州》《大话台州人》。

【导读】

台州三面环山，一面临海，处在山与海之间的台州人，性格特色鲜明，地域特征明显。作者用敏锐的目光观察，用细腻的文字表达，用鲜活的方式叙述，有力地刻画和呈现出了台州的质感、温度和厚度；运用了各种趣味十足的例子，写出了这些可爱的台州人。台州是作者十分热爱的城市，尽管作者喜欢在文中调侃，但她对这个城市具有的深沉情感却在调侃中溢出，欢笑之余不免让人感动。

【思考与研讨】

根据文章，请用“一分为二”的眼光分别概括台州这座城市及台州人的具体特点，并联系自己的生活经历，举例说说对此的体会。

文章·黄岩

杜范传（节选）

《宋史》

杜范，字成之，黄岩人。少从其从祖烨知仁游，从祖受学朱熹[①]，至范益著。嘉定元年举进士，调金坛尉，再调婺州司法。绍定三年，主管户部架阁文字。六年，迁大理司直……改秘书郎，寻拜监察御史。奏："曩者[②]权臣所用台谏，必其私人，约言已坚[③]，而后出命[④]。其所弹击[⑤]，悉承风旨，是以纪纲荡然，风俗大坏。陛下亲政，首用洪咨夔、王遂，痛矫[⑥]宿弊，斥去奸邪……"理宗深然之……

嘉熙二年，差知宁国府。明年[⑦]至郡，适大旱，范即以便宜[⑧]发常平粟，又劝寓公富人有积粟者发之，民赖以安。始至，仓库多空，未几，米余十万斛，钱亦数万，悉以代输下户粮。两淮饥民渡江者多剽掠[⑨]，其首张世显尤勇悍，拥众三千余人至城外。范遣人犒之，俾勿扰以俟处分，世显乃阴有窥城之意。范以计擒斩之，给其众使归……

淳祐二年，擢同签书枢密院事。范既入都堂，凡行事有得失，除授有是非[⑩]，悉抗言[⑪]无隐情。丞相史嵩之外示宽容，内实忌之。四年，迁同知枢密院事。以李鸣复参知政事，范不屑与鸣复共政，去之。帝遣中使召回，且敕诸城门不得出范。太学诸生亦留范而斥鸣复，并斥嵩之。嵩之令谏议大夫刘晋之等论范及鸣复，范遂行。会嵩之遭丧谋起复不果，于是拜范右丞相，范以逊游似，不许，遂力疾入觐[⑫]。帝亲书"开诚心，布公道，集众思，广忠益"赐之……

时孟珙权重兵久居上流，朝廷素疑其难制，至是以书来贺。范复之曰："古人谓将相调和则士豫附[⑬]，自此但相与同心殉国。若以术相笼架[⑭]，非范所屑为也。"珙大感服。未几，大元军大入五河，绝中流[⑮]，置营栅，且以重兵缀合肥，令不得相援，为必取寿春之计。范命惟扬、鄂渚二帅各调兵东西来应，卒以捷闻。范计功行赏，莫不曲当[⑯]，军士皆悦。

未几，卒，赠少傅，谥清献。

【注释】

①朱熹：介绍见前。

②曩者：先前、以前。

③坚：结成一致，约定好。

④出命：发布命令。

⑤弹击：弹劾和攻击人、事。

⑥娇：改正。

⑦明年：第二年。

⑧便宜：见机行事，随机应变。

⑨剽掠：抢劫掠夺。

⑩有是非：引起是非争论。

⑪抗言：直言。

⑫觐：拜见皇帝。

⑬豫附：心悦诚服的依附。

⑭以术相笼架：用权术加以笼络。

⑮中流：水流。

⑯曲当：正确、对。

【导读】

杜范，一生为官，一心为民，不结党不营私，光风霁月，两袖清风。从杜范的传记中，我们可以看出名相风采。在节选的传记中，我们亦可看到杜范在朝中敢做敢言，正直而行，面对台谏沆瀣一气，提出自己尖锐的批评，推荐公正之人以改变。杜范亦非只读书不知权变之人，面对民灾，灵活处理；在面对民匪时，也是有智有谋，处理得当，化险为夷。最后与孟珙的言论，掷地有声，冰雪精神，颇有当年蔺相如之风采。

【思考与研讨】

请思考，节选的传记中有关杜范一生中的那些事件表现了杜范怎样的形象？

台州瑞岩师彦禅师

宋 · 普济

《五灯会元》[①]

台州瑞岩师彦禅师，闽之许氏子。自幼披缁[②]，秉戒无缺。

师居瑞岩，坐磐石，终日如愚。每自唤：“主人公！”复应：“诺”。乃曰：“惺惺[③]着，他后莫受人瞒。”

僧问：“头上宝盖[④]现，足下云生时如何？”师曰：“披枷带锁汉。”曰：“头上无宝盖，足下无云生时如何？”师曰：“犹有杻在。”曰：“毕竟如何？”师曰：“斋后困。”

僧问：“如何是佛？”师曰：“石牛。”曰：“如何是法？”师曰：“石牛儿。”曰：“恁么即不同也。”师曰：“合不得。”曰：“为甚么合不得？”师曰：“无同可同，合甚么？”

一日有村媪[⑤]作礼，师曰：“汝速归，救取数千物命。”媪回舍，见儿妇拾田螺归，媪遂放之水滨。师之异迹颇多，兹不繁录。逝后塔于本山，谥空照禅师。

【注释】

台州瑞岩师彦禅师：五代后梁时，岩头禅师之法嗣，俗姓许，福建人。师彦禅师自幼出家，戒行清净，悟性超群，刻苦用功，是有名的青原派大师岩头的弟子，对岩头的教诲领会无疑，是一位留诸史册的高僧。师彦禅师艰苦地重建寺院；按禅寺的清规，参照戒律管理寺院，约束僧人修行和日常生活的仪规，对僧众要求很严格，这在江南是出了名的。师彦定居瑞岩，“坐磐石、凛若严霜”“师统众严整与江表称之”，形成师彦禅师法系。

瑞岩寺在师彦大师主持期间，名师高僧辈出，法派绵延，精彩纷呈，一批又一批禅僧巨匠从瑞岩寺院走向全国各个寺院。仅录入佛教经典《五灯会元》的，就有南岳横龙和尚、瑞峰神禄禅师、瑞岩师进禅师、瑞岩如胜禅师、瑞岩法恭禅师等几十人。形成法系的，有师彦的“空照禅系”、如净大师的“默照禅宗系”“鸿禅法系”“居禅法系”“产禅法系”等。他们在各寺院以法传人，犹如灯火相传，辗转不绝。

①《五灯会元》：共 20 卷。宋理宗淳祐十二年（1252），一说绍定间杭州灵隐寺普济编集。有宋宝祐元年（1253）和元至正二十四年（1364）两个刻本。

②缁：缁衣，僧人的衣服。

③惺惺：醒醒的意思。

④宝盖：佛道或帝王仪仗等的伞盖。此处指成佛的表现。

⑤媪：老妇人。

【导读】

这里从《五灯会元》的“瑞岩禅系”中，选取了几则瑞岩师彦禅师的禅语禅行，让大家对瑞岩禅宗有个了解。禅宗，不落文字，直指人心，注重当下顿悟。几则禅语正是如是感觉。

我们可以体会下第二则，公案的意旨在于：如果你为外物所转，丧魂落魄，东飘西荡，没有自己的立场、方向、主宰，就是迷失了主人公，就会被诱惑之绳系缚，团团转。而师彦禅师在坐禅时每每自己喊自己的名字，就是提醒自己不要被外物所转，不要成为木偶和陀螺，受制于外，身心不得自由，团团转个不停。师彦所呼唤的是内在本心，佛性。

远离诱惑，其实就是斩断了牵系我们的绳索，我们就不再是那水牛、那秋蝉、那风筝、那木偶、那陀螺，我们可以自由自在地超然于外物的诱惑之上，以一颗如如不动的金刚之心，淡定自如地在繁华三千的滚滚红尘之中笑对人生。

【思考与研讨】

请品味余下几则文字，说说你对第三则的理解。

梅花井记

元·高明

往年余客台城，南游方山[①]，见其里人咸称“郑氏孝义井”之美。去年来四明，获识郑氏永思，日尝语及斯井，则知君先世[②]所作也。因从君询其详，永思为予言：

吾先世闽中人，因避乱徙台之黄岩泽库（今称泽国）。九世祖又分居邑南之天长街，爱方山之雄秀绵薄，与委羽空明洞天相迩，知其为仙灵之宅也，故没[③]而皆藏焉。先墓旧有庐以奉祠事，宋丞相谢公深甫为题其额曰“奉思”，高祖次四府君尝祭于墓下。毕事，因叹曰：“吾祖父之藏于兹也久矣，而荛牧[④]于斯者，未尝一践乎羡门径皇之间，是虽吾祖父德泽之积，亦足见兹土之人习俗素淳朴也；吾将有以报。是山土厚而啬[⑤]於泉，汲人病[⑥]焉，为之井以食之，不亦可乎？”

及度山趾、作大井，既成，泉清而源深，味甘而色莹。又作亭其上，以休汲者，远迩利之。名之曰：“孝义井。”故丞相杜清献公[⑦]为书“孝义”字署於亭。曾大父修职府君加缮葺[⑧]完美，后罹兵燹废。大父宣议府君始作庐舍，未毕事而没。先君子早孤，茕茕寡力，勉焉营埋，未克遂志而又即世。文宝深惧累世遗址荒没，乃辟茔域之地而增广之。甍石树室，以绍先志。中更兵革[⑨]，邱木斩伐垂尽而志不敢辍，卒克复墓庐及井亭。因念祖宗自闽徙居以来，为世十一而葬于斯者九。墓庐作而复毁，毁而复兴，自高祖以至于今，相与保守之久矣。虽幸而不废坠，然犹恐后为细故[⑩]而弗加之意，吾能保其永永弗替乎？愿《记》其颠末、庶相与保之乎。

余闻永思言而叹曰：“夫郑子之用心，其昔人所谓‘必诚必信’者欤！夫墓有庐，人之所瞻依也。里有井，人之所仰汲也。治其庐复其井，使人瞻焉汲焉，是岂祖宗之庆，令名善誉皆归於子孙也。况斯井之不替[⑪]，则德泽之及人也，远天之报其德而钟其庆者，岂有绝哉！乃为书其语以遗之，俾刻之石以贻之子。

【注释】

高明，字则诚，瑞安人。元顺帝至正五年（1345）进士，任处州录事推官及福建行省都事。方国珍据浙东三府，招贤纳士，至正十九年（1359）邀高入幕，力辞不就，隐居宁波。暇余创作戏曲诗文，著有《琵琶记》。

①方山：介绍见前。
②先世：先辈。
③没：即殁，去世。
④荛牧：指打草与放牧的人。
⑤啬：少。
⑥病：以……为痛苦。
⑦杜清献公：杜范。见本书《杜范传》。
⑧缮葺：修理，修缮。
⑨革：变革。
⑩细故：琐碎之事。
⑪替：废除。

【导读】

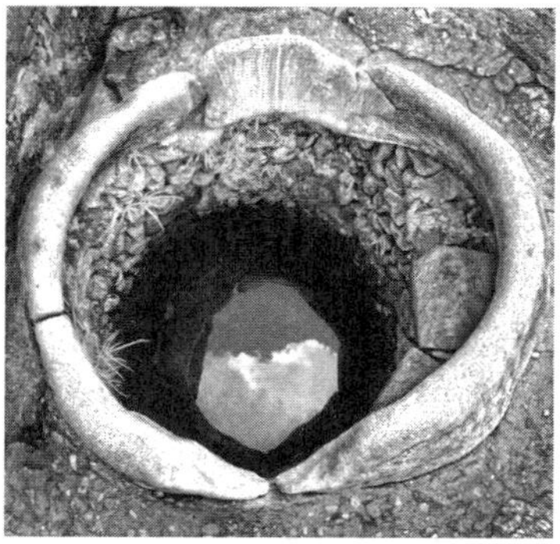
梅花井

梅花井，乃在黄岩九峰山上，今仍有其遗址，有梅花亭在。读此篇文章犹如时空穿梭，几经沧桑，梅花井，见其起，见其衰，见其缮，曲曲折折，绵延至今。高昳像讲了一个故事，故事中又有故事，给人阅读以神秘之感，也见出梅花井的神秘之感。郑氏的讲述，讲出了梅花井的缘起、发展，其实讲的都是郑氏与黄岩地区的紧密联系。在郑氏的叙述中，世世代代的变迁、物换星移，不变的是对祖辈们的思念和孝道，也是对人世的一番善意。

【思考与研讨】

请细读文章，体会郑氏叙述梅花井的变迁，表达了怎样的情感。

新井亭记

明 · 李茂宏

黄岩为县，左峙方山，右控澄江，委羽秀耸于其前，而县治据其胜。山川回合，风气完固，人生其间者，读书尚义，敦本勤力，自昔号易治。间有不治者，非民性然也，治之者不得其道也。

山东焦侯[①]来令是邑，三载于兹，政通人和，邑事渐简。乃考《县乘》，相厥水土，求恤民隐。县邻大江，潮汐往来，地带斥卤，水味咸涩，饮之者疾或生焉。

宋异僧净真，尝于县东三里许方山之麓，凿井一所，方不逾丈而深半之，下造铁窗以限砂石。因以“米筛井”名之。又于井傍浚[②]池，深一丈二尺，暗作石沟五百余丈，引井泉至梯云坊里[③]，分凿二十八井，周布市廛，以济居民，民赖以饮。历岁滋久，沟塞井湮，民以告，侯举贞修尚义耆宿之士陈君定翰、陈君尹操[④]与僧宗胜分任其事。或募缘，或协力经画劝相，不懈益虔。于是即净真所作石沟之塞者通之，坏者补之，欲复其旧井之数，计其工甚夥[⑤]，费甚巨，事甚难。别凿大井於东禅桥之东[⑥]，广丈余，深倍之，引石沟之泉於井，澄莹冰冽，民饮而甘之，汲者憧憧无间昕夕[⑦]。众皆称便，乐颂不已，又构亭以覆之。此其所以邑据山川之胜，民获山川之利，恒沐治化[⑧]以安，岂小小哉。

始事于正统十一年八月，讫工于次年九月，以工计者四千余工，以财计者八于余缗。廷翰等凿此井，构此亭，有功于邑民，不可无述以示将来，乃徵予言以记之。予惟兹举固为邑民便已，则夫利所当兴，弊所当除，又出于斯井。于亭之外者将次第举行之，姑话于此也。

予谨案《春秋》：法有直书其事，具文见意者敢窃取斯义。辄序梗概，俾后之贤令尹知创造之不易，相继修治，以垂永远云。

【注释】

李茂宏，字用受，号存省，明永乐十三年（1415）进士，授刑部主事，升考功员外郎。年六十即乞归。《大明一统志》称其“志尚澹薄，不慕荣进”。

①焦侯：即焦瑾，山东人，景泰元年至四年（1436—1439）任黄岩县知县。

②浚：挖，修。

③草行巷：又称梯云坊。

④陈君定翰、陈君尹操：陈定翰、陈尹操两人，其时居城关司厅巷。

⑤夥：多。

⑥东祥桥东：今桂枝街西口偏南老河基上。

⑦昕夕：朝暮，指终日、整天。

⑧治化：教化之意。

【导读】

新井亭，即米筛井，如今重新修缮，故名为新井亭。文章贵在文气相通，完整圆融。本文便有此特点。作者在全文贯穿了一种为人为民的精神，为官者如此，个体更是如此。在文章的第一段，作者赞美了黄岩物产丰富，百姓“读书尚义，敦本勤力”，是一个极易治理的地方。倘若不治，不是百姓之因，而是治者不得其道的缘故。读此，给人一点疑惑。当我们慢慢走进文章后，才知道作者为什么在此提出这种认识。原来，作者追忆米筛井的修建、重建，都是当时之人本着一颗爱民为民的心，参与修建与重建的人们都是本着一颗大爱无私的心，服务大家，造福大家。这是米筛井体现的精神。作者最后说道，“相继修治，以垂永远云”，永垂的不光是此井，更是造福他人的大爱精神。

新井亭

【思考与研讨】

请细读本文，体会文章中反映怎样的民风。

永宁山双塔[①]记

明 · 王铃

永宁山，东障大海，镇吾邑。山有紫，阜二峰，高云矗端，士人每霖[②]，以云含二峰为喜候，故二峰咸蒙云名。而堪舆家[③]以兹山得二峰为奇。宋南渡来，塔涌其巅峰，益奇。余尝考论往昔吾乡朝野人文，率以有塔时为盛。塔之坏距今六十余年，六十余年间作者间有而前盛殆邈[④]乎，若难为继矣。士人往往窃咎[⑤]塔，当事者率谓地道微。因循不果复迄今。巡按监察御史江右张公科主议；谓姑徇诸生之请，庶作之使励也。乃命邑长吏镇江曹子悦司其计[⑥]，爰度于众，属司训宿迁潘子台董其役。未越岁工告竣，时维暮商[⑦]余，从宾朋，振衣千仞，观厥成焉。

计高各凡五丈有差，趾广称之。余乃酹酒峰前，祷于兹山之灵曰："嗟夫！岳实降之，古称山川，有冥施焉。在昔峰冠塔时，吾乡人文之盛，进而鸣玉扬于廷，则济济乎尊主庇民之硕，退而被褐贲[⑧]诸野，则彬彬乎停德立言之髦宁，独繁科目荣簪绂已哉。我愿山灵自今孕毓贤哲，必求如书传所称，元恺其人，绳绳兹土，作我明桢[⑨]，用光前盛。其或杂以不类，间挟末技，猎宠荣，操权力，恣鞍轹者愿山灵为我驱之，除之。毋俾梼杌饕餮[⑩]于兹土，永作灵羞。"于时同游诸君壮予言之善激也。举杯相挖，乐甚。遂假榻双云庵，其夕神见梦焉，若曰："君言良伟，殆不尽然欤！夫人，天神之，地形之，父生母育之，亲长常视之，师友熏陶之，其归则犹存乎其人焉，君奈何独责诸太始[⑪]。"予拜稽首，谢不敏。既寤，麋括其语附于石。

右碑高广未测，篆额[⑫]六字与题同。文二十九行，行三十字，两面俱刻。在方山寺门。

右题：中宪大夫云南大理府知府邑人蔡绍科篆额[⑬]。

奉议大夫江西吉安府同知邑人陈炼书丹[⑭]。

赐进士第，奉政大夫山东提刑按察司佥事，前南京工部营缮清吏司郎中，奉敕督理长江芦洲在告邑人王铃撰文。

嘉靖四十四乙丑仲秋。

承德郎浙江台州府通判，署邑事盱眙李河图。

黄岩县县丞王殉（吴江监生）

黄岩县典史李天乔（云梦人）

黄岩县教谕黄芳

黄岩县训导潘台，丁诰。

黄岩县生员张存，张凤，叶时亨，赵显敕同立石。

【注释】

王铃，号九难，柜之孙，宁溪人。明嘉靖丁未（1547）进士，授宜兴知县，以峭直得罪当道，调将乐为官，后调成安，隍南京工部主事，历郎中，升山东按察佥事。因疾病辞官不做，归家。将乐、成安人为感念他，皆肖像祠之。著有《洗心园稿》。

①永宁山双塔：即方山双塔，位于台州市黄岩城区东南巽位上的方山，分别坐落在九峰紫云、阜云二峰之巅。风水塔。方山南边的紫云峰上有华盖塔，即紫云塔，北边的阜云峰上有文笔塔，即阜云塔，合称方山文笔双塔，乃“邑之文笔”也。旧志曰：“宋南渡即有之。”宋末宝章阁直学士章雄飞诗：“九峰突地三千丈，双塔攒空十二层。”明中叶弘治十六年（1503）秋，台风暴雨，双塔被毁。嘉靖四十四年（1561）重建，同年冬建成，两塔各高五丈，塔二百余年后坍落。清咸丰十一年（1861）初重建，留石刻在半山听莺阁对面，十余年后塔砖纷落。光绪三年（1877）修葺。双塔为六面七级砖石建筑结构，实心，原两塔各高13米，后双塔塔刹与顶层已圮，残高十米多，塔基为三层条石堆砌成的须弥座，塔身叠涩出檐，每面均有拱券。2003年9月双塔修复，各五层，北塔高12.45米，南塔高12米。

②霖：久下不停的雨。

③堪舆家：看风水的人。

④邀：阻拦之意。

⑤咎：责怪，罪怪。

⑥司其计：考查、审查，考查人们提出的办法。文中“命邑长吏镇江曹子悦司其计”。为何末署曹子悦之名？据考证：当决定建塔计划时，曹子悦是县令，一年任期内“论罢”，黄岩知县由台州府通判李河图署事，故无曹名。曹子悦，丹徒举人。

⑦暮商：暮秋，秋属于“商”，故称暮商。

⑧褐贲：朴素的衣饰。

⑨桢：坚强之木，本文指作为庇护黄岩士子的大树。

⑩梼杌饕餮：比喻凶恶的人。宋苏洵云：“远方之民，虽使盗跖为之郡守，梼杌、饕餮为之县令，郡县之民，群嘲而聚骂者，虽千百为辈，

朝廷不知也。”

⑪太始：太始是一个道家术语。最早见于《列子》，在道家哲学中代表有形无质，非感官可见，开天辟地前的原始宇宙状态。此处指天地自然。

⑫篆额：用篆字书写碑额。

⑬蔡绍科：字宏哲，号龟匪，西门人。明正德丁卯（1807）乡荐，授海州知州。兴利厘弊，数决疑狱。转福建盐运司，擢大理知府。居官三十年节用爱民，执法不阿，不悦于贵势，坐罢归酷爱文籍，老不释卷，乐善怜才，终寿九十。从祀大理名宦祠。

⑭书丹：碑刻术语，指用朱砂直接将文字书写在碑石上。

【导读】

黄岩的双塔是黄岩的标志性名胜，它高高矗立在黄岩方山之上，一为华盖塔，一为文笔塔。在万里无云的晴空，皓月当空的夜下自有无穷魅力。有趣的是，王铃笔下的双塔就有文运昌盛的象征，到今天，这样的认识还保留着。每年高考时候，人们都会遥空祭拜双塔，祈求能高中。作者并没有多写双塔风景，而是重点写了双塔重修的过程及作者对双塔的祭拜。作者的祭文很有意思，“我愿山灵自今孕毓贤哲，必求如书传所称，元恺其人，绳绳兹土，作我明桢，用光前盛。其或杂以不类，间挟末技，猎宠荣，操权力，恣鞍轹者愿山灵为我驱之，除之。毋俾梼杌饕餮于兹土，永作灵羞”，希望双塔能照耀我黄岩文士，能保佑我黄岩多出杰材，不出奸邪之徒。可见，双塔在人民心中的重要地位了，当然，这也是作者心中的一份美好祝愿。

文章最后的梦，像是一个轻微的玩笑，而其中的深意是，告诉读者，真正的人才培养是要靠自己、家庭、社会的。

【思考与研讨】

请细读文章，分析一下，梦在文章中有何作用。

游避俗亭记[1]

明·柯夏卿

秋老气疏，天晶泉洌，柯子呼童携酒策杖，独步东皋。途值邻叟揖余曰："何之"？余曰："风物斯美，聊以行国，叟能偕我乎？"曰："可"。余乃携手摩肩，相与迤逦枫林，盘桓乎古髓。睨九子峰[2]如初削青蓉，与山椒白练相与映荡，留连久之，入瑞隆院[3]。寺僧饷余苦茗。缓步寺门从石桥稍折而西，沿溪行，皆密蓓幽林，林有避俗亭。盖邑侯芷沅张公所葺者. 规制虽小，置一几于中，坐堪五六。方入亭则耳有涧溪之声，目有竹松之色，胸中尘坌于焉顿豁。

余遂酒此亭而酣之，邻叟诘余曰："邑宰建亭而名'避俗'者，将避阛阓[4]之俗乎？"余曰："否，牧民者奉玺书以视百里，必访乡土以协民情风俗，其所有事也，乌乎避。""是欲避簿书[5]之俗乎!?"余曰："否，簿书者兵、刑、钱、谷考成[6]在兹，藉以报天子而泽苍生，乌乎避。"

叟曰："然则侯名此也何居？"余曰："侯所云避者有六：颜色未同，阳螭争趋[7]者其俗为'吠'；希望恩旨，脂书结纳[8]者其俗为'妖'；借援罔上[9]，抬摇溪壑者[10]其俗为'蠹'；阳交阴讦[11]，厉物便己[12]者其俗为'魅'；锱铢未及，诅谤先腾者[13]其俗为'蛊'。告诫欲施，声色拒人者[14]其俗为'骜'。

凡此皆有害于宰，不可不避者也。以涧溪洗其耳，松竹刮其目，一触一咏以涤其胸，避之之术亦过半已。"

叟曰："微子言我固不审兹游也。既得俗解而又收泉石之胜，惠我良渥。"

于是洗盏更酌，山花伴醉，夕照已在峰矣，别僧于竹桥而归。

【注释】

柯夏卿（1610—1681），字仲倩，号玉砚，黄岩人。崇祯十年（1637）进士，授刑部主事，改兵部，擢职方郎中，出为河间兵部佥事。历任天津兵备道参政。崇祯十三年（1640），河东三府饥荒，饥民万众聚集教台村，震动京城。夏卿设计擒首领，余皆不究。崇祯十六年（1643），以母老辞官归家。弘光元年（1645），南京沦陷。六月，柯夏卿与陈函辉、张国维、张煌言等，在台州奉表请鲁王朱以海监国，柯任佥都御史。次年（1646），出使福建，联络唐王朱聿键，修好两王关系，唐王授柯为兵部尚书。后浙闽联合抗清在马士英、阮大铖、方国安破坏下失败，柯回乡隐居，自号“遁庵”，改书屋为“忍冬轩”。晚年以诗酒自娱，工于书画。主持息林诗社，十二子半出其门。康熙二十年（1681）卒，终年70岁。

①避俗亭：在黄岩九峰山中。入山半里之遥，今有其遗址。

②九子峰：黄岩九峰山，有九个山峰，分别为灵台、文笔、华盖、接引、宝鼎、灵鹫、双阙、卧龙、翠屏。

③瑞隆院：即今天的黄岩九峰公园。清同治八年（1869）建九峰书院，书院三面青山环抱，溪水蜿蜒，古木参天，花团锦簇，鸟语花香。亭台楼阁掩映，自然环境清静，幽美舒适。由于风景秀丽，古迹诱人而被载入《中国名胜辞典》，自宋代以来，就是名人学者留诗、潜读的场所。康有为赞其“九峰环立，峻碧摩天，分雁荡之幽奇”。

④阀阅：古代仕宦人家大门外的左右柱，用来榜贴功状，后因称仕宦之家为阀阅。

⑤簿书：官署中的文书簿册。此处指案牍之累。

⑥考成：在一定期限内考核官吏的政绩。

⑦阳螭争趋：此处指像螭龙争着向前跑的趋炎附势之徒。

⑧脂书结纳：凭借文章彼此勾结。

⑨借援罔上：借助势力，欺骗君上。

⑩抬摇溪壑：指肆意张扬自己的欲望。溪壑，比喻欲望。

⑪阳交阴讦：表面上热情交往，背后却不断攻讦。

⑫厉物便己：对他人严厉苛刻，对自己随便，满足自己的私利。

⑬先腾：先好起来、先得志的人。

⑭声色拒人：因态度而拒人千里。

【导读】

山水，不光愉悦我们的眼睛，同时也能愉悦我们的心灵。精神崇高的人，山水经过他的游玩之后，仿佛也具有了灵气，给人以启迪和思考。同时，文与山水就更相得益彰了。柯夏卿此篇文章有点“醉翁之意不在酒”的感觉，借避俗亭畅谈了心中的为人标准，对那些奸邪小人进行了讽刺。景美、德高，乃是此篇要仔细体会的要义。

景美，“秋老气疏，天晶泉洌”“九子峰如初削青蓉，与山椒白练相与映荡”“缓步寺门从石桥稍折而西，沿溪行，皆密蓓幽林，林有避俗亭”……绘美景如在眼前。

德高，不为趋炎附势之徒，不为得志小人，不为朋党勾结，不为嫉贤妒能之人，不为虚伪狡诈之人，不为色厉内荏之人……做一个有山水精神之人。

从这两者来读文章，方可“既得俗解而又收泉石之胜”。

【思考与研讨】

文章中的“六避”给你带来怎样的思考与启示？

清献书院[1]题词

清·觉罗吉庆　清·孙憙

浙江巡抚觉罗吉庆铭词[2]

会稽东部，先贤所憩。讲学岩疆，余风未替[3]。爰有[4]书堂，川流泌泌。旧址频移，溯源[5]则一。正心诚意，考亭是师。勉旃[6]多士，视此铭词。

知县孙憙[7]训词

从容而不后[8]事，急遽而不失容，脱略[9]而不疏忽，简静[10]而不凉薄[11]，率真而不鄙俚，温润而不脂韦[12]，光明而不浮浅，沉潜[13]而不阴险，严毅而不苛刻，周布[14]而不烦碎，权变[15]而不谲诈[16]，精明而不尖刻，亦可以为成人矣。

【注释】

黄岩九峰书院

①清献书院：该书院经历“萃华书院”“清献书院”“清献中学堂”三个阶段。萃华书院创办于乾隆五十四年（1789）。“萃华”顾名思义就是聚集精华。萃华书院的创办人、知县路邵认为：此地“东揖丹峰（方山）之翠，西含岱山（松岩山）之英，南则委羽（委羽山）献灵，北则苍溪（永宁江）拱秀”，乃办学的风水宝地。书院初创时建有讲堂（仰山堂）、书舍、厨房等，还建有宾兴祠，由浙江巡抚觉罗吉庆作碑记。乾隆五十九年（1794），得监生郑作霖资助，分别在书院南边建文昌阁，西边建星照轩。咸丰十一年（1861），书院被太平军焚毁。

同治六年（1867），知县陈宝善托付绅士王葆初捐资重建书院，为崇祀南宋黄岩籍右丞相杜范（谥号清献），改名清献书院。此后，知县孙憙、王佩文等也非常重视文化教育，特别是孙憙对黄岩教育和清献书院的建设功莫大焉。孙憙，同治七年（1868）任黄岩知县。在黄岩五年，增建清献书院的讲堂及东西精舍，并亲自为书院作训词镌刻于仰山堂石碑。自书院重建改名以来，文脉绵延，文风日盛，在日益没落的晚清社会，创造了黄岩科举末代的辉煌。

②觉罗吉庆：隶正白旗。父万福，骑都尉，官江宁将军，兼散秩大臣。吉庆由官学生补内阁中书，迁侍读，历御史。乾隆五十年（1785），嗣世职。擢镶白旗蒙古副都统，累迁兵部侍郎。命赴山东、湖南、湖北、河南谳狱，均称旨，调户部。

③替：衰退、改变。

④爰有：兹有之意。

⑤溯源：源头。

⑥勉旃：努力。多于劝勉时用之。旃，语助，之焉的合音字。

⑦孙憙：字欢伯，江苏阳湖人，著有《宋井斋诗文集》。同治七年（1868）任黄岩知县。主持修纂《光绪黄岩县志》。

⑧后：迟缓，延误。

⑨脱略：放任，不拘束。

⑩简静：简约沉静。

⑪凉薄：微薄，浅薄，淡薄，不富足，也形容人心凉意切。

⑫脂韦：油脂和软皮。《楚辞·卜居》："宁廉洁正直以自清乎？将突梯滑稽如脂如韦以絜楹乎？"后因以"脂韦"比喻阿谀或圆滑。

⑬沉潜：指人性深沉柔和。

⑭周布：周密，仔细。

⑮权变：随机应变，灵活。

⑯谲诈：狡猾，诡计多端。

【导读】

清献书院，乃是黄岩人文教育的高地，几经变迁，成为现在浙江省重点中学——黄岩中学，前后皆是培养英才的摇篮。选择的两篇题词，一为当时初建时浙江巡抚觉罗吉庆铭词，一为改为"清献书院"时知县孙憙训词。两位官员皆情真意切，对黄岩学子提出了高远的要求。觉罗吉庆的铭词所传递出的信息是书院要弘扬朱熹"正心诚意、格物致知"的理学精神；知县孙憙这段训词，可以说是"正心诚意"思想的具体化，从做事、待人、律己、处世等方面为书院生员提出修身养性的准则。这两段题词，今天读来也对我们有很深的启发。特别是面对当前浮躁的教育环境，给我们学生、老师都提出了为人处世的准则。

【思考与研讨】

请就孙憙的训词谈谈你的理解。

橘花之盟

周晓枫

春天，仿佛让万物复苏与繁茂的偌大方舟在我们身边停靠下来。四月的南方，湿润，清新，少女眼睛里微漾的泪光那么动人。穿越万米之上的云层，我来到中国蜜橘之乡黄岩，想去感受十万亩橘花散发的香气。

黄岩的柑橘种植历史悠久，品种丰富。我喜欢参观果园，无论是在采摘季还是专为赏花而来。可惜迟了几天，等我进入黄岩的橘园，多数花瓣凋谢，已经开始坐果了，萼片上托举着珍珠大小雏形的颗粒。偶尔还是能找到开花的树。原来开得如此浓密，朵瓣牙白、蕊柱鹅黄的小花，密布枝丫。梗相对长，加上星芒状的瓣，橘花的样子看起来就像袖珍仙女的魔杖。自然真是神秘，竟能从这样精巧的花里，慢慢酝酿出圆满的橘实。

橘子外表金黄，剥除之后，隔着里面丝丝缕缕的絮状物，然后才是半月形的囊瓣。吃橘子的时候，人们把絮状的帐幔和坚实的籽核，都放在功能如小碗碟的橘皮上。橘子不仅自带容器，而且是内有小包装的水果，十几瓣橘子可单独取用。当橘瓣被剥除得仅剩一层薄膜，手感绸样细滑……亵衣薄软，像十几个姐妹羞涩地抱拢一起。水果的样子各具童话感。比如同样黄岩盛产的东魁杨梅，和橘子相反，全无包裹地裸裎着，散碎的深红蜜粒凝结在果核上。再像荔枝，像某种棘皮动物，比如幼鳄虚张声势的外皮，它身着中世纪的小小铠衣。想想橘子之妙，除了水果所普遍具有的神奇，它又是如此平易、家常，微酸带甜，一如生活本身的滋味。

我们在橘树之间穿行。橘树甚至不太像树，看起来倒像一蓬蓬长大了的茂盛灌木丛。远远地，在橘树之间的缓坡形成的夹角上，我看到一个果农的背影。虽然距离不近，我依然能看清他身背橘红色的玻璃钢喷雾器，穿着高筒黑胶靴，他像一只勤勉的工蜂，忙碌在珐琅质的正午。如果有雨，水流就会汇聚在果农走在的渠沟，而此时，清凉的，只是他脚下枝条形成的阴影。果农向果园深处走去，很快被自己寂静而美好的劳动淹没。每朵花，都是与春天结盟的标志。橘花此刻看似单薄，但在硕果累累的秋日回忆起来，才知道这样的春天，它创造之手有着多么有力的骨节。想象数月后的果农，手执环剥刀灵巧地采摘——他会在劳动获得的慷慨回报里，感到怎样微醺的喜悦？

一条小河穿过橘园，几个浣衣的妇人裤角挽起在波光密集的水流中，衣杵锤打的声音时起时落。她们脸色赤红，腰腿圆大，不是古诗中的抒情形象，体现的却是日常而结实的本貌。古老的劳动，古老的生活，千年如斯。如果今夜仰望星空，它是否就像一座古老的橘园呢？那些金色的闪光果实，那些陪伴我们的甜蜜。原来，那些关于美、关于诚实的法则千年不改，一座橘园已概括太多的隐喻。

橘园后方，坐落着中国柑橘博物馆。

门口的橘神雕像，似乎并不年轻，她的体态腴润，韵致成熟，大约是因为她代表着丰收的祈愿。东方女子特有的圆润面庞，疏朗而娴静的五官——她裙袍曳地，只露出隐约的足尖，手里拿着一枚饱满的橘子。橘神有着劳动者朴素而满足的安详神情。我对应地想起西方的许多女神雕像：赤裸，倦慵，除了诱惑，她们简直无所事事。想起东西方的此种差异，我不禁微笑。

博物馆门口放着一个巨大的根，这就是橘树秘而不宣的力量。橘根盘错，沉入深渊，才能支撑满枝丰盈的果实。我们看到树冠，就应猜到黑暗中那倒影般的宿根。如果枝条间哺育过飞鸟和昆虫，那根须之间也必然供养着同样丰富的隐默生命。大量展品和展板，普及着有关柑橘的科学知识。植物分类很有意思，填写在纲目属科的理性框架里的，是古典而感性的抒情。橘子族谱附近的枝枝蔓蔓上，铃铃当当，都是随风起舞的悦耳名字：五桠果目、河苔草目、桃金娘目、伞形目……树状图形成鹿角般的枝杈，世界充满生动之美。在古文字形变化的说明中，我有了另外的有趣发现。柑橘，是橘、柑、橙、柚的总称，称呼无论怎么变化，字形里都隐藏着“口”字，可见人们难以抵抗橘柑的诱惑，唇齿之间须臾不舍离开它的美味。

参观过橘园，我们又来到黄岩的著名景区布袋山。刚进山，就下了毛毛雨。北方的毛毛雨再小也小不到如此精微的程度。灰色光线中繁密的乱针，落到皮肤上却毫无重量和感觉。润物无声的雨，下得人心里柔若无骨。就在细雨中攀登。山有野趣，步道由各种材质组成。土、石、木、岩块和竹节，这条五味杂陈的路，走着走着，就水净沙明。桃花源匿于武陵，这里亦有袖珍的一座。到处是参差的绿。音阶般的流水，有时如琴低诉，有时雄浑如交响。行道上经常有千足虫闯入，身上附着金属色泽的华丽漆彩，小火车一样平稳而高速地移动。飞鸟轻灵，身影一闪即逝，尾羽像精巧的剪锋般对称张开。雨渐停，在别处可说的“细雨收尘”，在布袋山却是不成立的，因为，“何处染尘埃”？布袋山令人忘却烦辱，我想起朱熹的句子：“莫问无穷庵外事，此心聊与此山盟。”

布袋山

我们住在布袋山脚下的村舍。村里的狗温柔害羞，听任小孩子或轻或重的手脚揉搓，却低头躲开游客的直视。院子里散养鸡鸭。公鸡冠宇嚣张，赤红着一张余怒未消的脸。有时几只体健者联合起来欺侮一只看起来孱弱的公鸡，后者在频频袭来的喙锋之间闪避，并仓皇地试图从围剿中逃脱——它有时误入母鸡阵营，这引发了新的误会和讨伐。鸭子倒是自律者，无论行动到哪里，队伍总是排成整齐的一行。村里的食物绿色天然，餐桌上有当地特产的走地鸡、紫山药和一盘暄软的白馒头，已是简单而香气四溢的美味。

当晚布袋山举行黄岩每年一次的“橘花诗会”，诗人们举樽邀月、对酒当歌。我独自漫步小道，在朦胧的树影之上，山村的月亮浩大、端庄。

我总是想象月亮背面有更多的阴影，也许，唯有我们目睹的这面，月亮才雕镂着如此美妙的工艺。在这样的夜晚，恍惚于月色之中，我重回归沉静。事实上，许多时候我听不到自己的回音，某种声呐系统被破坏掉了。身体里的寂静区域，会突然爆发出啸音——那本来不属于灵魂的分贝。我失去了内心必要的空旷，太多的纷杂事物相扰、挤压了空间；而自己也混沌，随波逐流，沉浮于事。有句话说：你不能叫醒一个装醒的人。如果我们试图唤醒装睡装傻装糊涂的自己，也许不需要持续叫喊，也许，只需要月亮的静寂。漫游乡村，我心怀祈祷，但愿未来一如璞石，有着埋藏在朴素里的奇迹。

是夜浩荡，月亮圆满、芬芳、灿若金橘。我由衷地体会到，美，永无终点……因为大美之中，有着任性而至尊的自由；而自己对自由的热爱与敬意，天平对面，没有什么东西可以称量。

【注释】

周晓枫，当代著名作家，1969 年 6 月生于北京，1992 年毕业于山东大学中文系。曾做过八年儿童文学编辑，2000 年调入北京出版社，现任《人民文学》编辑部副主任。出版有散文集《上帝的隐语》《鸟群》《斑纹：兽皮上的地图》《斑纹》《收藏：时光的魔法书》。曾获冯牧文学奖、冰心散文奖、十月文学奖、人民文学奖等多个奖项。

曾协助张艺谋导演进行文学策划工作，担任电影《三枪》《山楂树》《金陵十三钗》《归来》的文学策划。2018 年 4 月 21 日，荣获第 16 届华语文学传媒盛典“年度散文家”称号。

【导读】

作为第一次来黄岩观光的人，作者把笔触放在自己所见所感上。黄岩古城，在作者的眼中是山清水秀的，是物阜民丰的，是蜜橘的天下，是风光的所在。文章从旅游的行程开始，先到橘园，看橘花，闻橘香，品橘子，参观柑橘博物馆，在如水的文字中，表达了作者对黄岩蜜橘的新奇与认识，兴奋与了解。在布袋山，作者用诗意的笔墨写出了布袋山宁静与幽美的景色，渲染了一种世外静寂之美，如文章所引用的诗句“莫问无穷庵外事，此心聊与此山盟”。

橘花之盟，是一次笔会，也是一次黄岩走向全国的推广会。生在家乡的人，对黄岩之美心有感悟，希望天下之人都能品尝黄岩之美，走进美丽的黄岩。

【思考与研讨】

请细读文章，谈谈你对“在这样的夜晚，恍惚于月色之中，我重回归沉静”这句话的理解。

布袋坑[1]速写（六章）

谢克强

遇雨

暮春还是初夏?

天空不远，太阳不远，我的影子不远，走在布袋坑的山路上，走在季节的字里行间，走向布袋山的深处。

不想问这路通向何方，也不想问前面的路还有多远，待我在路边的石凳上坐下歇一歇脚。

这时，雨点争先恐后行走在路上，打湿我平淡已久的日子……

啊，这就是雨雾中的布袋山吗?叶在泛绿、花在绽红、苗在拔节……

雨，大自然的精灵，也是天空对布袋山诉说的呓语呵！这不，我在听雨，我在读雨，只见一颗颗晶亮的雨点、一粒粒柔润的珍珠正从松针翠绿的叶尖滴下、正从野玫瑰殷红的花瓣滴下、正从苞谷棒初生的缨须滴下、正从竹笋硕大的笋叶滴下……

瞬间，柔软而晶莹的雨滴，在吻别之后、在抚别之后，缓缓消失了。

神奇，且变幻莫测的太阳雨啊!

不要为太阳雨惋惜，它短暂的生命在山野无数生命里获得了永生，使布袋山变得丰富而美丽……

弥勒谷瀑布

谁导演了这壮观的一幕?

呐喊着，如九万个雷霆滚过，那是你灵魂的呐喊么?

迸溅着，如九万颗珍珠溅落，那是你青春的激情么?

闪烁着，如九万匹彩锦抖闪，那是你生命的闪光么?

瀑布啊，如果不攀上高耸壁立的悬崖，你能放逐生活的平庸而有如此撼天摇地、摄人魂魄的声威么?

桃源人家

几十户人家。

住在布袋坑向阳的山窝窝里。清清的泉水从悬崖上跌落，一股落成溪水，日复一日从门前缓缓流过，打湿浣衣女的歌；一股落进水井，潺潺流进架设的竹管，流进家家户户的缸里、桶里、锅里……

石木结构的住房，取山中之树作栋作梁，采山崖之石垫基砌墙，撮土衔泥火烧成瓦，便是一座前有场地后有猪舍堂屋有神龛的农家院落。

山里的男人，有天生的豪气，学会走路就漫山遍野地窜，长大了，不是上山砍柴采药就是下山垦荒种地；山里的女人，长在一种欲望里，总想追着季节的脚印，采撷生活的芬芳，或者举起双手如鸟翼张开，让袅袅升腾的炊烟，把温馨与康乐写在天空……

苦就苦了，乐就乐了。庄户人家安居的日子，就像门前的溪水波澜不惊地过；山里人繁复的岁月，仿佛屋后的山花，随着季节枯枯荣荣……

山村小店

门前是潺潺流淌的溪水，屋后是青翠欲滴的竹林，伸向远山的小路曲曲折折，挽几朵流云，引我走进敞开的门扉。

女店主迎上前来，灿灿的笑容似五月明媚的阳光，甜甜的话语如五月温馨的风，一缕缕，拂落我一路旅途的风尘。

一豆灯火，几盘小菜，几个陌生的旅伴围坐在餐桌旁，正一面举杯畅饮，一面低诉各自旅途的浪漫与艰辛。我走上前去，坐在他们中间，举起斟满多彩生活的佳酿，同时也敞开关闭了许久的心……

夜半，下雨了。

过山雨淅沥淅沥落在石板上，溅起一串串音符，是哪一位演奏家奏响这么美妙的乐曲，震颤着山村小店馨香的梦。

夜宿红豆杉客栈

1

松枝和竹叶剪碎的月光，在伸向夜天的小路上流淌，流淌着月光，趟响我的脚步，走向浅蓝色的夜，走向浅蓝色的夜的深处。

月在夜的那岸睡去了么？

而布袋坑村却因一群诗人、画家、歌手的到来醒着。

2

风，藏进了幽深的峡谷，溪水也不再说话，只有不远处的树林里，几只夜鸟哼着小夜曲，使布袋坑村的夜显得那么静谧。

不经意间，将夜的静谧装进行囊，我们在山梁上放歌，在溪水边起舞，在客栈里说笑……

难得今夜让心无忧无虑地放纵，请布袋坑村静静的夜色拂去我们旅途的俗尘。

3

醒着的布袋坑村，依偎在渐蓝渐深的夜里，依偎在渐蓝渐深的夜的怀抱里。

依山傍水的村居错落有致，每一座石墙黑瓦下的窗口也眯上了眼睛，而醒着的星星却聚精会神地遥向“红豆杉客栈”窗口醒着的灯光，眨着不眠的眼睛，在夜的恬静里正酝酿着什么呢？

诗、画，抑或不夜的音律，所有的谜底啊，都会在黎明的曙光中揭晓。

4

布袋坑村，一排排依次错落有致的石墙黑瓦，依次错落成一座梦的村落。

梦的村落的夜是恬淡静谧的，但因我们一群诗人、画家、歌手的夜访而不再静谧。

这不，村头守护着梦的狗，把下半夜咬得比白天还长。

布袋坑晨曲

天还没有破晓，夜的窗帘依然低垂着，低垂在我梦的边缘。

没等我走出迷离的梦，黎明的风里，何处传来一声一声鸟语，一声一声清啼，滴落在黎明的浅蓝里，渗进我的梦。

鸟儿啊，你从哪儿弄来这么清新的曲子，唱醒我的黎明。

好久好久呵，我没有听见鸟声，在我居住的那座城市，只有车笛、马达、喧闹的市声，而今我来到青山绿水的布袋山，来到布袋山中的布袋坑村，我看见那一树树绿色树冠上的小巢与我客住的“红豆杉客栈”的小楼遥相比邻。

推开窗门，我仰望窗外的树梢，倾听鸟语。

鸟语声声，清纯明亮，婉转绵长，不绝如缕，听着，听着，我想，

假若山中没有这世外桃源般的山村呢？假若山村没有这郁郁葱葱的绿树呢？假若绿树没有这群欢唱不息的小鸟呢，

我不知道，这布袋坑村的黎明是不是还这样诱人？！

【注释】

谢克强，著名作家，曾任《长江文艺》副主编、湖北省作家协会副

主席。现任《中国诗歌》执行主编。

①布袋坑：布袋山风景区，主要由弥勒谷景区、古村落景区和布袋溪漂流三大景区组成，也称为一拖三景区。坐落于括苍山支脉，与桔乡黄岩城区相距仅40公里，北邻临海市，西毗仙居县，南近省内第三大水库长潭水库。布袋坑村的海拔只有510公尺。布袋坑村生态环境良好，全年气候湿润，温度适宜，森林覆盖率高达98%，物种丰富，奇花异草广布，有上千年的红豆杉、稀有竹类品种“黄金嵌碧玉”等等，这一切都构成了魅力古村的美丽元素，成为都市人群远离喧嚣，回归大自然的好去处。布袋坑村还是黄岩迄今为止保存最完整的古村落，流水古桥、木屋石墙、碧树竹林等，组成了一幅幅美轮美奂的人与自然的和谐画面，那些蜿蜒交错的山径、青苔覆盖的石阶、斑斑驳驳的石墙畚斗楼，清澈温婉的溪水，都成了画家、摄影家们创作的最好素材。2010年，布袋坑村被命名为台州市摄影基地、美术家写生基地。

【导读】

读谢克强的《布袋坑速写》的地方应该在布袋坑，时间应该在清晨或月夜，应该泡一盏清茶，唯有这样才能对得起文章的诗情画意，对得起那飘荡在文字间的缕缕月光，那清清鸟啼。布袋坑在作者的眼里是一个世外净土，没有受到过一丝一毫的玷污，山是那样的秀，水是那样的清，花是那样的香，万物皆那样的自然悠闲，人是那样的淳朴。在这样的纯净世界中，我们的心灵得到了净化，我们的心渐渐地平静与纯净了。山水不光愉悦了我们的眼睛而耳朵，还愉悦了我们日渐疲惫的心灵。让我们还是读读下面的句子，走进那缥缈世外的布袋坑吧：

“我在听雨，我在读雨，只见一颗颗晶亮的雨点、一粒粒柔润的珍珠正从松针翠绿的叶尖滴下、正从野玫瑰殷红的花瓣滴下、正从苞谷棒初生的缨须滴下、正从竹笋硕大的笋叶滴下……

“清清的泉水从悬崖上跌落，一股落成溪水，日复一日从门前缓缓流过，打湿浣衣女的歌；一股落进水井，潺潺流进架设的竹管，流进家家户户的缸里、桶里、锅里……

“松枝和竹叶剪碎的月光，在伸向夜天的小路上流淌，流淌着月光，趟响我的脚步，走向浅蓝色的夜，走向浅蓝色的夜的深处。

“鸟语声声，清纯明亮，婉转绵长，不绝如缕，听着，听着，我想，”

【思考与研讨】

请你带着感情细细朗读课文，品味布袋坑的美。

悠悠千年草行巷[1]

沈雷

历史是一杯醇香的酒。每次走过草行巷时，都勾起我对这条母亲巷无限的感怀。

在古城黄岩的三十六街七十二巷中，这条东西走向的古巷显得有点普通，可以说毫不起眼。地面由三溜方方正正的青石板铺就，长不足三百米。东连天长街，西与黄城主街劳动路呈T字形镶接。它没有北边的大寺巷体面，有千年古刹庆善寺，钟声梵音，风铃塔影，飞檐凌空。也没有南面东禅桥头那么热闹，面街临河，舟楫往来，桨声灯影，商贾云集。草巷却是另一番意境，闹中兼静，斑斑黄昏晚，深巷夕阳西，显得那样地沉寂，有点寒怆。

可是在这老屋陋巷里却大有文章。

这条巷的名字真有点怪，叫草行巷。也许是后人给漏了一个字，叫成“草巷”了，一些山里人进城，总是叫作“草鞋巷”，大概谐音之误吧！

南宋时，这条巷里出过两个进士，都善写一手行草，这巷就因此而名，这在全国的街巷地名中以书体命名的恐怕极为少见吧。

这两个文人，一是叶应辅，字子仪，是嘉定十年（1217）进士，历任校书郎，右司谏，知明州，后至敷文阁侍制。他工行书，崇尚意趣。由于宋代印刷术发达，无须大量抄书，加之帖学盛行，书家大多致力于艺术性更强的行书。叶的文章也写得很好，当时家住郑家巷的工部侍郎王居安称其文可寿世。同巷的另一文人叫杨似云，字伯雄。庆元五年（1199）进士。官至通直郎，杨工于章草。后人将两位书法家居地称草行巷。这巷名随着墨彩醇香，悠悠飘忽了千年。

黄岩草巷

斗转星移，世事沉浮。夜深巷空时，传来的是莘莘学子的吟诵声与清脆而有节奏的打更声。长着青苔的石板上曾留下过朝靴、布鞋、木屐、草鞋的印痕。当小校场边的兵勇蜂拥而过时，小巷就不平静了。而后，小巷里又响起大兵杂乱的皮鞋声。

民国时，这条巷里又走出了两位文人。一位是住在巷西端北侧一个幽深小弄堂里的毛乐遣，是光绪年间的庠生、岁贡。毛先生工铁笔，善篆书。1929年（辛巳）夏月，黄岩几位颇具品位的文人墨客，聚集在九峰山下桃花潭畔，凝神蓄势，铺纸研墨，为镜心亭撰写楹联。毛先生的篆书“回勺（包）一潭水，安排九子峰”，其气势沉雄，古拙遒劲。而与其同行的草巷人王松渠先生则信手题上“水深不碍蓬莱浅，桃熟频闻方朔过”。其行楷甚得颜、褚之法，功力深厚。一位是王乃清，光绪廿九年举人，1930年任杭州西湖博物馆馆长，工诗善书。在这群山环峙溪泉带流的桃花潭镜心亭石柱上，留下了辉映千秋八位宿儒名流的传世墨宝。

草巷口西头，是一家宁波人于光绪六年（1880）开设的药店沈宝山。考究的“水门汀”拱门上饰有刘海戏金蟾的彩色浮雕，金字匾额“沈宝山”三个字的楷书系在上海卖字的武进书法家唐驼所书。瘦硬峻拔，筋骨显露，尽得柳体风韵。我见过唐先生《续红楼梦》一书题写的书名，确是好极。从字的结构上看，沈字呈方形，宝字是长形，山字则有点扁，这三字的组合确是难写，但唐先生却写神了。药店里边二侧，则挂着“宝田露润”“山岛花浓”的青龙碑。每当掌灯后，店堂清闲时，阿元先生、赵先生就提笔画字了。一个在旧报纸上，一个在黄表纸上，重重叠叠地书写。我小时总睁大眼睛看着，一声不吭。“来！阿田侬试试”，于是大手把着小手画了起来。店门口的“夜光报”上，贴的是我父亲书画写的小楷，清秀端庄，颇见帖学功力。“心正则笔正”，父亲多次和我说，于是我记下了。

有店就有招牌，巷里的水果店“叶兴隆记”是楷体，巷里当店“同亨恕记”是隶书，“医师管保生诊所”几个字，则有赵之谦风味了。

我最喜欢的去处是巷口“老麻”古旧书摊。那里有几百本小人书（连环画），还有封套的，我一迷就是半天。以至直到现在，我还是个“连迷”。关于小书摊，1983年在巴黎蓬皮杜文化中心举办中国连环画展览，展览的形式很别致，地上摊了一堆书，书的周围摆了一圈小凳子，四面墙挂连环画原稿，他们赞扬：中国把图书馆开到了马路上。可是，这种“图书馆”不知怎的消失了。摊主姓姚，当过兵。他允许我在收摊前将书送回。于是我就把岳飞、岳云，刘备、关羽、张飞等英雄们临摹下来，还涂上色，贴到墙上。于是红红绿绿的满壁都是。书摊上有两只玻璃柜，柜里摆着死人戴过的东西，有各式玉镯、玉挂件等，我不敢碰。因为外婆说过这些都是盗皇坟的人拿来的。书摊下面放着收购来的成捆旧书中，也不乏善本古籍。笔者眼下正在收集“黄岩古代文学”资料时，比我大几岁的张老师就为我提供了一包黄色线装书。这是“文革”时他花十五元钱从“老麻”书摊买来的，共十一本（缺四本），是晚清王舟瑶编的《台诗四录》。

“喻榜眼”（喻长霖）②的小儿子喻文涵的书店（兼裁玻璃）也开到草巷口来了。喻先生扶着金丝眼镜，在书店白墙上，用木炭条打山水草稿，一副沉思的样子，我至今仍是记忆犹新。

巷东头一个青砖老宅的台门里，是“王德泰”，这是典型的“三透九明堂”江南古民居。雕梁画栋，我想单是几个不同图形的木窗格和几个“牛腿”就够摄影协会的专家们耗掉几卷胶卷呐！

还有我家斜对门的赵家画室，是黄城最早用炭精粉画人像，门口挂满了当年明星头像，有赵丹、秦怡、还有老人头像，一根根银白的胡子是用橡皮擦出来的。

九十年代初，草巷口开了一家颇有现代风味的“新世纪画廊”，招牌为大书画家陆抑非先生所书。画廊里挂有沙孟海、启功、大康、任政、刘江的书法；有赵叔孺、倪墨耕、蒲华的墨宝；还有中国美院肖峰院长的水乡油画，吴山明逸笔草草的仕女、浙江画院院长潘鸿海有“虚谷”笔意的短尾巴金鱼，林林总总。一时黄城文人墨客云集……

岁月在母亲的叮咛声中走过。岁月又在“张家长、李家短”絮语中停留。

年历翻到二十一世纪。在旧城改造中，先是巷口北面老屋拆迁，新建的是六层高的“六统大楼”，取代了“老八婆”家与另几十家清末民初的老宅。而后，巷北面的老屋全都变成了各式现代化的写字楼与住宅区。环境优雅了，草巷也变得开阳了。留下来的却是南面半边的古巷，显得越发古旧，甚至有点破败。新旧两种建筑给人带来异常鲜明的视觉冲击。

但这半边古巷里的生活节奏似乎也加快了，赶起时髦来了。巷里开起了“云云书店”“千纸鹤休闲中心”“小萍中介”“芦苇美容”，还有“红缘保健”。招牌是清一色电脑打印的美术字体。齐刷刷一字儿排开的黑板上，用彩色粉笔书写着各种房价，传递着各路信息。开排档的、做字的、理发的、开诊所的、做馒头的……都在这里各自找到了自己的位置。大部分的店面都已装扮一新，换上了铝合金门窗，只有几处棂窗木楼青石老墙上，还留住一点古巷的样子，正是它们在见证着古巷的嬗变。

巷口沈宝山，今已装修一新，门两边挂着贴金瓦联：“杏林春暖铺里多妙药，橘井泉香壶中有神丹”。

随着历史的演绎，这条小巷犹如一篇写不尽、读不完的文章，那么暂且就此打住吧。

【注释】

沈雷，浙江黄岩人，中国民协会员，省民间艺术研究会剪纸分会会长，省文联委员，台州市文联副主席。

①草行巷：古称梯云坊，后称草行巷，东至天长街，西至劳动北路，是黄岩旧城中心地带的一处古巷。

南宋时期，这条巷的杨似云，字伯雄，南宋庆元五年（1199）中进士，官至通直郎，他的章草十分有名。叶应辅，字子仪，南宋嘉定十年（1217）进士及第，官为明州知府，他擅长行书，文章写得也很好。地因人名，梯云坊改名“草行巷”，后人简呼草巷。草巷中间的南边有一条短巷叫横巷，俗叫扁担巷，与东禅巷相通。北边的有李琦巷与大寺巷相通，今已拆毁。

草巷东头北侧靠佛宝巷，过去有王德泰故宅，是三进四合院组合，很具规模。21世纪初，旧城改造时被拆。王德泰是店号，房主的名字叫王岳仙，是黄岩城民国时期著名的商贾，经营绸缎、呢绒、布匹等等，范围很广，在司厅巷与寺后巷均建有大宅院。草行巷西头面向大街是黄岩有名的百年老店沈宝山药店，现迁原店址对面，重放光辉。该药店初建于清光绪六年（1880），21世纪末，被国内贸易部认为首批“中华老字店”。沈宝山药店自创建以来，一贯坚持“诚信为本，选料道地，货真价实，特色经营”的经营方针，赢得了黄岩民众的信任。

②喻长霖（1857—1940），字志韶，黄岩焦坑仙浦喻村人。清光绪二十一年（1895）榜眼，授翰林院编修，国史馆协修，武英殿和功臣馆纂修。戊戌变法前，与康有为论变法，两人争辩不让。二十二年（1896），为宁海县筹款，围筑六敖里塘（今三门县榜眼塘）。二十七年（1901）四月，为台州农民武装周坚忠说情投诚。后任清宗室觉罗八旗第三学堂提调，八旗高等师范学堂国文教习，译学馆伦理教习。三十三年（1807）八月，任两浙师范学堂监督。十二月，受翰林院派遣，去日本考察学务，次年五月返国。宣统元年（1909），任实录馆纂修。次年六月，任京师女子师范总理。资政院成立，选为硕学通儒议员，授四品衔，任资政院一

会咨询。

辛亥革命后，袁世凯多次请喻出任要职，均谢绝归里。1914年，受聘任浙江通志局提调，参与通志编修。孙传芳盘踞浙江，三次到杭州吴山请其出仕，以终身不事二君辞谢。1926年，主修《台州府志》，成书140卷。晚年客寓上海卖文鬻字，1940年逝于沪寓。

【导读】

儿时的时光总是那么快乐，那么无忧无虑；和童年相关的一切事物都是那么的美好，永远值得怀念：人与物与事。在沈雷的笔下，我们可以看见童年的世界，点点滴滴，细细碎碎，无不散发着淡淡的黄色晕光：那些熟悉的人物，在熟悉的街角亭边来往谈论；那些熟悉的店铺里人声喧哗，桌椅光洁；那些书摊，那些菜摊……无不朦胧而温馨，散发着幸福的雾气。

作为黄岩人，看到那些快要忘记的街名、店铺名、人名，心中有一种莫名的悸动，原来这些以前都看见过，原来现在都不在，原来都要忘记了，原来都只是带着烟灰尘土的名字了。感念时光的飞逝，世道的变迁，感念过去的永远不再回来了。

慢慢地跟着沈雷，走进了记忆的深处，慢慢地徜徉在千年古巷——草行巷中了。

【思考与研讨】

请你细读文章，体会作者笔下的草行巷有哪些文化韵味。

文章·路桥

夫人钱氏[1]墓志铭

宋·叶适

同年[2]刘使君与余素旧。其守永嘉，常减骑[3]数出，支[4]坐熟语，良乐也。一日，忽凄然洒涕而称曰："吾母，临海钱氏三王之孙也，而以儒显，外妣早丧。祖曰：'家事惟女之任事益理矣。'然而舅若姨皆曰：'恩我者姊也。'故为女而孝。吾父信书而已，至生业，则曰：'惟尔母之听。'业益进矣。然而伯叔娣姒[5]各有承禀，不自己出也。故为妇而顺。诸子方携抱，所习经皆口授，不以烦师。其从师质讯，反复曰：'某善也，某未善也。'师不敢慢，子不敢惰，赖以有立。故为母智而明。凡此皆实行，不敢增损[6]云也。不幸以绍熙辛亥卒，明年而葬黄岩县龙鸣山，三十年矣。然而哀不止，悲不释，何谓也？吾母卒时寿八十矣，兄允元不及仕；允迪，定海丞；弟允武，吴江簿；而允济，掌教婺州。甚哉！年之高，养之薄也。今不肖孤忝[7]母余泽，有踌[8]于朝，假使者节从二千石[9]后，而亲不吾待[10]矣。一朝之荣，聚菌[11]也；一饷之禄，稊米[12]也；于吾母不加毫末。若夫宰木岑翳[13]，山云兴伏，而阙不以铭，斯则罪之大者。是故深惨惩痛而谒于子，不知泪之横臆[14]也。"余不识夫人而识其夫曰"承务郎"[15]，讳祐[16]，兼力众善，笃学至老，不以家自浼[17]者也。识允迪，厚而敏；识允武，果而通；若使君，信道执德，终始不变，则固余畏友矣。异术而同材，异用而同方，非毓[18]其源而疏之，曷至是！夫人之贤，信[19]矣。夫盖允元之记曰："必求精于理邃[20]于文者。"噫，理，本也；文，末也。余不精其本，安邃其末？铭曰："葬也久，铭始有。德成于先，论定于后。"

【注释】

叶适（1150—1223），字正则，号水心居士，永嘉（今浙江温州）人，南宋思想家、文学家、政论家。叶适一生重教兴学，以培养人为己任。少年时期，他边读书边讲学。中年时期，在求学之间、从政之暇，均设塾授徒，罢官还乡后到路桥螺洋办过书院，历时 16 年，培养了陈耆卿、吴子良、丁希亮等许多台州籍名士。后人为纪念叶适，曾在螺洋建有毓英庙。在螺洋民间，人们称叶适为“叶大侯王”，在大岙村曾建有叶适衣冠冢。叶适是南宋时期永嘉学派的集大成者，他所写的墓志与韩愈、欧阳修并称，历来为世人所推重。在《叶适集》中，墓志的数量几乎占到四分之一。本文选自《水心集》卷二十三。

路桥区螺洋镇文化长廊“叶适讲学”

①钱氏：刘允济之母。刘允济，即文中“刘使君”，字全之，路桥人，宋淳熙五年（1178）戊戌进士，赠正议大夫，显谟阁待制。在闽、瓯两处为官，兴利除弊，为百姓做了不少好事，在当地有口皆碑。退休后定居路桥南栅，恪守晚节，多举善事，泽被街坊。

②同年：科举时代称同榜或同一年考中者。见《后汉书·乐成靖王党传》：“（刘党）与肃宗同年，尤相亲爱。”

③减骑：行装简单，跟随的人少（多指有地位的人）。

④支：处理，应付。

⑤娣姒：妯娌。兄妻为姒，弟妻为娣。

⑥增损：增加或减少。多指文字上的修改。

⑦忝：谦辞，表示辱没他人，自己有愧。

⑧蹟：同“迹”。

⑨二千石：官秩，又为郡守（太守）的通称。

⑩不吾待：宾语前置，不待吾。

⑪聚菌：形容短暂。

⑫稊米：小米。比喻其小。

⑬岑翳：形容林木茂密。

⑭横臆：臆，胸骨。横臆，极写痛之深。

⑮承务郎：官名。

⑯祐：其夫为刘祐。

⑰浼：污染。

⑱毓：生育，养育。

⑲信：果然。

⑳邃：精深。

【导读】

就文学领域来说，叶适是当时的文坛巨匠，诗文俱佳。然而叶适并非以诗成名，真正为人所推崇的是他的文，尤其是墓志。如果说欧阳修将史家笔法援入墓志铭是一大特色，那叶适一反常态塑造了诸多有别于传统儒家思想观照下的女性形象，这是他对墓志铭内容和墓志铭中女性形象塑造的一次突破和创新。

【思考与研讨】

本文是如何通过侧面描写突出主人公钱氏为女、为妇、为母的形象的？试结合文章加以分析。

吾竹房先生[①]

元·陶宗仪

吾子行先生衍，太末[②]人，大父为宋太学诸生，因家钱唐。先性旷放，高[③]不仕之节。其所厌弃者或请谒，从楼上遥谓曰："吾出有间[④]矣。"顾弹琴，吹洞箫，抚弄如意不辍。求室委巷[⑤]，教小学常数十人，与客对笑谈喧，楼上下群童一是肃安。其所著述，有《尚书要略》《听玄集》《造玄集》《九歌谱》《十二月乐谱辞》《重正卦气》《楚史梼杌》《晋文春秋》。兼通声音律吕之学，工[⑥]篆书。

初，先生年四十未娶，所知宛丘赵君天锡，为买酒家孤女为妾。年饥，女尝事[⑦]人，后夫知妻在先生所，讼之，因逮妾父母。父母至，客先生家。又伪楮币[⑧]事觉，因言舍主人。先生固弗知，因逻梓辱先生，南出数百步。录事张君景亮识先生，叱逻曰："是不知情，摄之何为[⑨]？"即解纵遣归，先生不胜惭。明日[⑩]，持玄条缁笠[⑪]，诣仇山村先生别。值[⑫]晨出，因留诗一章。诗有"西泠桥外断桥边"之句，意将从灵均[⑬]于斯。明日，有得遗履于桥上者，后卫大隐以六壬筮之，得亥子丑，顺流象。曰："是其骨朽渊泥九十日矣。"

西湖多宝院僧可权，从先生学。闻先生之死，哭甚哀，乃葬先生遗文于后山，与其师骨塔相对。曰："皆吾师。"仍乞铭于胡石塘先生。庶几[⑭]先生有后世名。铭曰："生弗渎，死弗辱，贞哉白。"余习篆书，极爱先生翰墨，得一纸半幅，如获至珍，以故于书法颇有助。偶与郑遂昌先生谈先生之始末，就识之。竹房、竹素、贞白，皆先生号也。

【注释】

①选自《南村辍耕录》卷六。所记多是历史琐记，以元代为主，宋代为次，少数上溯。有的是陶宗仪所见所闻，摘抄前人史料，作考证辨伪，记载了元代典章制度、艺文逸事、戏曲诗词、民俗风情、农民起义等史料，为后世留下了珍贵的资料。

②太末：今衢州市龙游县。

③高：意动用法，以……为高，可引申为看重。

④有间：片刻，一会儿。

⑤委巷，僻陋小巷。

⑥工：长于，善于。

⑦事：侍奉，伺候。

⑧楮币：也称楮券。中国旧式纸币的别称。因楮皮可以造纸，统称纸为楮，故有此名。

⑨何为：宾语前置，为何。

⑩明日：第二天。

⑪玄条缁笠：黑布黑帽。玄，缁，均为黑色意。缁，音。

⑫值：等到，碰到。

⑬灵均：屈原字灵均。

⑭庶几：或许可以。

【导读】

吾衍或称吾丘衍先生，是一个特立独行的士人。他是金石学家、篆刻家、藏书家、诗人。他嗜读古书，通经史百家；熟谙音律，听击钟镈，能明辨宫商；精篆石，尤擅刻印，称“印人柱石”，与赵孟頫齐名。因年40犹未娶，宛丘（今江苏淮阴）赵天锡买酒家女相赠为妾，产一子夭亡。后因妾继父造伪钞事发，衍被株连受辱而萌死志，留诀别诗曰：“刘伶一曲事徒然，蝴蝶西飞别有天。欲语太玄何处问？西泠桥外断桥边。”时人以为投水自尽。弟子为其招魂，且作衣冠冢于西湖多宝山。

【思考与研讨】

选文体现了吾竹房先生怎样的性格特点？请加以概括。

委羽山[1]

元·陶宗仪

吾乡台之黄岩诸山，脉络相连，属大江，越州治北。自州出南门，陆行四五里许，有委羽山，特立不倚，形如落舞凤，故得名。然州人与之朝夕者，俱弗自知其为胜。山旁广而中深，青树翠蔓，荫翳蓊郁，幽泉琮琤[2]，若鸣佩环于修竹间，千变万态，不可状[3]其略[4]。中藏洞穴，仙家所谓空明洞天者是也。好道之士尝持炬入，行两日，不可穷，闻橹声乃出。

洞之侧产方石，周正光泽，五色错杂。虽加琢磨，殆不是过。大者三四分，小者比米粒而小，以斧粉碎之，亦无不端方。见长老言，尝有素服靓妆[5]飘飘若仙之女者。当风清月白时，则逍遥乎松杉竹柏之下，或时变服叩里人门求水火。里人所居，去洞所不能百步，异其状，密觇之。迤逦从洞中去，里人以为怪，粪[6]其地。越数日，里人家夜失火，势张甚，不可灭，室宇一空，妻子仅以身免。遂离他处，识者以为厌秽仙境，故致此奇祸。自是仙女不复出矣。余幼时尚及见里人故址，至今有欲得方石者，裹粮撮许，往洞口撒之，随意拾地上土，则有石在土中。不尔[7]，绝无有也。

【注释】

①本文选自陶宗仪《南村辍耕录》。

②琮琤：象声词，形容敲打玉石的声音、流水的声音。

③状：陈述或描摹。

④略：大概。

⑤靓（jìng）妆：美丽的装饰。

⑥粪：作动词，意为泼粪。

⑦不尔：不这样。

委羽山古洞

【导读】

也许每个乡村，每座山都会有这样或那样的神话传说。对于离乡在外的游子而言，这一代传一代的神话总是格外引人入胜。避居松江的陶宗仪虽然在别处有了自己的家，有了自己的朋友，也对他乡有了感情，但这还是不能阻止他对故乡的思念，这种思念之情，正通过陶宗仪对故乡景貌的记述表达出来。

【思考与研讨】

委羽山的千年道名，曾引得无数文人墨客到此寻访，并题诗作对。阅读谢灵运的《题委羽山》，比较两篇诗文所表达情感的异同。

方国珍[1]传

清·杨晨

方国珍，其先仙居人，迁黄岩灵山乡塘下里，遂著籍[2]焉。长身黑面，体白如瓠[3]，力能逐奔马。元至正中，授为江浙中书省参知政事。会有诏张士诚[4]，遂出师。士诚遣史文炳、吕真统十将军御之于昆山，步骑夹岸，旌旗数十里不绝。国珍曰："滨海之地，步骑非宜，兵虽盛，不足惧也。"国珍舟师只五万人，身率装饰数百，持苇席涂泥，以冒[5]矢石，奋呼急击打，士诚军动，遂大败，亡七将军，死万余。明日又战，七战七捷，士诚惧，乃遣史纳款[6]，请奉元正朔[7]。国珍乃班师，以功进大尉左丞相，治于鄞。有张子善者，善纵横术，说国珍以舟师泝[8]江渡河，北略[9]清徐、辽海。国珍谢之曰："吾始顾不及此。"时乱漕梗，国珍以舟师岁[10]输谷千万余石于京师，复以海运功进封衢国公。明遣人招之于内附，国珍阳[11]应之，而漕元如故。会苗帅王保、蒋瑛等杀胡大海以其首来奔，国珍不受。复奔闽，国璋邀击之，为所杀，明遣使吊祭。至正廿七年，明平吴，汤信国和率兵至庆元，朱亮祖下台州，国珍乃封府库，籍吏民以降。和送之建康，太祖面让[12]之。国珍对曰："臣天下无道，乘桴浮于海[13]；天下有道，束带[14]立于朝。"太祖善[15]之，乃授广西行省左丞，数年卒。赐葬京城外之玉山，命宋濂作神道碑。濂比之于隋唐之汪华，谓国珍据有三郡，事既相类，保境安民，识时知命，其功亦复相同，信非诬也。宁波有庙祀之。

兄国璋，元授衢州路总管，追封越国公，弟国瑛、国珉，均官江浙平章政事。

【注释】

本文选自《路桥志略》，是路桥历史上第一部地方志，它真实地记录了自宋代至民国间，路桥当地地理、社会、文化和生活习俗等情况，是研究路桥历史发展的珍贵文献资料，极具史料价值。

①方国珍：台州路桥人，元末明初浙东农民起义军领袖。

②著籍：登记在户籍上。

③瓠：一年生攀缘草本植物。茎蔓生，果实长圆形，嫩时可食。

④张士诚：1321—1367，原名张九四，泰州白驹场（今江苏省盐城市大丰区西南白驹）人。元至正十三年（1353），率盐丁起兵反元。至

正十四年（1354），在高邮称诚王，建国号大周。至正十六年（1356），定都平江（今江苏苏州）。随后，与朱元璋军交兵。至正二十七年（1367），被朱元璋杀死。

⑤冒：顶着。

⑥纳款：归顺，降服。

⑦奉正朔：尊奉王朝的历法和年号，当然表示对王朝的效忠和拥戴。

⑧泝：同“溯”。

⑨略：夺取（多指土地）。

⑩岁：每年。

⑪阳：古同“佯”，假装。

⑫面让：当面责备。

⑬乘桴浮于海：《论语》：“道不行，乘桴浮于海。”用此典。

⑭束带：整肃衣冠之意。

⑮善：赞许。

【导读】

元末，浙江沿海地区多灾多难，烽烟四起，英雄辈出。洋屿人方国珍是一个普普通通的盐民，他又是最早起兵反元的农民起义军领袖，可以说，1348 年是方国珍在路桥打响了元末农民大起义的“第一枪”——他比刘福通的颍州红巾军起义早 3 年，比张士诚在泰州起义早 5 年。而当时朱元璋还在皇觉寺做和尚，4 年后才走出庙门，加入郭子兴领导的北方红巾军。方国珍活跃在东南沿海达 20 年之久，在波澜壮阔、天翻地覆的大舞台上，他和许多台州人完成了从“奴隶到将军”的悲壮历程，干出了一番轰轰烈烈的事业。他有些像《水浒传》中的英雄，来来往往，出没波涛，是江湖上的豪杰。

【思考与研讨】

试结合选文中的事件，分析方国珍的人物形象。

讲儒家之修养

柯璜

今日研究题目为“儒家的修养”。修养方法甚多，大概可综四要：一为集义；二为立己；三为好古；四为游艺。

何谓集义？孟子云：“是集义所生，非义袭而取之也。”必于平生所做事无不可对人言，从不愧不怍用功，从三畏、四勿、九思、十手、十目[①]用功，久之自然养成铁肩、铁血之铁汉。到非常事来，自有非常之应付。自然到了由仁义行，非行仁义；人能弘道，非道宏人地步；然言之易，行之实难；吾人既深知之，便当努力从“行”字去下手，或庶不负读书人的身份。

何谓立己？粗言之，要大家便当先从自己身心好好下手。伸言之，成物先成己，立人先立己。不但儒者是如此，凡宗教家皆有这番修养工夫。如耶稣之精妙医术，手按病处即愈；非大有一种集电聚灵工夫，安能如此？穆罕氏之古洞静修亦然。释氏之禅与净土两宗，种种方法，皆为先由自己锻炼形骸筋肉做起；至于中国黄老之学，分门别派的各种工夫，如《黄庭经》《参同契》《悟真篇》，而一切所谓大周天小周天境界。老子以为婴儿[②]，释氏以为舍利子，无一不从事于成己。分开说外功如国术各种拳术，最实在最妙。岳武《易筋经》，也是外功。内功如静坐凝神调息等，向内做工夫皆是。凡世间讲理学人，往往身体不好，神经至于衰弱，实在不知信仰者等工夫。哪知道用这等工夫，便可以后天补先天，便可使一根软骨头，练到可以能做许多顶天立地的事业呢？

何谓好古：古人之成案，即古人之成绩，便是古人之经验，即后人的良方；吾辈想一想，这种成绩，能留到几百年几千年，骨子里必有好东西在。孔子不云乎“述而不作，信而好古”，又云“我非生而知之者，好古敏以求之者也”。盖多从事学问，多识前言往行，积之久自然看透一切，自然能成全一切，目光所射，自不与寻常同。由狭义用功言，当浏览《言行录》《尚友录》《名人传》，各种《语录》《学案》。由广义言，关于天文、地文、人文、社会、历史、宗教、哲学及关物质各科学，总以多数为是。古人云：读万卷书，行万里路。我亦谓胸中至少当有古人师友五六十人，应用学数百本，博物所以成君子，此是确论。近世有学阳明，专心致良知，如佛氏之专从顿悟吸收者。天资好的人，固有悟到妙处，不灵敏的人，悟到旁门处，亦未可知。要知道阳明所以成

"致良知"的结晶三字，是到晚年的成绩。不知其平生读了多少书，经验阅历了多少事。所以要好好悟出端倪，透明了良知良能，应当多读书，总没有弊病。

何谓游艺？人不可无嗜好，不可不养成一个好嗜好。有好嗜好，乃有安心立命之基。何处有心猿意马来撞扰，孔子对人人宜有嗜好的见解最精确，故据德依仁之后，叮咛以游艺。游艺游之久，必能成一极乐的嗜好。孔子并非教人游心、博弈诸嗜好，礼乐射御书数，乃为六艺。今之科学，除论理等各种唯心哲学外，皆为艺术。今之习科学，诸学生实全是艺徒。周公多才多艺，孔子自谓不试故艺。形而上为道，形而下为艺。择其艺之善者成为嗜好；则即西教养魂之说，儒者求放心之妙道。假使已有右三项，集义、立己、好古工夫，倘未有此第四种游艺嗜好，则中间往往有一种烦恼生起来，亦未可知。吾人必当择一种艺术，与自家性相近的惯习之，使渐生出嗜好性，于上三种修养自能相辅而成。鄙人有一嗜好，是好作草。虽鄙人于游艺修养无程度的浓厚可言，然亦省得许多浪费钱，亦减少了许多烦恼苦。且现今世界是艺术世界，是美感世界。吾人不讲究到艺术的修养，也是万不可的。

【注释】

①三畏、四勿、九思、十手、十目：均为儒家所重修身之道。三畏，语出《论语·季氏》："君子有三畏：畏天命、畏大人、畏圣人之言。"四勿，语出《论语·颜渊》："非礼勿视，非礼勿听，非礼勿言，非礼勿动。"九思，出自《论语·季氏篇第十六》："君子有九思"，视思明，听思聪，色思温，貌思恭，言思忠，事思敬，疑思问，忿思难，见得思义。"十手十目，《礼记·大学》："曾子曰：'十目所视，十手所指，其严乎。'"形容一个人的言行举止，离不开众人的监督。

路桥文化名人柯璜

②婴儿：这里指平常心境，保持得像初生婴儿般的纯洁天真。

【导读】

柯璜先生一生尊崇儒学、身体力行，向世人诠释着一位文化名士应有的气节和温情。选文是他在太原大自省堂发表的演说，一代名儒以一颗拳拳之心，向台下的莘莘学子提出殷殷期望，语言简明扼要、深入浅出，将思辨性、哲理性高度统一起来，以开悟人的心灵，从而达到自我教化。

【思考与研讨】

本文谈到了集义、立己、好古、游艺这四种修身方法，请你选择最触动你的，谈谈体会。

《叔亮[1]书画》序言

启功

叔亮同志从青年时即参加革命，现在已届八十高龄，平生经历全部都用在社会主义艺术教育和书画创作事业上，无愧为老一辈的革命家，也无愧为老一辈的艺术家。

我在新中国成立后才认识陈老，近几年才有所过从。他给我的感受，首先是一位老教育家的风度，平易近人，从来不见有什么急促的时候。但在他拿起笔来，便大大不同了，风驰雨骤，墨沉淋漓[2]，像老将临阵，叱咤风云，观者都不由得齐声喝彩。而陈老却常常表示不满，要求重写重画。这都是他虚心的表现。

陈老还常说："总想摸索一些新的东西，但结果却一事无成……"凡对艺术费过大力、下过苦心的人，都常经过几个步骤：第一步是下笔时鼓足了劲，想要得出理想的效果；第二步是旁人的评论不同，当时常常以为是有意的揄扬，日后自己再看，却往往能比较冷静地看到自己的优缺点。而深感自得的、经历过甘苦的地方，常常却出在意外，并不完全是从前自己预期的意境。所以陈老所成的，并不止"一事"，而他想要摸索到的，自己反倒感觉不到。这也可以说是古今文学艺术家在创作中共有的规律吧！

"文章本天成，妙手偶得之"，书画更是如此。清代画家方士庶[3]有一方小印，文曰："偶然拾得"，凡他得意的作品都打上这方小印，这真是他备尝甘苦后的深刻体会。

以陈老作品为例，我最爱那幅《墨猫》，一团黑墨，谁知是个猫？只有意无意地一小块空白画上几笔眼鼻，又在右边扯出一个三角形的耳朵，这个猫便栩栩如生。左下边补一个红线团，这猫就跃跃欲试了。我相信，陈老如果再画一幅的话，不一定会有这样的自然，更不能有这样的"偶然"。又如《江边小景》一幅，全幅中个个细节，都像在有意无意中用干笔擦出来。左边一株还没发芽的小柳树，笔直干瘦，却是全篇的"诗眼"，假如画上一个电线杆子，便连"标签"都不是，

黄岩博物馆：陈叔亮书画陈列

而成为“封条”了。

陈老的书法，也可以说具有信手拈来的妙处。《君问归期》《风生白下》诸幅，都是自头至尾，连贯协调，没有任何拘泥作态的感觉，而磊落大方，自有一种气度。

陈老不但是个艺术家，同时也是一个诗人，我读过他的作品虽然不多，但从那首《访朝小唱》中看到饱满的热情，妥帖的词汇，一气呵成，没有雕琢的痕迹。这和前边谈到他的书、画作品是完全一致的。

现在完全可以证明：艺术家的修养蕴蓄，不能像自来水龙头开关处，要多少流多少地测量出来，而是像在长江大海中，风不兴，浪不起，潮头万丈，绝不是人力所能命令出来的。陈老的杰作，正是兴会淋漓、风驰雨骤中“偶然拾得”的。

这里我必须补充一句话，郑重敬告读者：我所说的“偶然”，不要误解为机会的偶然，而是指在深厚的基础上，在良好的消化后，自然流露出来的啊！

【注释】

启功（1912—2005），字元白，也作元伯，号苑北居士。满族，爱新觉罗氏。曾任北京师范大学教授、博士生导师，中国文联荣誉委员。集教育家、文物鉴定专家、古典文献学家、语言学家、书法家、画家、诗人、国学大师于一身，有《启功书画集》《启功丛稿》《诗文声律论稿》《汉语现象论丛》《启功韵语》《启功絮语》《启功赘语》《论书绝句》等多种著作。

①陈叔亮（1901—1991），名寿颐，路桥保全人，我国当代著名书画家、艺术教育家。创作了大量书画艺术作品，并出版了《新美术运动》《国画问题》《漫谈工艺美术》《陈叔亮书法集》等10余本专著。陈叔亮的一生集革命人和文化人于一身，对启迪、陶冶后人的爱国主义精神和艺术情操有着重要价值。

②墨沉淋漓：常用来形容书法家创作时的气度。

③方士庶（1692—1751），字循远，一作洵远，号环山，又号小狮道人，安徽歙县人。清代画家。

【导读】

虽是为陈叔亮先生的书画作序，这又何尝不是启功先生在谈自己对书法创作的看法？最成熟的艺术作品，往往也最质朴、自然，不刻意，不做作，不夸张，不有意为之。像北宋山水画，没有奇山异水，却也风景这边独好，因为纳天地真气于其中；也像王羲之《兰亭序》，静穆深沉，大气舒展。这样的书画作品背后，也往往站着一位自然而高贵，平凡而有味的大师，一如这篇序文的陈叔亮先生，一如世人眼中的启功先生。

【思考与研讨】

启功先生说："'偶然'，不要误解为机会的偶然，而是指在深厚的的基础上，在良好的消化后，自然流露出来的啊！"试谈谈你对这句话的理解和体会。

路桥的红灯笼

谢冕

路桥原先不怎么出名，是盛产蜜橘的黄岩的一个镇。它现在是台州市区的一部分。台州是一座雄心勃勃的新兴城市，路桥更是如此。现在的台州市治，由椒江、黄岩和路桥组成。三地连成一片，已经显示出一座大城市的气派。台州地处浙东，北为宁波，南为温州，都是全国乃至世界赫赫有名的地方，台州夹处其间，指南向北，它只能这么默默地、憋着一股劲地生长着，台州人的好处是永远不服输地行动着。

路桥给人最深的印象就是，这城市没日没夜地升腾。仿佛是一棵春天的树，满身的芽苞充斥着生气和活力，鼓动着、奔涌着无尽的热血往上升腾。高楼在往天空上蹿，那是春天节节拔高的树。旧房在拆除，道路在翻修，那是春天在畅通它的血脉。青春期的路桥，是一位少女，时时刻刻都在变化着，生长着令人不可捉摸的美丽。我们来到路桥的第一天，就拜访了城市的三大工程，世纪广场的雄丽，国际会展中心的巍峨，其中那座多功能大厅，它的华美与高贵，更是让人难忘，还有文体中心，那个既是赛场又是旋转舞台的奇妙建筑，简直让人不可思议。路桥只是一个区，以一个区的力量，能够盖起这么漂亮的体育馆，真的不能不惊叹路桥人的非凡魅力。

这里是民营企业的天下。那些民营企业家们异口同声盛赞路桥这方面有亲和力。一位卓有成就的企业家满怀深情地说，路桥这地方很神奇，人民友善，真情待人，而且历代没有动乱，日子过得安宁。他们都愿意到这里来投资。这里有一座规模巨大的汽车超市。它的经营目标：新款车的展示前台，畅销车的仓库中心，知名车的汇集之地。这一宏伟的目标，他们做到了。果然，在路桥迎宾大道的这座汽车城里，我们终于有机会与世界上那些名车亲密相会。

路桥人并不满足于做汽车买卖，他们要自己制造汽车。先看这规模并不大的吉奥，它瞄准了广大富裕起来的农村城市，它做的是既坐人又载货的两用车。吉奥的广告词很有诗意：“历史的风沙卷过苍茫大地，当盏盏车灯汇成了都市的街灯，当汽车喇叭的鸣叫代替了远古的驼铃，汽车文明走进了人们的生活。而中国的农民对汽车怀有同样的梦想，他们渴望载物旅途中也能享受乘坐家用轿车的舒适感。”作吉奥皮卡汽车的是一位不善言谈的小伙子。就是这样一位憨厚又有点腼腆的人，却是出语不凡："永恒的天体运行，是吉奥人永不停歇的创业轨迹，给我一个支点，我将把地球撬起。"这就是路桥人的典型，一种把英雄气隐藏在不事声张的外壳中的默默苦干的典型。

路桥区十里长街

我们都走进了一个更大的汽车城，这座汽车城的现实让人震惊。吉利集团可谓雄姿英发，它原先是一家制冷元件厂，后来做起了汽车。它是全国最早也是最大的民营汽车企业。过去我们只知道一汽、二汽，只知道国营的汽车企业，不知有吉利，不知有生产"优利欧"和"美人豹"这些名车的民营厂家。吉利也是充满激情的："有一种触动心弦的风度，给心一万个奔腾的理由。沉稳中，毫不掩饰自己的热情，演绎人生每一个自由的梦想。"吉利的领导人也是一个充满信心的实践者，他也有非凡的理想，那就是："让中国汽车走遍全世界。"他说这话时神态安详，语调平稳，仿佛是在诵读心中的诗句："吉利是一叶小舟，吉利像一棵小树，吉利又是一曲清泉。"但他着重要说的是吉利的理想，要造中国人买得起的好车！

这话对于我简直就是石破天惊。我想起了诗人邵燕祥的两首诗的题名，一首写于五十年代，叫《中国的道路呼唤着汽车》，另一首写于八十年代，叫《中国的汽车呼唤着高速公路》。两首诗记载着不同时期的中国人的梦想。这些梦想经过几代中国人的努力，现在均已实现了。吉利人在这里向世人提供的，是新世纪的中国人的新梦想："不是让中国的道路跑满全世界的汽车，而是让中国的汽车跑遍全世界！"这样的理念若是由政府的负责人提出并不特别，现在是由一个民营的企业提出，就非常让人震动，中国真是发生了过去想也不敢想的大变化！吉利人正在办高等教育，他们要培养企业需要的人才，他们定下今后五十年汽车发展的轨道，他们要让几百万辆的汽车从路桥开向世界。

初到路桥，我们对它的名字有点陌生。到了路桥，我们对这名字感到了亲切。路桥是东海之滨的水乡，路随水走，弯曲而多姿，蜿蜒地，然而却是坚定地伸向远方。路桥的路是用无数的桥连起来的，一座桥接着一座桥，这路就没有尽头。桥就是人们心中的念想。当路中断的时候，就出现了桥。路桥人只要想到了，就会一往无前地去走。他们务实，但是他们有想法，他们是不会轻言放弃的。无数的桥连起来，就成了路。路不会笔直，也不是永远地宽广，但他们有桥。所有的路都有桥来连接，因此所有的路都会畅通。

路桥有一条著名的长街。长街随着水走，一边是街，一边是水，有着江南城镇水街一体的特色。长街是旧日的繁华。史载在宋代，在三桥边就崛起了商铺的“廿五间”，“百货麇集，远通数州”。但现今的路桥人珍惜这份旧日的怀想。我们来到这里的时候，十里长街挂起了红灯笼。那灯笼红艳艳，光闪闪，充满了喜气。走在这长街之上，让人有一种爱情的悬想。想象着情侣并肩，斜依花伞，也许是柳梢月色，也许是细雨青苔，此情此景，真让人沉醉。

路桥是让人沉醉的，这象征着爱情的十里长街，这长街上为人祝福的红灯笼，这长街所代表的它的昨日；还有那些汽车城，那些现代化的建筑，那些挂满琵琶的农庄，那些海塘，那些迎着潮水的巍峨矗立的水闸，路桥的今天更让人沉醉。

【注释】

谢冕，福建福州人，1932年生，文艺评论家、诗人、作家，曾任北京市文艺评论家协会主席，北京大学中国诗歌研究院院长，北京大学中国新诗研究所所长。《诗探索》杂志主编。已出版专著《论二十世纪中国文学》《1898：百年忧患》，主编大型丛书《二十世纪中国文学》《百年中国文学经典》《中国新诗总系》等。

【导读】

在当代著名诗人谢冕眼中，路桥是“一个不断升腾着希望的城市”，这也是路桥最真实的写照。千年的南官河和依河而建的十里长街，哺育了勤劳智慧的路桥人，造就了敢闯敢冒、敢打敢拼的路桥基因，形成了路桥独特的活力，也让一个个梦想，在路桥生根发芽、开花结果！

【思考与研讨】

谢冕说，路桥人的典型，是一种把英雄气隐藏在不事声张的外壳中的默默苦干的典型。这是他对路桥精神的概括，你能用一句话来形容你的故乡特质吗？

硬擂圆

郑九蝉

路桥一带，有几个节日非常看重，一是三月清明，二是七月半，三是做冬至。为什么如此看重这三个非驴非马的节日？我小时候，并不理解，待到我有了一定的阅历之后，多少有点明白了。这三个节日，都是和鬼神有点关系。清明节，说穿了是“鬼节”——民间传说，到清明这一天，死去者的鬼魂都要从阎罗王那里回到自己的家，来享受自己子孙后代的祭祀——大凡是这一天，死人们的子孙后代必须全方位到坟前祭拜，一边拜，一边还得呼叫祖上的人来吃来喝，如此日家中人若不去，这叫断绝坟，“死人”大概是要在阴间地府怪罪的。七月半是祭拜“谷神”的“苦节”，因为七月半之后，农田开始大忙，是农田里的庄稼必须靠“神”来保佑风调雨顺、五谷丰登。冬至节，则是丰收节了，丰收了，自然是要向老天爷还愿。不还愿，人还有“诚信”两字吗？今后，高高在上的老天爷怪罪下来，弄得你颗粒不收，又有什么办法。因为到了冬天，晚稻已经收割，人们可以好好地享受劳动辛苦之后的回甘，而“其乐怡怡”了。正因为如此，所以，这几个节日的祭奠大为不一样。清明和七月半，较为简单，而冬至则就比较丰富。不知有多少专家认定，中国所有的节日和禁忌与恐惧有密切的关系，独有我不曾如此认为。我总认为，中国是好吃的民族，是不是借着祭奠鬼神的名义，圆一圆口福呢？为什么？原因只有一条，中国农村的过去自春节之后还有什么大节日？不好好地设几个节日，老百姓打什么牙祭？路桥有一个老话说得好：老人盼寿年，后生盼老姻，小人盼过年。盼过年盼什么？不就是一口吃的吗？

吃成为中国的一种文化，吃也加强了童年的记忆，对于我这样一位在外之游子来说，在我之头脑里印象极深的莫过于“硬擂圆”了。“硬擂圆”学名叫什么，我翻遍各种食谱也无从查起，大概是家乡的一种土特产。细细想来，其美也足以上国宴。这种粉食，其做法极其简单可行，用糯米粉，和水成团，刀切成半寸大小小块，下汤煮熟，然后放入红糖，炒熟黄豆粉、芝麻粉——有条件的人家还可以在此粉之中拌入桂花之类的植物香料——做成的味粉里“擂”成（此擂不是打击“擂”，而是周转之“擂”字，只不过在字典之中找不到与这土音相贴切的字罢了），然后装盘，上桌，供来的客人享用。这种“硬擂圆”，色、味、香俱全，也十分甜腻，十分可口。往往到了冬至节时，家家的小孩子都吃得滚瓜溜圆，我也十分爱吃。

在我记忆之中，永远难以忘记的则是我六七岁的时候，那时，我随着父亲到路桥。由于我家是外乡搬迁到这里来的，我的老家是在山区，冬至日时，那里只能做肉菜圆，不做“硬擂圆”，乡土情是刻骨的，尽管我们到了这来，冬至日祭天祭地是要祭的，这种圆是不做的。但是，我们家有一个邻居，是本地人，他们家到了冬至日，则必做。我十分馋这深黄色、光彩夺目的“硬擂圆”，尤其是到了他们家炒粉之时，那一阵阵扑鼻的豆酥香卷入我的鼻子，令我忍不住“咕咕”地吞口水。我吵着教我母亲做，我母亲就是不会做。我每一次要求，总遭到我母亲的拒绝，“哎哟儿，我勿会嘛！”人就是这样子：越是得不到的东西，越是好东西。我巴不得能有这么一回，让我饱餐一顿。

台州冬至特色小吃：硬擂圆

有这么一天，赶得巧，我家的那一位邻居做冬至，放到正道里拜天地。其菜十分丰盛，有鱼、有肉、有虾、有蟹，当然也有这黄蜡蜡的两满碗“硬擂圆”。别的东西，并不吸引我，而令我目光长驻不收的，则就是这“硬擂圆”。前来主祭的是邻居一位扁嘴的老太太。我父说叫我管她叫“叔婆”。她先点香、斟酒，蕴蕴香烟之中，酒过二巡，她便嘴里念念有词，趴在一个由竹箬做成的蒲墩上跪拜。拜完之后，不知是谁叫了她一声，她便出去了。此时，整个道地里十分静——静得连香毕剥燃烧的声音都能听得见——唯有我的心和香之烟一块儿在轻轻地缭绕。我实在受不了那满登登两大碗搁在供桌上的“硬擂圆”的诱惑，我从我自家的门后钻了出去，蹑手蹑脚地过去，伸手抓了五六个“硬擂圆”，一转身就跑到楼上躲到扶梯上，狼吞虎咽地吃起来。我正吃得高兴呢，这一位“扁嘴”的老太婆，扭动着番薯脚一拐一拐地回来了。她正要斟第三遍酒，冷不丁一见“硬擂圆”的碗头少了这么一大块。她两只眼立刻瞪圆不动了。她越是发傻，越是恐惧起来，两只老眼也越睁得又圆又大，活像是一只老猎人追赶的小兔子。她开始私下寻觅，她当然是看不见我，便更不成一个样子了，马上趴下去乱磕头。磕了几个头，还恐惧得不行，尖声尖气大叫起来：“快来人哪，快来人哪，有鬼上门了！”小脚动得飞快地去找人，我也趁机跑了出来，这件事最后是什么样的结果？我也不知道了。我只知道风风雨雨了一阵，说是他们家出了鬼神了，是老天对他们家的显灵和报应，社会上也乱传，说他们家造孽了，所以他们家的碗头少了“硬擂圆”。由于此，他们家下了血本，又是请道士，又是放焰口[1]的闹了好些日子，而我呢，尽管小，也知道我闯了大祸，一直不曾和谁说起过这件事。由于我现在就别了家乡，满目是馒头、面条之类的东西，而吃不到我小时候在路桥时的“硬擂圆”，口中馋馋，心中痒痒，也只可作此文以解解我口中的馋虫罢了。

见笑。

【注释】

郑九蝉，台州路桥人，1949 年出生，1985 年开始发表作品。著有长篇小说《黑雪》《浑河》《荒野》《红梦》，短篇小说集《能媳妇》《淘金滩》等，由花城出版社结集出版《郑九蝉文集》12 卷，另出版长篇小说《将军望》《命运环》《海的私密》，人物传记《金头颅——抗日名将陈安宝传》（合著）、《一代名儒——柯璜评传》《保境安民——方国珍评传》。反映台州百年历史风云的长篇纪实小说《百年家园》正在创作中。多部作品获全国和省级大奖。近年来致力于以台州本土为背景的长篇小说和纪实文学创作，深入挖掘台州历史文化，抒写台州人物风情。

①放焰口：一种佛教仪式。

【导读】

汪曾祺先生曾经谈到小说家的散文，他说，小说家的散文一定有人物，小说是写人的，小说家在写散文的时候也总是想到人。即使是写游记，写习俗，乃至写草木虫鱼，也都是此中有人，呼之欲出。这段评论放在郑九蝉的散文《硬擂圆》上也最为合适，小说家以自己独特的笔触，将我们带入一个特定的时代，小童的懵懂和顽皮、老太的虔诚和愚昧，都在这碗“硬擂圆”里得以淋漓尽致地展现。

【思考与研讨】

故乡的传统美食最能勾起乡情，也最能勾起对往事的回忆。你的故乡有哪些小吃？你和这些小吃又发生过怎样有趣的故事呢？不妨也把它写出来，跟同学和老师交流一下吧。

湖 畔

李萦枝

曾经在一本画册中看到过一幅题为《湖畔》的摄影作品：大雪初霁。清冽的湖边，薄薄的雪翅交叠成大片蓬松柔软的积雪。雪地上空无一人，只有一张铁条钉成的长椅，冷铁的黑色凸现在积雪之上。整个画面是静态的、肃穆的，雪梦幻一般烘托着一种意味深长的空寂。

这样一个简约的画面在瞬间抓住了我的心，并且打开了我与画面之间一条想象的通道。空空的铁椅，它在湖畔经历了什么又等待着什么？

濒临一湖静水，独对空蒙苍天，横卧一片野地，裸露在季节中的筋骨被风雨雷电、日月星光穿过。铁椅只是固守，等待一个人，一个与之在冥冥之中有着某种联系和默契的人。在某一天某一个时辰来临，它渴望承载起这个人生命的重量。

透过积雪，我看见了铁椅上斑驳的锈迹。这是掩埋在时间后面疼痛的伤口和幸福的印记。在这椅子上，也许曾经演绎过一段刻骨铭心的爱情，一场撕心裂肺的生离死别，一次别去经年后重逢的狂喜；或是黑暗中的沉思与独白，初春时节的朦胧与渴望，秋光里的寂寞与怀想，夕阳西下时淡淡的感伤……

曾经在椅子上坐过的人，有不同的年轮，从黑发少年到白发老人，分别来自人生的四个阶段。他是椅子的过客，因为时光的河流要载往更远的前方，他在这里停留片刻，留下了灵魂的芬芳。过客远去，铁椅就被落叶和霜雪覆盖。

更多的时候，铁椅融进暮色，像一叶在怀想中沉湎的孤舟泊在时间的岸边。它以执着与时间抗衡，等待一个摆渡的人。纵使时光老去，等待不老。椅子空空，唯其空着，才承纳了一种博大和无限。有什么比守望不息的生命更加久远的呢？

而生命与生命的交织演变出来的刀光剑影与金戈铁马的荣辱兴衰是一些变换的场景，深入它记忆的最深处。在时间的嘀嗒声里追溯逝水的源头，遥想从前的天空与河流，如血夕阳与铁骨苍鹰，一马平川上的猎猎战旗与浩浩大漠上的烽火硝烟，以及万丈英雄豪气与方寸之间的似水柔情……如此，又是一部横卧在时间岸边的汗青史册。那些在册页上留下生命痕迹的过客随流云远去，复有后来者，以此连绵不绝，又渺若尘沙。但生命不息，这一部史册在缄默中向未来的岁月敞开，等待一个人携着风雨挥毫着墨。

湖畔

我不知道这幅摄影作品的作者是何许人，最初的创作意图又是什么。但这些都不重要，重要的是我深入了画面中充满寓意的空间，读懂了人与时空、永恒与流逝之间的一种内在关联。

现在，把这张铁椅搬至我心灵的湖畔，像它在画中以白雪为背景对生命展开阔大的等待一样，我要让它远离红尘的喧嚣与浮躁，在我的内心日复一日地坚守，等待那种生命的极致。比如灵魂与灵魂相遇时燃起的一把火，裹藏的心灵被狂飙痛快地揭开蔽障，踏遍千山万水阅尽人间沧桑后的积淀，梦想的蓓蕾在绚烂的一刻极尽辉煌……也许，这样的生命极致一辈子都不会到来，而等待却永远继续。唯有给拥挤的心灵一片渴望中的空白地带，生命的空间才不断地延伸和扩展。

从《湖畔》中走出来，我已成为铁椅上的一个过客。积雪无痕，我心灵的湖畔却留下了一行清晰的脚印。

【注释】

李萦枝，又名银子，台州路桥人。曾在《诗刊》《星星诗刊》《散文》《散文选刊》等刊物上发表作品，有作品集《内心的世界》，该作品集荟萃了李萦枝诸多收入各种选集精华本的代表作，如《关于钢琴的碎片》《来生做一棵树》，还有入选中学语文阅读试题教材的《湖畔》。

【导读】

女作家李萦枝的文学创作力求典雅精致完美，注重高度艺术性和抒情性的契合，体现江南女子那种绰约独立的清秀气质，绵邈轻柔的情怀，在宁静安详中从更深层面上感知万物自然的精髓。在《湖畔》中，作者由一幅摄影作品而引起联想和想象，由实而虚，设想种种可能出现的情形，从铁椅前的过客写到汗青史册上的过客，并引发了对生命极致的不懈追求。

【思考与研讨】

作者在本文提出等待“生命的极致”，请结合本段的句子，谈谈你对“生命的极致”的理解。

我“台”路桥

叶文玲

月前，与众多文友走马观花地观览了一趟宁波，成就了一篇小文：《阿拉宁波》；《我“台”路桥》可说是《阿拉宁波》的姐妹篇。

宁波话“阿拉”就是“我们”，《阿拉宁波》也就是“我们宁波”。“我‘台’路桥”是路桥的方言，“台”作“们”解，也就是“我们路桥”的意思，与“阿拉宁波”同义。

写下这题名着实费了点心思，其中还夹着这样的用意——我这个身在外地的台州人嘴里道出这“我‘台’路桥”，路桥乡亲一听，嗨，来得个亲热，来得个有趣！

为将这份亲热和有趣表达得更加准确，更加淋漓尽致，我曾遍问台州和路桥的老乡，方言中“我台路桥”的“台”字，用哪个字才准确？殊不料这一问还真问住了老乡们，包括洋洋洒洒写尽路桥台州的当地作家，他们七嘴八舌“腿”“呔”“抬”“台”地报了一通，在罗列了这堆相近的同音字后，便颇为惶然地摇头：只不过是句土语，大概随便哪个字都可以吧？

我不死心。虽然，写这篇小文有许多题名可选择，我却执意要用这句话。

乡语村言是最佳的亲情连心线，不信你试试，当你用路桥话声情并茂地道出这句“我‘台’路桥”时，路桥人十有十个定会眼乌珠雪亮，哇地叫出一声：“啊哪哪！自家人来了！”

哈，盼的就是这份亲热，要的就是这份有趣，如果不是知道你是为公事而来自有公家招待，接下去便是拔落衫袖请吃姜汤米粉干的热火了。

路桥城市风光

信不信由你。反正故乡人总是这样亲亲热热迎接远亲贵客，“我‘台’路桥”人自来就如此有情有趣接待自家人。

在亲亲热热有情有趣的路桥，在春花如燃的四月，我和众多来自全国的文友，在三天内走马观花地观览了“我台”路桥，行一路说一路，文友们不住啧啧连声，我这个自家人虽然也美滋滋地欲赞欲叹，却还是将声声赞叹咽进了肚里。因为再自豪、再得意，我也不能在文友方家面前做一个卖瓜的老叶。

我对“我‘台’路桥”的喜悦发自内心。这些年，我是故乡的常客，隔三岔五回乡，台州是必经之地，因忙碌常常轻车直驰玉环楚门，就错过了好好再看路桥的机会。所以我断断没想到，仅仅三两年，路桥完全变成了一个现代化的城市，如此堂皇靓丽！目瞪口呆的我，除了尚能想起这句亲热有趣的“我‘台’路桥”外，喜洋洋得简直不知说什么才好了。

面对“我‘台’路桥”的一切，我如痴如呆，纷乱的记忆却汹涌似潮。

也许，如文友所说，应该将“我‘台’”的“台”写作“腿”。因为，“我‘腿’路桥”这个“腿”，最能衔接儿时对路桥的记忆。

记忆的册页翻回了半个世纪，用这个“腿”说路桥，的确有几分写意之妙。

那时的路桥，虽然早有“百路千桥万家市”的称谓，论地盘，却是个比我的出生地楚门还要小得多的镇子，我们都晓得那时的路桥人，口口声声称你“腿”我“腿”，百分之九十九是肩膀扛锄头腰间别镰刀的“红脚梗”，都是一嘴土话身朝黄土背朝天的“泥腿子”。路桥说是“万家市”，也不过是偶有从事五行八作或做小买卖的，一副扁担两箩筐，跑断脚筋饿断肠的小商小贩，缺田少地，比之红脚梗泥腿子们虽然手头活络，但也宽绰不了多少；记得那时我们楚门人说道起路桥来，常会将嘴一撇：岔路多板桥小，鸡蛋壳里做道场的土地方，有什么好？！

所以，也许我还应该将“我‘台’”的“台”写作“呔”。“呔”字在普通话里是语气词，很多时候是带了几分鄙视的语气词，若是用在戏剧舞台上，那就端的生动精妙——君不见戴了乌纱的官员叱责下跪的臣民，往往是惊堂木一拍：呔！犯人（妇）抬起头来！

若用这个“呔”，的确也有一番情由可表。不是吗？一个世纪半个世纪前的“我‘呔’路桥”和路桥人，确实只有受冷落受斥责的份，哪还有半点扬眉吐气或可骄人前的事？那时的路桥，默默无闻不用说，镇域小，田亩少；没有什么工商业，土又土不够，洋更洋不起，反正台州温州傍海靠海而富有的海边人家，娶妻嫁女优先考虑的也不会是路桥后生。

那时的路桥，虽有起始于西周的千年集市；虽然有成于南宋、盛于明清、绵延到五六十年代的商铺“十里长街”，但是，那都是小农经济瓜果豆蔬的交易，等同于货郎扁担针头线脑的买卖。那时的路桥，虽有“无户不商、无巷不贩、无街不市”一说，但是一个时代有一个时代的评判和价值标准。那时的路桥商人，盖得起白墙黑瓦的屋就算是张百万王大富了。那时路桥的王大富张百万们，纵然盖了那样的屋也怕露富，即便家有万贯，也无一例外地将院墙大门木棂花窗开得猫洞一样小。

是的，那时的路桥和路桥人，即便吃了豹子心生了泼天胆，难道会想象得出“我‘台’路桥”到了一九九四年，能够滚珠连串获得小康县、新农村县、首批电话县、省级卫生城市、全国双拥模范城等多种荣誉么？难道能想象得出二十一世纪的今天，路桥会有四星、五星的大酒店，会真正成为商旅之都；会赫然冒出叫汽车制造行业吓一跳的吉利集团；紧接着会有像奥运会百米冲刺般直追同行的吉奥集团、会有骄然于世人眼目的方林汽车城、会有满眼别墅新楼叫全体村民和老人得享天堂之福的现代化农村方林村么？

也许，我还应该将“我‘台’路桥”的“台”字写成“抬”。“抬”的字义之一是抬举。如今好说“江山也要文人捧”，那多是江山拥有者的宣传策略，再还有就是好冲动的文人们最能自作多情。就路桥的现状来说，的确用不着我们这些迟来者吆喝捧场就早已名声在外了。

然而，世上事就有许多“但是”。好酒不怕巷子深是俗话，巷深也要勤吆喝是现代商业不是秘诀的秘诀。正是这，“我‘台’路桥”才有了请来各路作家写路桥的动因，正因与“我‘台’路桥”是打断骨头连着筋的乡亲，故而，我自作的“情”就更浓酽了几分，所以，这些年既为故乡卖力宣传过，如今也就该来“抬”一“抬”路桥了，并且迟“抬”更要好好“抬”！

记忆的册页又翻到叮铃咣当的一页。

八十年代初，我从河南千里迢迢乘车回乡时，总要在沿途搜索逼近故乡的标志，而每当这些特殊的标志触入眼帘，总会眼睛一亮心头一喜，而路桥于人最触眼的标志，是公路边堆放的大堆大堆的废旧变压器和横七竖八的钢铁器材，锈迹斑斑油汪汪，在闲人眼里是一堆又脏又碍事的废物，在能干人手里，却是能生财的金不换！不知我是否说得武断，我总觉得路桥的工业起步，就是从这些变废为宝的钢铁开始的。永远用得着永远不嫌多的钢铁，使路桥人尝到了从事乡镇企业和工业生产的甜头。路桥最早响在全国的名声，也始于这废旧钢铁市场。所以，追根溯源，路桥的发展就是从建筑和绝大部分工业的脊骨——钢铁开始的。

不过，在我们观览的那三天，那曾在记忆里不断闪出叮铃咣当的旧钢废铁，竟不见了踪影。当然，它们早已挪到合适的地场或派作了另外的用场，继续发挥它们应有的作用。

现在，游走路桥的东西南北，我所目睹的是一处又一处万万没有想过的场景。当赫然面对那堂皇非凡的三大工程时，我不能不目瞪口呆！当仰头注视那昂然屹立的“台州市国际会展中心”、路桥区文体中心、路桥区世纪广场时，难以言喻的感动在瞬间攫获了我。多年来，神经已被太多的震惊和感动麻木，常常连泪囊也是干涩的，但在这当儿，在震惊与感动交织的瞬间，我只觉得喉口阵阵发紧，眼窝一片润湿！

是的，在“我‘台’路桥”教我震惊得发痴发呆时，我才真正理解了路桥的历史和现在，也明白了什么才是她的本和质，我为以前对路桥的不太经意而过于粗略的了解、为过去不曾好好“抬”过路桥而歉意有加。

路桥，路桥，原来“我‘台’路桥”是这样的潜力无穷，发展的速度是如此举世无双，路桥，路桥，别的不说，连几位来自北京天津的作家同行都对你赞叹不已敬意有加，就笃笃说明了你如今的辉煌，不是吗，首都北京、大商埠天津来的人，他们什么没见过？

路桥，路桥，我知道根本用不着我来做马后炮似的絮叨，光看看你一派中国大都会式的建筑格局、光听听一串串令人咋舌的经济增长的数字，就足够足够，这些就是你发展变化最简明的图表，这些就是你飞向世界的无声宣言。

在饱览了路桥的新区新貌、在目睹了路桥的一切时，对着主人赠送的那张光盘，我久久没有打开浏览——那是因为亲眼所见的一切早已嵌入心屏，而靓丽的事实比一切纸上的宣传和制作的画面都更生动也更实在。

“我‘台’路桥”现下的掌门人，在欢迎酒会上的一番话讲得真好。那不是一般的客套，特别是讲到的“民心思进、民营经济、民资丰厚、民办事业、民本政府”的五个“民”，已将路桥的繁荣缘由概括得十分完整而又简约，而且是一份很是眼下强调的具有科学发展观的小结；而紧接着的五个排比句：“制造路桥、商贸路桥、都市路桥、开放路桥、人文路桥”直至落“点”在“活力路桥”，就更有如锣声铿锵鼓点激越，将“我‘台’路桥”的形象，推介得光彩照人而有声有色！

“活力路桥”是路桥最形象又最生动的概括。

面对有声有色光彩照人的路桥，最终，我还是将“我‘台’”这个“台”选择了“台州”的这个“台”。是的，从区域来说，路桥只是台州市的一个区，我们不是经济界的权威，也不是搞排行榜的能手，但是，当整个台州已经成为浙江经济发展的排头兵之一时，作为台州排头兵之一的“我‘台’路桥”，于情于理理所当然地名副其实地应成为我们台州人都为之骄傲的路桥！

我在想，路桥之所以如此生气勃勃，路桥之所以如此光彩照人，莫不是真因为她有一个既是路又有桥的好名字？不是吗，有了好政策，路，就会越走越宽，有了好机遇，桥，更会越铺越新。

作为从感情上亲不够的故乡人，我到路桥后，心中的情愫，也如开了一瓶陈年老酒，郁郁浓烈，重新认识故乡的愿望，被参观的火焰点燃，就像泼上了浓油，于是，所有的情思都化作了深深的祝福，诚挚地祝愿，我祝愿“我‘台’路桥”，在沸腾的台州大地，越来越蓬勃，越来越有活力！

【注释】

叶文玲，生于1942年11月4日，玉环楚门镇人，当代小说家。自幼酷爱文学，13岁读初中时即在《玉环报》上发表了《夫妻间的小风波》和《七角钱》两篇小说。1979年加入中国作家协会，同年调入河南省文联。叶文玲的小说多表现普通人的命运和心灵世界，感情真挚，生活气息浓厚，其作品《心香》被评为1980年全国优秀短篇小说。主要作品有《无花果》《心香》《父母官》《太阳的骄子》《无梦谷》等。其作品《汴京的星河》入选2018年浙江卷语文高考阅读题。

【导读】

家乡的方言土语，也许它不是世界上最动听的语言，也许在外地人听起来也不那么悦耳，但它的的确确是家乡的母语。母亲曾用它哼着摇篮曲哄我们入睡，也曾用它教我们咿呀学语，而那些乡里乡亲，则祖祖辈辈用它传递着朴实的情感。除此之外，那些方言土语，承载着家乡人民最为深厚的智慧，一个“台”字的多样解读，一定能引发你对方言的独特思考。

【思考与研讨】

作者在文中说："乡语村言是最佳的亲情连心线。"那些颇具乡土气息的语言，是我们共同的文化记忆，你的家乡有没有富有特色的"乡语村言"？这些语言里面又包含了哪些深刻的内涵呢？

第二单元　临海篇

诗词

登临海峤初发疆中作，与从弟惠连，可见羊何共和之[1]（四首）

南朝宋·谢灵运

杪秋[2]寻远山，山远行不近。
与子别山阿，含酸赴修畛[3]。
中流袂就判[4]，欲去情不忍。
顾望脰未悁[5]，汀曲舟已隐。

隐汀绝望舟，骛棹逐惊流[6]。
欲抑[7]一生欢，并奔千里游。
日落当栖薄[8]，系缆临江楼。
岂惟夕情敛，忆尔可淹留[9]。

淹留昔时欢，复增今日叹。
兹情亿分虑，况乃协悲端[10]。
秋泉鸣北涧，哀猿响南峦。
戚戚新别心，凄凄久念攒[11]。

攒念攻别心，旦发清溪阴[12]。
暝投剡中宿，明登天姥岑[13]。
高高入云霓，还期那可寻。
倘遇浮丘公，长绝子徽音[14]。

【注释】

①峤：尖锐而高峻的山。疆中：地名。从弟：堂弟，指谢惠连，也是宋初的著名诗人之一。羊、何：羊璇之、何长瑜，皆谢灵运之友。和：依照别人的诗词题材或形式另作诗词。

②杪秋：晚秋，秋末。

③别山阿：在山坡上道别。修畛：漫长的路途，此泛指道路。

④中流袂就判：船到水中，朋友间并连的衣袖就只好分开了，意味着分手离别。

⑤脰：头颈。悁：通“痛”，酸痛，疲惫。

⑥绝望：停止顾望。鹜棹：猛力划桨。

⑦抑：犹尽。《文选》注引《列子》公孙朝曰：“欲尽一生之欢，穷当年之乐。”或即与此意近。

⑧栖薄：停泊住宿。“薄”通“泊”。

⑨敛：止息。淹留：长时间停留。

⑩协：合。悲端：悲愁的开端，指初秋。秋季象征着肃杀悲愁，故《楚辞》曰“悲哉秋之为气也”。

⑪攒：聚集。

⑫攒念攻别心：萦绕难去的旧时思念和新近离别的愁苦心情纠缠在一起。阴：水流的南岸。

⑬暝：日暮，晚上。剡：古县名，属会稽郡，即今浙江省嵊州区。岑：小而高的山。

⑭浮丘公：接王子乔登山成仙的人。《列仙传》载：“王子乔好吹笙，道人浮丘公接以上嵩山。”绝：断绝，不通。子：指谢惠连。徽音：佳音，美好的消息。

【导读】

这是谢灵运创作的一首五言古诗，为赠给他的堂弟谢惠连而作。元嘉六年（429）诗人45岁，谢惠连23岁，二人虽然年龄相差较大，但却志趣相投，感情相当深厚。谢惠连离开家乡北上京都，诗人一直送到郊外，久久不忍离去。

这首诗可分为四层，每八句一层。第一层写作者与谢惠连等依依惜别的场景。第二层写旅途的经过，看到惊流泛棹，日落栖泊，往事都浮上心头。第三层承接第二层，写昔日兄弟共游时欢乐融合的回忆反而更增加了现今别离后的伤感。第四层与首章相呼应，将与从弟的惜别伤感之情在远游的遐想中如丝如缕般延伸开去。这首诗用词精妙，虚实详略安排恰当，构思巧妙，耐人寻味。

【思考与研讨】

此诗虽云纪游，其实还是寄情之作，而且还表达了出世之思。找找表达出世之思的诗句。

久客临海[1]有怀

唐 · 骆宾王

天涯非日观[2]，地岊[3]望星楼[4]。
练光摇乱马[5]，剑气上连牛[6]。
草湿姑苏夕[7]，叶下洞庭秋[8]。
欲知凄断[9]意，江上涉安流[10]。

【注释】

骆宾王（约 638—？），字观光，浙江义乌人。“初唐四杰”之一。曾任临海丞，随徐敬业讨武则天，任艺文令。后出家为僧（一说被杀），江苏南通狼山有墓。著作为《骆宾王文集》。

①久客临海：一般认为在唐调露二年（680）之后四年。

②日观：为泰山之山峰。

③岊（jié）：山的转弯处，民间指山峰突起。另一说此处为“屺”，山窝的意思，形容临海地处灵江河谷的地势。

④星楼：即落星楼，在南京东北。

⑤练光摇乱马：东汉王充《论衡》卷四《书虚》：“传书或言颜渊与孔子俱上鲁太山，孔子东南望吴昌门外有系白马，引颜渊指以示之曰：‘若见吴昌门乎？’颜渊曰：‘见之。’孔子曰：‘门外何有？’曰：‘有如系练（丝帛）之状。’”后以此典喻咏古代吴地或遥望故地。

⑥剑气上连牛：据《晋书 · 张华传》记载，晋惠帝时，广武侯张华夜观天象，见斗宿和牛宿之间有紫气，后听说豫章（今江西省南昌市）人雷焕通晓纬象，乃召问之，焕曰：“宝剑之精上彻于天耳。”张华问剑在何处？豫章属吴地，吴越扬州当牛斗二星的分野，雷焕根据斗宿和牛宿的分野认为：“在丰城（江西省南昌之南）”。于是补雷焕为丰城

县令，令其寻找。焕到县，掘狱屋基得一石函，中有双剑，并有刻题，一曰龙泉，二曰泰阿，精芒炫目。当晚，再观斗牛，紫气俱消。后以“连牛”隐指斗宿、牛宿，继而借指吴地。

⑦草湿姑苏夕：《史记》记载，西汉淮南王刘安与伍被商量造反，伍被沮丧地说，姑苏宫中要生杂草了。

⑧叶下洞庭秋：楚辞《九歌·湘夫人》有诗“洞庭波兮木叶下”，形容秋来肃杀的气氛。

⑨凄断：指哀怨之意。

⑩安流：指始丰溪、永安溪合流之处。

【导读】

这首诗开篇“天涯非日观，地岊望星楼”，即诗人感叹自己偏处僻远山城而遥望朝廷。诗人对当时朝政不满，借诗歌抒发心中愤懑之情，然而对武力反抗朝廷，又缺乏成功的信心。

【思考与研讨】

有人说，这首五言律诗“通篇都是凄凉肃杀的气息”，你认同吗？结合诗句说说你的观点。

宿巾山翠微寺空上人房

唐·孟浩然

翠微终南里，雨后宜返照。
闭关久沈冥，杖策一登眺。
遂造幽人①室，始知静者②妙。
儒道虽异门，云林颇同调。
两心相喜得，毕景③共谈笑。
暝还高窗眠，时见远山烧④。
缅怀赤城标，更忆临海峤⑤。
风泉有清音，何必苏门啸⑥。

【注释】

孟浩然（689—740），襄州襄阳（今湖北襄阳）人，世称“孟襄阳”。浩然，少好节义，喜济人患难，工于诗。年四十游京师，唐玄宗诏咏其诗，至“不才明主弃”之语，玄宗谓：“卿自不求仕，朕未尝弃卿，奈何诬我？”因放还未仕，后隐居鹿门山。孟浩然是唐代第一个倾大力写作山水诗的诗人。他与王维合称为“王孟”。

①造：至。幽人：指隐士。

②静者：指隐者。

③景：日光。毕景：谓天晚。

④烧：野烧，烧草开荒。

⑤临海：唐代台州治所，今浙江临海县。峤：山锐而高曰峤。

⑥音：一作“听”。苏门啸：即今之口哨。魏晋名士常以啸抒情，为一时风气。“苏门啸”典出《晋书・阮籍传》中阮籍与孙登在苏门山故事。

临海巾山

【导读】

孟浩然是山水田园诗派代表之一，他前期主要写政治诗与边塞游侠诗，后期主要写山水诗。其诗今存二百余首，大部分是他在漫游途中写下的山水行旅诗，也有他在登临游览家乡一带时所写的遣兴之作。还有少数诗篇是写田园村居生活的。《宿巾山翠微寺空上人房》也是孟浩然山水田园诗的代表作之一，用省净的语言、平和的叙述，描绘了恬淡自然的巾山风光，表现了诗人对田园生活的向往。

【思考与研讨】

“眠”字的表层含义是“睡觉”，而“睡觉”这个意象无论是在孟浩然的诗里、还是在其他诗人的作品里，基本上都含有隐居之情，例如：“拂衣何处去，高枕南山南”（《京还赠王维》）、“我行适诸越，梦寐怀所欢”（《题云门山寄越府包户曹、徐起居》）、“归来卧青山，常梦游清都”（《与王昌龄宴王道士房》）、“闲归日无事，云卧昼不起”（《白云先生王迥见访》）。

有专家认为，此诗中的“暝还高窗眠，时见远山烧”的“眠”也喻隐居。你认同吗？

翰林读书言怀呈集贤诸学士①

唐·李白

晨趋紫禁②中，夕待金门③诏。
观书散遗帙④，探古穷至妙。
片言苟会心，掩卷忽而笑。
青蝇⑤易相点，白雪⑥难同调。
本是疏散⑦人，屡贻褊促诮⑧。
云天属清朗，林壑忆游眺。
或时清风来，闲倚栏下啸。
严光桐庐溪⑨，谢客临海峤⑩。
功成谢人间，从此一投钓。

【注释】

李白（701—762），字太白，号青莲居士，又号“谪仙人”。唐代伟大的浪漫主义诗人，被后人誉为“诗仙”，与“诗圣”杜甫并称为“李杜”。诗风雄奇豪放，想象丰富，语言流转自然，音律和谐多变。善于从民间文艺和神话传说中汲取营养和素材，构成其特有的瑰玮绚烂的色彩。作品散佚甚多，存世诗文千余篇，有《李太白集》30卷。

①翰林：指翰林院，唐代翰林院学士主要负责为朝廷撰写文件之事。集贤：指集贤殿。唐代集贤殿学士主要负责搜集、修订书籍之事。

②紫禁：犹言皇宫，皇帝所居之处。

③金门：即金马门，汉宫门名。汉代东方朔曾待诏金马门，这里以翰林院类比金马门。

④帙：书套。散帙，即打开书套阅读书籍。散帙者，解散其书外所裹之帙而翻阅之也。

⑤青蝇：比喻小人的谗言。

⑥白雪：曲名。其曲弥高，其和弥寡。因曲调高雅，能跟着唱的人很少。

⑦疏散：意谓爱好自由，不受拘束。

⑧贻：招致。褊促：狭隘。诮：责骂。

⑨严光：字子陵，东汉初隐士。桐庐溪：即今浙江省桐庐县南富春江，江边有严陵濑和严子陵钓台，传说是严光当年游钓之处。

⑩谢客：即谢灵运。

【导读】

这首诗是李白在长安任供奉翰林时所作。唐玄宗天宝元年（742）至天宝三载（744），李白在长安为翰林学士。这首诗便是他在翰林院读书遣闷，有感而作，写给集贤院学士们的。

这是一首“言怀”之作，像是在同“诸学士”们娓娓而谈。它一反李白所常用的那种奔放的激情与奇特的夸张，而是将眼前之事及心中之想如实地一一道来，在婉转清爽的背后，蕴藉着十分深刻而又复杂的情感。这一特点的形成，与诗人当时所处的地位及其所特有的心理状态是密不可分的。

这首诗突出表现了诗人那傲岸不屈、不同流俗的高洁品质，其中有对奸佞小人的斥责，也有对自身遭遇及仕途的深深忧虑。尽管诗人此时仍怀有建功立业的愿望，对朝廷也还抱有一线的希望，但此后不久，诗人尚未及“功成”，便愤然离开了朝廷，踏上了自得其乐的布衣漫游生涯。可以说这首诗正是李白在长安为官时期心理转变的一个重要标志。

【思考与研讨】

诗句“严光桐庐溪，谢客临海峤”表达了李白怎样的情感？

题郑十八著作虔[1]故居

唐·杜甫

台州地阔[2]海冥冥，云水长和岛屿青。
乱后故人双别泪，春深逐客一浮萍[3]。
酒酣懒舞谁相拽，诗罢能吟不复听。
第五桥东流恨水，皇陂岸北结愁亭。
贾生对鹏伤王傅，苏武看羊陷贼庭。
可念此翁[4]怀直道，也沾新国用轻刑。
祢衡实恐遭江夏，方朔虚传是岁星。
穷巷悄然[5]车马绝，案头干死读书萤。

【注释】

杜甫（712—770），字子美，尝自称少陵野老。举进士不第，曾任检校工部员外郎，故世称杜工部。唐代最伟大的现实主义诗人，宋以后被尊为“诗圣”，与李白并称“李杜”。其诗大胆揭露当时社会矛盾，对穷苦人民寄予深切同情，内容深刻。许多优秀作品，显示了唐代由盛转衰的历史过程，因被称为“诗史”。在艺术上，善于运用各种诗歌形式，尤长于律诗；风格多样，而以沉郁为主；语言精练，具有高度的表达能力。存诗1400多首，有《杜工部集》。

①郑十八著作虔：郑虔（691—759），字趋庭，又字若齐（一字弱齐、若斋），河南荥阳人，《新唐书》有传。盛唐著名文学家、诗人、书画家，又是一位精通天文、地理、博物、兵法、医药近乎百科全书式的一代通儒。诗圣杜甫称赞他“荥阳冠众儒”“文传天下口”。郑虔学富五车，精通经史，书画成就卓然一家，传略见诸《辞海》《辞源》等辞书，以及历代文学家、诗人、书画家、书法家等专业性辞典之中，是中国历史文化名人。著作：指郑虔曾任著作郎。

②阔：一作“僻”。阔，在这里作僻远解。

③乱后：一作“缱绻”；春深：一作“飘摇”。

④翁：一作“公”，一作“心”。

⑤悄然：一作“一朝”。

【导读】

这是杜甫在郑虔故居所题之诗。提起杜甫与这位排行十八的郑虔交往，还得从天宝五载（746）说起。那时，35岁的落第书生杜甫由洛阳赴长安，向许多达官贵人投递诗篇，以求引进，不幸都遭到冷遇。稍后，他又三次向皇帝陈情，虽然得到赏识，却没有下文。在此期间，杜甫结识了名满京都文坛的河南邻县同乡郑虔。虽然他们的年龄相差27岁之多，但共同的知趣喜好使他们跨越“代沟”走到一起。在困居长安近十年的蹇滞生活中，杜甫经常与这位老先生一起徜徉山水、饮酒赋诗，可谓是忘年交。安史之乱时，两人均遭劫难。杜甫几经颠沛流离，于至德二载（757）五月授左拾遗一职；而郑虔因“陷贼之官”的缘故，于同年十二月被贬为台州司户参军。次年三月，杜甫踏春来到郑虔故居，见人去园空，有感而发，写下了这首激昂慷慨、悲愤淋漓的怀友诗作。

【思考与研讨】

在流传下来的杜甫1405首诗歌作品中，七言排律极少。除这首《题郑十八著作虔故居》外，还有《寒雨朝行视园树》《清明二首》《释闷》等少数几首七言排律，特别引人注目。《题郑十八著作虔故居》共八联十六句，除了首尾两联外，其余各联均为对偶句。请赏析第五联“贾生对鹏伤王傅，苏武看羊陷贼庭”。

有怀台州①郑十八司户

唐·杜甫

天台隔三江②，风浪无晨暮。
郑公纵得归，老病不识路。
昔如水上鸥，今如置中兔。
性命由他人，悲辛但狂顾③。
山鬼④独一脚，蝮蛇长如树。
呼号傍孤城，岁月谁与度⑤。
从来御魑魅⑥，多为才名误。
夫子嵇阮流，更被时俗恶。
海隅⑦微小吏，眼暗发垂素⑧。
黄帽映青袍⑨，非供折腰⑩具。
平生一杯酒，见我故人遇。
相望无所成，乾坤莽回互⑪。

【注释】

①台州：治所在今浙江临海县。

②天台：山名，在今浙江天台县北。三江：长江、浙江、曹娥江。《水经注·沔水》引郭璞说以岷江、松江、浙江为三江。

③狂顾：遑急顾盼，惊慌失措。《楚辞·九章·抽思》：“狂顾南行，聊以娱心兮。”

④山鬼：《本草纲目·兽部·狒狒》引《永嘉记》：“安国县有山鬼，形如人而一脚，仅长一尺许……能令人病及焚居也。”

⑤谁与度：言独居无伴。

⑥御魑魅：指贬谪。《左传·文公十八年》：“投诸四裔，以御魑魅。”

⑦海隅：犹海角，常指僻远的地方。此处指台州。

⑧垂素：白发散乱。

⑨黄帽：老者冠。《隋书·礼仪志》：“都下及外州人，年七十已上，赐鸠杖黄帽。唐沿隋俗，亦有赐黄帽之制。青袍：青色官服，唐制，八九品服青。”

⑩折腰：陶渊明为彭泽县令，郡遣督邮至，县吏享报应束带见之，渊明叹道：“吾不能为五斗米折腰向乡里小人！”即日弃官归隐。事见《宋书·陶潜传》。

⑪回互：回环交错。

【导读】

这首诗内容可分四段，前段后段各四句，中二段各八句。前四句写郑虔贬台州，痛其归期无日。接着“昔如水上鸥”八句遥忆天台景事。前四句写恐为人所嫉，后四句写恐为物所伤。“从来御魑魅”八句，又叙郑虔贬谪台州始末。上四句叹其负才招忌，下四句怜其屈身一官。最后四句结怀想之情。故人杯酒，前事难寻，相望无成，今皆寥落，乾坤莽莽中，何时得重聚首？仍应老病难归意。

【思考与研讨】

诗句“夫子嵇阮流，更被时俗恶”中，“夫子”指谁？“嵇阮”指谁？有什么特征？

临海所居（三首）

唐·顾况

此是昔年征战地，曾经永日绝人行。
千家寂寂对流水，惟有汀洲春草生。

此去灵溪不见遥，楼中望见赤城标。
不知叠嶂重霞里，更有何人渡石桥。

家在双峰①兰若②边，一声秋磬③发孤烟。
山连极浦④鸟飞尽，月上青林人未眠。

【注释】

顾况（725—815），字逋翁，号华阳真逸（一说华阳真隐）。晚年自号悲翁，海盐（今浙江海盐）人，一说为苏州人。唐代诗人、画家、鉴赏家。曾任著作郎，因作诗嘲讽得罪权贵，贬饶州司户参军。晚年隐居茅山，有《华阳集》行世。肃宗至德二年（757）进士，乾元间（758—760）任新亭监（今临海涌泉新亭头一带）。

顾况在当时诗坛上负有盛名，早年白居易初到长安时，就曾投诗拜访，希望能得到提携。顾况初见他的名字，曾调侃道："长安米贵，居大不易。"及至读到他进呈的诗稿，第一首便是"离离原上草，一岁一枯荣。野火烧不尽，春风吹又生"，他立刻改口道："长安米虽贵，居大也容易。"从此对白居易颇多关照。

临海民居

①双峰：指巾山。

②兰若：梵语音译词，指林中寂静处，一般可以理解为指佛寺。这里指巾山下龙兴寺。

③磬：寺庙里象钵状的打击乐器。

④极浦：极远的水岸。

【导读】

顾况担任新亭监，按他自己的说法是因为爱慕台州的山水，要画海中的山，自己主动要求来台州的。到了临海之后，他住在巾山上。临海巾山是一座有文化底蕴的名山，历代文人墨客经常登临，留下许多诗篇。

顾况的这首诗写了昔年征战的荒芜，写了今日清静的美景，也写出了诗人悠然之情；写了灵江的澄澈如练，写了巾山的宁静如黛，描绘了一种空旷又苍凉的美。

【思考与研讨】

诗句"家在双峰兰若边，一声秋磬发孤烟"，顾况这两句诗描写了随着龙兴寺晚课的钟声，炊烟也袅袅升起的景象。作为府城，炊烟肯定不是“孤烟”。比较“炊烟”和“孤烟”，你觉得哪个词更贴切？

巾子山禅寺组诗（三首）

唐·任翻

宿巾子山禅寺

绝顶新秋生夜凉，鹤翻松露滴衣裳。
前峰月映半江水，僧在翠微开竹房。

再游巾子山寺

灵江江上巾峰寺，三十年来两度登。
野鹤尚巢松树遍，竹房不见旧时僧。

三游巾子山寺感述

清秋绝顶竹房开，松鹤何年去不回。
唯有前峰明月在，夜深犹过半江来。

【注释】

任翻（814—846），也叫任蕃，或任藩，江南人。出身贫寒，初举进士，步行至京，落第而归。放浪江湖，以吟诗弹琴自娱。刘克庄称其诗多“佳句”。张为《诗人主客图》将其列为“清奇雅正主”之升堂者。《全唐诗》录存其诗 18 首。

【导读】

诗人任翻几十年间三到临海，三上巾山，第三次来，竟一居十年。他每次到巾山，都写有诗篇。《宿巾子山禅寺》是他游巾子山时，题于寺壁之上的，“绝顶新秋生夜凉，鹤翻松露滴衣裳。前峰月照一江水，僧在翠微开竹房。”正所谓人以文传，文以人传。《宿巾子山禅寺》一诗，由于描写细腻，动静得宜，不胫而走，脍炙人口。后人题诗云：“任蕃题后无人继，寂寞空山二百年。”

【思考与研讨】

《宿巾子山禅寺》和《再游巾子山寺》两诗中，有两处前后照应，尤为后人称道。请找出。

题巾峰精舍[①]

宋 · 朱熹

帢帻[②]峰头天蘸碧，梧桐井上叶飘黄。
诗脾怪得凉如水，云满松窗月满房。

九皋声动万年枝，云液光生老蚌珠。
几点沾濡诗客袂，仙人掌上得能无？

人烟寥落夜无闻，欲堕蟾蜍犬吠云。
万顷清秋谁管得，水光山色自平分。

万绿丛中云一片，碧琅玕下屋三间。
老昙打得机关透，四面推窗月满山。

【注释】

①巾峰精舍：即巾峰寺，在临海城内巾子山上，宋乾德五年（967）郡守钱昱创建。

②帢帻：又称巾帻。古代中国男子包裹鬓发、遮掩发髻的巾帕。始见于汉代。台州古城里有巾子山，相传皇华真人得道升天，坠下帢帻，遂有此山。

【导读】

南宋著名理学家朱熹曾来台州讲学，多次登临巾子山，来到巾峰精舍。他分咏任翻诗篇，可作唐人巾子山诗具体而细微的分解：

帢帻峰头天蘸碧，梧桐井上叶飘黄。诗脾怪得凉如水，云满松窗月满房。（赋得“绝顶深秋生夜凉”）

九皋声动万年枝，云液光生老蚌珠。几点沾濡诗客快，仙人掌上得能无？（赋得“鹤翻松露滴衣裳”）

人烟寥落夜无闻，欲堕蟾蜍犬吠云。万顷清秋谁管得，水光山色自平分。（赋得“前峰月映半江水”）

万绿丛中云一片，碧琅玕下屋三间。老昙打得机关透，四面推窗月满山。（赋得“僧在翠微开竹房”）

【思考与研讨】

此诗作者自注：“即用唐人诗为题，每句各赋一首。”请试着也以唐代诗人任翻的咏巾山的诗为题，选一句赋一首。

登巾山

明 · 戚继光

春城东去海氛稀，城畔人行绕翠微①。
山麓高楼开重镇，辕门晓角起晴晖。
九天云气三台近，百里江声一鸟飞。
极目苍茫忆明主，吴钩②高挂斗牛③辉。

【注释】

①翠微：巾山上有翠微寺，源自唐代诗人任翻《宿巾子山禅寺》的诗句“僧在翠微开竹房”。也可理解为指巾山景色。

②吴钩：钩，兵器，形似剑而曲。春秋吴人善铸钩，故称。后也泛

指利剑。

③斗牛：斗宿和牛宿，都是星宿名。

【导读】

戚继光是一位爱国将领、军事家，且有很高的文学修养，他的诗作在当时便很有名气，被誉为文武兼备的“儒将”。《列朝诗集》评论说：“少保少折节为儒，通晓经术，携手徒步，人莫知为故将军也。少保绥靖闽浙，功在东南，生平方略，欲自见西北者，十未展一二。故其诗多感激用壮、抑塞贲张之词，君子读而悲其志焉。”

戚继光的一生创作了不少诗歌，现存250首左右，有诗文集《止止堂集》。这些诗作大多与他的军事生涯有关，在沿海抗倭时期创作50首左右，在台州时期创作的诗歌也不下30余首。这就是戚继光把自己的诗歌总名为《横槊稿》的本意。“诗言志”，可以说在戚继光的作品中得到完美的体现。

这首诗遒劲苍凉，无半点脂粉气。读之，不难体会到戚将军的心情。现临海北固山下还有一座戚公祠，以纪念这位抗倭英雄。

【思考与研讨】

阅读古诗词，对意象的理解很重要。请各写出一首有“吴钩”或“斗牛”的诗句。

过樵夫亭①

明 · 王士性

鼎湖龙去②未应还③，敢谓乌号尚可攀。
抱石有心甘楚泽，采薇无路觅商山。
一言大义明霄汉，万死余生直草营。
姓字不传芳圈在，至今俎豆④出人间。

【注释】

王士性（1546—1598），字恒叔，号太初，临海人。明代著名旅行家、人文地理学家。万历五年（1577）进士，官至鸿胪寺卿。著有《五岳游草》《广志绎》《玉帆集》等。

①樵夫亭：即樵夫祠，始建于明隆庆间。明成祖登位时，后湖附近一位樵夫沉湖以示抗议。

②鼎湖龙去：典出《史记》。据载轩辕黄帝采首山之铜铸鼎于荆山下，鼎成，有龙垂其胡髯来迎，黄帝与其群臣后宫等七十余人驾之此天。其他子臣百姓上之不得，故紧握龙髯以致拔脱而坠地，黄帝的宝弓也因之落地。后人因此将这地方名为鼎湖，而将黄帝之弓名为乌号。王士性在诗中用此典故也是将“鼎湖龙去”暗喻为“靖难之变”时建文皇帝朱允文于宫中自焚身死的传说。

③未应还：“未应还”这一疑问，虽说为诗家之语，为诗中留下空白与想象。但也是应合了某种传言，传说建文皇帝当时在宫中自焚身死的是他的替身，他本人循地道而远走。这是明代初年的一桩疑案。

④俎豆：俎与豆都是古代祭祀时的用具，这里代指祭祀。

【导读】

樵夫亭是临海东湖里面的一座小亭，其得名是因为纪念明代初年“靖难之变”时于忧愤中投水而死的东湖樵夫，所以在诗题旁注有“樵夫死革除难”。《明史·台温二樵列传》记载：“台州有樵夫，日负薪入市，口不贰价。闻燕王即帝位，恸哭投东湖死。而温州乐清亦有樵夫，闻京师陷，其乡人卓侍郎敬死，号恸投于水。二樵皆逸其名。”

明代临海人何宽所撰《东湖樵夫祠碑记》记载，隆庆六年壬申（1572）二月，巡按谢廷杰、知府张廷臣、县令周侯等于东湖亭以为祭祀。至四月，樵夫祠落成。

据这些史料推测，王士性这首《过樵夫亭》的创作时间应在樵夫祠落成之前。此时王士性年纪在25岁，尚未进士及第。但品味其诗，却磊落老成、慨然痛快，幽深沉着处，不像是出自这个年纪人之手。

就此诗写作以观，王士性的这首七律是首句平起平收式，用十五删韵。全诗起承转合，借古比今，毫无挂碍。颔联与颈联则对仗极为工整。而其用典似为信手拈来，却又畅快妥帖，如自然生发而成一般。读王士性《过樵夫亭》，许多人胸臆间一定会生发起一股凛然之气，沛沛乎，浩浩乎！

【思考与研讨】

颔联“抱石有心甘楚泽，采薇无路觅商山”，连续用了哪两个典故将东湖樵夫之死比之这些历史上忠节死难的仁人志士？

台州杂诗八首（三首）

清 · 洪颐煊

其一

灵江绕郭傍寒流，隔岸萧萧黄叶秋。
一片山城如画里，白云深处是台州。

其二

三绝长怀杜老诗①，寻春闲过广文祠②。
捏儿坊③里无人到，开尽芜菁④知不知？

其三

秋光冷淡敞围屏⑤，银烛微销醉后青。
欲看东南好山色，扶筇应上玉霄亭⑥。

【注释】

洪颐煊（1765—1837），字旌贤，号筠轩，晚号倦舫老人，浙江临海人。清嘉庆六年（1801）拔贡生，官直隶州州判、广东新兴知县等。《临海县志》载，其苦志力学，与兄坤煊、弟震煊同读僧寮，每夜借佛灯围坐，谈经不辍。时有“三洪”之称。精经训，谙天文地理，为其师孙星衍撰《孙氏书目》。著有《管子义证》《礼经宫室答问》《汉志水道疏证》《平津馆读碑记》《筠轩诗文集》《诸史考异》《读书丛录》《台州札记》《校正竹书纪年》《校正穆天子传》等，辑有《经典集林》《孔子三朝记注》

《郑康成年谱》《国朝名人词翰》《倦舫书画金石目录》等。

①三绝长怀杜老诗：见郑虔《广文勉学词》相关注释。

②广文祠：自唐代到清代，台州多地建有郑虔祠堂，称作“广文祠”。

③捏儿坊：唐代台州州治在龙顾山屈家庄，司户厅在户曹巷。《台州札记·辍耕录》载：“周待制月岩买地于府城捏儿坊创义塾，筑础时获双砚，砚有款识乃唐郑司户虔故物。郑虔字若齐，俗讹为捏儿，又讹为辇泥，即户曹巷也。”后有故物出土，可证实郑虔故居亦在司户厅官署内。户曹巷与捏儿坊、若齐巷为同地异名，故址在台州宾馆。

④芜菁：别名为葑，芜菁即蔓菁。芜菁与葍皆属普通菜蔬。叶与根皆可食。但其根有时略带苦味，人们有因其苦而弃之。

⑤围屏：可以折迭的屏风。

⑥玉霄亭：《嘉定赤城志》：“玉霄亭在参云亭左，绍兴十七年（1147）曾守惇建，取玉霄峰而名。”

【导读】

洪颐煊是临海的重要学者，先后师从孙星衍和阮元，著作等身，集诗人、历史学家、官员身份于一身，是台州历史上值得注意的学者。读此三首诗，想想与你读过的哪个诗人的诗风最接近。

【思考与研讨】

《洪颐煊集》已被收录《浙江文丛》，由浙江古籍出版社出版，尤其可以阅读《台州札记》，有兴趣的同学可以阅读，进一步了解台州的历史掌故。

文章

广文勉学词

唐・郑虔

道本无涯，学焉可止！畏高者卑，畏远者迩。庸者所安，志士所耻。唯修及时，耑（同“端”）蒙伊始[①]。於戏[②]，良玉为器，惟琢乃成。太阿在冶[③]，惟炼斯精。人胡不学，自负厥灵[④]。一心鸿鹄[⑤]，即勿若人。矧[⑥]尔怠惰，学何以臻[⑦]？神禹尚惜寸阴，况尔凡质，岂可安宁！业毁于嬉，功修于勤。须脱凡近[⑧]，以建高明。笃志向学，庶几有成。勖[⑨]哉小子，听此叮咛。

【注释】

天宝九载（750），郑虔自作山水画一幅，并自题诗献上，唐玄宗大加赞赏，御署“郑虔三绝”，并特置广文馆于最高学府国子监，诏授首任博士。郑虔从此扬名天下，史称“名士”“高士”，时号郑广文，广文博士。至德二年（757），郑虔因为祈解，得贬台州司户参军。郑虔长途跋涉来到台州，到任后，大力提倡教育，启蒙教化，为台州人民所尊敬，被视为台州文化启蒙者、斯文之祖。今临海存有广文祠、广文路等。

杜甫与郑虔甚为交好，为郑虔写下不少诗歌，有赠诗曰：“才名四十年，坐客寒无毡。惟有苏司业，时时与酒钱。”杜甫与郑虔的友谊表现得最为深沉感人的地方，乃是杜甫在郑虔遭到贬谪后所表现出的真切的关怀。

①耑蒙句：耑，古端字，植物开始萌发曰端；蒙，蒙昧无知。此句意为学习当从启蒙开始。

②於戏：呜呼，感叹词。

③太阿两句：太阿，古宝剑名；冶，熔炼金属，意为宝剑锋利，应经熔炼始成。与上两句说明学习的重要性。

④灵：指人的天赋聪明才智。

⑤鸿鹄：鸟名，鸿鹄能飞得既高又远，因常用来比喻志气远大的人。

《史记·陈涉世家》："陈涉太息曰：'嗟乎！燕雀安知鸿鹄之志哉！'"下句"即勿若人"的"人"即指上文畏高畏远者，与之对照。

⑥矧：况且，何况。

⑦臻：达到，与上句合起来意即何况你怠惰不努力，怎么能达到学成的目的。

临海郑广文祠

⑧"须脱凡近"句：凡近，才识平庸浅陋，姚元崇《答张九龄书》："仆本凡近之材，素非经济之具。"意是要脱离平庸浅陋，才能学有所成。

⑨勖：勉励之意，照应题目"勉学"。

【导读】

此文着眼高远，言简意赅。从正反两面予以阐述，行文严谨、论述精辟。为广文博士郑虔晚年在台州郡城创办学馆的"馆训"，符合广文先生的为人、治学精神。从传世郑虔后裔宗谱中摘录，弥足珍贵，为广文先生晚年在台州开创一代文风，进一步提供了史实依据。

【思考与研讨】

请试着全文翻译此则《广文勉学词》，并细细体味。

临海风俗记

宋·陈公辅

临海鱼稻之乡，在东南一隅，昔最号无事。余少时见米斗百金，鱼肉每斤不过三十金，薪柴、杂物极易得，无寄居过往。郡官公事之余，日日把盏，百姓富乐，不闻穷愁叹恨之声。比年[①]以来，国家多事，官吏冗杂，军兵经由州县，输索[②]供应不暇。寄居官至有宰相者，余不可以数计，过往日日有之，故城中百物腾踊，价皆十倍于前。余虽有弊庐，度不可居，于是遁迹村落。然乡下寂寞，百物无有，不免布衣蔬饭，杜门[③]待尽而已。虽然，尝以西北观之，所在贼火焚荡。千里无居民。吾乡侥幸，未至残灭，而更富盛如往时，庸有是理邪？呜呼！天下之生，一治一乱，祖宗之盛，承平几二百年，一旦衰微若此。然今日之乱，亦岂终于尽变哉？古诗云："得见升平有几人？"吾老矣，恐一旦先朝露，不能复存，子侄诸孙，苟内无饥寒之患，外无劫夺之忧，他日犹幸及见之，故书以记。

夫轻死易发，尚鬼好祀。《汉志》以叙吴越之俗，急于进取，善于图利。本朝诸志以叙两浙之俗，然吴越之地，边控江、淮、闽、浙六十余郡。两浙之地近，亦十五郡，彼川谷异制，民生异俗，固有封壤密接，而习俗迥异者，得谓吴越、两浙同是俗乎？盖彼特合四方而论其概尔！余采之记述，访之耆老，以为天台介于东南之隙，方承平时最号无事，斗米不百钱，鱼肉金不过三十钱，薪炭、蔬茹之类绝易得。里无贵游，郡官公事暇，日日把盏，百姓富乐，但食鱼稻，习樵猎，而不识官府之严。渡江以来，国家多故，官吏冗沓，军旅往还取需，郡县供亿不给。寓士有官至宰辅者，而城市百物贵腾，视前时十倍。民始逐末忘本，机变巧出，被甲荷戈，出没于醛茗[④]之地；吏胥持文书，索逋负日叫号于细民之门。自是讼牍繁多，而民俗浸异矣。虽衣冠辈出，风雅日盛，未之有改也。然是岂徒天台一郡为然，他郡往往或然。则率薄归厚，以庶几晨时之日，是则为政者之任，而是邦贤士大夫之责也。姑即旧闻，以考见是邦民俗本末如此。

【注释】

陈公辅（1077—1142），字国佐，自号定庵居士，临海（今属浙江）人，《宋史》有传。关于陈公辅的著述，陈振孙《直斋书录解题》著录

《陈国佐奏议》12卷，尤袤《遂初堂书目》著录《陈公辅奏议》，不言卷数。马端临《文献通考·经籍考》亦载《陈国佐奏议》12卷。《宋史》本传称“有文集二十卷、奏议十二卷”，等。就宋代的断代总集而言，《全宋诗》第24册录陈公辅诗24首，而《全宋文》则未删其人。

临海历史上出过五位状元，四武一文，其中文状元即陈公辅，北宋政和三年（1113）上舍考试第一名。故而临海旧时的遗迹状元塘、状元桥都是因陈公辅而得名的。

①比年：近年。

②输索：输，运送，运输；索，求取，寻找。

③杜门：闭门，堵门。

④醝茗：醝，古同“鹾”，盐。茗，茶水。

【导读】

临海物产丰富，商贸发达，作为“府城人”的心态，市民的生活状态还是较为稳定与安逸的，日常生活不愁吃，不愁穿，不愁学，也很少用得着去求人，因而市民也普遍比较讲究生活的情趣与格调，生活相对比较平和优哉。

【思考与研讨】

现代的临海城区有个知名的“崇和商城”。从书写临海传统的书籍中，我们不难发现，临海人从骨子里是“崇尚文化，崇尚平和”的，无论过去，还是现在。请你细读文章，体会《临海风俗记》里的“崇和”。

陈良翰传[①]

《宋史》

陈良翰，字邦彦，台州临海人。蚤[②]孤，事母孝。资庄重，为文恢博有气。中绍兴五年进士第。知温州。瑞安县俗号强梗，吏治尚严，良翰独抚以宽，催租不下文符，但揭示名物，民竞乐输[③]，听讼咸得其情。或问何术？良翰曰："无术，第公此心如虚堂悬镜耳。"殿中侍御史吴芾荐为检法官，迁监察御史。

【注释】

①陈良翰（1108—1172），字邦彦，又字士楚，号塘南。浙江台州临海人，南宋绍兴五年（1135）进士。历任会稽主簿、慈溪知县、瑞安知县、衢州教授、检法官、监察御史、右正言、左司谏，建宁知府、福建转运副使、提点江东刑狱、提点浙西刑狱，兵部侍郎、右谏议大夫、给事中、太子詹事兼侍讲等。与福建莆田人平江令黄彻磋商诗赋，相知甚善，荣禄大夫、副都统黄府之岳父也。所著有《塘南陈侍讲文集》20卷、《东海塘南诗话》五卷。卒赠大中大夫，光宗即位后赐谥"献肃"。入祀乡贤祠。《宋史》有传。

②蚤：通"早"。

③但揭示名物，民竞乐输：只把需要缴纳的物品的名目公布给大家看，百姓争着高高兴兴地交纳。

孝宗初元，金主褒新立，求和，而中原旧人多求归，诏问何以处此？良翰言："议和，复纳降，皆非是。必定计自治，而和不和，任之乃可。"张浚军淮、泗以规进取，而议者争献防江策。良翰言："当固藩篱，专委任。今舍淮防江，却地夺便，朝廷过听，使督府不得专阃外事，误矣。"除右正言。

金再移书求故疆。良翰言："中原皆吾故土，况唐、邓、海、泗[①]又金渝[②]盟后以兵取之，安得以故疆为言而归之？"汤思退主遣小使卢仲贤、李栻。良翰言："仲贤轻儇无耻，栻自北来难信。"又言："庙堂督府论议不同，边奏上闻，皆阳唯诺而阴沮败之。万一失事机，督府安得独任其责？"上矍然[③]称善。

①唐、邓、海、泗：指当时的唐州、灯州、海州、泗州。

②渝：违背。

③矍然：急遽。

朝廷遣史正志至建康，与张浚议事乖牾，良翰劾之。上曰：“正志亦无罪。”良翰言：“陛下使浚守淮，则任浚为重，一郎官为轻，且正志居中，浚必为去就。”上悟，出正志为福建漕运。杨存中为御营使，总殿前军。良翰言：“存中久擅兵柄，太上皇罢就第，奈何复假使名？宜慎履霜之戒①。”疏三上，存中竟罢。

李栻不敢涉淮，良翰奏夺其官。仲贤至汴，辄许金人以疆土、岁币而还，上大怒，下仲贤吏，欲诛之，宰相叩头恳请得免。复遣王之望、龙大渊。良翰言：“前遣使已辱命，大臣不悔前失，不谓秦桧复见今日！且金要我罢四郡屯兵以归之，是不折一兵，而坐收四千里要害之地，决不可许。若岁币，则俟得陵寝然后与，庶犹有名。今议未决而之望遂行，恐其辱国不止于仲贤，愿先驰一介往，俟议决，行未晚也。”诏侍从、台谏议，多是良翰，遂以胡昉、杨由义为审议官，与敌议四郡不合，困辱而归。

【注释】

①履霜之戒：指走在霜上知道结冰的时候快要到来。比喻看到眼前的迹象而对未来提高警惕。

思退尚执前论，正言尹穑附思退以撼督府。良翰为左司谏，疏论：“思退奸邪误国，宜早罢黜，张浚精忠老谋，不宜以小人言摇之。”孝宗曰：“思退前议固失，然朕爱其警敏，冀①可效，卿其置之。若魏公则今日孰出其右，朕岂容有此意？纵有之，亦岂不谋卿等？此殆言者有异意，卿为朕谕②之。”良翰顿首谢曰：“陛下言及此，天下幸甚。宰相纵无全才，宁取朴实，缓急犹可倚赖。思退庸狡，小黠大痴，将误国，且‘警敏’二字，恐非明主卜相之法。”既退，以上语谕同列，穑勃然变色，明日亦请对，遂罢良翰言职。

①冀：希望。

②谕：告诉，使人知道（一般用于上对下）。

两淮既撤备，金大入，孝宗始深悔。太学生数百人伏阙，乞①召用良翰、胡铨、王十朋而斩思退等，思退由是始败。

良翰在谏省，成恭皇后受册，官内外亲属二十五人，良翰论其冗，诏减七人。知建宁府、福建转运副使，提点江东刑狱，移浙西，召为宗正少卿、兵部侍郎，除右谏议大夫。良翰言："以蜀汉之师下关陕，以荆、襄、韩、魏，江、淮捣青、徐，此今日大计。四川既命大臣，而荆、淮未有任责者，亦当择重臣临之。"上称善。

进②给事中③。大将成闵冒请真奉，有司坐获谴，阁门王抃矫诏遣妄人谢显出境，显既抵罪，置闵与抃不问，良翰皆驳议，请正典刑。遂改礼部侍郎，不拜，以敷文阁待制提举江州太平兴国宫。

【注释】

①乞：请求。

②进：晋升。

③给事中：官职名。北宋时为正四品。

召为太子詹事，既见，上属以调护之责。一日，召对选德殿，出手书唐太宗与魏征论仁德功利之说，俾极陈①今日所未至者。良翰退，上疏，略曰："仁德治之本，功利治之效，务本而效自至。今承天意，结民心，任贤能，退小人，择将帅，收军情，择监司，吏久任，皆行之有未至，诚能革此八弊，则仁德无累，功利自致矣。"上为之嘉叹，诏兼侍讲。

未几②，以疾告老，除③敷文阁直侍讲学士、提举太平宫。卒，年六十五。光宗立，特谥献肃。

【注释】

①极陈：尽力陈述。

②未几：不久。

③除：任命。

【导读】

陈良翰德才兼备，精于吏治。他孝顺母亲，稳重端庄，做文章恢宏博大有气概；他在吏治尚严的瑞安任知县时，用宽松的政令安抚百姓，成效显著。

他洞悉时局，富有见地。对如何处理金主求和、中原旧人求归一事，他认为关键在于谋求自治；他认为金主写信索要故土是无理要求，不应归还。

陈良翰正直无私且忠于国事，敢于进谏，深受倚重。他在担任谏官时，敢于直言成恭皇后的亲属封官太多；他为官公正，屡次从国家大局出发，建言献策；皇上托付他调护太子之责，又让他指陈当今不足，他的上疏令皇上赞赏不已。

【思考与研讨】

言为心声，请找出文中陈良翰说的话，由此分析体味陈良翰的品德、性格。

修东湖记

宋·王廉清

天台为郡[①]，负山带江，地形险巇，草木翳荟，人烟繁夥，万室鳞比，随山高下，无平川大陆以达水怒。每阴雨霖霪，则水泉喷薄，涧输壑委，奔流疾走，自高而下，如建瓴于高屋之上，闾里之民成怀决溢之惧。厥初经营，智者相攸凿湖于城东，当众山萦汇之要，以受百水，即城径庭为渎以疏之，湖高而江低，并湖为斗门泄水以注之江。旱则潴畜以待灌溉之须，民用奠居，无复水患。岁月既久，畔援施易，土石倾圮，启塞无时。盖自皇祐、熙宁以迄于今，屡作屡废，至是极矣。每大风雨至，阛阓浸有荡沃之虞，水无所归，不循其流，理则然也。

乾道五年冬，秘阁河内向公[②]以淮南连帅移守是邦。始是，见吏民具宣天子德意，问民所疾苦，旧闻此湖湮废弗除，即躬至其所，环眂利病，考卜协日，兴工庀役。公以浙东路兵马都督开封俞绅才干有徐，敏于集事，即檄以董之；临海令会稽陈居安[③]方以民功荐闻，兴利除菑，实惟其职。公乃核旧迹，披故道，营之沮砾郁积者，今疏凿之；昔之侵渔敝亏者，今疆理之；浚城中之水沟，创城闉之斗门，覆以亭屋，以引左右之水，以达怀义桥之南；北又即湖东故城之址旧斗门筑三闸，以通西江。总为斗门者六，为亭者一。凡湖其南方东西十六丈五尺，其北方东西六十五丈五尺，南北通袤三百二十丈，计其广轮二百十三亩有奇，其深七尺，兴工于六年二月之丙戌，而迄于三月之壬戌，凡用工八千九百有奇。长堤崇崇，清波绵绵，夏屋渠渠，坊址暨暨，不劳于民，不扰于市，宏壮深广，焕然一新焉。呜呼伟哉！厥功告成，郡僚邦人咸愿刻石纪绩，属仆以文，乃为之记曰：

惟昔水利，备于周官，沟恤浍川，遂人掌之，蓄水、止水、均水、舍水、写水，详于稻人。在汉召信臣，杜诗号为循吏之冠，其功始于凿六石门。晋杜元凯儒者之宗，请二千石修理堰谷，以积其水原，其用心岂专为耕耨浸灌之计哉！惟公夙以风力知，略为世吏师，凡所典郡国，兴滞补弊，坏奸隶之机，扫险健之讼，施惠于斯民，以广我国家之盛德。是役也，披榛刈荒，穷源探本，发明前人久废之积，推寻百里堙汩之敝，启作竣事，必躬必亲，无一弗尽，以为邦人永永无穷之利，用心亦可谓宏矣。公今行且归阙，左右帝旁，推此心以利天下，顾岂久留于郡哉！凡此父老，戴公之赐，自今其谨储泄之节，相暵[④]潦之宜，疏导以时，渟泞无壅。

甘棠岘首之思，俾永勿坏。尚千百年，公之惠泽其有既乎！

【注释】

王廉清，字仲信，宋颍州汝阴人。著有《京都岁时记》等。

①天台为郡：指台州。以“天台”作为台州的通称或别称，当滥觞于唐代。唐初魏徵所撰的《隋书·杨素传》有云：“（杨素）又破永嘉贼帅沈孝彻，于是步道向天台，指临海郡。”后人也多以“天台”称呼台州。

②向公：向沟，乾道五年（1169）任郡守。

③陈居安：乾道五年至七年（1169—1171）任临海县令。

④暵（hàn）：古同“焊”，本义为天气干旱。

【导读】

东湖位于临海古城东侧，三山环抱，一水如镜。想当初，它应是一个天然的低洼地或日湿地，因承接着东北面的白云山和北固山，源源不断注入的深泉和城中排泄出的积水，加上人工挖凿因素，而逐渐形成湖的维形。人称之为“山水窟”。当时执政者的初衷也是把它作为府城内蓄洪排满的水利民生工程设计建设的。比如这篇《修东湖记》，清楚地记载，北宋英宗时，台州府城墙还深情脉脉地把东湖围搂在臂弯处。“每阴雨霖霪，则水泉喷薄，涧输壑委，奔流疾走……民用奠居，无复水患”。后来，宽阔的水面又被综合利用，先后成了天然的造船场所和水军训练基地。

东湖

北宋熙宁四年（1071），船厂和水军营已迁移他处，台州郡守钱暄疏浚拓建而成湖，并辟为园林。自宋以降，东湖代有浚修。尤其是清康熙十八年（1676）和同治十年（1871），在台州郡守鲍复泰、刘璈先后两次修缮后，规模甚为可观，成为台州园林之首。清文人俞樾有语云：“杭州有西湖，台州有东湖。东湖之胜，小西湖也。”

【思考与研讨】

"记"这种文体出现得很早，至唐宋而大盛。它可以记人和事，可以记山川名胜，可以记器物建筑，故又称"杂记"。写法上大多以记述为主而兼有议论、抒情成分。试阐述并提炼出这篇《修东湖记》中作者的感情和主张。

巾山草堂记

明·方孝孺

逾浙江以东多大山，东南极海上尤秀绝。其最著者，天台、四明、雁荡、天姥，皆穹窿堪峻，为天下奇观。迹疑乎蓬阆，名播乎区极，士之选幽探胜者，宜其乐趋之。然而居其旁者，往往终身未尝一至。岂以其崇高，不易援企而遗之欤?

台城中有小山特立，圆秀苍润，远望之如人之弁冠[①]，人因语之曰“巾山”。其上有楼阁室庐之美，凡人至郡者无不往游，凡宅于左右者，必构危架迴，以挹取朝岚夕霏之异态。盖其势迩且毕，其所蕴易见，至而穷之不难也，是以众乐观焉。卢处士定谷家，正与山相面，因名其堂曰“巾山草堂”。

定谷知读书，识义理，其才智可用，而恬静不竞，非安于毕近者，岂其心有所得。钜小崇卑，固不足较乎？夫天下之至崇大者，莫过于道。而卑且近者，道亦未尝不在也。惮其难而安于浅陋，固不可；忽细微而慕高且大者，亦乌不可哉！故顺亲弟长而非远也，而性与天道不外焉。尧舜之道与天准，而谨言慎行，可以驯致焉。巾山岩壑之盛，视天台、四明固有间焉，其有会于人心，而人乐之不厌者，果有异乎否耶？定谷必有以识此矣。

往者，壬戌七月之望，予偕叶君夷仲、张君廷璧、林君公辅、陈君元采，夜登绝顶，饮酒望月，纵谈千古，竟夕不眠。予谓叶君曰：“昔苏子瞻夜登黄楼观，王定国诸公登桓山，吹笛饮酒，乘月而归，以为太白死后三百年，无此乐矣。斯乐也，又子瞻死后三百年后所无也。”诸君皆大笑。

追计其时，忽十五年，今存者，独予与张、陈耳。二君亦将老矣。予系职业[②]，数千里未得归。然则补记定谷之草堂，能无慨然乎？定谷有子曰“信慎”，敏而好文。其尚语山灵，待我东归，尚当约同志重游。因历览海上诸山，以尽宇宙之大观，其乐盖未艾[③]也。

【注释】

方孝孺（1357—1402），明朝台州府宁海县人，出生在儒学世家，父亲方克勤是当地名士。他从小聪明，远近闻名，乡人呼其“小韩子”，意为唐朝大学问家韩愈再世之意。从20岁时开始，方孝孺跟从“开国文臣之首”宋濂门下学习，之后被明太祖朱元璋召见二次，任汉中府教授。

公元1398年5月，朱元璋病逝，皇太孙朱允炆即位，年号建文，史称惠帝。惠帝遵太祖遗命将方孝孺召回京城，任侍讲学士、文学博士等职。他协助建文皇帝推行一系列仁政改革措施，史称“建文新政”。后因朝廷出台削藩政策，引起朱元璋的第四个儿子燕王朱棣不满并举兵发难，推翻了建文皇帝，自己即位为明成祖。由于方孝孺被朱棣的军师姚广孝誉为“天下读书种子”，在天下学子中有着崇高地位，朱棣要方孝孺起草诏书才能服众。但方孝孺认为朱棣属于藩王篡位，大逆不道，提笔在纸上大书“建文四年，燕贼篡位”。朱棣大怒，下令磔死于市。方孝孺慷慨就死，年仅46岁，并被朱棣开了中国历史上最残酷的杀人先河——“灭十族”。著有《逊志斋集》。

①弁冠：本意是指古代一种尊贵的冠，也指掌管帝王的冕服及等制。弁冠，古时的一种官帽，通常配礼服用（吉礼之服用冕）。赤黑色布做叫爵弁，是文冠；白鹿皮做的叫皮弁，是武冠。后泛指帽子。

②予系职业：方孝孺当时被蜀王朱椿聘为“世子傅”，远在四川成都，故而“予系职业，数千里未得归”。

③艾：停止。

【导读】

此文记述了方孝孺与好友的“巾山雅集”。在文中，他首先对浙东名山进行了概括性描述：“逾浙江以东多大山，东南极海上尤秀绝。其最著者，天台、四明、雁荡、天姥，皆穹窿堪峻，为天下奇观……宜其乐趋之。”接着就写到台州巾山：“台城中有小山特立，圆秀苍润，远望之如人之弁冠，人因语之曰‘巾山’。其上有楼阁室庐之美，凡人至郡者无不往游，凡宅于左右者，必构危架迥，以挹取朝岚夕霏之异态。”继而又写他好友卢定谷的巾山草堂。

最让方孝孺难忘的是在“壬戌七月之望”，即明洪武十五年（1382）七月十五日，他与台州名士叶夷仲、张廷璧、林公辅和陈元采等好友相聚于巾山草堂，然后又一起“夜登绝顶，饮酒望月，纵谈千古，竟夕不眠”。皓月当空，夜色怡人，把酒临风，纵谈千古，大家逸兴遄飞，豪情满怀。方孝孺举苏东坡与王定国（宋代诗人王巩）等人的文人雅集作比，引用苏东坡的话，说我们这样快乐，是苏东坡死后300年没有过的。他的这番话引得众人开怀大笑。最后大家乘兴而归。

最后一段，方孝孺写到作此文时离“巾山雅集”已过去15年，当年一起欢聚的好友也只剩下三位了。岁月老去，故友凋零，心中颇为惆怅。文之最后，方孝孺写了自己的期待，期待东归浙江时，约上好友，重游海上诸山，再续未了之兴。

【思考与研讨】

拓展阅读王羲之的《兰亭集序》，比较文中的“巾山雅集”和王羲之等人的“兰亭雅集”，说说自己的感受。

东湖赋

清 · 侯嘉繙

台州海阔，岛屿冥冥。聚而为城之赤，衍而为江之灵。乃有一曲，傍于郊坰[①]。桥通则资夫觞咏，山绕而列作翠屏。士大夫游观至此，莫不如入明圣之湖，如登丰乐之亭[②]。以为放闸头之水，可溉平畴万亩；抱城关之险，直阻下灌千丁；叹前贤之疏凿甚善，一郡之家室攸宁。尔其春水弥漫，秋光澹施，夏云叆叇，冬日喧和。临斯湖以宕漾，盼双犊之嵯峨。匹气融液，万象骈罗。不独香沾金粟，雨战风荷。月笼柳浦，云点梅坡。鼓木兰之枻[③]，习笙管之歌。

是月也，北陆初凝，东皋凭眺。登伏威之城头，发公绥之长啸[④]。乌桕艳而争红，鸺鹠静而不叫[⑤]。石栏水阁，初添坡老之船；竹次花阴，斜隐山公之帽。小亭如签以孤悬，夕阳似景而倒照。则见夫清潭碧沼，环抱城隅。日影浴乎鸥鹭，水色乱夫蔬蒲。樵云翠耸，浣月光铺。雨霁杨柳之桥，鱼湾蟹舍；香散桃花之坞，雅歌投壶。青草印磨蚁之迹，绿波听凫鸭之呼。仿佛兮集兰亭之胜，依稀兮披山水之图。剜苔剔藓，乃持石而吊樵夫。夫其燕子飞来，龙孙避去，华表之鹤何归，汨罗之鱼斯聚。忠魂悄恍，犹过秀才之堤；义魄浮沉，尚绕将军之树[⑥]。荐秋菊以寒泉，采芳于碧渚。二百余年来，忧足使立懦廉顽。为寻樵者之故处，别有峨峨石阙，曰“小瀛洲”。万顷荡冰壶之月，两湖夹金镜之秋。紫阳朱子之所留题，碧山学士之所邀游[⑦]。于胥乐兮，常集东南之美；愿从公兮，而追李郭之舟[⑧]。

【注释】

侯嘉繙（1697—1746，一作 1697—1752），字元经，号夷门，临海东乡隔溪人。清代雍正、乾隆之际，台州文人中，侯嘉繙是最可重视的一位。他生前名满天下而遭际困厄，胸有抱负又沉没下僚。历任金山县丞，署江宁巡捕厅，客死镇江。著有《夷门集》等多种，凡 500 卷，多不存。

①聚而为城之赤：天台西北有赤城山。衍而为江之灵：指灵江，系台州市第一大水系，被誉为“台州人民的母亲河”。郊坰：泛指郊外。晋葛洪《抱朴子》：“或建翠翳之青葱，或射勇禽於郊坰。”

②如入明圣之湖，如登丰乐之亭：明圣湖，一名金牛湖，即今杭州西湖。丰乐亭，位于安徽滁州丰山脚下紫薇泉旁，为北宋欧阳修任滁州

知州时所建，并为之撰写《丰乐亭记》，因此名传千古。

③鼓木兰之枻：驾木兰舟。鼓枻亦作“鼓栧”，划桨，泛舟。《楚辞·渔父》：“渔父莞尔而笑，鼓枻而去。”

④登伏威之城头，发公绥之长啸：伏威，即杜伏威（?—624），隋末唐初齐郡章丘人。隋炀帝大业末，与辅公祐率众起事，转战淮南，自称将军。此指勇武的气势。公绥，即成公绥。西晋初东郡白马人，字子安。少有俊才，博涉经传，曾作《啸赋》。

⑤鸺鹠：鸺鹠，亦作“鸺留”，鸱鸮的一种，古代常常视为不祥之鸟。

⑥将军：温峤（288—329），字泰真，并州太原郡祁县（今山西省祁县）人。东晋名将，司徒温羡的侄子。出身太原温氏，博学孝悌，善于清谈，起家司隶校尉都官从事。举秀才出身，授司徒东阁祭酒、潞县县令。进入司空刘琨（姨夫）幕府，拜司空左长史。西晋灭亡后，拥戴晋元帝即位，拜散骑常侍。兼任太子中庶子，辅佐东宫太子（司马绍），结为布衣之交。晋明帝即位，拜侍中、中书令，从平王敦之乱。晋明帝病重，随王导、郗览等同受顾命，拜平南将军、江州牧。从平苏峻之乱，拜骠骑将军，册封始安郡公。咸和四年（329），病逝，时年42岁，获赠使持节、侍中、大将军，谥号忠武。一说温州得名与温峤有关。也有一说唐李吉甫《元和郡县图志》：“温州其地自温峤山西，民多火耕，虽隆冬恒燠。”即言温州地处温峤岭以南，冬无严寒，夏无酷暑，气候温润，所以称为温州。（或桓温“树犹如此，人何以堪”典故？）

⑦碧山学士：王沂孙（？—约1289），字圣与，号碧山、中仙、玉笥山人。会稽人。有《花外集》，一名《碧山乐府》。

⑧李郭之舟：喻知己相处，亲密无间。唐高适《同李太守北海泛舟宴高平郑太守》诗云：“每揖龚黄事，还陪李郭舟。”

【导读】

侯嘉缙身为台州临海人，对家乡东湖甚为热爱且饱含深情，又是清代雍正、乾隆之际富有才气、名满天下的文人。他用生花妙笔写尽了东湖之胜，有美景，有典故，有雅趣，有抱负。宜反复诵读，细细体味。

【思考与研讨】

对比阅读《赤壁赋》《阿房宫赋》，感受“赋”这一文体的特征和写法。

巾子山赋

清 · 王舟瑶

突屹峥嵘，卓然不平。山非石叠，峰真削成。遥连北固，高依南城。相传仙客脱帽而行，此山终古遂以巾名。蔡岭环其北，灵江带其南，东眺海门而漭漭，西瞻华顶而穹嵁。望后山则人居雨集，盼山前则竹树烟含。山之中茅斋四壁，古佛数龛。山之顶竹房深掩，枯禅坐参。其胜迹则仙人石床，上平若掌。古篆摩崖，大欲盈丈。亦有石桥，驾空而上，黄华真人，不时来往。复有仙井，波澜泱漭。仙虽不回，井殊可访。其游玩则社敞停云，轩开挹爽①。阁三至而留连，亭六面而开朗。乃有骚客酒人，三三两两。红罗绣鞋，绿藤瘦杖。聊以惬幽情，聊以资胜赏。时则春雨重重，山云正浓，鸟声宛转，淑气葱茏。登斯山也，但觉花落三径，翠锁两峰。满城烟树，一样蒙茸。渟泉②水活，细响滨滨。未几竹露凉生，松风净拂，草短欲枯，林瘦见骨。登斯山也，但觉气自清幽，势尤岃屹，红叶萧疏，黄花鄂丕，兴动题糕，会修礼佛③。至若斜阳西下，暝色苍然，塔横古渡，钟敲暮烟，江楼送日，山后山前，下桥晦市④。人语喧阗，沙头浴鹭，瘦影腑跹。江水共长天一碧，落霞与丹阁⑤争妍，则巾山之晚景无边也。又若灯明古寺，月照中天，竹房夜静，万籁罢宜，滴松露之皎洁，招老鹤而流连，前村江水，益复愁牵，缅怀太守⑥，惆怅唐贤⑦，那堪今夕，不是当年，则巾山之夜景可怜也。然而景虽不同，物各有主，彼宇宙之茫茫，在吾人所自取。独不见夫碍云之轩，翠微之阁，迄今为尘土乎？又不见夫一游再游者，过此而不能复聚乎？呼嗟乎，振衣直上巾峰巅，前望千古后万古。松鹤何年去不回，剩有巾角齐云作天柱！

【注释】

王舟瑶（1858—1925），字玫伯，号默府，黄岩人。主讲黄岩清献书院、临海东湖书院、路桥文达书院，任礼部顾问官。辛亥革命后，辞职归里专心纂辑乡邦文献，成果甚丰。以藏书、读书为乐，建藏书楼为“王逸民庐”，收藏台州文献甚富。著有《中国学术史》《读经札记》《群经大义述》《默庵集》等，编纂《台州府志》《天台仙居水道考》，辑有《台诗四录》《台州文献随见录》等。

此赋题以“城南两峰屹然天柱”为韵。

①挹爽：《挹爽》是宋代诗人白玉蟾所做的诗词之一，有“晓来轩窗敞且明，风棂月牖一壶冰”“人间红尘刺人眼，世上蜗蝇徒尔乱。岂复知此爽气佳，已被高人俱占断”等句。

②渟泉：在玉辉堂前。

③礼佛：指农历九月九日有中天斗会。

④晦市：夜市。

⑤丹阁：大瀛洲有阁三层。

⑥太守：指顾璘，吴县（今属江苏苏州）人。寓居上元，江左名士推为领袖。正德十一年（1516）任台州知府。后累迁至南京刑部尚书。

⑦唐贤：指诗人任翻曾三游巾子山。

巾子山

【导读】

王舟瑶是当时台州学富五车的知名文人。这篇《巾子山赋》从巾子山的得名开始写，继而描写登上巾子山东眺、西瞻所见景色，再是叙写巾子山上竹房、石桥、水井、轩、阁、亭及游玩的骚客酒人等。文章最打动人的还是下半部分浓墨重彩地描写春雨重重、斜阳西下、月照中天等不同时节巾子山的动人景色，尤叹“江水共长天一碧，落霞与丹阁争妍，则巾山之晚景无边也”！复感“那堪今夕，不是当年，则巾山之夜景可怜也”。

【思考与研讨】

联系孟浩然的《宿巾山翠微寺空上人房》和戚继光的《登巾山》，对比阅读，体会不同文体的不同表达方式，感受同一题（巾山）背后站着的不同的人。

大美临海

舒婷

曾经慕名到过江浙那些个古镇古城，见惯了小桥人家的水乡模式，慢慢倦了与游人摩肩接踵，好像再无新意。听说繁华的杭州湾附近有一个叫临海的安静小城，其地形地貌丰富多变；人文积淀深不可测；还说那里的地方小吃独冠一方呢。网上一搜，果然名目繁多：霉菜干麦饼、乌饭麻糍、羊脚蹄、梅花糕……哎呀呀，许多个东西闻所未闻，让人馋虫乱窜。

都说江南最好的季节是阳春三月，还有大半年的时间怎么等得了，于是炎炎盛夏我已经站在临海市的紫阳古街，极不雅观地手捧刚起锅的“蛋清羊尾”，热腾腾软酥酥香喷喷，唇齿来不及盘点个中真谛，嗓子眼已经彻底没收了。深知午餐还有许多美味佳肴列队伺候，往嘴上贴了封条。否则就想守着油锅不走，吹着气卷着舌，吃个淋漓痛快。这道“蛋清羊尾”内馅是豆沙，以蛋清搅拌麦粉为皮，再裹以网油下锅，保持羊尾的蓬松形状。其工艺复杂考究，已具有1400多年历史。我虽猫在一旁揣摩半天，仍不得要领。

紫阳古街南北走向，长不过1080米，宽四五米，两旁木结构民房多为明清遗风。楼下前店后坊，楼上居家，抬头见一青衫老太身子探出木棂窗，在熙熙攘攘的行人头顶上，挂晾衣物。这日有圩，四乡农民汇集，就地摆出些土特产，有海鲜有河鱼有瓜果，还有水灵灵嫩生生的野菜。我弯腰捡起一小捆蕨芽，试着与跨坐在扁挑上的白眉老汉讨价还价。老汉端的淳朴善良，居然轻松成交，还添了一枝后院种的琼花送我，说可以炖汤养颜。

沿街的小手工作坊也都开张起来：乐器铺里，洞箫、板胡、古筝等自恃身份，只作壁上观，唯笛子宛转试音如泣如诉；竹器店里那久违的老藤椅让你坐下就不想起来，腰背都在依恋着，可惜不好携带啊；茶馆里的说书声泡在青瓷盖碗里，清亮亮绿茵茵，拂之不去；而各色麦饼、松糕、马蹄酥什么的，半遮半掩在纱罩里，千呼万唤，要想硬起心肠不理睬，真难！

古镇的核心本来就是古街，古街的文化精神渗透在临海人的日子里。闲时读些圣贤书，撰写几副楹联，使几笔书法，懂一点丹青，在临海根本不算什么，可谓“满地皆夫子，处处读书人”。连临海人的姓名对我都是个考验。比如文联主席的名字叫陈引奭，你说这个奭怎么读？不许读成“爽”噢！

临海古长城

陈引奭同志最自豪的当然是临海的古长城。号称“江南八达岭”的古长城盘亘在北固山上，俯瞰灵江，煞为壮观，是临海市巍峨高耸的天然广告，远远就一目了然。这城墙自从晋代开建以来，已有 1600 余年，迭经唐、宋、元、明、清等朝代，不断修筑增扩，其主体部分一直保存到今天。

现在用脚可以亲近的城墙约 5 公里。从揽胜门进入时，我还兴致盎然。砖是宋砖，青苔下依稀可见“台州府城墙”字样。瓮城成弧形，三面迎水，据说是戚继光抗击倭寇时的创建，御敌、防洪两用。走到好汉坡，我的脚力不行了，以拍照为由，屡屡脱队四处游走。再说两旁古木蓊郁，藤萝如缕，清风徐徐，马樱丹花开得野趣横生，连狗尾巴草都有蛱蝶招惹，怎能不让人流连！再后来，我捶打着灌铅似的老腿老腰，不管陈引奭怎么游说，抵死不肯再上制高点的望天台。于是故意使赖，指头抠着斑驳的石阶质疑，说是后铺的水泥板，急得陈哥嘴唇哆嗦，结结巴巴地争辩，一再声明从小就在这些原装的旧石条上蹦跶。哈，这样诚恳纯良，却也是临海书生们的一大特色哪！

古长城是临海一绝，是一张烫金的文化名片，且不要揣了它，就急着拔腿离开。小小临海市三面环山一面靠海，城内有“掬水月在手，着花香满衣”的东湖，城外有灵江、桐港两大水系滋养，其水土风情简直集旅游资源大全，要什么有什么，真真不可思议。

我是生长在鼓浪屿岛的人，对海滩冲浪、探东矶岛、过乱礁洋，可能没有那么兴奋。但是，因为时间关系，没有去成江南大峡谷和九台沟，心里不免有些悻悻然。

幸亏没有错过国家地质公园的桃江十三渚。山下 600 亩湿地，被桃江分割为十三块不规则的水渚，鳞次栉比，水光绿影，是此行最华丽的章节，不愧是“中国最美的田园风光”。

往山谷深处走去，约两三百米，忽然讶异地发现，自己被包围在无数高低错落的多边形石柱之中。

也许头顶就有一节石舂，看上去岌岌可危，让人不由自主要伸手去撑住它。其实它们已经这样纹丝不动凝固了千万年。

而曾经，它们是如何惊天动地爆裂，火红的花蕊疯狂绽放，浓烟和灰烬瞬间遮蔽了 8000 万年前的晴空和烈日，然后，再慢慢冷却成不朽的字符。我等凡人是破译不了这部天书的，倒是在石柱顶尖歇脚的天真鸟儿，有一声没一声地诵读。

才知道这是中世纪火山岩遗址。

回过头去，这些火山的枝蔓，仿佛从地壳里伸出僵直的千万只手指，在呼吁着什么，祈求着什么，预示着什么？

临海的大美，偶尔让人战栗。

【注释】

舒婷，祖籍福建泉州，原名龚佩瑜，著名作家、诗人，朦胧诗派的主要代表人物，其诗作《致橡树》脍炙人口。

【导读】

诗人、作家舒婷在临海领略到的是与众不同的美：美食之美让其闻所未闻，城墙之美让其颇感壮观，地质之美让其大开眼界，文化之美让其深感佩服。

临海的美是一种大美，它跨越时空，跨越古今；临海既有阴柔之美，又有阳刚之美；既有古典美，又有现代美；是人文和自然的和谐统一。临海的美在情感上给作者以强烈的震撼，让其久久无法平静，难以忘怀，所以文章结句“临海的大美，偶尔让人战栗”。

【思考与研讨】

临海之美让舒婷战栗，北平之美让老舍落泪，故乡是刘亮程“今生今世的证据”，故乡让韩少功“我心归去”。请根据本文，结合自己的生活体验和阅读感悟，谈谈你对“故乡美”的认识与理解。

临海琐记

高洪波

从没有到过江南名城临海，同属台州的玉环倒是走过，玉环是个岛，产楚门文旦，俗称柚子。临海虽有临海的名，却是一座城，有戚继光修筑过的城，离海说远不远，说近不近，明代台州府城所在地，戚大帅九战九捷扬名立万的古战场，倭寇丢盔授首屁滚尿流的伤心处，同时文化底蕴深厚，“满街文化人”，一位前州官这样说道。

果然如此。

譬如刚下飞机，见到福建来的诗人舒婷，拿定一本临海出的画册，指着一位作者的名字考我。这位作者叫陈引奭，写的文章是考据钱家留下的唐代宝贵文物丹书金券。舒婷很促狭地说：“不许读‘陈引爽’。”我瞠然。承认这位临海作者的父辈有文化，我认不得这个“奭”字。坐在旁边的一位小伙子腼腆地说道“读‘士’的音，就是我”。

于是我认识了临海的“陈隐士”，市作协副主席。晚饭时由市委领导林虹接待，一位儒雅的女干部，学外语出身，从事过财贸工作，见在座的有《十月》杂志的副主编，她遂谈起当年高考时为偷偷阅读《十月》而考试成绩不理想事，对文学名著了如指掌，谈临海民俗如数家珍，我记住了她说的戚家军故事，当年守卫台州的戚家军，因山东子弟为主，使临海方言谱系中留住一个“俺”字，数百年不改。不称“我”，不称“咱”，也不称“吾”。再就是此地人喜食面点，擅制面食。

我们几位则平生首走临海，对临海充满好奇。充满好奇的当不光是著名的临海古城，不是东湖广场边晨练暮舞的人们，不是火山奇观桃江十三渚，不是被倭寇围攻七天七夜又被戚继光纵马驰援的桃渚卫所，这些固然值得一看，但既为“琐记”，我想说的是两个故事。

其一是出席临海油菜花节遇到的一位养蜂女子。

这女子人到中年，面容黝黑，以大片大片金黄的油菜花地为背景，直销她的蜂蜜与新鲜蜂王浆。不远处的桌子上站着一只大公鸡，在中午的阳光下突然叫了起来。这女子从一排排的小孔中用镊子飞速夹出白色的蜂儿，一个个“王储”，再用竹片从小孔中刮出金黄色的王浆，十来分钟便刮得一瓶。一位农村大妈买得一瓶王浆，喜滋滋离去，同行的友人也买，这女子从木箱中取出两瓶，旋开盖，把王浆逐一填满，说道："我家经营蜂蜜35年了，从不欺生的，越是远方的客人越应该热情。"

小桌上放着她的名片，上写道：临海市双宁蜂场何杏芳。还有地址、电话。何杏芳的王浆新鲜且便宜，关键是她快乐真诚的工作态度，使这届油菜花节平添了几缕芳香甜蜜。临海几日，我感受到了临海人的修养，这是一方水土滋育而成的，是平凡朴实待人接物中自然流露的，还真是装不得假！

临海产名茶羊岩勾青。我们去参观茶场是一个下午。四走临海的万伯翱出发时脱掉北京穿来的厚衣，一副春游登高的模样。孰料羊岩茶场大凉，大伙借刚摘下的热茶驱寒，一杯复一杯。勾青真是好茶，颜色碧绿，茶汤清淡。饮毕留感想，我信笔写得一首小诗："羊岩勾青勾诗魂，喜煞江南品茶人。北国风霜刚掸落，恰到临海赶上春。"舒婷补充道，不是"刚掸落"，应为"未掸落"，北京昨天不是雨夹雪吗！

一字师。舒婷好厉害。

大家到羊岩的茶山上踏访时，湘西人彭学明信手采得几枚新茶，用手心暖着，归后见他将自采的茶泡进杯子，那勾青直立着，芽叶舒展，真是勾人心魂哩！

临海茶，临海人，人如茶，茶似人。

【注释】

高洪波，笔名向川，诗人、散文家，1951年12月生于内蒙古，1988年毕业于北京大学中文系，1971年开始发表作品，1984年加入中国作家协会。历任《文艺报》新闻部副主任，《中国作家》副主编，《诗刊》主编，中国作家协会第九届全国委员会委员，中国作协副主席。

【导读】

初次来到临海，高洪波就凭着作家的细腻、敏感、丰厚捕捉到了临海人的特点，从"陈隐士"到接待的"儒雅的女干部"，再写了在临海油菜花节遇到的一位养蜂女子，文笔看似随意散漫娓娓道来，实则层层铺叙、匠心独运，由此才有结句"临海茶，临海人，人如茶，茶似人"。

【思考与研讨】

对比上一篇舒婷的《大美临海》，说说同是初到临海者、同一次采风、不同的作家，写作角度的异同。

再识临海

叶文玲

一个城市不论大小，山川地理、气候环境的好坏，常常是它是否“可爱”的基础，而能使人迷恋于它，则更要有“风标独占”的魅力。

临海就有这种使人迷恋的魅力。在渐渐萌生无限爱意时，一个念头忽地跳上我的脑海：如果让我选择在小城市居住，临海将是首选。

首选的第一要素，是由于临海山蕴风骨水呈秀姿，美得很是“顺理成章”，天然得体。

临海为灵江环绕，自然就有了水乡泽国的灵气，作为山海兼备的州府，它又从来物产丰饶。月前，因为陪谢晋导演在台州各地选景，对地辖临海的那个“万象画图里，千崖玉界中”的桃渚古城，印象极佳。由此更认定这个台州府城有着不可小觑的品貌，就像仪态万方的大家闺秀，从不招摇，却端庄娴静，举手投足间自有不可抗拒的魅力。

临海真正的“质地”，是它广博深厚的文化底蕴，是它薪火相传惟承一脉的历史。临海的魅力在于文明渊薮，它在端庄娴静中所透示的凛凛威势，来自那屹然山峙的唐代古塔，也来自那“气压江城十四洲”的台州府城墙——江南长城。

临海这长城苍龙起伏，只是让你品味历史的悠久：这砖砌石阶蜿蜒如线，也是让你更加投入地处在幽游的情趣之中。呵，临海这江南长城，美就美在它是春意盎然的长城，它的城堞不管哪一垛、哪一段，都有神龙不见首尾的妙处，明明是城堞墙垛，明明是砖阶石级，又非全然是无味单调的城墙与石级，一程程行来，一程程都有“柳暗花明又一村”的景致；一道道登上去，一道道的砖阶石级好像也都有自己的品性气质，你看看这可人意的宽，你摸摸这可人意的厚！凝眸端详间，只见这一块块砖石都像含着无言之诗，这一垛垛墙堞也都是不墨之画，你看这石诗墙画，因为都被周遭若隐若现无穷无尽的苍翠遮蔽，于是，那苍苔也成锦绣，那草木也倍加斑斓，你再看那远处蒙蒙的云山，再看那云山中隐隐的楼台，端端是天公巧布的一幅大青绿山水！

一道道，一程程，终于登上最高处的白云楼，一颗大大的明珠忽地就跳入了眼帘！明珠般的东湖就在脚下，那样清爽，又那样精致，当时，整个小城都像淹在绿葱葱的汁水里，那是幽雅得无法形容的苍翠，那一座座像巨大盆景托起的亭台小阁，那一汪汪把人心眼瞳都映得清清亮的涟池碧水……哪处都很好看，哪处都很文静，哦，临海，临海，原来，临海是生生被秀水丽山宠坏了扮酷了才随便起了个“大白话”的名字——临海。

此时，俯视脚下也好，极目远眺也好，巾山塔群、东湖园林、唐代古刹、明清老街……无不一一尽收眼底，此时，星罗棋布的人文景观，一一在你脚下！呵，此时此境，还能说道什么，形容什么？你只觉得整个台州仿佛都在眼前，整个台州的山水风骨都物化为眼前的生动美景，你吸吮尝享的，是古城的韵味，你感受感悟的，就是那种文化气场，那种最有风景的“气压十四洲”的威势，一下子一下子集聚在心海！

【导读】

江河湖海，奇峰怪石，山水滋万物，古城证千秋。巍峨雄伟的括苍山，迎接了新千年的第一缕曙光；层层叠叠的珊瑚岩柱，展示了8000万年前东海地质的演变；跨越16个世纪的古长城，构成了中华大地上独具特色的古城文化。历史，把拥有千年传说的城墙留予临海；临海，把最美的天际线留予城墙。古城与城墙交织渗透，深度融合，长相厮守。

临海这座毓秀的南方小城有着巍峨的江南长城，秀丽的东湖水，也有老派的古街古巷，每个人都可以在这里发现别致的景色。出生于台州的作家叶文玲此时客居异地，换个维度“再识”临海，深觉临海有灵秀，更富内涵。

【思考与研讨】

“再识临海”区别于“初识临海”，如果你来写“再识故乡”，你会怎么构思取材？

第三单元　温岭篇

诗词

横溪①堂春晓二首·其一

宋·虞似良

一把新②秧趁手青，轻烟漠漠雨溟溟③。
东风染尽三千顷④，白鹭飞来无处停。

【注释】

虞似良（生卒年未详），字仲房，号横溪真逸，宋大间横溪（今温岭市城南镇横溪村）人。祖籍余杭，孝宗淳熙年间（1174—1189）为兵部郎、成都府运判官。工隶篆，尤工隶书，晚自成一家，曾有石壁刻诗。《嘉庆太平县志》称其“诗词清婉，得唐人旨趣”。著有《篆隶韵书》4卷。

①横溪：今温岭市城南镇横溪村，在藤岭南面，湖漫水库（温岭市最大水库）边上。

②新：新绿。

③溟溟：潮湿，潮润。

④三千顷：形容秧田广阔。

【导读】

这首诗清新婉转。诗人精心选用新秧、轻烟、春雨、东风、白鹭等意象，描绘了一幅江南乡村风光图。此诗画面感很强，仿佛让人看到了细雨霏霏的天空，绿意盎然的大地；农民弯着腰杆插秧，白鹭在田野上盘旋。

【思考与研讨】

根据诗歌内容和意境的需要，诗人往往会精心挑选最贴切、最富有表现力的字词来表情达意。其目的是以最恰当的字词，贴切生动地表现人或事物。请从诗中找出一个最具表现力的字，并加以赏析。

扈岙[①]牧笛

宋·徐似道

蒙蒙香雾[②]湿未干，烟光匝地[③]春风寒。
牧童三五唤归切，鞭牛为马蓑为鞍。
一声芦管[④]振林木，口畔呜呜相戏逐。
梅花[⑤]乱落自潇洒，绝胜豪门调新曲[⑥]。

【注释】

徐似道（生卒年未详），字渊子，号竹隐，宋黄岩上珙（今温峤镇上珙村）人。孝宗乾道二年（1166）进士，初官吴江尉，后召入中书直学士院，出知郢州。诗文名重一时，著有《竹隐集》已佚。

①扈岙：山名，今称河岙，在温岭市温峤镇。《嘉庆太平县志》载："扈岙，俗名河岙……逾岭皆大山。"

②香雾：雾气。

③匝地：遍地。

④芦管：芦笳，即笛子。

⑤梅花：指《梅花落》，笛子曲。

⑥豪门调新曲：豪富人家新排演的歌曲。

【导读】

这首诗是徐似道创作的珙山八景诗之一。诗歌描写了扈岙一带的牧童在春天里放牧吹笛的情景，表达了诗人对农村自然、淳朴之景的赞美。

【思考与研讨】

优秀的诗歌能刻画出鲜活的人物形象。研读颔联和颈联，分析牧童形象。

夏曼卿[①]作新楼，扁[②]曰“潇湘片景”，来求拙画且索诗[③]

宋 · 戴昺

有此一楼足，悠然万虑忘。
拓开风月地，压断水云乡。
四野留春色，千峰明夕阳。
眼前无限景，何处认潇湘[④]！

【注释】

戴昺（1200—？），字景明，号东野，戴复古从孙。嘉定十二年（1219）进士，官赣州法曹参军。诗格纯正遒劲，著有《东野农歌集》。《方城遗献》评其诗曰：“如石屏所谓‘不学晚唐体，曾闻大雅音’者也。”

①夏曼卿：此人不详，应当是诗人的朋友。

②扁：古同“匾”，匾额。

③来求拙画且索诗：据此可知戴昺不仅是诗人，也能作画。

④何处认潇湘：此地便是潇湘啊！与诗题中“潇湘片景”呼应，由衷赞美了眼前景致的佳绝和风光的无限。

【导读】

探究诗题，细味诗意。诗人好像并没有亲临夏曼卿所建的新楼，因此在描写景色时，不作精雕细刻式的描绘，而只是挥洒大笔进行概写。然而也巧妙地写出了“潇湘片景”的特定美景，显示了诗人丰富的想象力和描写景物的艺术表现力。

【思考与研讨】

诗歌中间二联写景状物颇见功底，引人入胜。试从词语选用和表现手法两个方面加以赏析。

明觉寺①

宋 · 叶适

雪山②尖头海潮涌③，九月天雪山叶重④。
道人高绝但危坐，山魈⑤野虎皆趋拱。
住山三载两遭荒，侍者饿损扶参堂⑥。
沿村索米未为耻，莫令木鱼⑦化龙钟透水。

【注释】

①明觉寺：在今温岭市箬横镇境内，俗呼雪山寺。唐大中二年（848）建，名崇因。宋太平兴国二年（977）改应龙，治平三年（1066）改明觉。

②雪山：在箬横镇西麓晋岙里村，又称晋山、晋源山。

③海潮涌：离明觉寺三四百步有望海亭。

④九月天雪：相传在建寺期间，九月初三上梁，突遇大雪。

⑤山魈：传说中山里的独脚鬼怪。

⑥参堂：佛教语，指入僧堂参见长老、住持。

⑦木鱼：原是道教召集教众，讲经设斋用的法器，后逐渐被佛教借鉴引用。

【导读】

诗歌开篇巧用六月建寺下雪的传说，艺术化地写出了明觉禅寺环境的苦寒，其目的是引出寺中生活的贫寒。诗人在第三联中用“三载两遭荒”“侍者饿损”等词语把这种贫寒描写得具体细致，有力地衬托出“道人高绝”。

雪山寺

【思考与研讨】

叶适的诗歌以用力勤苦、造语新颖见称。试结合本诗作鉴赏探究。

满江红·八十归来①

宋·王居安

八十归来，方岩②下、几竿修竹。柴门外，沙铺软路，水流清玉。栽接新来桃与李，安排旧日松和菊③。过小桥、作个看山楼，千峰绿。

收笔砚④，藏棋局。酒莫饮，经须读。但平平放下，顿超凡俗。独睡已无年少梦，闲吟不唱他家曲。算人生、万事苦无多，相将⑤足。

【注释】

王居安（1151—1233），字资道，号方岩，宋黄岩方岩乡（今温岭大溪镇）人。孝宗淳熙年间举进士，殿试第三，官至工部侍郎；理宗时为龙图阁直学士。曾最先提出“人臣公而忘私，国而忘家”，两次被罢官还乡，卒后追封少保。性秉直，诗旷达，著有《方岩集》。

①八十归来：作者性格耿直，仕途颇不顺。先因直谏皇帝，被贬到地方上任官十余年；后虽被重新起用，受命招抚福建宁化盐民起义军，却惨遭小人算计，功亏一篑。眼看叛军即将复起，作者心灰意冷，便辞官归乡。

②方岩：方山，在温岭市西北部，系雁荡山八大景区之一。方山层峦叠嶂，气势磅礴，四围石壁均在百米以上，山顶平直如砥，形如方盒，因而得名。

方山

③安排旧日松和菊：东晋陶渊明《归去来兮辞》一文中有“三径就荒，松菊犹存”的句子。汉朝蒋诩隐居之后，在院里竹下开辟三径，只与少数友人来往。后人以“三径”代指隐士所居。作者化用此句也有这样的意思。

④笔砚：指文墨书写之事。

⑤相将：将近，行将。

【导读】

南宋临海县吴子良在《方岩集序》中评王居安作品：“诗尤圆妥旷

远，尝有句云：‘高下水痕元自定，后先花信不须催。’公于出处去就，此二语可以占矣。”王居安的旷达胸襟在这首词里体现得淋漓尽致。词的上片，通过描写住所的周围环境，表现了词人对致仕归乡后生活的喜欢。词的下片，更直白地写出了归乡后的闲适与超脱。

【思考与研讨】

作者在词中罗列了大量意象，例如“修竹”“柴门”“水流”“桃”“李”“松”“菊”“笔砚”“棋局”等等。结合全词，说说这些意象在表情达意上的作用。

沁园春·自述

宋·戴复古

一曲狂歌，有百余言，说尽平生。费十年灯火，读书读史，四方奔走，求利求名。蹭蹬①归来，闭门独坐，赢得穷吟诗句清。夫诗者，皆吾侬平日②，愁叹之声。

空余豪气峥嵘，安得良田二顷耕。向临邛涤器，可怜司马③，成都卖卜，谁识君平④！分则宜然⑤，吾何敢怨，蝼蚁逍遥戴粒行。开怀抱，有青梅荐酒，绿树啼莺。

【注释】

①蹭蹬：比喻失意、滚倒。

②侬：古时吴人自称之辞。

③临邛：古县名，今四川邛崃市。西汉司马相如与卓文君曾在此置酒舍，文君当垆，相如杂作，典出于《史记·司马相如列传》。

④君平：汉严君平，名遵，西汉隐士，蜀人，汉成帝时曾卖卜于成都。

⑤分：意料，料想。

【导读】

这是一首自况词，作于戴复古晚年。上片追溯了作者早年为名为利奔走的辛苦和晚年归来凄清；下片抒发了胸中愤郁不平之气和寄意自然的无奈。词意苦涩，积怨如山，读来令人唏嘘不已。

【思考与研讨】

作者以“一曲狂歌”开启全篇，为全词奠定感情基调。请结合整首词，思考、分析“狂”的具体内涵。

题丹崖寺壁①

元 · 盛象翁

勾漏②仙升几度春，言寻石室③度嶙峋④。
枯藤缭绕枝何古，宝刹⑤巍峨景自新。
竹色满亭人是晋，桃花夹岸世非秦。
支颐⑥独立斜阳里，鱼⑦鸟依依总可亲。

【注释】

盛象翁（生卒年未详），字景则，号圣泉，黄岩三溪（今温岭市泽国镇山坑村）人。宋宝庆年间（1225—1227）进士，官御史，辟教授，聘典江浙行省试事。著有《圣泉文集》。

①丹崖：位于温岭市泽国镇西端，属雁荡山遗脉，因崖土色赤，又传晋葛洪曾居此炼丹，故名丹崖，雅号小瀛洲。风景优美，闻名遐迩。

②勾漏：为道家所传三十六小洞天的第二十二洞天。

③石室：相传为葛洪炼丹处。

④嶙峋：形容山势峻峭、重叠、突兀的样子。丹崖山形如伏虎，崖壁峭拔。

⑤宝刹：丹崖寺。据《泽国镇志》载："原为丹崖定光观，宋嘉定十七年（1224）改建，称丹崖寺。明洪武初（1368—1398）改丹崖禅寺，旁有开云庵。民国十七年、十八年（1928、1929）办过佛学讲座，改称丹崖讲寺。"

⑥颐：腮，面颊。

⑦鱼：丹崖寺前有芙蓉池，池内有红虾、无尾螺、鲤鱼等。

【导读】

丹崖山在这首诗里美不胜收。枯藤古寂，林木幽深，修竹叠翠，冈峦溢翠，溪涧回流，仿佛世外桃源。丹崖山不仅美在自然景物，更是美在诸多传说。诗人把丹崖山丰富的传说融入诗歌描写之中，写出了其文人景观之美。

【思考与研讨】

想象和联想能超越时间和空间的界限，让古诗词灵动起来，因此其成了古诗词创作的主要手法之一。盛象翁在这首诗里是怎样展开想象和联想的？

题石牛岭石牛[1]

明 · 何愚

崔巍一石立山巅[2]，头角峥嵘[3]势俨然。
苔藓作毛因雨长，藤萝穿鼻被风牵。
经年不食村中草，何日能耕陇上[4]田。
恨煞[5]牧童鞭不起，数声长笛夕阳天。

【注释】

何愚（1352—1426），字起直，号东阁，明泉溪（今温岭市太平街道）人。自小以文学知名，著有《东阁集》。"花山九老"之一。花山在温岭市太平街道肖泉村岙里。明永乐二年（1404），林原缙、王崧、翁晟、邱海、邱镡、何愚、何及、狄景常和程完九逸士为避“靖难之役”后台州乡贤方孝孺灭十族之灾和王叔英之死的株连，隐居山中，结社吟诗，号称“花山九老”。

①石牛：温岭市太平街道石牛山山顶有石如牛盘状，翘首云外，作东南向。

②山巅：一作“山边”。

③峥嵘：高峻。

④陇上：也作垄上，一般指小山坡。

⑤煞：很，极。

【导读】

这首描写怪形石头的诗歌饶有韵味。前两联诗人“就地取材”，选用石牛山上的苔藓、藤萝等植物，并且扣住石牛“峥嵘”的特点，把石牛描写得有形有态、妙趣横生。更有趣的是诗歌的后两联，诗人稍带怨气，先后质问石牛和牧童。如能想象诗人质问时的“恨煞”之态，甚是有趣。

【思考与研讨】

石牛本是石牛山山顶的一块怪石，但是经过诗人的描写俨然成了一头活生生的耕牛。为什么会有这样的艺术效果？请试做探究。

晓发泉溪望迁江①

明·谢铎

夜泊溪②头水浅清，岸花汀③草杂秋声。
未离城郭犹尘梦④，暂忆家园亦别情。
山月出林高露⑤下，海风吹浪暗潮生。
村鸡忽报东方白，又是迁江一日程。

【注释】

谢铎（1435—1510），字鸣治，号方山、方石。明桃溪（今温岭市大溪镇桃夏村）人。英宗天顺八年（1464）进士，官至礼部右侍郎兼国子监祭酒，赠尚书，谥文肃。著有《桃溪净稿》《元史本末》等。

①迂江：新河的别称，在温岭市新河镇境内。

②溪：指泉溪，现在称前溪，在温岭市太平街道境内。

③汀：水边平地，小洲。

④尘梦：尘世的梦幻。

⑤高露：露水。

【导读】

这首诗是写离愁别情的。诗人离开家乡去迂江，途中夜宿泉溪。本已萌生思乡之愁绪，而泉溪繁杂的秋声使诗人的乡愁愈发浓郁，以致通宵未眠。东方既白，又开始一日的行程，离家乡会越来越远，意味着乡愁会越来越浓。

【思考与研讨】

古诗词大多言简义丰，意蕴悠长。阅读古诗词必须进行艺术想象，才能感受到古诗词之美。发挥想象，把诗歌首联改写为一段描写景物的文字。

游石船溪①

毛济美

石船溪上踏青游②，路转峰回景绝幽。
雨后断虹横石涧，云中清磬③落僧楼。
山描淡翠迎人笑，鸟弄欢声劝客留。
生恐小奚奴④背重，诗囊⑤风物⑥未全收。

【注释】

毛济美（1870—1930），字震伯，号尺园居士，晋岙（今温岭市箬横镇晋岙村）人。工诗文，擅书画，有“浙南才子”之称，与林丙恭、陈文铎等人创“三九诗社”。著有《尺园诗草》《尺园文稿》《秋树根庐联语》等。

①石船溪：又称石船坑，发源于长屿岭头（在温岭市长屿镇境内），流经独秀峰下，向南注入运粮河。

石老爷峰

②踏青：为春日郊游，也称“踏春”，一般指初春时到郊外散步游玩。

③磬：本指一种打击乐器，用石或玉制成，形状像曲尺。后来又指寺院中和尚念经时所敲打的铜铸的法器。

④小奚奴：指小男仆。

⑤诗囊：指贮放诗稿的袋子。

⑥风物：风光景物。

【导读】

石船溪的景物是优美的，如其上游的龙鳞瀑，瀑布飘飘洒洒，缓缓而下。瀑水经过之处，是一块块龙鳞状片石，阳光照射之下，石上流水银光闪烁。诗人却没有在诗中浓墨重彩地描写石船溪的风物之美，只是说“山描淡翠”。但是，诗人的游兴却不淡，可从诗歌的最后一联深深地体会到。

【思考与研讨】

古人在谈到诗歌创作时曾说：“作诗不过情、景二端。”请从景与情二者之间的关系赏析这首诗歌。

文章

松山林壑记[1]

宋·陈耆卿

松山林壑者，丁君少云幽栖之处也。余闻丁园名素著，又以趾[2]其园者多伟人，遂益著。按其间昉[3]于少云者，二十有五；衍于子植者，三十有三。大较松山其主名也，而东际海，西接仙源。水自西南数十折而至东北，其横竖侧出，如一步武而神功随也；其倏窈忽烂，如一顷刻而物候换也；其递凉燠[4]，杂幽丽[5]，如一拱揖[6]而四序之变交吾前也。

【注释】

①松山林壑：指温岭丁岙的丁家园林。宋嘉祐初，丁仲镃首创。八世孙丁少云在淳熙年间扩建，方圆十余里，为当时浙东第一名园。

②趾：踪迹，这里作动词。

③昉：开始。

④燠：热。

⑤幽丽：幽静美丽。

⑥一拱揖：这里形容时间极短。

盖好境天吐，佳趣人涉。俯瞰[1]而仰答，远瞩而近观，万象横陈[2]，迥[3]不可状，其以为幽栖则宜。虽然[4]，古所谓幽栖者，未必具是也，今必具是哉。夫具是心，未必具是景也。乃若是景具，则是心益具矣。心具，则无景不清；否则，无景不俗。君之于此景也，寄此清也。其清非锢于幽栖者也。自其善积于身，孝熟于亲，义洽于人，充其心，可以远也。或不得充，而可充者在，则虽穷无磷，况复有不穷者耶？故大而天地之周流[5]，细而鱼鸢之飞跃，撄[6]吾目，慨吾心。景随心生，而心不随景逝，是真幽栖者也，非锢焉者也。

【注释】

①俯瞰：从高处往下看。

②横陈：杂陈，横列。

③迥：卓然超绝。

④虽然：虽然这样。

⑤周流：周转流行。

⑥撄：扰乱，纠缠。

少云不及仕①，而子植②既仕矣，非可处而不出也。然则知所以处而后知所以出，盖处而不出，固未碍行义；出而暂处，又所以精于求志而章明之也。故子植之归也，于此尤惓惓③焉。盖君兄弟所从游，如叶水心、陈龙川，正伟人之尤者。尝与之婆娑偃仰，咏歌讲诵于其间。其筇影④、屐声，龟鹭犹能认忆也。

【注释】

①仕：做官。

②子植：丁木，丁少云之子，人称松山先生。嘉定四年（1211）进士，历官左司谏、澧州通判。著有《东屿稿》。

③惓惓：深切思念，念念不忘。

④筇影：竹影。

今二公已逝，而清芗①馆方筑。当有名流豪特②，袂连簪盍③，与之共筹此心者，而余以官守，未能随也。子植又言：山之阿，幽阻面势者尚众，规④而未成者亦众。然则子植心固无尽，而其景得有尽哉！其心，少云之心也，非锢于幽栖者也！

【注释】

①芗：一种用来调味的香草。

②豪特：杰出，特异。

③袂连簪盍：彼此知心，关系密切。

④规：规划。

【导读】

“记”这种古代散文体裁，可叙事、写景、状物，也可抒发情怀抱负，还可阐述某种观点。这篇“记”很特别，很有讲究。作者先描写了丁园的万千气象、山水美景，似乎是老套子，其实不落窠臼。写景之后，干脆利落地转入对“景”与“心”二者之间关系的思考，带出“景随心生，而心不随景逝”的观点，并于结尾处设置“岂锢于幽栖而为景滞者哉”的问题，引人深思。

【思考与研讨】

文化名流时常雅聚丁园，举办诗酒集会，畅饮吟咏，弦歌不绝。叶适、陈傅良、陈亮、林景思、虞似良、徐似道等都是座上宾，并留下了不少诗文。请查阅丁园宴饮方面的诗词，组织一次丁园诗词朗诵会。

《全芳备祖》自叙[1]

宋 · 陈咏

古今类书，不胜汗牛而充栋矣。录此遗彼，不可谓全；取末弃本，不可谓备，皆纂集之病也。姑以生植一类言之，史传、杂记之所编摩[2]，骚人、墨客之所讽咏。自非家藏万卷，目阅群书，只是其择焉不精，语焉不详耳？余束发[3]习雕虫，弱冠[4]游方外，初馆西浙，继寓京庠、姑苏、金陵、两淮诸乡校，晨窗夜灯，不倦披阅。记事而提其要，纂言而钩其玄[5]，独于花果草木，尤全且备。所集凡四百余门，非全芳乎？凡事实、赋咏、乐府，必稽[6]其始，非备祖乎？

【注释】

陈咏（生卒年未详），字景沂，号愚一子，又号肥遯，黄岩泾岙（今温岭市城东街道晋岙）人。宋理宗时上疏论及复仇，词旨激切，遭冷遇，故立志著述，编撰植物学专著。关于作者陈咏，另一说为“宋高宗时”“天台”人。

①《全芳备祖》：宋代花谱类著作集大成性质的著作，著名学者吴德铎誉其为“世界最早的植物学辞典”。

②编摩：编集。

③束发：古代男子 15 岁时束发为髻，因此用束发指代成童的年龄。

④弱冠：古代男子 20 岁时行冠礼，以示成年。

⑤钩其玄：探求精深的道理。

⑥稽：查考，核实。

尝谓天地生物，岂无所自，拘目睫[1]而不究其本原，则与朝菌复何异？竹何以虚？木何以实？或春发而秋凋，或贯四时而不改柯[2]易叶，此理所难知也。且桃李产于玉衡[3]之宿，杏为东方岁星[4]之精。凡有花可赏，有实可食者，固当录之而不容后也。至如洁白之可取，节操之可嘉，英华之敻[5]出，香色之具全者，是皆禀天地之英，皦然殊异，尤不可不列之于先也。梅先孤芳，松柏后雕，兰有国香，菊有晚节。紫薇虽粗，而独贵于所托；黄葵无知，而不昧于所向。草伤柳别，紫笑萱忘；韭薤最幽于相遇，藜藿甘贫而自得。苜蓿薏苡可食可饲，茯苓黄精通神通灵。凡若是者，遽数之不能终其物也。或曰：“琼花玉蕊，胡为而躐处其上？”

答曰："此尊之[6]也。"或曰："牡丹、芍药、海棠之无实无香，胡为而亦处其上？"答曰："此贵之也。凡是皆奇葩异卉，特立迥出，胡可以一说拘也。"或曰："子之说则信辨而美矣，子之书则信全而备矣，不几于玩物丧志乎？"答曰："余之所纂，盖昔人所谓寓意于物[7]，而不留滞于物[8]者也。恶得以玩物为讥乎？且《大学》立教，格物[9]为先；而多识于鸟兽草木之名，亦学者之当务也。"

【注释】

①目睫：近处，近时。

②柯：草木的枝茎。

③玉衡：北斗七星之一，位于斗柄与斗勺连接处，是斗柄的第一颗星。

④岁星：木星。古人了解到木星约十二年运行一周天，它的轨道与黄道相近，因将周天分为十二分，称十二次。木星每年行经一次，用星次纪年，故称岁星。

⑤夐：常常。

⑥尊之：尊重、重视。

⑦寓意于物：欣赏美好的事物，从而寄托自己的情趣。

⑧留滞于物：耽溺、过分看重外物，不可自拔。

⑨格物：探究事物的道理。

自太极[1]判而两仪分，五行[2]布而万物具。凡散之两间，物物各具一太极也。太极动而生阳，则元亨[3]诚之通，而万物所资始也。静而生阴，则利贞[4]诚之复，而万物所以各正性命也。禀[5]于乾者为木果；禀于震者为苍茛竹、为萑苇；禀于巽者为木；禀于坎者为坚多心；禀于离者为科上槁；禀于艮者为坚多节、为果蓏[6]。根而干，干而枝，枝而叶，叶而华，华而实。初者为阳，次者为阴。闿者[7]为阳，承者为阴。得阳之刚，则为坚耐之木。得阴之柔，则为附蔓之藤。无非阴阳者，则无非太极也。以此观物，庸非穷理之事乎！程先生语上蔡[8]云："贤，却记得多许事，谓玩物丧志。"今止纂许多，以便检阅，备遗忘耳，何致流而忘返而丧志焉？卑于《尔雅》[9]虫鱼注，可怜无补费精神，观者幸毋以为诮。有宋宝祐丙辰孟秋江淮肥遯愚一子陈景沂谨识。

【注释】

①太极：宇宙最初浑然一体的元气。周敦颐《太极图说》云："无极而太极，太极动而生阳，动极而静，静而生阴，静极复动，一动一静，互为其根，分阴分阳。两仪立焉。"

②五行：古人把宇宙万物划分为五种性质的事物：木、火、土、金、水。

③元亨：大通，大吉。

④利贞：和谐，贞正。

⑤禀：领受。

⑥果蓏：瓜果。古代木本植物的果实叫"果"，草本植物的果实叫"蓏"。

⑦阊者：最初结出的果实。

⑧程先生语上蔡：指"二程"。程颢（1032—1085），字伯淳，学者称明道先生。程颐（1033—1107），字正叔，程颢的弟弟，学者称伊川先生。上蔡，即谢良佐，"二程"弟子，字显道，人称上蔡先生。

⑨《尔雅》：我国第一部词典。"尔"是"近"的意思，"雅"是"正"的意思，在这里专指"雅言"，即在语音、词汇和语法等方面都合乎规范的标准语。

【导读】

这是一篇自序。这种文体的主要内容一般由写作意图、写作过程和文章主旨等部分组成，也有以自述生平阅历为主的。本篇自序兼有这两方面的内容。作者首先解释了书名含义，以及简要交代游学经历，由此转入对天地万物各自特性的介绍与分析，并以设问的方式回答了撰写此书的目的。

【思考与研讨】

在文学作品里，一些"天地生物"有自己特定的文化内涵。例如，本文第二段里说到"梅先孤芳，松柏后雕，兰有国香，菊存晚节"等。请说说下列"天地生物"各自的文化内涵。

田间书[1]（节选）

元 · 林昉

言，非也；不言，非也。当言则言，则其言顺[2]。不当言而言，则其言暴[3]。不见钟鼓乎？扣之则鸣，不扣而自鸣者，人莫不以为异也。

【注释】

林昉（生卒年未详），字仲昉，号晓庵，宋末元初黄岩半岭（今温岭石桥头镇境内）人。善属文，尤深经学。与吴大有、仇远、白珽等遨游湖海，人比之为“竹林七贤”。著有《丹邱小稿》《半山文集》《田间书》等。

①《田间书》：由十四则短篇文言组成，短的只有十来字，长的有百余字。

②顺：顺理，合乎事理。

③暴：猝然，突兀。这里指不合事理。

或[1]问：“舟不覆[2]于龙门[3]，而覆于夷壑[4]。车不摧于太行，而摧于康达[5]。有诸[6]？”曰：“有。无它，难者人所畏，易者人所忽。是以古之君子难其难，而不易其易。”

【注释】

①或：代词。有的，有的人。

②覆：翻，倾覆。

③龙门：禹门口。在今山西河津市西北和陕西韩城市东北，黄河流经此地。两岸峭壁对峙，形如门阙，由此得名。

④夷壑：水流平缓的河沟。

⑤康达：四通八达的道路。

⑥有诸：有这样的事吗？诸，相当于“之乎”。

慎言[1]以养其德，持气[2]以养其体。事之至近[3]，而所系[4]至大者，莫过于言气。

【注释】

①慎言：说话谨慎。

②持气：秉持正气。

③事之至近：做身边的事。

④所系：“所”字结构，所关联的。

爱子之道[①]在于教，教子之道在于严。严，斯[②]成也。爱而不教，犹不爱也。教而不严，犹不教也。区区[③]于饮食服饰者，末矣。俗所贵，我所贱。俗所贱，我所贵。非异于俗，俗异于我也。

【注释】

①道：方法。

②斯：副词，则，就。

③区区：拘泥，局限。

江海为能大者，以其合众流而归虚[①]也。是故以谦处己而后能容人，可以理喻[②]，而不可以利诱者，其唯君子乎[③]！小人则[④]知诱而已矣。

①归虚：也作“归墟”。传说为海中无底之谷。

②可以理喻：可以用道理使他明白。

③其唯君子乎：那只有君子才能（做到的）呀。

④则：副词，仅，只。

火，非风不然[①]，风扑火则息[②]。舟，非水不行，水入舟则没。国，非民不治[③]，民怨国则乱。

【注释】

①然：通“燃”，燃烧。

②息：通“熄”，灭。

③非民不治：没有老百姓就无从治国。

木可雕，而病[①]于越度。金可铸，而疾[②]于跃[③]冶。木越度，金跃冶，虽[④]有良工，巧将安施[⑤]？是故君子养质以成器。

【注释】

①病：害，损害。

②疾：害，祸。

③跃：跳，超出。这里指溢出。

④虽：即使。

⑤巧将安施：（他们的）技能将怎么施展呢？

不有暴兽[①]，无以知麟之仁。不有恶鸟，无以知凤之瑞[②]。不有贪人，无以知圣之德。能以爱妻子[③]之心爱父母，则天下无不孝。能以爱父母之心爱君，则天下无不忠。享万钟[④]之禄，食不过于一匕。处万间之厦，卧不盈于一席[⑤]。木不能弃土而生，鱼不能弃水而活，人不能弃信而立[⑥]。天以气运[⑦]，人以识运，鬼神其气识之变乎？

【注释】

①暴兽：凶恶的猛兽。

②瑞：吉祥；祥瑞。

③妻子：妻子儿女。

④钟：量词，古容量单位。

⑤席：席子。这里指一席之地。

⑥弃信而立：舍弃诚信而生活在世上。立，立身处世。

⑦天以气运：天凭“气”运行。气，古代哲学概念。古人认为“气”是形成宇宙万物的最基本的物质实体，又称元气或阴阳二气。

或曰：“海有虫，拳然[①]而生者，谓之墨鱼。其腹有墨，淤于水[②]则以墨蔽其身，故捕者往往迹墨而渔之[③]。噫！彼所自蔽者，乃所以自祸也欤？人有恃知，亦足以鉴[④]。”

【注释】

①拳然：像拳头那样。

②淤于水：受阻于水中。

③迹墨而渔之：循着墨迹捕获它。

④鉴：警戒，教训。

会友人游山檄[①]语曰："人有残缣败素[②]，绘一山一水，爱之若异宝，得之必千金。至于日与真景会，则略不加喜。毋乃贵伪而贱真邪[③]？行乐之真，今日政在我辈。春雨既霁[④]，春风亦和。或坐钓于鸥边，或行歌于犊外。百年瞬息[⑤]，欢乐几何？肴核[⑥]杯盘，随意所命，毋以丰约拘也。檄书[⑦]驰告，盍勇而前？"

【注释】

①会友人游山檄：邀约友人游山的文书。

②残缣败素：残破的画卷。

③毋乃贵伪而贱真邪：岂非崇尚虚假却轻视真实吗？

④霁：雨雪停止，天放晴。

⑤百年瞬息：形容时间短暂。

⑥肴核：肉菜类副食品和果品。

⑦檄书：原指檄文，这里指发文书（文告）。

林子[①]夜对客，有粉羽[②]飞绕烛上。以扇驱之，既去复来，于是者七八。终于焦头烂额，犹扑扑[③]必期以死，人莫不笑其愚也。予谓声色利欲，何啻[④]膏火[⑤]铄金。有蹈之而不疑，灭其身而不悔者，亦宁免为此虫叹哉。噫！

【注释】

①林子：作者自称。子，古代对男子的通称。

②粉羽：扑灯蛾。

③扑〻：扑的次数多。

④何啻：何止；岂止。用反问的语气表示不止。

⑤膏火：照明用的油火。这里指点燃油火。

余尝[①]步自横溪，有二叟分石而钓。其甲得鱼至多且易取，其乙日亡所获[②]也。乙乃投竿[③]问甲曰："食饵同，钓之水亦同，何得失之异耶？"甲曰："吾方下钓时，但知有我，而不知有鱼。目不瞬，神不变，鱼忘其为我[④]，故易取也。子意乎鱼，目乎鱼，神变则鱼游矣，奚其获？"乙如其教，连取数鱼。予笑曰："旨哉[⑤]！"

【注释】

①尝：副词，曾经。

②日亡所获：整天没有钓到鱼。亡，通“无”。

③投竿：丢下钓竿。

④鱼忘其为我：鱼不记得那就是我（这个钓者）。

⑤旨哉：（说得）太好了。旨，美好，多作赞美之词。

【导读】

《田间书》手法多样，内容丰富。系列的、十分贴近生活的比喻把深奥的道理讲得通俗易懂，而且有趣有味。短小的寓言故事使行文简洁明快，但寓意丰富。总而言之，篇幅简约，哲理深刻，发人深省，耐人寻味。

【思考与研讨】

根据内容和主旨，给节选的每一则选文加一个小标题。

方岩书院记[①]

明 · 李东阳

方石谢先生[②]作方岩书院于台州太平之缌山[③]，盖旧所名杜山者也。山有孝子府君墓[④]，墓有会缌庵，因更名其山。山之旁有狮子、虎头诸岩，娄旗、文笔诸峰，仙人迹、月岭、桃溪诸境。其外则环以大海，浩淼无际；其后则天台、雁荡诸山，竦立于霄汉[⑤]之表，委灵输秀[⑥]至是而极，则结为方岩。巉耸[⑦]峭拔，为一方之胜，故院以是名。

【注释】

李东阳（1447—1516），字宾之，号西崖，明茶陵（今属湖南）人。天顺八年（1464）进士，官至少师、大学士。擅诗文，著有《怀麓堂集》。

①方岩书院：谢世衍、谢世修创建于温岭大溪镇方山。

白鹿洞书院

②方石谢先生：谢铎，号方石。谢铎续建书院，明弘治二年（1489），方岩书院落成。

③缌山：在方山北面，原称杜山，后因谢省在山上造会缌亭而改名。

④孝子府君墓：谢温良幼年丧父，奉侍母陈氏十分孝顺，世称“谢孝子”。谢温良于洪武八年（1375）从黄岩学前迁到桃溪（今桃夏）毛竹下居住，为桃夏谢氏始祖，死后葬杜家山。

⑤霄汉：天河，借指天空。

⑥委灵输秀：汇聚灵秀。

⑦巉耸：陡险高耸。

为堂四楹[①]，左右为相观、恐闻二斋[②]，以居学徒。置田三十亩，以资[③]政事。而仰高、望海、采藻三亭，及桃源书屋、方石山房皆在焉。自先生叔父愚得公[④]以宝庆守致仕[⑤]，始为会缌。仰高而下，次第交作。先生又欲为是，请公主教其中。会有纂修之命[⑥]，乃留资于族叔怡云翁世弼。越一年，而以成报，则弘治己酉八月也。

【注释】

①楹：房屋的计量单位，一间为一楹。

②斋：学舍。

③资：资助，供给。

④先生叔父愚得公：谢铎叔父谢省。谢省（1420—1485）字世修，号愚得，晚年号台南逸老。景泰五年（1454）进士，成化五年（1469）出任宝庆（今湖南邵阳）知府。54岁辞官回乡，在方岩书院讲学。

⑤致仕：辞去官职。

⑥会有纂修之命：弘治元年（1488）八月，谢铎奉召回朝，以原官职翰林院侍讲修撰《宪宗实录》。

夫书院之置，肇[①]于宋初。若白鹿、石鼓、应天、岳麓，其名最著。盖乡党[②]之学，士大夫所建，而朝廷因之。及州县学立，顾为具文[③]，而此独不废。其他聚徒讲道，皆足以为教于世[④]，而不独此也。然程子[⑤]讲于伊洛，而朔、蜀之徒不能相通。朱子讲于考亭[⑥]，而江西[⑦]、永康[⑧]之徒各不相下。要其是非得失有不可易，则存乎其人，而不系乎其地也。厥后[⑨]朱子之学遍天下，其在台者，有若石子重，及杜良仲、仁仲兄弟，及其孙成之，以及车清臣氏。学问之徒，远有端绪。先生家自师友，又友乡之善，以及天下尚论于古之人而究其实，则身检力践[⑩]，未尝设崖岸，立门户，惟名是务。然乡之徒薰其德，而善良者亦多矣。院既成，先生有归志。又逾年，拜南京祭酒，不可遽[⑪]言去，而愚得公实领之。

【注释】

①肇：开始，创始。

②乡党：泛称地方。

③顾为具文：反而成了空文。

④为教于世：在社会上办学。

⑤程子：程颢（1032—1085），北宋哲学家、教育家。字伯淳，学

者称之为明道先生。洛阳人，在洛阳讲学十年。

⑥考亭：在今福建建阳市西南考亭村。朱煮晚年在此地居住、讲学。宋理宗为了崇祀朱熹，于淳祐四年（1244）赐名“考亭书院”。

⑦江西：江西金溪陆九韶（梭山居士）、陆九龄（复斋先生）、陆九渊（象山先生）三兄弟并称“三陆子之学”。该学派在“太极”“无极”问题和治学方法上，同朱熹长期辩论。

⑧永康：金华永康市。南宋时有“永康学派”，以思想家、文学家陈亮（字同甫，永康人）为代表。主张“义利双行”“王霸并用”的“事功之学”，曾与朱熹多次辩论。

⑨厥后：这以后。厥，代词，其。

⑩身检力践：亲自考查，努力实践。

⑪遽：迅速，急速。

昔胡安定[①]教湖州，太学取以为法，后自为之[②]，而天下始被其化。方岩之教，殆自是行矣。使被先生之化者，溯厥教源，兹[③]院之名将不朽。公虽退处林壑[④]，亦岂不隐然[⑤]为天下重哉！请以是为方岩书院记。

①胡安定：胡瑗（993—1059），字翼之，泰州海陵（今江苏泰州）人，学者称安定先生，讲学苏州、湖州一带达20余年。

②后自为之：后来自此实施他的模式。

③兹：代词，此，这。

④退处林壑：辞官回乡。

⑤隐然：威重的样子。

【导读】

方岩书院可写的内容很多。方岩景区内集危崖绝壁、奇峰深谷、飞瀑溪涧、田园风光于一体，恰似一幅风景优美的山水画卷。方岩书院当时由谢省、谢铎等名士主讲，加上名士吟咏，因而远近闻名，师从甚众，享誉一方。作者没有详写书院的美景与美誉，而是重点写谢铎和族叔谢省一起创办方岩书院，亲自从事书院的教学工作，培养大批优秀人才，从而颂扬他们的功业美德。

【思考与研讨】

分析、探究文章第三段所运用的表现手法，以及艺术效果。

与方正学书[1]

明 · 王叔英

仆[2]与执事[3]，别十余年。其间情慕之浅深，书问之达否，皆事之细者耳。姑置之不足道也。惟执事之身，系天下之望；士之进退，天下之幸不幸与焉。侧闻[4]被召，计此时必已到京，获膺大任矣。兹实天下之大幸也。故敢[5]有说，以进于左右焉。

【注释】

王叔英（？—1402），字原采，号静学，明黄岩亭岭（今温岭太平街道小河头村）人。建文帝时召为翰林修撰，献资治八策，被建文帝采纳。跟方孝孺友好，常以道义相激励，是当时台州籍的二位名儒。朱棣起兵，王叔英奉诏募兵抗燕，南京陷落，旋即在安徽广德殉节。

①方正学：即方孝孺，简介见前。

②仆：自谦之词。

③执事：旧时书信中用以称对方。

④侧闻：从旁听到。

⑤敢：谦辞，表示冒昧请求的意思。

凡人[1]有措天下之才者固难，自用其才[2]者尤难。如子房[3]之于高祖，能自用其才者也。贾谊之于文帝，未能自用其才者也。何则？子房之于高祖，察其可行而后言，言之未尝不中。高祖得以用之，而当时受其利。故亲如樊、吕，不可得而间[4]。信如陵、勃[5]，不可得而非。任如萧何，不可得而夺。此子房所以能自用其才也。贾谊[6]之于文帝，不察[7]其未能而易言之，且又言之太过，故大臣绛、灌之属得以短之，于是文帝不获用其言。此贾谊所以不能自用其才也。方今圣天子求贤用才之意，上追尧、舜，固非高祖、文帝可比；而执事致君[8]泽民之术，远方皋、夔[9]，亦非子房、贾谊可论。真所谓明良相逢，千载一时者也。将见[10]吾君不问则已，问则执事必能尽言。执事不言则已，言则吾君必能尽用。致斯世于唐虞雍熙之盛者在是矣，岂非天下之幸欤？

【注释】

①凡人：一切人。

②自用其才：发挥自己的才能。

③子房：张良（？—前189），字子房。刘邦的重要谋士，很多主张被刘邦采纳。汉朝建立，封为留侯。汉初，很多功臣遭诛杀而张良以自己的才智保全自己。

④不可得而间：不能乘机离间。

⑤陵、勃：陵，指王陵，封安国侯，曾任右丞相。勃，指绛侯周勃，曾任太尉、右丞相。

⑥贾谊：西汉政论家、文学家。人称贾生，洛阳人。文帝初，召为博士，不久迁为太中大夫，好议论国家大事，为大臣周勃、灌婴等排挤，贬为长沙王太傅。他曾多次上疏，批评时政，建议削藩以巩固中央集权，主张重农抑商，并力主抗击匈奴的攻掠，但未被采纳。

⑦察：知晓，明了。

⑧致君：辅佐国君使其成为圣明之主。

⑨皋、夔：皋陶和夔，都是传说中舜的贤臣。

⑩将见：定能预见。

虽然[①]，天下之事，固有行于古而亦可行于今者，亦有行于古而难行于今者。如夏时[②]、周冕[③]之类，此行于古而亦可行于今者也。如井田[④]、封建[⑤]之类，可行于古而难行于今者也。可行者行之，则人之从之也易。难行者行之，则人之从之也难。从之易则民乐其利，从之难则民受其患。此君子之用世[⑥]，所贵乎得时措之宜也。执事于此，研诸虑而藏诸心[⑦]者，非一日矣。措之犹反掌耳，尚何待于愚言之赘哉[⑧]！然仆闻，知[⑨]者千虑，必有一失；愚者千虑，必有一得。故不能无言于左右耳。

【注释】

①虽然：即使这样。

②夏时：夏代历法。

③周冕：周代衣冠。诸侯、卿大夫所戴的礼帽。

④井田：相传殷周的一种土地制度。因土地划为井字形，故名。

⑤封建：封邦建国。

⑥用世：为世所用。这里指治理国家。

⑦研诸虑而藏诸心：精心思考并藏之于心。研，穷究，精研。诸，代词“之”与介词“于”的合音。虑，思想，意念。

⑧尚何待于愚言之赘哉：大意是必定不需我说些多余的话。
⑨知：同“智”。

夫人情爱[①]其人之深而虑其患之至者，必救[②]其失于未患之先。苟待其既失而后救之，是乃爱之浅而虑之疏也，其得为忠乎[③]？天下知执事之深，爱执事之至，如仆者固多矣。窃谓忠于执事，未能有过于仆者，伏惟[④]少垂察[⑤]焉。

【注释】

①情爱：深情地爱着。
②救：纠正。《礼记·学记》：“教也者，长善而救其失者也。”
③其得为忠乎：难道能称为忠吗？其，副词，难道。得，能。
④伏惟：下对上的敬词。多用于奏疏或信函。
⑤少垂察：少，副词，稍，略微。垂察，俯察，赐予审察。

【导读】

全文取譬用典，从正反两方面对比论证，思路缜密，说理透彻，情真语挚。有为国之大义，也有为友之深情。动之以情，晓之以理，感人肺腑，铭诸肺腑。

【思考与研讨】

借助《古代汉语词典》等工具书，把最后一段译成白话文，体会作者对好友的拳拳之心。

牧 说[1]

明 · 戴豪

往予居山泽，见东村主人畜羊且[2]万计，其牧者甚谨。朝露既晞，即驱羊以出，就善水草而牧焉，既饱且适。日未暮，复驱之归。群羊前走，牧者操尺箠从之[3]，远近，疾徐惟命。不幸有病者，即屏[4]诸他所，俾其群勿近。故其羊日以肥息[5]，家日以裕。主人召牧者，多予之直[6]。且劳之曰："若善视吾羊，用裕吾家，吾持是为若酬。"牧者安受之，主人亦无德色。又见西村主人，其初畜羊与东村埒[7]，其牧者怠不事事。日且午始出羊于阑[8]，群趋水草如不及，狂奔四逸，辄怒而鞭之。鞭愈急，走愈乱且踣[9]。其既病也，混一阑以居，多染死者。故其羊日耗，家日落。主人诟曰："若徒受吾直，乃大耗吾羊。即不去若，且败吾家。"叱遣之。

【注释】

戴豪（1458—1494），字师文，温岭温峤人。明成化戊戌（1478）进士，授兵部武库司主事，迁员外郎，后升广东右参致。著有《赘言录》。

①说：古代一种文体，可以发表议论，也可以记事。文中的"牧"，有多种含义，有放牧、饲养义，有统治、驾驭义；又指治民的人，上至国君或州郡长官甚至主事之官。

②且：将近，接近。

③操尺箠从之：拿鞭子跟着羊群。

④屏：使退避。

⑤肥息：肥盛蕃息。《史记》："布衣屩而牧羊，岁余，羊肥息。"

⑥直：工钱，报酬。

⑦埒：等同。

⑧阑：栏架，栏圈。

⑨踣：向前扑倒。

予叹曰：岂惟[1]羊也，吾观牧人者[2]亦若此而已矣。古人称养人者为牧，虞有十二牧[3]，周有九牧。我朝稽古[4]建官，分天下为十三布政司[5]，各置使以领之[6]，其意犹古也。下此郡有守，县有令，皆有牧之责者。今之守令，为西村之牧者相望也。非直[7]不遭斥遣而已，顾多取直且受劳，彼且自以为得计。呜呼！吾人之生理几何，其不日以耗；而国家之元气几何，其不日以朘削[⑧]也哉！

【注释】

①岂惟：何止，难道只是。

②牧人者：治理百姓的人。

③虞有十二牧：传说中虞舜时有十二州的长官。

④稽古：考察古事。

⑤布政司：明洪武九年（1376）改行中书省为承宣布政司。宣德后，全国府、州、县等分统于两京和十三布政司，每司设左、右布政使司各一人，为一省最高行政长官。

⑥各置使以领之：（这十三个布政司）各设置左、右布政使司统领各地。

⑦非直：不但，不仅。

⑧朘削：缩减，削减。

黄岩王君景昭[①]，以丁未进士出知霍邱县[②]，其同年[③]蔡君从善、卢君希哲属予以言[④]，予特作《牧说》以赠之。景昭将为东村之牧者乎，抑为西村之牧者乎？请景昭自择，且自勉须进而为虞周之牧[⑤]可也。

【注释】

①王君景昭：王启，字景昭，号学古，今黄岩院桥柏山人。明成化二十三年（1487）进士，正德十七年（1522）巡抚云南，后升刑部右侍郎。著有《赤城会通记》《柏山文集》等。本文是戴豪在王启出任安徽霍邱知县时应其友人之约而写的。

②以丁未进士出知霍邱县：黄岩王景昭以丁未进士的身份出任霍邱县知县。

③同年：古代科举考试同科中试者之互称。唐代同榜进士称“同年”，明清乡试、会试，同榜登科者皆称“同年”。

④属予以言：嘱咐我写一些话。

⑤为虞周之牧：成为像虞舜时的十二牧和周代的九牧那样的贤良。

【导读】

作者通过东、西两村牧羊人的对比，阐述主政一地（牧民）有如牧羊的道理。本文把叙事与说理有机地结合起来，事为理设，理因事显，叙事与说理相得益彰。

【思考与研讨】

作者是借两村牧羊人的故事来讲“为官一任，造福一方”的道理。但我们还可以得到其他方面的启示。认真研读第一段，看看能从中得到什么启示。

刑法论[1]

明 · 叶良佩

夫刑法者，礼之辅也。礼者晅[2]润，而法者震曜[3]。礼者身躯，而法者手足。礼者主君，而法者弼佐。彼此相须[4]以为道，盖缺一不可者也。贾生之论取舍，固尝贵礼而贱刑矣，彼有所激云尔也，非圣人制作之本意也。彼见嬴秦[5]灭诗书而首法令，其极也民怨而风衰，而秦遂以亡国。故为是抑扬之说，欲时君矫而归诸正尔。乃若[6]圣人之意，其制刑也，正所以辅礼，是故出礼则入于刑。何以明之？夫君令而臣恭，父慈而子孝者，礼也。反是而不恭、不孝，则有刑。吉、凶、宾、军、嘉[7]，各有仪节，礼也。反是而猖狂自恣，慆慢匪彝，则有刑。故曰：刑者礼之体二也。圣人之所借以平治天下之道，盖莫要[8]于是矣。

【注释】

叶良佩（生卒年未详），字敬之，号海峰。明镜川（今温岭市牧屿金边村）人。世宗嘉靖二年（1523）进士，历仕刑部郎中，奉法无私。后隐居家乡，专意著述，著有《海峰堂稿》《华国集》等。

①论：古代一种论文文体。《昭明文选》所载："论有二体，一曰史论，乃忠臣于传末作议论，以断其人之善恶……二曰政论，则学士大夫议论古今时世人物，或评经史之言，正其谬误。"

②晅：干燥。

③震曜：雷声滚滚、电光闪闪，极言其威猛之状。

④相须：亦作"相需"。互相依存，互相配合。

⑤嬴秦：指秦国或秦王朝。秦为嬴姓，故称嬴秦。

⑥乃若：至于。

⑦吉、凶、宾、军、嘉：中国古代礼仪总称。以祭祀之事为吉礼，丧葬之事为凶礼，宾客之事为宾礼，军旅之事为军礼，冠婚之事为嘉礼，合称五礼。

⑧要：重要。

是果[1]圣人创而为之乎？则非圣人创之也。昔者皋陶[2]为理，尝陈其道于帝舜矣。曰：五礼、五刑[3]，一皆天之所命也，圣人不过能奉天而勿失耳。孟子曰："瞽瞍[4]杀人，皋陶执之，舜宁窃负而逃，而不敢以父故贷法[5]。”成王谓君陈曰：“殷民在辟[6]，予曰辟，尔惟勿辟。予曰宥[7]，尔惟勿宥。”由是观之，则法者，虽天子不得以自专。若是者何哉？其意以为吾之所以为天下者，以礼而已。若法不行则礼坏，礼坏则民无所措其躬[8]，而天子亦将无以自立矣。夫安得不执而守之乎？

【注释】

①是果：这果真（是）……

②皋陶：中国上古传说中的人物，被史学界和司法界公认为中国司法鼻祖。

③五刑：中国古代五种刑罚的统称。在不同时期，五种刑罚的具体所指不相同。在西汉汉文帝前，五刑指墨、劓、刖、宫、大辟；隋唐之后，五刑则指笞、杖、徒、流、死。

④瞽瞍：人名，古帝虞舜的父亲。

⑤贷法：枉法宽免。

⑥辟：法，法律。

⑦宥：宽容，饶恕，原谅。

⑧无所措其躬：不知如何对待自己。

臣之于君，犹君之于天也。昔者石奢[1]为楚王相，其父杀人，奢纵之，而以其身请罪。王赦之。奢曰：“不可。纵父，不孝。卖[2]国法，不忠。”乃伏剑死。张释之[3]为汉廷尉，人有犯跸[4]，奏当罚金。有盗高庙玉环，当弃之市，文帝大怒。释之曰：“法者，天子所与天下公共也。若更重之，是法不信于民也。”固诤弗易。夫死者，人情之所甚恶。天子之怒，人情之所甚恐也。乃二子独若是焉，何哉？所以为君上守法也。故臣之法，受之于君者也。若不能为君守法，则失其所以为臣。君之法，受之于天者也，若不能自守其法，则失其所以为君。诚使君臣各得其职，则法行。法行则礼立，以礼为天下，其升而为大猷[5]也何有？先儒谓律为八分书[6]，盖以其辅礼与道而言之也。然则，非深于道者，不足以议礼。非深于礼者，不足与议刑。呜呼！刑法之弊也久矣，安得深于礼道如舜与皋陶者，而与之议刑法哉！

【注释】

①石奢：楚昭王的国相，为人“坚直廉正，无所阿避”。其父杀人，

石奢先抓后放，自缚请罪于楚昭王。昭王宽宥之，他仍为了尽忠职守的原则而自尽。

②卖：叛卖，这里引申为违犯。

③张释之：字季，堵阳（今河南南阳方城）人，西汉法学家。

④犯跸：冲撞了皇帝出行车队的犯罪名称。

⑤大猷：治国大道。

⑥八分书：隶书的一种。通常把带有明显波磔特征的隶书称为“八分书”。这里指法律有八分书的特点。

【导读】

本文题目虽是“论刑法”，其实是论述礼与刑法之间的辩证关系。因此文章一开头就提出“夫刑法者，礼之辅也”的论点，然后逐层论述历朝历代都把“刑”作为手段来推行“礼”。

【思考与研讨】

“论”是古代一种析理推论的议论文体，请梳理这篇议论文析理推论的思路。

大司马赵公《燕石集》序[1]

明 · 王世贞

嘉靖中，余守尚书郎，获接天台赵公于御史台[2]。时公以盛年据显位，然多折节待后进[3]，未尝一露得色。而同舍郎[4]有应君明德者，时为余言，赵公之为长者，自天性，非有所矫强也。余出副青齐臬，坐[5]家难归。而公历左右司寇[6]，以至正位留都大司寇。其清白之操，持衡之守，为天下平。而是时公之父母年八十余，尚健匕箸[7]，既以公考最[8]，封如公秩矣，公乃乞骸骨归养。凡再上疏，乃得请。而属先帝更新朝政，于大僚、庶尹有所登黜。中外台省谏臣争称公贤，不宜老之林壑，诏特起，守故官。寻转南京大司马，参赞机务，比以寄籍召至。公既依依二尊人膝下，不忍离，复再上疏乞休，温诏许之。然公至明年，忽遘[9]疾不起，而二尊人故无恙也。搢绅先生无不以国宝、家桢一时摧折，为主上与公之父母惜。而又重公之始为忠，而卒以孝终，盖两完矣。

【注释】

王世贞（1526—1590），字元美，号凤洲，又号弇州山人，南直隶苏州府太仓州（今江苏太仓）人，明代文学家、史学家。著有《弇州山人四部稿》《弇山堂别集》《嘉靖以来首辅传》《艺苑卮言》《觚不觚录》等。

①《燕石集》:赵大佑的文集。赵大佑(1510—1569)，字世胤，号方崖。太平县（今温岭市大溪镇冠屿）人，世宗嘉靖十四年（1535）进士，官至兵部尚书。

②御史台：中国古代官署名，东汉至元朝设置的中央监察机构。秦汉以御史负责监察事务。御史所居官署称御史府，又称兰台、宪台。南朝梁陈、北魏魏齐时，称御史台。隋唐五代宋金元历代沿置。是中央行政监察机关，也是中央司法机关之一，负责纠察、弹劾官员、肃正纲纪。

③后进：后辈。也指学识或资历较浅的人。

④同舍郎：同居一舍的郎官。后也泛指僚友。

⑤坐：因为，由于。

⑥司寇：中国古代司法官吏名称。商朝就有这种官职，为最高司法官。周有大司寇、小司寇之分。这里指尚书。

⑦匕箸：羹匙和筷子。这里指饮食。

⑧最：古代考核政绩军功，上等曰“最”，下等曰“殿”。
⑨遘（gòu）：遭遇。

公卒之年，而某[①]复起参浙行省[②]。又二十年而始迁今官，趾[③]公后。道经毗陵，晤公之介子别驾[④]君，出公之所撰名《燕石集》者，凡四卷，授而俾卒业焉。乃叹曰：“公真长者！公真长者！”某年虽少于公十五岁，当公之见接时，以操觚[⑤]之末技，猖狂都下。都下诸公工其业者，靡不出其所长，以相扬扢[⑥]，而公粥粥[⑦]若无所知能，询之人，不知赵公工是业也。应君故好古文辞，然所以称公独长者耳，亦不言公工是业也。

【注释】
①某：代称自己。
②复起参浙行省：作者于公元1567年洗刷了父亲的冤屈，得以平反，出任浙江右参政。
③趾：踪迹，行动所留下的痕迹。这里是指作者和赵大佑都曾担任南京刑部尚书这一官职。
④别驾：别驾从事史，官名。隋初废郡存州，改别驾为长史。唐初改郡丞为别驾，高宗又改别驾为长史，另以皇族为别驾，后废置不常。宋各州的通判，职任似别驾，后世就用别驾作为通判的习惯叫法。
⑤操觚：觚，古代作书写用的木简。操觚，原指执简写字，后即指写文章。
⑥扬扢（jié）：显扬，颂扬。
⑦粥粥：柔弱、无能的样子。

今读公诗，则皆和平朗爽，有朱弦[①]疏越之音，而五言古、近体尤自长城[②]。至于文，典雅简劲，太羹[③]不和之味，流羡于齿颊间。彼横溢而自谓才，钩棘[④]而自谓调者，故退然而下风矣。公不以名其业，使操觚之人无能名之，及稿成而目之《燕石》[⑤]，公岂其石也？要之，意不欲以其长鸣，终始不离长者乃尔。

【注释】
①朱弦：练朱弦，用练丝（熟丝）制作的琴弦。这里泛指琴瑟类弦乐器。

②五言古、近体尤自长城：赵公的五言古体诗、近体诗大多自然地体现出磅礴的气势。

③太羹：不加五味的肉汤。

④钩棘：文辞不流利、艰涩。

⑤目之《燕石》：称它为《燕石集》。

公讳[1]大佑，字世胤，登乙未进士。别驾名成愈，其兄名成孚，故尝司谕[2]嘉定，与余善[3]，谨敏而文，有父风。

【注释】

①讳：加在已故的君主、尊长的名字前，表示尊敬。

②谕：学官名。宋京师小学和武学中设。元、明、清县学均置，掌文庙祭祀、教育所属生员。

③善：亲善；友好。

【导读】

这篇文章是作者在公元 1589 年为前辈赵大佑的诗文集《燕石集》写的序言，介绍了赵大佑人品、诗文及生平等方面的情况。作者以赵大佑低调、谦逊的品格为主线行文，使文章得以形散而神聚。

【思考与研讨】

反复诵读文章第三段，分析作者介绍赵大佑诗文特点的方法和描写其读赵大佑诗文时的感受的方法。

游嵩岩记①

清·金煦春

岁乙未，余读书嶕湾妙严寺。孟夏②之初，大雨既霁，天朗气清，客有游嵩岩者，邀余偕。余曰："嵩岩，胜地也。西连雁宕，北接委羽；高人逸客，屡居于此，余久有志而未之逮焉。诸君雅兴，敢执鞭③从。"

【注释】

金煦春（1812—1866），字步蟾，号镜人，黄岩水洋（今温岭市横峰街道）人。历任会稽教谕、富阳训导，升授光禄寺署正、江西补用知府。著有《修齐要语》《诗经集解》《诗钞》等。

①嵩岩：南嵩岩，位于方山之南，北与黄岩的北嵩岩相望，从石桩上入路，岩门壁立，境极幽胜。元延祐年间，僧伽秋月建嵩岩讲寺，又名水月禅院。山上有龙强门、朝天龟、道人峰、交龙瀑、猪八戒拜关、双龙抢珠、天狗把门等胜景。

方山—南嵩岩

②孟夏：初夏，指农历四月。农历一年四季中的每个季节都有"孟""仲""季"的排列。农历夏季的三个月即四、五、六月，分别对应称为"孟夏""仲夏""季夏"。

③执鞭：持鞭驾车，多借以表示卑贱的差役。这里引申为效劳。

过缠丝岭，行里许，遥望巉岩①参差，紫绿丹青，万状毕集。白练千寻，恍从天际悬注，涎玉沫珠②，春夏不涸。复行数百步，攒峰③叠翠，左右回环，中有涧渚，随山曲折，落英满地，芳草缤纷。如行山阴道上，令人应接不暇。久之，复沿溪行，有石偃④于山腹，高数十丈，上刻"仙关"二字，笔极古雅。至此，已飘飘乎登蓬莱，游金阙⑤矣。行四五十步，洞天开处，水声汩汩，清风徐来，乃挂衣长松，落帽幽石，顾而乐之。引手掬水，味颇清冽，虽龙鼻泉不是过也。至此，日卓午⑥，客有倦态。予曰："问水寻山，随兴所适，心之所至，足不得而阻之。"言未竟，有声自谷中出者，若鸣若吼，予骇之。客曰："此中有龙潭焉。"

急趋[⑦]而视之，两岩夹立，上有飞泉，如烟如雾，翔舞而下。视久，颇有寒色。复扪葛攀萝，十步一休。行半里许，忽然开朗，土地平旷，一带清溪，直至回龙桥，而澄泓凝碧[⑧]，万松交柯，不可具状也。复前行，一壁屹立，凹其腰，旧传秋月羽化[⑨]处。旁则虹潭在焉，飞流百道，直自山顶泻下，予纪游诗中所谓“怒瀑吼时晴亦雨”是也。二樵告予曰：“是瀑也，当辰巳二刻，日光射处，仿佛长虹跨其上。”予不获见，惜哉！过象崖数十丈，至寺。寺僧四，一瓢一衲，斋钵[⑩]不继，适周友人寓其中，留一饭，日西乃归。凉风载路，下山如飞，回顾诸峰，可望而不可即矣。

【注释】

①巉岩：高而险的山岩。

②涎玉沫珠：比喻水花四溅的美丽景象。

③攒峰：密集的山峰。

④偃：高耸的样子。

⑤金阙：道家谓天上有黄金阙，为仙人或天帝所居。

⑥卓午：正午。卓：正，当。

⑦趋：快走。

⑧澄泓凝碧：清而深水呈现浓绿。

⑨秋月羽化：元代高僧飞升成仙。

⑩斋钵：僧尼的食器。

嗟乎！予生长太邑，总角[①]时即知嵩岩之胜，卒碌碌未暇游者几十余年。是游也，又限以一日，未能尽得其趣为恨[②]。特[③]未知数十年间，能与此山争胜否耶？抑将与草木同腐，以贻兹[④]山之笑耶？昔羊叔子登岘山[⑤]，曰：“自有宇宙，便有此山。由来贤达胜士登此远望者多矣，皆湮没无闻，念此使人悲伤。”予不敏[⑥]，何敢与古名公巨卿[⑦]比。第三复斯言，英雄之志不能不怦怦然动者。客曰：“是不可以无记。”乃即所见以为记。

【注释】

①总角：古时少儿男未冠、女未笄时的发型。头发梳成两个发髻，如头顶两角。后代称儿童时代。

②恨：不满意；遗憾。

③特：仅，只，不过。

④兹：这。

⑤岘山：山名。在湖北襄阳南，又名岘首山，东临汉水，为襄阳南面要塞。西晋羊祜镇襄阳时，常登此山，置酒吟咏。

⑥敏：机敏；聪明。

⑦巨卿：大官。

【导读】

这是作者在道光十五年（1835）的春夏之交与友人同游南嵩岩后所作的游记。本文以空间顺序来记游，但侧重于写水。对水作了多角度的描写，有动态的“飞泉”“翔舞”，有静态的“澄泓凝碧”；有视觉的“如烟如雾”，有听觉的“若鸣若吼”：以细腻的手法刻画了嵩岩水的意态美和神韵美。

【思考与研讨】

“移步换景”是游记最常用的一种写作手法。按照地点的转移和一定的视角，把移步中或移步后所见到的景物具体地展现出来，使读者看到一幅幅绚丽多彩、内容丰富的生动画面。本文的第二段是“移步换景”的典范，试做具体赏析。

黄孔昭传①

清·张廷玉

黄孔昭，黄岩人，初名曜，后以字行，改字世显。年十四遭父母丧，哀毁骨立②。举天顺四年进士，授屯田主事奉使江南，却馈弗受，进都水员外郎③。

【注释】

张廷玉（1672—1755），字衡臣，号砚斋，安徽桐城人。清朝杰出政治家、文学家。著有《明史》《世宗实录》《大清会典》等。

①黄孔昭（1428—1491）：号定轩，今温岭市岙环镇照谷村人。著有《定轩集》等。

②哀毁骨立：形容因过度悲伤而使健康受到影响。

③都水员外郎：官名，工部水部司次官。隋文帝开皇六年（586）始置，辽、金、元不置。明太祖洪武六年（1373）复置，正六品，后升从五品，二十九年改名“都水清吏司员外郎”。

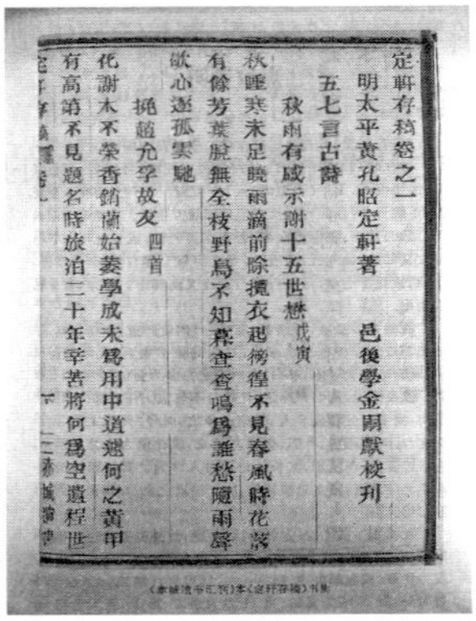
定軒存稿卷之一
明太平黃孔昭定軒著　邑後學金嗣獻校刊
五七言古詩
秋雨有感示謝十五世懋戊寅
秋睡寒未足曉雨滴前除攬衣起彷徨不見春風時花落
有餘芳葉脫無全枝野鳥不知暮查查鳴爲誰愁隨雨聲
歎心逐孤雲馳
挽趙允孚故友四首
花謝木不榮香銷蘭始萎學成未竟用中道遽何之黃甲
有高第不見題名時旅泊二十年辛苦將何爲空遺程世

《赤城遗书会刊》本《定轩存稿》书影

成化①五年，文选郎中②陈云等为吏所讦③，尽下狱贬官，尚书姚夔④知孔昭廉，调之文选。九年进郎中。故事⑤，选郎率闭门谢客。孔昭曰：“国家用才，犹富家积粟。粟不素积，岂足赡饥？才不预储，安能济用？苟以深居谢客为高，何由知天下才俊！”公退，遇客至辄延见⑥，访以人才，书之于册。除⑦官以其才高下，配地繁简，由是铨叙⑧平允。其以私干者悉拒之。尝与尚书尹旻⑨争，至推案盛怒。孔昭拱立俟其怒止，复言之，旻亦信其谅直。旻昵通政⑩谈伦，欲用为侍郎，孔昭执不可。旻卒用之，伦果败。旻欲推故人为巡抚，孔昭不应。其人入都谒孔昭，至屈膝，孔昭益鄙之。旻令推举，孔昭曰：“彼所少者，大臣之体耳。”旻谓其人曰：“黄君不离铨曹，汝不能迁也。”

【注释】

①成化：明宪宗朱见深的年号。

②文选郎中：吏部下属机构文选司主官，掌官吏班秩迁升、改调之类的事。

③讦：攻击或揭发别人的短处。

④姚夔（1414—1473）：字大章，号损庵，严州府桐庐（今属杭州市）人，明朝名臣。

⑤故事：过去的规章制度，通行办法。

⑥延见：引见，接见。

⑦除：任命，授职。

⑧铨叙：指审查官员的资历，并根据才能、成绩确定级别、职位。

⑨尹旻：山东历城县（今属济南市）人，明朝成化年间吏部尚书。

⑩通政：通政使，掌通章奏。

为郎中满九载，始擢右通政[①]。久之，迁南京工部右侍郎。有官地十余区，为势家所侵，奏复之。奉诏荐举方面，以知府樊莹、佥事[②]章懋应，后皆为名臣。郎官主藏者以羡银[③]数千进，斥退之。掘地得古鼎，急命工镌“文庙”二字，送之庙中。俄[④]中贵[⑤]欲献诸朝，见镌字而止。

【注释】

①右通政：官名，明朝在两京设置通政司，司设有通政使、左右通政等官。

②佥事：相当于现在的副职或者助理等职。

③羡银：盈余的银子。

④俄：顷刻，片刻。

⑤中贵：中官、宦官。古代泛指皇帝宠爱的近臣。

孔昭嗜学敦行[①]，与陈选[②]、林鹗[③]、谢铎友善，并为士类所宗[④]。弘治四年卒，嘉靖中赠礼部尚书，谥文毅。子俌亦举进士，为文选郎中。俌子绾[⑤]以议大礼[⑥]至礼部尚书，自有传。

【注释】

①敦行：敦促，勉励。

②陈选（1429—1486）：字士贤，号克庵，临海城关（今属浙江）人，父陈员韬。明英宗天顺四年（1460）会试第一，成进士，授御史，巡按江西。

③林鹗（1423—1476）：字一鹗，浙江太平（今温岭市）人。景泰二年（1451）进士，授御史；成化中官至刑部右侍郎。

④宗：遵奉，尊崇。

⑤绾：黄绾（1477—1551），字宗贤、叔贤，号久庵、石龙。

⑥议大礼：明世宗朱厚熜在继承帝位的过程中，与首辅大学士杨廷和等大臣发生了矛盾。礼部主张遵循皇太子嗣位的旧制，朱厚熜不接受礼部的部署。杨廷和与礼部尚书毛澄提出，明世宗应按照汉哀帝和宋英宗的旧例，尊朱佑樘为父皇，尊兴献王为皇叔，而明世宗拒不接受。因此，明世宗朱厚熜和大臣杨廷和、毛澄等展开了一场持续数年的激烈争论，史称“议大礼”或者“大议礼”“大礼议”。

赞曰：国家盛时，士大夫多以廉节自重，岂刻意励行[①]，好为矫饰名誉哉！亦其澹[②]嗜欲，耻营竞[③]，介特[④]之性然也。仁宣之际，惩吏道贪墨[⑤]，登进公廉刚正之士，宗载佐铨衡，顾佐掌邦宪，风纪为之一清。段民、吴讷、魏骥、鲁穆，皭然[⑥]秉羔羊素丝[⑦]之节，轩輗、孔昭矫厉绝俗，物不能干[⑧]。章敞、徐琦、刘戬律己严正，异域倾心，廉之足尚也卓矣。

【注释】

①励行：培养良好的品行。

②澹：淡，淡薄。

③营竞：钻营奔竞。

④介特：孤高，不随流俗。

⑤贪墨：贪污，贪官污吏。

⑥皭然：洁白、洁净、清白的样子。

⑦羔羊素丝：用小羊羔的皮毛缝制衣服，用素丝作为装饰。旧时称赞士大夫正直节俭，品德与仪表一样美。

⑧干：追求，求取。

【导读】

这篇传记主要抓住“才”与“德”两个方面来选材和刻画人物形象。黄孔昭在职位上认真干事，积极有为，可以说是“尽其才”，这也反映出他官德高。他主动为国家物色、储备人才，并且根据他们的才能和品德授予不同的官职，做到了“人尽其才”。

【思考与研讨】

人物传记一般具有真实性和文学性两个主要特征。文学性使人物形象的刻画生动感人。请从文章第二段选取几个细节加以品读，体会人物传记的文学性。

第四单元　玉环篇

诗词

游赤石进帆海

南朝宋·谢灵运

首夏犹清和，芳草亦未歇。
水宿淹晨暮，阴霞屡兴没。
周览倦瀛壖[①]，况乃陵穷发[②]。
川后时安流，天吴静不发[③]。
扬帆采石华，挂席拾海月[④]。
溟涨[⑤]无端倪[⑥]，虚舟有超越。
仲连轻齐组，子牟眷魏阙[⑦]。
矜名道不足，适己物可忽。
请附任公言，终然谢天伐。

【注释】

①瀛壖：即海岸。

②陵：意为临、越。穷发：指极荒远之地。

③川后、天吴：都是水神名。

④《永嘉郡志》："乐成县木履东带采海门，凡采海者皆由其门，故以为名，多香螺、文蛤之属。"著名训诂学家孙诒让考证称："采海门即指：楚门、横坎门、大门一带海域。"

⑤涨：指大海。

⑥端倪：意为边际。

⑦战国时齐国高士鲁仲连曾用书信帮齐国攻下燕国将领占领的聊城，立下了大功，齐王欲封赏于他，他却逃隐于海上。战国时魏公子牟因封于中山，也叫中山公子牟。曾说："身在江海之上，心居乎魏阙之下。"后常用作心存朝廷或忧国的典故。

【导读】

这首诗分三个层次，由起句到"况乃陵穷发"为第一层，写倦游赤石，进而起帆海之想。由“川后”句至“虚舟”句为第二层次，正写帆海情状与心态变化。“仲连”句以下，为第三层次，即游生想，结出顺天适己，安养天年之旨。心情的变化则是贯串全诗的主线。

出涯涘而观大海，使他心胸开张，一扫积日累月的烦酲。于是他即游生想，远追往古，进而悟彻了人生的至理：海上曾有过形形色色的隐者，行踪虽似，而其趣迥异。两者相较，诗人似乎对自己既往自负任气蹙蹙于一己得失的生活有所警醒，露才扬己，必遭天伐，唯有“削迹损势”，澡雪精神，中充而外谦，才能养生全年。诗情景理完全契合无际。

【思考与研讨】

东晋谢灵运的《游赤石进帆海》可能是目前看到的最早有关玉环舟船离岸渔捕和海面作业的文字，“扬帆采石华，挂席拾海月”描绘了一幅怎样的画面？

清港①渡

元 · 陈高

清港矶头坐夕阳，萧萧只影寄他乡。
天边不尽青山色，若比羁愁愁更长。

【注释】

陈高（1315—1367），温州人，元代著名诗人、进士。曾客居玉环楚门灵山寺数年。陈高诗文雅洁，颇为流辈所推重。明洪武初，其遗集编为《子上存稿》15 卷，后重编为《不系舟渔集》15 卷，附录 1 卷。

①清港：今玉环清港镇。

【导读】

《清港渡》是一首抒写羁旅之思的诗。诗人西望清港渡，夕阳方“坐”“矶头”。首句，化用了孟浩然《经七里滩》里的诗句：“钓矶平可坐，苔磴滑难步。”《经七里滩》是孟浩然在旅途中所作。陈高化用孟浩然的诗句想必是当时的情景正契合了他的所思所想。此时的诗人，以连绵的青山为背景，羁旅的惆怅、故乡的思念、仕途的失意、人生的坎坷，千愁万绪，不禁涌上心头，怎一个“愁”字了得。

玉环市清港镇渡头

【思考与研讨】

作者是如何写愁的?

送凌知监①赴玉环次觉无象韵

宋·王十朋

晨兴趣行装，秋色满离席。
悲风苦送声，短晷频移刻。
兰舟薄暮发，去去转遐僻。
极目望官所，沉沉烟霭积。
清有濯缨水，白有漱齿石。
悠然水石间，官情②聊自适。
朝焉游其南，暮焉戏其北③。
彼微山中鸟，亦将识公德。
公勿赋归去，田园付人役。

【注释】

①知监为盐官。

②官情：《四库全书》本《梅溪集》作“宦情”。

③玉环旧时有南监、北监。

【导读】

航拍玉环海岛云雾

在诗中，玉环是王十朋寄托乡心的地方。明成化十二年（1476）之前，玉环与王十朋故乡乐清县是同一县；清雍正五年才设玉环厅。玉环岛在王十朋的眼中，是个富裕的地方，《梅溪集》按："天富北监，在玉环。"盐在当时属于国家控制物资，与铁居同等地位。玉环还是有着沉沉烟霭的神秘之岛，即使山中的鸟，也颇有灵性，会辨别人的德行。

【思考与研讨】

这首诗用虚实结合的手法表达离情，请结合诗歌加以赏析。

重游玉环胜境

清 · 平文炳

览胜重来访玉环，山灵更与逞清颜。
窈窕犹若素相识，松阴小憩而盘桓。
峭壁直下瀑溪水，练抛千尺听潺湲[1]。
扪萝蹑足逾岭脊，穷登更上碧云端。
石洞岧然复窅[2]邃，远眺峰高字不刊[3]。
独立悬崖舒极目，海光漾漾浮群山。
绝景游观日欲昃，上界仙踪未跻攀。
造物予人佳山水，愿酬好句诗心顽。
平生久抱岩壑性，一椽何日居其间。

【注释】

平文炳（生卒年未详），山东人，清代诗人。

①潺湲：水慢慢流动的样子。

②窅：眼睛眍进去，喻深远。

③刊：改易。古代的文书刻在竹简上，错了就削去，这叫刊。

【导读】

玉环大雷山

《重游玉环胜境》是一首游历诗。诗人非常形象地写出了瀑布如白练千尺，随着高耸而险峻的山崖峭壁，飞流直下，形成了潺潺的溪水缓缓流向远方。接着，诗人攀缘葛藤，脚步轻盈登临上云雾缭绕的另一座高峰，极目远眺，又是一番别样景致。广阔的洋面上，岛屿星罗棋布，浮光跃动，观景一直到了太阳偏西，才感觉天上神仙居住的很多地方还没有攀登。至此，我们随着诗人移步观景，仿佛置身于环山胜境之中。

【思考与研讨】

这首诗的写景有什么特点？请简要分析。

初擢玉环书怀

清 · 杨国翰

历尽东西浙海边，宦途时恐积尤愆[①]。
本来面目惟安拙，到处苍黎[②]却有缘。
十载臣心真似水，九重君德正如天。
头衔甫[③]换寻常事，博得慈闱[④]一粲然[⑤]。

【注释】

杨国翰（1787—1833），字凤藻，号丹山。云南云州勐麻人。清道光十一年（1831）始任温台玉环厅饷捕同知等职。

①尤愆：罪咎。

②苍黎：百姓。

③甫：刚刚。

④慈闱：旧时母亲的代称。

⑤辴然：笑貌。

【导读】

玉环湖

为官一任，造福一方，这是为官之根本。《初擢玉环书怀》表达了杨国翰步入仕途后的所思、所想和对晋升的感激与超然。“宦途时恐积尤愆”“到处苍黎却有缘”“十载臣心真似水”几句是杨国翰的精神本色。诗人时时告诫自己，安拙守静，人在外为官漂泊，官权在握，要立足于便民惠民，为百姓排忧解难。当心一旦有过失，会给百姓积下罪咎。

【思考与研讨】

赏析颔联中的“惟”“却”两字在表情达意上的作用。

沙岙[1]道上（外一首）

清·徐荣

后湾[2]沙岙路重重，尽日攀跻生倦容。

惭愧旁人说辛苦，天涯民俗尽淳风。

后湾道上

家家车水作秧田，渐近清和打麦天。
却怪林鸠无意绪，不啼春雨只啼烟。

【注释】

徐荣（1792—1855），原名鉴，字铁孙，号药垣，又号梅花老农。先世是湖北监利人，家在辽东，道光十六年（1836）进士。历任浙江临安县知县，玉环厅同知，绍兴府知府。

①沙岙：今玉环玉城街道沙岙。

②后湾：今玉环玉城街道后湾。

【导读】

《沙岙道上》中“倦容”一词，足以写出了诗人的神情因整天在外攀登跋涉而劳累、疲乏的状态。路上遇到的乡村农民，还不时与他打招呼，说他辛苦，诗人却感到“惭愧”。《后湾道上》非常真实地记录了农民在暮春初夏时节忙于农事的境况，正遇玉环少雨缺水，农民企盼天公下及时雨，以便有足够的雨水用来车水“作秧田”。农民脸朝泥土，背朝炎热的晴天，脚淌浑浊的泥水，做秧田并且还要用脚费力蹬水车车水。为何“惭愧”？在作者看来，农民的劳作才是真正的辛苦。于是，诗人嗔怪野禽不唤雨水，唤来的却是阳光照射下新翻泥土散发的热气，写出了诗人对天气干旱、百姓生计的担忧，反映了徐荣与庶民同甘苦的品质。

【思考与研讨】

1. 诗人是通过什么手法表达感情的？

2. “却怪林鸠无意绪，不啼春雨只啼烟”的感慨对主题的表达起到什么作用？

九厅基山

清 · 李树苑

西青山色锁云霞，偶向山前泊钓槎[①]。
贪看桃花入山去，那知山里有人家。

【注释】

李树苑（生卒年不详），字西园。居十一都西青岙（今属玉环城关）。清道光岁贡生，晚年讲学于乡。

①钓槎：钓舟，渔舟。

【导读】

玉环西青岭

按照近体诗的用词习惯规定，诗中出现意思相同的字，叫“重字”，能避则避，尤其是绝句。而李树苑写的这首七绝《九厅基山》，每一句都写到“山”字，但我们读来不感到有重复累赘之感，反而觉得这里的山不仅都有各自的独立画面，而且相互关联，有很强的立体感。首句“西青山色锁云霞”，写的是山的名称及山色。第二句，写山前小船停泊。第三句，“贪看桃花入山去”，写山花。第四句，写山中的人家。

【思考与研讨】

赏析本诗重字的艺术效果。

七十咏怀

清 · 陈之英

频年沦落寄风尘，虚度韶光七十春。
愧得功名浮不实，笑看世界旧翻新。

身无疾病殊多乐，家有诗书未算贫。
若问杖乡[①]还可否，我今已是过来人。

【注释】

陈之英（1865—1938），字醒凡。晚清秀才。玉环城关瑶岙山头人。《凤溪唱和集》为陈之英与玉环籍亲友诗作集。

①杖乡：60 岁。

【导读】

《七一咏怀》是一首咏怀诗，感叹人生奔波流离，连续几年的生活艰辛，并很谦卑地说自己几十年虚度年华，与自身的功名不相称。同时，面对现实社会的变化，只能是“笑”看。一个“笑”字，让我们读出了无奈，品出了因心里的不快而勉强装出的淡淡“笑”。诗人特别感到欣慰和快乐的是身体健康，没有疾病；家里唯一富足的就是诗书多，且常有朋友来吟诗唱和，这才是精神上的真正富有和满足。这首诗抒发了自己对功名利禄、生活道路艰辛的感慨，表达了作为一个过来人，对世界、对社会、对人生的安然恬淡的感怀。

【思考与研讨】

尾联中隐含着作者怎样的心态？

山行即事

清 · 林芳

扪石梯云兴有余，好山弥望入纡徐。
四围林霭延筇杖，一路溪声送笋舆[①]。
野碓[②]但闻云外响，人家都是竹中居。
盘飧[③]莫道无兼味，春韭秋菘[④]美可茹[⑤]。

【注释】

林芳（1782—1840），清代玉环进士、诗人，字光锡，号芷生，楚门北门（现劳动巷）人。

①笋舆：竹舆，俗称滑竿。

②野碓：指野外木石做成的捣米器具。

③盘飧：是由盘子盛装食物的统称。

④秋菘：泛指秋日应季蔬菜。

⑤茹：吃。

【导读】

本诗是林芳赞美楚门风物、风光之作，朴实中流露着心有灵犀的讨巧，咫尺间启迪着匠心开阖的想象。惬意无比的诗情，朦胧中涓涓而来。

玉环楚门镇云岗红树林

【思考与研讨】

本诗是林芳赞美玉环风物、风光之作，尝试仿写一首。

环山①胜景即事绝句

清·王良谷

三青高岭峙东西，岭上风光一望齐。
千顷绿畴平似掌，蒙蒙春雨动春犁。

【注释】

王良谷（生卒年不详），康熙二十三年（1683）副榜，补国子监典籍，授陕西府谷知县，有政绩。著有《芸架诗钞》22 卷等。雍正七年（1729），任玉环厅温汛涂税官。

①环山：历史上，玉环本岛土地平旷，四周群山环抱，人皆称环山。

【导读】

出身于书香门第的王良谷，承袭诗情文脉，具备了诗人敏锐的触角。当他来到玉环，担任了两年多地方官，在旖旎动人的山海风光中，捕捉着诗情画意，常常陶醉于山水海韵之中。春天一到，诗心萌发，信手拈来，写下了这首载入诗歌史册的千古绝句。当然，陶醉的只有诗人，而农家深深懂得“一年之计在于春”的道理，“蒙蒙春雨”发出了“动春犁”的信息，农家立即行动起来，春播夏收，马不停蹄。

【思考与研讨】

1. 与中国文学史上各种的春雨味道相比，王良谷的“蒙蒙春雨动春犁”是如何写春雨的？

怡园杂咏

郭世镛

庭院松间静，百花绕砌开。
山居无俗客，蜂蝶近人来。

【注释】

郭世镛（1921—2005），玉环坎门人。中华诗词学会会员，台州市诗词学会会员。著有《双松庐吟稿》。

【导读】

诗人写了庭院掩映在静谧的松间，各种花绕着石阶开放，能来这里作客的不是一般的凡人，而是高雅之士。当我们读到二、三两句时，不禁想到了刘禹锡的“苔痕上阶绿，草色入帘青。谈笑有鸿儒，往来无白丁。”可见这里的环境十分清幽，到这里游玩、作客，便是一种美的享受。诗的语词凝练，雅而不俗，格调清新淡雅，富有田园生活的情趣和气息。

【思考与研讨】

1. 作者是如何表现环境的幽静的?

2. 试分析诗中作者的形象。

文章

回乡的路不再遥远

万兴坤

去年国庆节前夕，乡亲们纷纷给我发来玉环市举行乐清湾跨海大桥通车仪式的微信和视频，他们告诉我，玉环市从此结束了不通高速路的历史。

漫漫乡路，牵动着我的心。

恰巧，浙江台州市文联日前邀请我参加采风活动，我顺道回趟老家。那天早上 8 时 10 分，我从北京南站乘 G55 次列车，下午 4 时 10 分到达温岭站。妹夫开车来接我。他笑着说："乐清湾大桥通车了，咱回家的路更近了。"我兴奋道："今天可以一睹乐清湾大桥的风采了。"

不一会儿，路标提示进入跨海大桥，展现在眼前的是倒"V"字形白色双峰斜拉钢塔，直插云霄，巍峨壮观，桥面蜿蜒伸向大海。大桥双向 6 车道，时速 100 公里，经过 4 座跨海桥梁，全长 38 公里，起于温岭城南镇沙头门，止于乐清南塘枢纽，途经玉环海山、芦浦。

在夕阳映照下，海面一片殷红，数只鸥鸟盘旋其上，好一幅壮美的山海图!

朝发夕至，总共 9 个多小时，便从北京到了玉环老家。这在 40 多年前简直不可想象。

我 1976 年 2 月参军入伍、离开家乡。玉环原是海岛县，当时被漩门一条窄窄的海峡相隔，人们从本岛出入要乘轮渡。我入伍那天，和台州籍 500 余名应征新兵一起在椒江结集，转乘轮船到上海，再乘军列，4 天 4 夜才抵达北京。

时隔两年，1978 年 2 月，我从《人民日报》上看到一则消息，题为《玉环人民改画地图》：通过移山填海，镇堵漩门，一条大坝把海岛与内陆连接起来，这条窄窄的险峡从此消失。

1979 年元月，我第一次回家探亲，从北京乘火车经上海中转到宁波，再转乘长途汽车回玉环，全程 4 天 3 夜。1986 年，我携新婚妻子回家过年，先乘火车到杭州，再换乘长途汽车，行至新昌至天台路段的山路，陡峭弯曲的盘山道布满山坡，到了一座山顶，因遇翻车事故受阻，整个盘山路停的车辆犹如长龙一般。等事故处理完毕，才继续前行。本来应傍晚6时左右到家，结果于次日凌晨才到，父母在家望眼欲穿。妻子是上海人，她原以为浙江紧邻上海，路途很近，没想到回家的路这么遥远，这么艰辛。

玉环乐清湾跨海大桥

玉环靠近温州，北京到温州的火车开通后，1999年春节我们带着年幼的儿子回老家。先乘火车19小时到温州，在温州转乘汽车回玉环需3小时，转乘客船需1小时，于是我们选择乘船。虽然减少中转，但仍感到疲于奔波。

直到2009年9月，北京至台州的高铁通车，才彻底结束回乡行路难的状况。儿子在美国留学5年，前年夏天完成学业回国后，我们一家三口再次踏上回乡路，儿子感叹这条乡路今非昔比，变化实在太大了。

此番回到家乡，我又来到漩门。大坝把漩门两侧海水隔开，当年因漩门落差形成的奔腾不息的浪涛和漩涡不见了，海面波光粼粼，岸边芦苇摇曳。不远处正在建设另一座跨海大桥，即漩门湾大桥及接线工程。

从效果图看，大桥造型独特，半月环型斜拉桥，横卧漩门湾。大桥建成后，将炸毁漩门大坝，让漩门东西海水重新贯通，恢复生态，还原山海风光。

今年元旦前夕，欣闻杭绍台高铁温岭至玉环段工程开工，在漩门湾的芦蒲镇建玉环火车站，预计2022年通车。到那时，杭州至玉环仅需一个多小时，玉环将结束无铁路的历史。

展望家乡的愿景，漩门重开，将再现沧海环周、天人合一的人间蓬莱；跨海大桥、高铁在建，回乡的路将越来越近，越来越快了！

【注释】

万兴坤，作家、书法家，浙江玉环人。中国散文学会会员、军事科学院军事医学研究院退休干部。

【导读】

2018 年 9 月 28 日下午 14 时 58 分，戊戌年金秋，万能的时光之手果然气势非凡地，将一座真实的乐清湾大桥，神奇地架在了乐清湾上，玉环人祈盼多年的大桥梦由此实现。乐清湾大桥，多少年，终于把你等来。你奏响了玉环前所未有的交通大曲，唤醒了海岛人沉睡在波涛中的辛酸记忆；你改写了玉环无高速的历史，颠覆了海岛出行不便的宿命……

【思考与研讨】

请创作一首喜迎乐清湾大桥通车的诗歌。

海上千春住玉环

苏沧桑

“玉环山……在海中，周回五百余里，去郡二百里，上有流水，洁白如玉，因以为名。”这是《太平寰宇记》卷九十九关于我的故乡玉环的记载。

玉环位于东海之滨、浙江之东、台州最南端，由楚门半岛、玉环本岛及一百多个外围离岛组成，是徐霞客、谢灵运笔下的海上仙山、世外桃源。五千年来，兼有山仁水智的故乡人，依从心灵的声音休养生息，创造了农耕文化、海洋文化、移民文化水乳交融的独特文明。离开玉环三十年了，故乡留在嗅觉、视觉、听觉里的记忆却从不曾淡忘，随着岁月的流逝，反而日渐清晰。

每个人的故乡一定都有一份“香”的记忆。我的“香”则来自土地，来自大海。

浓郁的是漫山遍野的文旦柚花，恬淡的是后山带雨的桃林，清新的是井水镇西瓜、阳光蒸腾下的稻浪、一年一场大雪后整个大地的气息……熟的香味是粮食、果实散发出来的，文旦柚飘香，番薯粉圆从锅里逸出热气，除夕前夜的手打年糕刚出石臼……海风每时每刻清冽得如同刚从云里出生，海蜈蚣、望潮、虾狗弹、水潺、牡蛎、梅筒鱼、岩头蟹、海螺蛳等等刚打捞上来的小海鲜，散发着比海风更清冽的气息，煮熟端上餐桌时，才知什么叫“鲜甜”。每一个来过玉环的人都说，玉环人太有口福了。

来自大地的味道像母亲，来自大海的味道像父亲。香味渗透在世世代代故乡人的骨血里、精神里，将玉环女人滋养得肌肤白嫩、骨骼玲珑、气质灵动，加之见惯惊涛骇浪、生离死别，因而大气豁达，敢爱敢恨，敢做敢当，将玉环男人锻造得骨骼健壮，酒量惊人，聪明，豪放，幽默，自信，有本事。

而故乡的色彩，则随季节变化而不同，但均如泼墨般磅礴大气。大片的蓝是天和海，大片的绿是郁郁葱葱但不太高的群山，大片的嫩黄是谷雨后的油菜花，大片的金黄自然是霜降后的丰腴。

奇特的，是黑沙滩、黑泥涂，缎子般光滑细腻，在阳光或月光下闪闪发亮，故乡人赤着脚，从黑色的泥沙中讨来大海的馈赠——鱼虾蟹海蒜牡蛎海苔等，还有盐。更神奇的是坎门后沙的潮水退去后，黑沙滩上会现出一幅幅“沙滩画”，有的像白桦林，有的像巨幅山水，有的像几棵白菜，有的像凡·高的《星空》。孩子们在吹泡泡堆沙玩，恋人在拌嘴，老人在自拍。人们从东沙渔港的山坡拾级而上，站在古老的灯塔前眺望东海，观看或抚摸海洋文明留下的痕迹。黑沙滩，从前的讨海谋生处，此时的旅游怀旧地。

最斑斓的，是漩门湾湿地的花海。楚门半岛和玉环本岛之间的漩门湾曾经是一个鬼门关，渡船在惊涛骇浪和巨大的漩涡中行进，命悬一线。漩门湾大坝筑成后才变成了通途，如今，这里成了一个巨大的湿地公园，人与自然和谐共处的所在。小船静静划过碧水，白色的水鸟划开蓝天引路，一条黑色鲤鱼跃上船头时，一片广袤的花海如 3D 电影扑面而来，雏菊、薰衣草、格桑花……一望无际。我曾看见一位离乡多年的老人站在花海中久久不动，像定格在一幅油画里，然后，风吹落了他眼角的一滴泪。

还有一种少见的奇异色彩，是大片粉红到金黄的过渡，环绕着整个玉环岛：连绵不断的一排排篾席在海边依次排开，上面晒着各种鱼鲞，新鲜的鱼肉是粉红色的，经过太阳的暴晒，会慢慢变成金黄色。阳光将篾席和鱼鲞的影子投在地上，地上便像盛开着花朵，绵长的海岸线像印花彩缎，将玉环环绕成一个粉红色的、金黄色的“玉环”。

黑色的夜，璀璨的灯火，夜色中的玉环像遥远的天上的街市。千年古刹、文玲书院、楚洲文化城、龙溪山里、石峰山村曼里、干江白马岙交织着古老与新文化的华彩。我的母亲和姑姑姨妈们常怀着虔诚之心，去寺庙里住上几日，祈祷词的第一句是“国泰民安”。我的邻居老大哥、我的高中女同学、我的八十多岁仍风度翩翩的中学老师，常去书院、文化城看书，跳交谊舞，唱越剧，为《曲桥》文学杂志写一篇散文。而去“山里”看海，是故乡年轻人的新时尚，摊开四肢，躺在被重新赋予文化气息的村庄里，可俯瞰浩瀚东海、万亩盐田，可进书香亭读书，可在山顶找萤火虫，看一整条银河从海平面冉冉升起。来自五湖四海的音乐人聚拢而成的“放牛班”，以山里为家，创作、演奏、唱歌，为人们举办别样的“光阴故事”同学会，这些闲暇方式，原本都是别人的故乡才有的。如今，越来越多像“山里”这样深具人文气息的地方，正从沙滩边、泥土里冒出来。

五千年来，故乡不绝如缕的香味和色彩里，跳跃着一个个水珠般悦耳的声音，落进每一个游子的梦里叮当作响。流水声，风声，涛声，锄地当当声，扬谷哗哗声，船帆呼呼声，撒网唰唰声，哈哈大笑声，喝酒划拳“嗷魁嗷魁”声……

玉环鲜迭海滩

最有趣的，是听故乡人聊天。玉环由温州人、福建人移民而来，加上本地人，一个小小海岛便有三种完全不同的方言：漩门湾以北，是以农耕文化为主的楚门、清港、芦浦、龙溪等江南小镇，说的是台州方言，漩门湾以南是更靠近大海的海港渔村，说的是闽南话、温州话。然而大家交流起来居然毫不费劲，要么说对方的语言加手舞足蹈，要么讲玉环普通话，再也没有这里人那里人之分之隔，早已是同舟共济的一家人。

外乡人的声音如一股细流，也慢慢融入了玉环的乡音里。一个叫洪世清的老艺术家，把生命里最宝贵的时光给了我的故乡，在孤岛大鹿岛上以石赋形，创作了近百件令世人惊艳的海洋动物岩雕，涛声里至今仿佛还回荡着叮叮叮的凿岩声。来自邻县却错将他乡作故乡的官员们，青丝渐成白发，说起话来也“好用好用”（好的）的了。还有跨海大桥脚手架上穿橘红色衣服的毛头小伙们，玉环湖贯通工程的治水专家们、建筑工人们，骑着电瓶车穿梭在球阀厂、家具厂和大街小巷的四川人、江西人、湖南人，他们有的就租住在我娘家小院旁，门口晒着花花绿绿的衣被，门前扫得干干净净，低矮的房子里，飘出的不是玉环当地的台州话、闽南话、温州话，而是辣椒炒肉的香。

站在大海边侧耳倾听，还会听到更多新的声音。

大麦屿港口，细浪拍打着“中远之星”号白色客轮，发出唰唰——哗的声音，又一次迎来了宝岛台湾的自驾考察团。大麦屿港是浙江离台湾最近的县级一类口岸，是浙江乃至华东地区赴台的最佳海上通道，也是台州继厦门之后，大陆第二、浙江第一个实现两岸车辆“登陆”的城市。如今客、货直航都已常态化运行，玉环人去台湾，真正成了说走就走的旅行。

乐清湾方向，传来轰隆隆和吱吱啦啦的声音。玉环连接温州等地的乐清湾跨海大桥即将完工，架桥机轰轰作响，焊接钢板火花飞溅处，有汗水滴答……当这些声音骤然停止，代替它们的是车轮时速一百公里的唰唰声，原本两小时的路程，只需二十分钟。而不久之后，玉环岛三个不同的方向，会响起更多轰轰隆隆叮叮当当的声音，一把铁铲，将第一次将“高铁”“轻轨”这些字眼种入玉环的历史里，三条高铁延伸段、轻轨和跨海大桥，如同玉环岛拥抱世界的臂膀、腾飞起舞的双翼。

我曾经很羡慕别人的故乡。故乡很富足，故乡人很自信，但曾处于交通末端的故乡像一个离群索居、不被关注的人，有着难以言说的自卑，如同多年前作为一个中国人，我走在异国洁净的街头时的复杂心情。而如今，玉环从孤悬于大海之上的小海岛，实现了向海湾城市的华丽转身，除了美，经济综合实力更居全国海岛县首位。更难能可贵的是，故乡大地上弥漫着的，始终是蓬勃的气息，洁净的气息，故乡这棵大树上，正郁郁葱葱生长着新的骨肉和精气神。

“蓬莱清浅在人间，海上千春住玉环。”清代王咏霓在咏颂玉环时，不会想到，2017 年的谷雨来到故乡时，玉环岛被一场春雨变成了“玉环市”，人们被这场金色的谷雨淋湿，欣喜自豪，奔走相告，我也是其中一个。一字之差背后，是一个新的春天的开始，是千万个新的春天的开始。小满时节，我又一次踏进了故乡的娘家小院，石榴树上传来一声青翠欲滴的鸟鸣，鸟鸣是树的内心，树的内心如同故乡的内心，青翠欲滴，从未老去。我将嘴唇圆成一个圆圈，像对一个刚刚诞生的婴儿，轻轻说了声：玉环市，你好！祝福你！

【注释】

苏沧桑，出生于玉环楚门。中国作家协会会员、中国散文学会理事、浙江省作协散文创委会副主任，现就职于浙江省作家协会。

【导读】

本文写于玉环撤县设市之际。玉环人期盼已久的撤县设市梦想终于实现了，从此玉环开始有了一张全新的身份证——玉环市。由“县”变“市”，一字之差背后，是城市能级的提升，是空间格局的拓展，是发展能量的爆发。面向未来，玉环人将以更加昂扬的斗志、更加饱满的热情、更加务实的作风，早日实现从海岛县向现代化海湾城市的华丽转身。

【思考与研讨】

结合韩少功的《我心归去》“但那种失望不同于对旅泊之地的失望，那种失望能滴血，血沃之地将真正生长出金麦穗和赶车谣。”谈谈你对文章倒数第二段的理解。

面朝大海

葛水平

一直喜欢一座城市的原生态风貌，虽地偏但山水却佳，目眺处因贪看景色误了时光，眼迷心痴时，突觉有人喊你“起身走了”，那景色却是拖拽得人连路都走不动。这样的城市不免叫停留客玄想非非。

浙江玉环，来历不俗。“榴屿何年改玉环，望中犹是旧青山。遗民不记当年事，唯有潮声日往返。”我如此喜欢其中的“旧青山”三字，时间，过去了，不堪回首，我们现在需要的是守旧，这是时代遗留，不是时间。时间是时代的反义词，时间的物理性质，作为第四度空间，时间是否均匀？交通畅通，能带来什么，同时也能带走什么。熟悉的东西变了还是熟悉的模样吗？

玉环还是玉环人的玉环。

玉环是面朝大海的。

人们，也就是潜在的邻居，户户有工厂，也许是手工业，也许是制造业，勤劳，好像也并不生事，不生妒忌，更不搅和事端。一个民风纯正的地方，不唯令人耳目一新，也让人的心灵得到安抚。

海洋是玉环最大的优势。玉环是一个海陆双栖的城市，悠久的海洋文化历史和不同地区的移民及其多元文化生态，给玉环人留存了大量的海洋非物质文化遗产。在一般近代的历史视野里，近代以来欧亚文明的冲突被表述为“海洋文明”与“陆地文明”的冲突。在一般人的脑海里“强虏由海上来”的深刻意识定性在人们的脑海中。其实更多的是中西文明在冲撞中的文化进步。

从历史上看，玉环是一个靠打鱼为生的地区，出海打鱼，靠海生存，这也许就是神意，但是，真正的屏障却是人心，是玉环人心中的信仰，或者说是朴素的、有信仰的玉环人。他们以“任沧海横流，我仅取一瓢饮”的“适度”哲学为“万世法”，以泛神论为朴素信仰，以自信的文明的存在，热爱海洋，他们认为海洋的物产是最丰富的，海洋同样也给予了他们胸怀。“两斧头，三凿子”能办妥的事情，绝不缠绕不休，口头的应诺比书面更显效用。常年的海洋生涯，在“同舟共济”的思想基础上产生了“同海共济”。

海的元素发酵，玉环最为基本的元素其实只有两种，海和陆地的性格。从某种意义上讲，陆地更像是玉环一部缓缓展开的历史，鉴于此，玉环的一些民俗及文化，就绝对不是遗留下来的老房子、老船或者一座廊桥就能代表的，它具有一种更深的意义。草木通神，万物滋生，养育了玉环人性格的海水告诉了我们。

海水退潮时遗落在沙滩上的那些记忆，时光流转中镜头下的玉环海，沙画，虚拟与现实，是自然变化的记忆，作为艺术图像，上升为一种历史和人文的景观，记述着语言表述不清的魅力。

潮涨潮落，玉环岛的沙滩延伸着夕阳最后非常华丽、奢侈的暖意，偌大的海、混沌的海，海水湿漉漉退潮后，海水的波纹彻底透明了沙滩。每天海水都在沙滩上写下它对陆地的日记。海水涨落，目力所及，除了沙，还是沙，你可以想象无穷，只要你愿意俯身下去，便会发现自然从诞生开始有多少影像，就像荷兰风景画家杨·凡·戈因笔下的自然美景，自然的纯粹，清幽的宁静，轻灵的离弃，婉转舒缓的流盼，叫人感慨万千。玉环人的沙画、摄影作品唤起了人们对海洋走向陆地的奇思幻想，海水懂得大自然的心声，那是上天神奇的造化。

雨水敲击海面，犹如荡漾在海面的因微风而产生的涟漪，登上玉环的大鹿岛，一种生命热情之后的小栖，是静息，是源于对生命和自然的领悟。

大鹿岛的礁石上，随形而雕刻的海洋鱼族，保持着各个不同的姿态。没有人迹的喧哗，又像有意要“犹抱琵琶半遮面”，被雨帘的雾霭遮住了。鱼族的野心，是生命力的张扬、舒展，是血性的大地上呈现的千姿百态的图案。那些雕琢它们的人，也有他们的奇迹和欢喜。那神态各异的样子，是它们生存在海洋中的样子，就像我们吉祥的目光，鱼类把它们的世界游动到了我们面前，它们把累赘之生，熄灭；把长大成群的儿女遣散，接受自然生生息息的命运，去抚摸它们，它们出神入化到了忘记这个世界的地步，忘记陆地的巨大变化，它们同时遗忘了自己，它们有它们的道业，如果不是雕琢，没有人能唤醒它们。我走在上面，突然就想绕开它们而行，它们的存在是一道风景，当你用目光传递你的爱和关怀时，它的瞳映见的或是你身后一千年的山河岁月。

在大鹿岛的雨中行走，有必要在植物贫贱的词根处停留片刻，因为它们确实被雨水浇灌得碧绿。植物的绿和花朵，差不多堵塞了我对大鹿岛的想象，时间被取消了，海、礁石、植物、雨水，雨水对于岛上的植物犹如甘霖，被雨水浸泡也是件很有美感的事。

我想象雨中的大海在岛之外的广阔，天空一定比雨天要高很多，白云和蓝天也得到了澄清。植物给我很多暗示和浮想，大鹿岛的生机被盎然的雨笼罩了，树叶上闪烁的柔和的富有弹性的敲击声，虽不是音乐，不是美妙的天籁，但是听得舒心，是植物对雨水的缠绵。雨把广袤而雄伟的天地呼应地糅合在一起，将视觉之旅行对这天成之美的空间多重变换，让你欲罢不能地喜欢上了大鹿岛，以及那些依附在礁石上生存的“雀嘴”。

一座村庄搁浅在岸上，咸涩的空气扑面而来，在最潮湿的夏季，是的，花朵总是在最潮湿的季节开放。渔村对生命的态度就是：迎接。平常的院落，给植物浇水的老年妇女在那口嵌有锔钉的大缸前，她的笑容是甜美的。拾阶而上，幽深处，巷子里的老屋呈现出一种不被我们染指的自发状态，自给自足的平静。一对恋人在老墙一面花墙前拍照，他们拉着手，没有夸张的动作和表情，但他们有默契，他们的存在和老屋的花墙展示了历史发展的文静的风度，时光从来都是不慌不忙的。

东沙渔村有过它饱满的形象，一些卖鱼皮馄饨、妈妈粽和渔家海鲜美食的特色店铺，在车走过的村边敞开着门，如果你愿意吃一顿丰盛的午餐，请走进去，人生礼仪的婚娶生子、节庆习俗，比如清明、端午、七月半、冬至和新年，你都可以在此处寻见，再到鱼丸、鱼饼、鱼羹、鱼面等，整个房间浓香馥郁，走出来时，呼吸里都散发着新鲜海味儿的香气。他们热情好客，你可以随便品尝，看着你们的吃相，女人们捂着嘴想笑，在她们的指缝里，那张粗糙黑红的脸，突然绽开了灿烂的笑，散发出被海风吹被阳光晒透了的干香。

同行的民俗学家告诉我，玉环岛上居民多数从闽南、温州、台州迁移而来，他们带着原籍地的风土人情、宗教信仰与生活习惯择地而居，有些习俗在长期的相互接触中被同化，或者被淡化，但是，祭海一直延续至今。

海龙王信俗是原始先民“万物有灵”的关照，只要是与海、与水、与龙搭界的活的生命都可充当龙灵。玉环地处“外海孤悬处”，先祖靠海吃海，祭海也是祭龙王，感谢海给了渔民丰收的岁月。“三寸板内是娘房，三寸板外见阎王。”渔民认为旦夕祸福都掌握在海龙王手里，唯有祭祀龙王才可保佑渔民四季平安。

岁月是不需要加减的，因为岁月本身就是斑驳纷呈、五彩缤纷的。对岁月的敬畏，对生存的敬畏，面对大海，我们只是微尘。如果我们不敬畏生命，不对所有的生命心存感激，人类将无法讲述一个完美的故事留给未来。

理想和生存永远是矛盾的。无论是走远的岁月还是当下，现在的东沙已经成为一个旅游景点，原来的玉环县也改成了玉环市，对东沙渔村的游客来说，这一切似乎都不太重要，他们更喜欢浸淫在东沙渔村隔世般缓慢的古老节奏里，面朝大海，虔诚一拜。

【注释】

葛水平，山西省沁水县人。2007 年，葛水平的中篇小说《喊山》荣获第四届鲁迅文学奖。

【导读】

玉环这个宁静而又喧腾的渔港小镇，在外乡人看来，空气中永远散发着海风的咸味与鱼腥味，让你永远饱觉着海的丰饶、海的神秘、海的活力。

【思考与研讨】

如何大力发展玉环海洋文化，引领海洋经济向前?

海岛食珍

龙一

在下今年的中华美食行，选择了一处美丽的海岛。春秋时期这座海岛位于越国的东南角，乃断发文身之地。即使到了唐朝，经济文化与中原、江左一带的差距仍然很大，于是才有了张籍“玉环穿耳谁家女，自抱琵琶迎海神”的诗句。如今不同了，跨海高速公路大桥即将通车，我上岛乘坐的客滚船，不久便将停航。

自古至今，渡口和渡船都是情感充溢之地，不论别离还是共渡，总不免浪漫感伤意味。为此，白居易平铺直叙曰：“知在台边望不见，暮潮空送渡船回。”或者司空图隐喻云：“村南寂寞时回望，一只鸳鸯下渡船。”还有岑参的铿锵音韵与家国胸怀：“山雨醒别酒，关云迎渡船。”话说远了，其实，这是我第一次乘坐客滚船，站在船上，望着这艘巨大的内燃机时代的“摆渡”，想到下次若还有机缘上岛，“她”却不在了，这也应该算是一份离情吧。

这时，我的手机上跳出消息，今年的禁渔期突然提前，渔船禁止出海。天呐，我只是一个千里迢迢赶来吃海鲜的馋人，不必这么喜剧吧！

佛手、沙蒜及其他

从本岛前往另一座小岛大鹿岛。因为是禁渔期，大黄鱼、凤尾鱼等都是冰鲜。桌上一盘白灼贝类很有趣，是工人昨天在海礁缝隙中采集的，品种颇杂。我认识的有石灰色的疣荔枝螺，厦门人叫“苦螺”，而本地人则称之为“辣螺”，不知这“苦”与“辣”从何而来。盘中有几颗外形敦厚，蛤蜊粉色的扁玉螺。另有几颗芝麻螺，自螺口至螺尾，由深褐灰渐变至秋香色，一串串如同气泡般扭动上升的白色斑点，与旋转的螺纹相交，好似未来派建筑设计。形状最为奇特的，是一种被称为“佛手”的贝类，学名叫“龟足”，它当真似手掌一般，前端的指爪是鲜艳的明黄色，在夏季显得格外清爽宜人，掌部是稳重大方的铁褐色，犹如夹纻造像年深月久的质地。

旅行的妙处之一，便是增广见闻。当今之人“不辨菽麦”已经很久了。其实，人类天性好学，只是，信息科技进步带来的副作用之一，便是由海量数据库替代了笨拙的记忆，从效率上讲确实便捷，然而，从增广见闻的角度来讲，却不敢恭维。人类倘若放弃了对事物初见的惊奇、不识的焦灼、得知的喜悦、表达的骄傲及进而产生的“兴趣”，此等人生当真乏味得很。

通常浙菜被分为四大流派，其中之一称“瓯菜”，发明于温州一带，原因是温州古称“东瓯”。此次之行，品尝到瓯菜名品“沙蒜”，它的学名颇佳，名叫“中华仙影海葵”。沙蒜生长于海边滩涂，每年初夏为采收季，须深挖盈尺，颇为累人，如今采掘过甚，殊不易得。据说，沙蒜难熟，烹调不易，但它的口感韧脆，滋味鲜美，作为食材，比海参的格调要高出许多。本人今夏到此，算是应时当令，得尝此味，开心得很。

旅行的另一大乐事为“访友”，这在古代是件不得了的大事。“童子立门墙，问我向何处。主人闻故旧，出迎时倒屣。”不知今生是否还能得见的故友忽然到访，这是何等的乐事，于是，主人奉出汉文化最可称道的传统，“春盘擘紫虾，冰鲤斫银鲙。荷梗白玉香，荇菜青丝脆。腊酒击泥封，罗列总新味。移席临湖滨，对此有佳趣。”（唐彦谦《夏日访友》）

安坐于友人父母院中巨大的桂花树下，浅酌桂花陈酒，掌心杯底是艳若胭脂的粒粒丹桂，案上盘中则是糕果杂陈，海错时新。饮到微醺之际，倾听友人之父，年过八旬仍风度翩然讲述平生奇遇，不亦快哉！

主人准备的下酒菜中，有一味是我平生仅见，它叫“藤壶”。我能记住藤壶这种海洋生物，还是30年前读欧文·斯通的《达尔文传》，得知达尔文在发表《物种起源》之前，曾在家中对藤壶进行过长达10年的枯燥研究，同时痛苦地思索是否对抗宗教传统，公开有关“物竞天择”的重大发现。我并不知道藤壶这种能够在木制帆船底部安家，随着大航海时代传遍全球五大洋的贝类，原来可以食用。据说在四五十年前，本地居民将藤壶看作穷人菜，只有鱼获不丰之时，才会有人将长在滩涂岩礁上的藤壶敲下来，充作菜肴，而在渔业大丰收时，因为缺少冷藏设备，则是要全社会总动员，大吃“爱国鱼”的。

如今大海穷了，藤壶很少，况且它天性难以保存，即使冷藏，三天必定变味。友人父母为我们准备的这一小盘，显然颇费周章。藤壶好吃么？它应该算是小众滋味，深藏着一股细嚼慢咽的鲜甜，遇到此物，不可错过。

糕与馄饨

馋人的东南海岛之行，虽然赶上禁渔期，但可记述的内容仍然很多，内中惊奇，不可或忘。

说到糕，记得《西游记》女儿国那一回里写道：“那八戒哪管好歹，放开肚子，只情吃起。也不管什么玉屑米饭、蒸饼、糖糕、蘑菇、香蕈、笋芽，木耳、黄花菜、石花菜、紫菜、蔓菁、芋头、萝菔、山药、黄精、一骨辣噇了个罄尽。”吴承恩老先生是用写实手法创作浪漫主义故事，他说的“糖糕”，在华夏饮馔史上怕是得有数百种，此处海岛的九层糕，便可算是其中一种吧。

九层糕乃此地中元节祭祖的供品，民间日常也会食用，只是制作工艺颇为烦琐。通常是浸泡粳米磨浆，分作两份，掺以红白二糖，然后取用模具，倾一层米浆，蒸熟一回，九层糕需蒸九回，大约得一个下午的时间。成品出笼装盘，红白九重，色泽莹然，口感软糯，真正的入口即化，即使没有牙齿也很方便进食，难怪用它来祭祖，可见发明此物的古人既孝顺，又体贴。

此地还有一种咸糕，名叫“糕头”，说起来很好口彩，吃起来温柔熨帖。它是岛上最常见的早餐，将温热的粳米年糕捏作半尺直径圆饼，在里边嵌入荤素馅料，最后浇上一勺卤肉汁，然后将圆饼捏合为半月形。因为这镶嵌馅料的动手过程，岛上居民也称其为“嵌糕”。怎样描摹品尝感受呢？美味自不必说了，本人只一口下去，便知此物深得中庸之道，不单营养丰富，而且易于消化。这让我不由得联想起贵州湄潭县的一种名称时尚的早餐“丝娃娃”，是用米浆烙成薄饼，纳入多种馅料，包裹成“襁褓”形状。对于外地食客来讲，此物有两大特点，其一味道极酸辣，其二馅中必有“折耳根”。只要你能吃得下鱼腥草的根，此物也很好吃，然其味道绝不似糕头这般庸和中正，而是带有杀伐之气的强烈刺激。

游海岛必游渔村，东沙渔村在民居装饰上用心甚多，蓝白红各色纷呈，似与南欧爱琴海沿岸海村颇多神似。穿村拾阶而上，能够走到海岛岬头，那里有一座旧灯塔，一座旧要塞，还有一座花粉宫。花粉宫不大，里边供奉的花粉娘娘凤冠霞帔，是新嫁娘的装束，据村民讲，花粉娘娘专事调护婚姻家庭，庇佑妇女儿童，深受岛民尊敬。

日影近午，尚不敢称饿，只是微微有些儿食欲耳。拜罢花粉娘娘，我一边往山下走，一边默念王建的《新嫁娘词》：“三日入厨下，洗手作羹汤。未谙姑食性，先遣小姑尝。”转过两道石阶，齐胸高的石墙后露出一户人家，转角处钉块小小木牌，上书黑漆小字：陈阿嬷餐饮店。

陈阿嬷笑声爽朗，满面天然，正在包鱼皮馄饨。远寻不如巧遇，在下这是怎样的口福啊！敲鱼面乃本岛声名远播的美食，可存放半年以上，因邮寄方便，即使远在千里之外，亦可得食。然而，鱼皮馄饨便大不相同了，是即包即食，非亲临海岛，不能得尝此味。

作为北方人，冬至食馄饨已成节令。在下东南西北乱走，各地五花八门的馄饨食过无数，品种不下数十，今日得见鱼皮馄饨，绝不能视为偶然。陆游《对食戏作》曰：“春前腊后物华催，时伴儿曹把酒杯。蒸饼犹能十字裂，馄饨那得五般来。”他说的“五般馄饨”，是个不常用的典故。《太平广记》讲“定数”的章节中有个小故事，说是有个叫李宗回的举子自洛阳西行，遇一同行客人自称有预见力，能“先知人饮馔”。春节将至，二人途经华阴县，县令为李宗回旧友。李宗回问客人：岁末人家备物丰盛，你看看明天在华阴县我们能吃到些什么好东西？客人拊掌深思：“大奇！与公各饮一盏椒葱酒，食五般馄饨，不得饭吃。”后边的故事很热闹也很喜剧，果如客人所言。

在下不敢枉称“一饮一啄，莫非前定”。但这是鱼皮馄饨啊！若不是本人慎独谨行，常怀善念，作为一个北方馋人，怎能让我在这海角之地，恰逢陈阿嬷正在敲打馄饨皮！这馄饨皮是剐取海鳗鱼肉，掺以少许番薯粉，敲打而成，然后包上鲜肉馅，一只只宛若白玉珥。煮熟的鱼皮馄饨，面皮半透明，内中隐约透出一抹辰砂红色。让我感觉好奇的是，禁渔时期，用来制作馄饨皮的海鳗从何处得来？陈阿嬷说，禁渔期间，只有本岛的非物质文化遗产“延绳钓船”可以出海。在下若迷信，这便又是异数了。

顺便说一句，此次令在下大快朵颐的海岛，名叫“玉环”。

【注释】

龙一，原名李鹏，中国内地作家、电视连续剧《潜伏》原著作者。中国作协第九届全委会委员。现为天津市作家协会文学院作家。

【导读】

你可记得那些，属于我们儿时的味道，那些我们玉环人的味道。今天我们随着作者的文字，去寻找那魂牵梦萦的感觉。美食有情，文化有根。舌尖记忆，味道玉环。

【思考与研讨】

请选择你最喜欢的一道玉环美食，写一段推荐文字。

忽闻海上有仙山

彭程

玉环这个地名，很容易让人联想起中国历史上那位倾国倾城的著名贵妃。我们的玉环之旅的第一个项目，是到当地的风景名胜地大鹿岛游览。乘船上岛不久，就下起不小的雨，雾气弥漫，视线只能抵达百十来米开外。站在据称是最好的观海地点，眼界中也只有不停地翻卷的茫茫云雾，根本望不见海面。置身此种境地，很自然地便想到了白居易《长恨歌》里的句子："忽闻海上有仙山，山在虚无缥缈间。"描绘的分明就是眼前的景观。那位令一代君王朝思暮想肝肠寸断的绝代佳人，此刻正隐身在哪一片云雾里？

这当然只是一时的玩笑式想象。玉环，这个位于东海之滨、台州南端的县级市，和远在数千公里之外的盛唐帝都长安中的杨贵妃，扯不上一丝的关联。"玉环山……在海中，周回五百余里，去郡二百里，上有流水，洁白如玉，因以为名。"来自《太平寰宇记》中的这一段记载，才是玉环地名由来的正解。它透出的最强烈的信息，与大自然的美有关。而对于一名旅行者，玉环的摄魂夺魄之处，首先也正在于和大海有关的自然及人文之美。海的气息，海的韵律，迷醉了他的感官，俘获了他的灵魂。一句"海韵玉环"，也便成了当地宣传推介自己时的惯常用语，并被制作成以一条鱼为造型的主体图形，以蓝色为主色调，是玉环人以海为生的象征。

多年间到过的海边小城也有几座，但论到特色的浓郁鲜明，超过玉环的一时还说不出。玉环以楚门半岛、玉环本岛和一百多个外围离岛组成，海的原生的状态，原初的属性，在这里有着更为纯粹也更为鲜活的呈现，和一些成为旅游热点的海滨城市不一样。倒不一定是那些地方缺乏充足的海洋元素，而是或者由于城市体量过大，或者因为旅游因素的过分注入，冲淡了甚至是破坏了原本的味道。和这里相比，很多地方就显得可疑，至少是打了折扣的。

在东沙渔港，海之色彩、韵律、情味，得到了充分的验证。这天天空晴好，天穹下的一切都仿佛在熠熠闪光。正值休渔期，被防波大堤围住的海湾内风平浪静，挤挤挨挨地停满了大小各种渔船，桅杆上的国旗和三角形各色彩旗在微风中摇曳。近处潋滟的波光，海水中船舷的倒影，远处薄云笼罩的黛色山脉，透过深深浅浅的云朵渗透出来的一抹蓝天，都别具动人之美。头一天在大鹿岛上遭遇的茫茫大雾，仿佛是一个铺垫，是老天爷或者这片土地的神祇卖的一个关子，为了让我们的期待得到更充分的酝酿，也让期待后的满足更为真实和酣畅。

渔村古老的房舍循着山坡迤逦排列着。从山脚拾阶而上，弯曲狭窄的石板路两旁，一家家朴素的渔家屋舍，被拾掇得齐整干净。屋檐，门窗，墙头，每个局部都精致妥帖，体现了特别的匠心。一面镶嵌了多种贝壳的墙，一张缀满了各色浮球的废旧渔网，一块绘着彩色海鱼的木版画，提醒游人他正置身何处。少数被粉刷过的墙面，色彩柔和淡雅，应和着小巷上空的天光云色。在一堵被时光锈蚀了的色泽黯淡的石墙前，一株修长挺拔的花树正在怒放，仿佛高擎的一束火焰。

上到山顶，视野骤然变得辽阔，眼前一大片舒缓坦荡的平地，仿佛是到过的一些高山巅峰上的平台。但这里所望见的却不是山下的平畴沃野，而是从三个方向扑入眼帘的蔚蓝大海，气象雄浑阔大。广袤海面上的一个个岛屿，像是露出脊背的巨兽，仿佛随时会腾跃而出。它们向远处伸延，直到消逝在上下浑茫、水天一色的海平线上。

一直向前走，看到了一处高悬于海边峭壁之上的墓地，俯瞰着茫茫大海。天空飘浮着大朵的白云，阳光穿过云层投射下来，光影的急剧变幻中，闪现着一种动荡和恍惚。这种地方，分明能够让人强烈地意识到生命的短暂和大自然的永恒。修建于上个世纪初年的普安灯塔，白色的塔体饱经风雨侵蚀，水渍斑驳，仍然导引佑护着万顷海面上的来往船只。

带着一缕超越性色彩的玄想，很快被现实的声色滋味驱散。循着原路下到山脚海边，在渔村的一家饭馆里用餐。窗外就是波光潋滟的海湾，鱼虾蟹贝一盘盘地端上桌来，冒着热气，更喷吐着鲜香的味道。想到它们正是被从眼前的海里打捞出来的，一种与在大城市馆子里品尝海鲜截然不同的感受油然而生。这时候，你对大海的丰饶的蕴藏和慷慨的馈赠，会产生一种真切的感觉，“聚宝盆”这样的词汇变得富有质感，而不仅仅只是体现为修辞学的功能。在就餐的某个瞬间，我恍惚置身于故乡华北平原的田野间，眼前是累累垂垂的谷穗，饱满结实的玉米棒，强烈地感受到了自己和土地的联系。大海显然是另一种意义上的土地。主人一一介绍着面前佳肴的名字：水潺、牡蛎、梅筒鱼、岩头蟹、海螺蛳、海蜈蚣、望潮、虾狗弹……好几样我从来没有吃到过，连名字也是第一次听说。其中一种铁青色的小螺蛳，我在大鹿岛上见到过。它们就在海边岩石的皱褶和缝隙间，密密麻麻，紧贴着石壁，仿佛焊接在了一起，听说只有用小铁铲才能撬下来。

这让我的记忆闪回，眼前重新浮现了昨天在大鹿岛上见到的情景。在那一团团飘散弥漫的浓重雾气里，一件件岩雕艺术品，仿佛发散出一簇簇霭霭的光亮。那是来自大自然和人心中的双重光源。

大鹿岛山体属雁荡山余脉、大陆下沉的残片，经亿万年海浪冲刷，海风剥蚀，岩礁块石奇形怪状，千姿百态。一位名叫洪世清的雕塑家、中央美术学院教授，20世纪80年代中期登上大鹿岛，其后十几年间，不断地涉海攀岩，根据礁石的自然形态随物赋形，以摩崖、浮雕、圆雕等手法，创作了近百件海生动物的雕塑，有着鲜明的秦汉绘画构图风格，朴拙浑厚。走在那片铁青色的海边乱石丛中，蓦然间发现脚下有一只硕大的乌龟正抬头望着你，好像刚刚从背后的海水里爬上来的。前行不远，抬头时，斜上方的大石上又盘踞着一只大螃蟹，两只眼睛凸出来。再走几步到了水边，一组自海水中伸向陆地的石头，凝固成“鲨鱼上岸”的姿态。再经过多少年，这些雕塑也将成为大自然的一个组成部分。数年前辞世的洪先生一直独身，不知个中有着怎样的幽曲，但显然他是把全部生命献给了艺术。这些雕塑将伴随天风海浪，永久地存在下去，有力地阐释着一句流传已久的西谚：生命短暂，艺术长存。

其实，不独这些雕塑作品，整个大鹿岛的历史，都是在生动地印证了人的力量和智慧。并不遥远的20世纪六十年代初，整个岛上还是片石层叠，草木不生，满目枯黄。当年几名知青响应号召，怀揣绿化祖国、建设海岛的雄心壮志，踏上大鹿岛，风餐露宿，垦荒植树，一干就是几十年。如今岛上树木茂盛，荆草蒙茸，苍翠欲滴，森林覆盖率将近百分之九十。

把范围进一步扩大，楚门半岛的变迁，是一个更加有力的证明。楚门半岛和玉环本岛之间的漩门湾，曾经是一处鬼门关，水面惊涛骇浪，水下有无数巨大漩涡，吞噬了无数航船。20世纪七十年代，玉环人移山填海，用两年的时间建造起了一条大坝，将半岛和本岛相连，书写了“精卫衔石填东海”的神话，彻底根绝了隐患，险隘变为通途。这无疑是对于“人定胜天”理念最有说服力的诠释。

大坝的建成在数十年间发挥了巨大作用，造福桑梓，泽被民众。人的观念和认识无法超越时代，在当时不会有人质疑这一行动，但今天却可以有一些惋惜：如果当年不填海造坝，以漩门湾的漩涡奇观和传说，今天一定会对游客产生强烈的吸引力，就仿佛喀纳斯湖怪、百慕大神秘三角地带产生的效果一样。而以今天的技术，航行的安全应该也不成问题了。当然，即使在今天，这种想法也是个人意气的成分居多。不过马上就听到一个好消息，一项巨大的“撤坝建桥”计划即将启动，大坝将被拆除，修建一座长桥，这样玉环本岛就又恢复还原成了海岛的形态。这是美学的胜利，而没有强大的经济实力是断断做不到的。

大坝的建造，将漩门湾分成两半，并在其两侧形成了一个巨大的湿地公园。一半是海港，水色浑黄；另一半是淡水湾，水面清澈可鉴。淡水湾部分如今被称为“玉环湖”，湖里淡水生物和海洋生物混杂生长，鱼类资源十分丰富。连绵不尽的芦苇丛葳蕤茂密，车子在行驶中，就看到了一行行白鹭从芦苇中跃了出来，在我们面前盘旋飞舞，姿态优美，犹如身着雪白霓裳的仙子。

行色匆匆，我们一行履迹所至，只是这个占地三十多平方公里的巨大的国家湿地公园的一处小小角落。在五彩花海的最深处，百亩马鞭草的紫色花朵随风摇曳，酷似薰衣草，在蓝天白云、荷兰风车的映衬下，营造出一种欧陆氛围。隔着一条路，则是数百亩的荷塘，还未到荷花绽放的节令，视界中只有“接天莲叶无穷碧”，一望无际，密密匝匝。轻风掠过荷叶，发出窸窸窣窣的声音，仿佛南朝乐府《西洲曲》中宛转低回的声韵，那一份静美让灵魂变得安详。

但我也知道，就在距此不远的地方，生活正在以一种丰富多彩、活力迸射的面貌呈现。

在保持完好的自然生态的旁边，物质和技术在喷吐着巨大能量。跨越乐清湾的跨海大桥，主体工程都已完成。不久后，从玉环去温州的轮渡即将成为历史，两地间的行程将从两小时骤减为二十分钟。另外还有轻轨和三条高铁延伸段，建成后将为玉环交通带来根本改观。这里的经济实力一直居于全国海岛县的首位，而一当掣肘其发展的交通短板被克服，怎样的想象力才能描绘出它腾飞的姿容？而就在我们抵达前十几天，玉环刚刚撤县设市，掀开了历史的崭新一页。

因此，明天的玉环，完全可以是既完好地保持了自己古老的传统，独特的美质，同时又与时代步伐高度合拍。这不是理论上的推论分析，而分明是活生生的现实。短短三日的行旅，所见所闻，无不在印证这一点。

还有那么多迷人的内容，只能是粗线条地简单勾勒了：有名的玉环文旦柚，果皮有橙黄色光泽，入口时香气芬芳；海滩上摊开在篾席上的鱼鲞，被阳光暴晒后闪耀着奇异的色彩；蕃粉圆、鱼面和鱼皮馄饨的美味；

出自渔民手中的生动逼真的大小船模；农历新年期间，鱼龙灯在渔村街巷间穿行舞动；从大麦屿港直航台湾的客商轮船，几个小时就能够到达基隆；广为流传的戚继光抗击倭寇的传说；这里的人们操着温州话、闽南话、台州话三种语言，但彼此能够听懂；文玲书院里，最新一期的当地文学杂志《曲桥》散发出油墨的清香……

这些细节连缀拼贴起来，便是一幅巨大的印象派风格的画作，它的名字就叫“玉环”。画面上，有阳光跳荡，有海风掠过，有海浪涌起。

“蓬莱清浅在人间，海上千春住玉环。”吟诵起清代王咏霓的诗，心中盈满了一种深长而清朗的喜悦。

【注释】

彭程，河北景县人。现任光明日报报业集团《书摘》杂志社主编，高级编辑。中国作家协会会员。

【导读】

沧海桑田，撤县设市的玉环，一个离岸孤岛，不断书写着发展的奇迹。东沙渔港、大鹿岛、漩门湾……这些细节连缀拼贴起来，便是一幅巨大的印象派风格的画作。画面上，有阳光跳荡，有海风掠过，有海浪涌起。画即话，读作者的文字，正如作家所言，心中盈满了一种深长而清朗的喜悦。

【思考与研讨】

请你以“海岛巨变”为题，写一写撤县建市后玉环的变化。

心香（节选）

叶文玲

我奉命到这个偏远的山村——大龙溪去插队改造时，则在六〇年。

四年小别，大龙溪山水依旧，可却没有了往日的幽美情调和明丽的色彩。这倒不是因为我去的时候，正值萧萧落叶的深秋，也不是由于我自己心境悒郁。当时村中的情景的确如此：家家炊烟、户户新竹的美景没有了，唯一冒烟的是竖在小溪那边的食堂的一个大烟囱；家家门前，是一片掘净了竹根的残土；整个村子，没见一狗一猫，一鸡一鸭。白日进村，户户闭门，一片静寂——人呢？

人，村中凡是能动弹的人，那被半饥不饱的饮食弄得终日连笑容都难得有了的人，都集中到山上了。

上山做什么？去收拾由于两年前头脑发胀的虚妄和荒诞留下的种种恶果：拆除那一大群早已倒塌的颓垣断壁似的小高炉，敲出一块块废砖；清除那板结成一座座小山似的矿渣，把糟蹋了的山地，尽多地清理出来，好补种上山里人万万少不了的口粮——荞麦和番薯。

当初，在垒筑这些高炉时，大龙溪的这些善良的山里人，都是在闻听了种种美妙的传说后，带着天真的梦想和罕见的热情，只几日功夫就使这座山上高炉林立的。如今，在白白耗费了无数的汗水后，又要一块块地亲手拆除，一寸寸地亲手清理，工程自然而然地缓慢了，上工的人们都是这样的少气无力，没精打采呵，我不知道这些朴实而又带点封建式的盲从的山里人心中，有几个对眼前的情况会有较深刻的理解？正如当初十分温顺而又习惯地听从了召唤一样，现在，大家之所以一致地懒洋洋，就是因为有着一个共同的最简单而又最实际的愤懑：吃不饱肚皮！

全村人的饭，每天都由食堂供应，它是严格地按人定量发放的。如果掌管者又不具有更多的公正廉明的美德，那么，在本来就少到极限的定量中再承受种种克扣后，大多数人得到的一日三餐，都只能是掺了许多薯藤叶子的稀粥。过大的劳动量，终日的饥肠辘辘，使我在相当长的一段时间里，整夜整夜地做着同一个美梦：梦见自己面前摆着一碗雪白的香喷喷的大米饭。

不过，那时候，最教我痛苦的还不是饥饿本身，而是我不能像别人那样可以随意言笑。工地上，许多青年小伙子在丢下舔得光光的饭勺子后，都可以嬉笑怒骂，抒发一下情绪，而我遇上这种场合，却只能默默地走开去。那时，我经常是呆呆地微笑着，有时倒莫名其妙地吹出几声轻轻的口哨。

我住的还是朱老太太的家。可是，此时此刻，却不见了这位古道热肠的慈祥老人——她在前一年去世了。那是因为半夜上山给炼铁工地送水时，不慎被横在地上的一根铁窗棂绊倒而戳破了太阳穴。如果不是这意外的事故，老人肯定是长寿的。

现在，她那无人继承的草屋，一间是用作堆放杂物的仓库，而朱老太太溘然长逝的另一间屋子，却一直无人居住。我来了后，正好这不仅因为我不像山里人那样迷信、怕鬼，而且，我觉得宿在这间勾起我许多怀念之情的屋子里，有一种返归故园的慰藉。

是的，小谢，你一定急于知道亚女和小元吧？哦，刚才我没有先谈到她姐弟，就像我重来大龙溪时极怕见到的人就是她俩一样。我虽然不认为自己对亚女有什么罪责，但我总觉得愧对于她。是的，只有当我降落到和她一样的地平线时，我才为自己以往的自尊自大和庸俗势利而羞愧万分了。当我带了这种自惭自责的神情出现在朱老太太屋前时，我见到的亚女却依然闪烁着一双亮如秋水的眼睛。当然，和村中的许多人一样，她的脸颊消失了许多红晕，青黄中略带憔悴，但她的眼睛依然是温柔而动人的。她站在没有了竹丛的半截围墙后面，微微地咬着嘴皮，两手撩着围裙的一角，搓来搓去，用充满了喜悦的目光，久久地深情而温柔地盯着我。而自惭形秽的我，却在她的注视下低垂着眼睛，几乎不敢抬头。

亚女迅速四顾，认定周围没有旁人时，她便连连向我招手。我明白了，却迟疑着，不敢挪动脚步。亚女红了脸，勇敢地跨出了矮墙，我这才鼓足了勇气，朝她家走去了。那小院依然净光——当然，是那种连半根柴火、一根稻草都不曾有的空荡；廊下，也不见了那架长方形的溜光的桐木花绷。亚女看出了我寻找的目光，便指指屋梁，我这才看见：花绷高高吊挂在那儿。显然，她多时不曾绣花了。

一进屋子，亚女抢上一步撩起了布帘，我抬头一看，立即呆住了：四年前我在慌乱中敷衍塞责地送给小元的那些不成样子的素描练习，在这儿被当成了珍贵的壁画——一幅一幅地钉在墙上，每一幅上面都蒙上一张透明的玻璃纸。我不由得伸手去摸，光洁的玻璃纸上竟然纤尘不染！我两眼潮湿了，恰如四年前喝下那红糖姜茶一样，胸膛中骤然升起了一股热力。我没有扭头去看站在我身后的亚女，可我却分明地感到了她如何娇羞地咬着嘴唇，骄傲而幸福地微笑着。亚女一转身，又递给我一个用很粗劣的毛边纸订成的很厚的本本，原来是小元的图画练习——上面全是照着我那些素描练习画的，画得当然不好，可是，面对亚女那热切的目光，我把头点了又点。

傍晚，当我带着从地头回来的一身倦怠回到自己的小屋中时，忽然又觉眼前一亮，那幅极为精致的帐沿，端端正正地挂在我的床前，使简陋的草屋满室生辉。

欣赏再三，我终于还是把它拆下收了起来，不光是因为它和我床上那破旧的帐子和被褥极不相称，更因为我是不舍得也根本不配挂它。我收起来，为的是永远珍藏它！

亚女当然明白我这时的身份，因为，她那已经到镇上进了中学的弟弟小元，显然是早已听说了并且得到了别人的警告的。这个早晚上学时必得经过我屋前的初中生，每次除了偷偷地从眼角瞟一下便慌慌地走过以外，从来没敢和我招呼一句。

我丝毫不为小元这种无可奈何的冷落难过。因为，在田间地头，无论是以前曾为他们画过画的或不曾画过画的人，绝大多数人对于我额头的印记并不介意；他们毫不避嫌地和我又说又笑，亲切如故。

而最使我感动的还是亚女。从我住下的第二天起，每到黄昏，她总要提着那把擦得干干净净的瓦壶走过来，先在我的搪瓷茶缸里注上一杯滚热的开水，接着，抽下盆架上的毛巾，把剩下的开水统统倒在木盆里，浅浅地朝我抿嘴一笑，然后就扯一扯围裙，脚步轻悄地走了。

一周，两周，亚女一如既往的热诚，使我十分惶惑不安，我实在不配承受。当我涨红着脸，用各种笨拙的手势表明我如今的罪人身份，请她千万不要如此这般时，她却两眼乌亮地看着我，微微地摇着头。她是在用会说话的眼神向我表示：她早知道了，她知道这一切，但这一切对她无所谓。

三周、四周，亚女还是这样做。呵，她每晚走过村前的小溪，到食堂的灶上为我提来这壶满满的开水，在当时家家灶冷火灭的情况下，是她唯一能够用来表示自己情意的一件事。我根本无法阻拦她。每天晚上的这壶滚热的开水，温烫着我的心。于是，每当这只灰褐色的瓦壶在门口一晃，那条毛蓝色的围裙飘然出现的时候，我就立即上前迎接她。

不久，我又做了一件蠢事——为了这件事，我真要诅咒自己一辈子！一天晚上，当亚女刚刚送水进门的时候，我把下午别人偷偷塞在我口袋里的两块胡萝卜大的熟番薯掏出来了。我把番薯摆在她面前，比画着手势，想让她与我一同分享这在当时来说是如同圣餐一样的佳品。亚女呆了，两眼定定地看着我，马上闪出了泪光，接着便摇摇头，无论如何也不肯吃掉其中的一块。她执拗地做着手势，一定要我自己全部吃完它。我，呵，蠢笨而又无能的我，没有违拗她的意愿。当我两三口就吞咽了这两块带皮的番薯时，一直两眼呆呆地看着我的亚女，嘴角像笑又像哭似地颤着。我一吃完，她就俯下身子，掂起那把倒空了水的瓦壶，逃跑似地回家了。

第二天傍晚，当我又看见亚女那只瓦壶在来路上一闪时，我便照例地奔出了门外。奇怪的是，亚女偏过头去，看也不看我一眼，略显慌乱地径直奔向了她自己家中。我纳闷了，怅怅地回到屋中。正猜疑间，一个轻捷的影子一闪，亚女来了。她轻轻撩起那条四角绣了一字花的毛蓝土布围裙，从围裙下端出一碗掺了许多番薯叶子的稀饭。

我愣了：这分明是食堂的稀饭！每人每晚的定量不过就这么一碗！亚女省下这碗饭来，岂不自己要饿着肚皮？我生气了，断然表示：这饭我绝对不吃！

亚女满脸通红地看着我，两串泪珠唰地流了下来，她情急而又慌乱地比画着各种手势，告诉我：她已经吃过了，她的兄弟小元今晚宿在学校没有回来，于是，饭就省出来了。

我将信将疑。可是从亚女那急得额头都冒出了晶晶汗珠的神态中，我又一次感到：我是绝对无法违拗她的意愿的。我只好端起碗来，背过身去，捧着这碗还有余温的饭，一口口地喝最后那几口，我喝出了咸味，因为，我是和着落到碗中的泪珠一起咽下的。而当我目送亚女出了门，接着又分明望见小元的影子在自家的院子里晃动时，我像吞了个秤砣，立时愧疚得无地自容了。

第二天黄昏，为了有意躲避，下工回来后，我在村外兜着圈子，迟迟没有回家。月上枝头，夜露渐重，我终于不能不归去了。当我刚刚迈过小溪，走近村头的食堂时，忽听得一阵十分嘈杂的喧嚷。我抬眼一望，只见食堂门前那雪亮的大汽灯下，围了好一群人。不能也不想看热闹的我，对这种场景，照例是退避三舍的。我准备扭头走了，就在这时，一声刻薄而又粗野的叱骂尖厉地传入了我的耳鼓：

看哪，大家都来看看这个不要脸的小偷！哈，竟然用这样的诡计来挖人民公社的墙脚！哼，用水壶偷饭她以为神不知鬼不觉哩！想瞒过我的眼？苍蝇飞过我都能看得出雌雄哩！休说你这点本事！哈哈！

我像触了电似地呆住了，双脚再也挪动不了一步。

不用上前，我已经清清楚楚地望见了：被反扭了双臂的亚女正低头站在雪亮的汽灯下，披散到额前的一绺头发完全遮住了她的眼睛，浑身像害了疟疾似地颤抖着。

那个嘴角飞着白沫笑的人——我不用说你也猜到了他是那个角色——当我清清楚楚地望见原来是他时，一股屈辱的怒火冲上了我的胸膛。呵，小谢，你可记得我刚才说的四年前的那个深夜、亚女险遭欺侮的事？就是他，这个恶棍、无赖、伪君子！现在，是的，现在当然是他最称心的时候了，呵，天哪，他将会把亚女怎样处置呢？我心慌得手脚冰凉。此时，我脑里闪过了各种各样的念头：呵，我应该像古代的侠士好汉一样冲下去，抢下亚女，立时带着她腾天飞去；不不，我要大声喊出：亚女无罪，她所做的一切都是为了我，你们骂我罚我，随便怎样都可以。可是，懦怯而又无能的我，只是像一段木桩似地立在了原地，既没有冲上一步，也没有喊出半句话，因为，在此同时，我还有一个潜在的清醒意识：我不能上去，我的身份、我的境遇，都不允许我这样做。我一说话，只能更糟。

喂喂，大家看哪！她就是用这把瓦壶来偷饭！这壶里头有饭，一勺饭，我刚才亲眼看着她舀的！她装着来开水锅舀水，却在饭锅里舀了饭！哼，做贼做到人民公社的食堂来了！得意非凡的胜利者，高高扬起了那把灰褐色的瓦壶；在示众一圈后，他忽地掏出一根细麻绳，穿过壶把，一下把瓦壶挂到了亚女的脖子上！

我再也无法忍受了，当我终于奔上前去时，被人拨起头来的亚女一下看见了我，她呀的发出一声尖叫，立刻倒了下去，豁啷一声，瓦壶跌得粉碎。

唉，算了，算了，真是的，说她两句就行了，何必！

太过分了！

围着的人纷纷发出了不满的议论，两个妇女跑上去，扶起了亚女，把她搀了回去。

被无尽的痛悔燃烧着的我，又是彻夜不眠。攥在手里的一把瓦壶的碎片，像锋刀利刃割着我的心。我没有点灯，在暗夜中一动也不动地望着亚女家的小窗，那片巴掌大的玻璃小窗，灯光幽幽地亮着，三三两两的女人在她家进出，哦，这些心地善良的山村妇女，是在尽力用无言的慰藉去宽解亚女。我心如油煎，既为自己无法在众目睽睽之下挤进这个劝说的行列而忧急，更为四年前轻率而又自负地拒绝了亚女的情意而痛悔。是的，失去的已经失去了，现在，连个普通公民的资格都失掉了的我，哪里还配爱她和保护她？被深深的悔恨啃啮着的我，似乎在这时，才清清楚楚地窥见了自己这可怜可悲的灵魂！

黎明时分，我朦胧地睡去了。当上工的钟声将我惊醒时，邻家却响起了小元惊恐的呼号——亚女不见了。

村里人忙着分头寻找，可是毫无结果。直到黄昏时，我和小元才寻到了亚女的围裙；那条毛蓝土布、四角绣了一字花的围裙，飘飘荡荡，挂在瀑布飞跌的断崖旁！

我的心猛地一缩呵，这个结局！我目不转睛地瞪着声音稍稍喑哑了的老岩，此时，对他的怪癖，对他如此烦忌水壶的缘由，我当然都明白了。

哦，小谢，你莫以为这就是结局，不，你听我说。

亚女结束了年轻的生命，我的痛苦却刚刚开了头。良心的谴责，使我一直不得安宁。亚女葬在大龙溪的山地中，她的灵魂却始终埋在我的心底。我无法说清十几年来内心所受的煎熬。后来，在我的问题得到了解决，日子又稍稍好过起来后，这个痛苦都不曾减退；甚至在我随俗地结了婚、有了儿女以后，这个隐痛还会不时地被触动——只要我一见到烧水或提水的壶，不管是铝壶还是铁壶，我都难以平静；甚至一见到别人掂起壶来倒茶，我的心都会战栗不已，好像看见倒出来的不是茶水，而是稀饭，掺了薯藤叶子的稀饭！你看，在精神上我简直成了个可怜虫。这种精神上的酷刑真是无法言喻，看来，我是罪有应得！是呵，原来自以为爱美、追求美的我，却不懂得真正的美的价值，在目睹着亚女——美的化身被摧残毁灭的时候，却又因自私和怯懦不敢挺身而出去维护、不敢拼死去抗争。呵，像我这样的人，还有什么资格再去充当一个探索美、创造美的艺术家！是的，时代的错误使我蒙受过不白之冤，生活也给过我不公正的待遇，可是后来，我却是在剖析了自己的品行和灵魂后，痛苦而清醒地得出了这个结论的。所以，从改行教外语后，我就没有也不愿意再去碰一下画笔。

在痛苦的同时，我还有一丝丝陶醉和自慰，我自认为我在灵魂深处，还为亚女燃着一炷心香，这总还是一颗善良诚挚的心灵才具有的情操和美德吧！我就这样用痛苦和自慰织成一个厚茧，严严地包着自己的心，可是我并未根除自己这软弱和怯懦。十年前，当我那位有点狭隘多疑、脾气又不太好的妻子，把那幅教她疑虑重重的帐沿故意送给了别人时，我虽然恼火、惋惜，却连分说和批评的勇气也没有，我总以为，过去了的都了结了，就像普希金的诗里所写的：一切都是瞬息，一切都将会过去。可是，谁想得到呢，这次南行中，我竟意外地遇到了他！

谁？遇到了谁？

小元，亚女的弟弟小元。老岩的眼睛跳着一丝火花，我真没有想到。从六二年离开大龙溪，整整十七年了。这次去探亲，我原来打算绕道走一趟大龙溪，想悄悄地作一次故地重游，实际上还是想去凭吊一番。可是，我没想到，在火车上竟和小元不期而遇。当他叫出了我的名字时，我愣了许久，仔细地望着他的眼睛，终于认出来了。你知道，他的眼睛和亚女很相似。我怔怔地望着眼前这个神态沉稳的小伙子，真是百感交集！可是我从小元这双眼睛中，却寻不出凄怆的影子。我只知道，从亚女出事后，他就辍学回家了，这以后的十几年，你想想，他吃的苦，历受的艰辛，还会少么？可是，现在，在我面前的小元，没有半句诉苦的话，没有一点怨尤的神色。我特别没想到的是，这个模样平常、神态憨重的农村青年，现在竟是一名陶瓷工艺的设计师。这次，他是参加了省里的出口工艺品质量鉴定会后回家去，这把陶壶就是他带去的产品之一。原来，他们那一带已恢复了这项古老的工艺生产，陶器厂的产品还远销到国外，而这些古朴别致的产品花纹图案设计，竟出自他的一杆画笔。

哦，我算个什么美术师！小元脸孔红红地说，岩大哥，我现在稍微会画几笔，还不是您影响的么？您那年送给我们的画和笔，我至今还留着呢！您当年也许是无心插柳，可我总忘不了姐姐在时那些年，每天晚上她都要我照着您的画一笔一笔地描呀画呀的情景……您知道的，没底子、条件又差的人，只好死命地学呵，现在我还是画得不行。好在我这个美术设计是很简单的，但多少能体现我们传统的民族风格，所以在外贸市场上也受到欢迎呢！

小元这番喜悦而爽侃的话语，使我目瞪口呆。呵，作为亚女的弟弟小元，他在心灵深处何尝不珍藏着自己的怀念。可是，他没有沉沦，他用忠诚而积极的劳动默默地点燃着自己的一炷心香。我呢？我呢？

当我接过小元的赠品——这把陶壶后，我忽然改变了主意：我不去大龙溪了。是的，我像现在这样碌碌无为地前去，算个什么？难道我还好意思再去充当一个可怜而又可笑的吊客么？哦，我想以后我还会去的，可绝对不能像现在这样，绝对不！小谢，你说是么？

我还没来得及回答，蓬！一声，古朴奇巧的陶壶，腾地窜出一股雪白的蒸汽，水，又滚开了。

【导读】

作品中的大龙溪为现在玉环龙溪镇。

文学创作是作家对自我生命体验的反思和升华，它必然寄寓着作家的个人情结和生命信仰。《心香》作者叶文玲写到了特殊时代背景下的人物爱情遭遇，对当时社会劫难的揭示，是在诗的意境中展开的。美的东西消逝了，我们会心痛、难过，但是作品无意使人沉沦，是要激发出我们对美的追求、面对生活的勇气。

【思考与研讨】

故乡，对叶文玲而言是一处永远的人生港湾，是游子永远还不了的情债，是作家感情的根基，也是作家创作的源泉。请结合叶文玲的创作谈谈故乡对一个创作者的影响。

文 旦

王寒

霜降时节，果子熟了。霜降真是个好时节，好多果子都成熟于这个节气，南宋本土诗人戴昺的“果熟霜前树，鱼肥雨后溪”句，就很有秋天那种充实、喜庆的味道。

文旦三月现毫，四月含苞，七月结果，它现毫于乍暖还寒的时节，收获于霜降前后。谷雨前后，文旦开花，乳白色的花瓣，厚实含蓄，羞答答地藏在翠叶之下。文旦开起花来，有争先恐后的劲头，密密实实的，立夏前后，果农要为文旦树疏蕾，每一撮枝干上，挑出养分最足的花蕾留着，其余的悉数摘去，这样养分集中，能保证文旦的品质。果园里，果农手摘刀剪，白花立时委地。疏蕾后，果农用毛笔蘸着瓶中花粉，点施于文旦花的花蕊之中，简直比画家泼墨挥毫还要潇洒，这般景致，富有江南风情。

江南的女子，旧时用木槿叶子洗发，还用木槿花煎水洗脸，台州一些地方，把木槿花称之为洋皂花。也有用文旦花洗发的，《南方草木札记》的作者、散文家朱千华就说，桂乡女子用文旦花洗发，洗了后，满头青丝，轻柔顺滑。我没有试过，不敢妄言，但用此花洗头，想来满头青丝，必定带有柚花的清香。

霜降一到，丰收在望，可以采摘文旦了。果子经过霜打，甜分更足。一只只青黄的文旦，累累地垂挂着，一棵树上，七七八八会挂上百来只文旦，有时一根纤细的枝条上，就垂吊着两三只硕果，风一吹，似要掉下来的样子，让人着实替它捏了把汗，它似高明的杂技演员一样，晃动得颤颤巍巍，却把树枝抓得牢牢的。

新鲜的文旦，十分喜人，它吸收了一春一夏的阳光雨露，浑圆饱满。绿色的外皮，带着新鲜的金黄，像佳人正当盛年的风采，又似怀孕的少妇一样充实。中国四大名柚，是柚类的四大名旦，而玉环文旦则是其中的花魁。旧时，沪、杭店家出售文旦，多标明“楚门文旦”，以示出身名门。一方水土，出一方人，长一方花，也育一方果，作家车前子说：北方的地气浑然，浑得不无麻木，行个两三百里，杏子李子枣子的味道并没有多少变化，语言也大致相同。而到了南方，尤其是江南，地气顿时变得敏感，具体为事物为语言，等等等等就千差万别。车前子纳闷：无锡与苏州只隔了半小时的路程，无锡就能出上好的水蜜桃，而苏州为何就出不了？

文旦何尝不是这样呢？文旦长在玉环的大地上，结出的果子风味就特别佳，放别地，味道就寡淡。不过，话说起来，早年的玉环文旦没有这般风头，那时它还是土里吧唧的土种柚子，当地人称之为土栾。这土栾，皮厚囊小，不是酸涩，就是发苦，不堪食用，它生于乡野，无人搭理，直到遇上福建柚子，情投意合，一番嫁接，你中有我，我中有你，结成一段金玉良缘，也成就了这一南方佳果。

文旦的名字，有点特别，在戏曲中，旦指的女性。我喜欢刨根问底，好探个究竟，问当地的朋友，文旦的起名是否跟戏剧中的旦角有什么瓜葛。一问，好像还真有这么回事，玉环文旦是由一唱戏的花旦从福建带来的，播种于楚门龙岩山外张村一带。为了纪念这位美丽的旦角，遂以文旦命名。

柚类中出名的不少，不过，公认品质最好的还是玉环文旦，玉环文旦瓤肉脆嫩，酸甜可口，“中华第一柚”不是浪得虚名的。台州民间，凡秋冬佳节阖家团聚，少不了文旦，因为象征团圆与美满。霜降时节摘下的文旦，放之室内，香可盈室，闻着这舒爽的清香，恍惚间，还以为自己是在秋天的文旦园呢。文旦有个好处，极耐贮藏，是天然的水果罐头，可藏至翌年四月，这个时候的文旦，外表看上去，好像有点人老珠黄，果皮也因失了水分，变得皱巴巴的，但果肉依旧清香脆嫩。

玉环人善饮，他们的酒量真是吓人，我好几个朋友，号称千杯不醉的，到了玉环，都被玉环人放倒。酒醉后拿什么解酒呢？文旦瓤肉。除了解酒，小孩子积食，大人会把文旦皮切丝，煮成茶给孩子饮用。在各种水果中，文旦的皮算是最厚实的了，别嫌弃它皮厚，文旦的果皮可以做成茶饮。我最喜欢喝的柚子蜂蜜茶，就是用柚子皮和蜂蜜做的，甜中带酸，好喝极了。

除了做茶饮，文旦的果皮还可做菜，与鸭子焖烧，清香可口。还有一道菜，名叫柚皮扣，也是用文旦皮做的——把文旦的果皮，切成小块后，配以五花肉，加调料烹制，味道清鲜异常。不过，我更喜欢的是玉环文旦露，多文艺的名字啊，一听就是江南的美食，这道甜点在央视的《欢乐中国行》中露过脸，两位骨感的佳人董卿和萧亚轩，品尝了现做的“玉环文旦露”，直道味道赞。这个玉环文旦露，是以文旦壳为盛器，把文旦果肉撕成粒，用泡开的兰香子、西米和蒸熟的木瓜粒，勾芡装入，酸中有甜，甜中有酸，着实是秋天的好滋味呢。

【导读】

著名生物学家谈家桢品尝玉环文旦后，在纸上写下“柚中之王”四个大字。1995 年 9 月 5 日，著名的经济学家于光远为玉环文旦题了五个大字——“中华第一柚”。幽默风趣的作家王寒又是如何再现这枚南方佳果的色香味的呢?

【思考与研讨】

仿照贾祖璋的《南州六月荔枝丹》，为玉环文旦写一篇说明性的文字《玉环十月文旦香》。

第五单元　天台篇

诗词

舟中晓望①

唐 · 孟浩然

挂席②东南望，青山水国③遥。
舳舻④争利涉⑤，来往接⑥风潮⑦。
问我今何适⑧？天台访⑨石桥。
坐看霞色晓，疑是赤城标⑩。

【注释】

①晓：早上，早晨。望，遥望，远望。

②挂席：挂帆，扬帆。

③水国：犹水乡。

④舳舻（zhú lú）：指首尾衔接的船只。舳，指船尾；舻，指船头。

⑤利涉：出自《易经》“利涉大川”，意思是，卦象显吉，宜于远航。

⑥接：靠近，挨上。

⑦风潮：狂风怒潮。

⑧今何适：现在到哪儿去。

⑨访：造访，参观。

⑩赤城：赤城山，在天台县北，属于天台山的一部分。山中石色皆赤，状如云霞。标，山顶。

【导读】

孟浩然诗常常“遇景入咏，不钩奇抉异”（皮日休语），故诗味淡泊，往往叫人可意会而不可言传。这首诗，记录他自越州水程往游天台山的旅况，描写了途中的所见所感，表达了诗人的愉悦心情。虽似信笔写来，却首尾衔接，承转分明，章法圆紧；形象质朴，却又真彩内映；没有警句炼字，却有兴味贯串全篇。读来既有音乐之美，又洒脱自然。

【思考与研讨】

清沈德潜评孟浩然诗云："从静悟中得之，故语淡而味终不薄。"你同意这种评价吗？试说说理由。

琼 台①

唐 · 李白

龙楼凤阙②不肯住，飞腾直欲天台去。
碧玉连环八面山，山中亦有行人路。
青衣③约我游琼台，琪木④花芳九叶开。
天风飘香不点地，千片万片绝尘埃。
我来正当重九后，笑把烟霞俱抖擞。
明朝拂袖出紫微，壁上龙蛇⑤空自走。

【注释】

①琼台：峰名，在桐柏山西北百丈坑中，与双阙峰隔溪相望。

②龙楼凤阙：华丽的皇宫。

③青衣：仙人名。

④琪木：即乌饭，古人以为仙树。

⑤龙蛇：书法笔势蜿蜒盘曲。指题写告别词。

天台琼台仙谷

【导读】

李白曾多次登天台山，写下了许多好诗。本诗描写琼台胜景，多用夸张手法，富有浪漫主义色彩，表现了诗人豪迈洒脱的情怀。"龙楼凤阙不肯住，飞腾直欲天台去”，成为天台山绝佳的广告词。

【思考与研讨】

你的家乡一定也流传着名人的诗篇吧？请收集整理，选一句作为广告词，并说明选择的理由。

寄天台秀师①

唐 · 司空曙

天台瀑布寺②，传有白头师③。
幻迹示羸病④，空门无住持。
雪晴看鹤去，海夜与龙期⑤。
永愿亲瓶屦⑥，呈功得问疑。

【注释】

司空曙（约720—790），字文明，或作文初，广平（今河北永年县东南）人，唐代大历十才子之一。大历年进士，磊落有奇才，累官左拾遗，终水部郎中。家贫，性耿介，曾流寓长沙，迁谪江右。长于五律，其诗多为行旅赠别之作，朴素真挚，情感细腻，诗风闲雅疏淡。

①天台秀师：中唐时期天台僧人。

②瀑布寺：在天台山桐柏岭西瀑布之侧，为南朝古寺。

③白头师：指南朝隐居桐柏岭的东海法师徐泽。

④羸病：衰弱生病。

⑤海夜与龙期：传说深夜时可以相约东海之龙。

⑥瓶屦：僧人随身携带的芒鞋。

【导读】

本诗通过描写前代高人徐泽的灵异事件，以及桐柏岭的神奇景色，表达了自己仰慕天台山，想要跟随秀师修行的内心愿望。

【思考与研讨】

寄赠酬答诗是指那些用于送往迎来，表现士人交情过从的应酬诗。唐代有许多诗人写过这类诗，如初唐四杰、王维、杜甫等。请课外收集整理，分析这类诗的情感特征。

国清寺房中题壁

唐 · 释丰干

余自来天台，凡经几万回[①]。
一身如云水[②]，悠悠任去来。
逍遥绝无闹，忘机隆佛道[③]。
世途歧路心，众生多烦恼[④]。
兀兀沉浪海，漂漂轮三界[⑤]。
可惜一灵物，无始被境埋[⑥]。
电光瞥然起，生死纷尘埃[⑦]。
寒山特相访，拾得常往来。
论心话明月，太虚廓无碍[⑧]。
法界即无边，一法普遍该[⑨]。

【注释】

丰干，生卒年不详。唐代浙江天台国清寺高僧。本为粗役，性却好学，日则舂米供厨，夜则闭门吟读。能医，曾在京城为闾丘太守治病。能识人，于山中小道拾一弃儿，取名拾得，对诗僧寒山亦颇赏识。丰干、寒山、拾得三人，世称“国清三隐”“天台三圣”。国清寺前有丰干桥，即因丰干而得名。

①天台：天台山在浙江省东郡。陈隋之际高僧智者大师于此创立天

台宗。隋代敕建的国清寺是佛教天台宗的发源地。凡：总共。

天台国清寺

②云水：自由的行云流水。

③闹：嘈杂、喧扰。隆：崇尊，发扬。佛道：佛家的学说或原理。

④歧路心：心意歧异混乱，无定无向。众生：佛教名词，指所有有情感、有意识的生物，包括六道，即天、人、阿修罗、地狱、饿鬼、畜生六种。

⑤兀兀：同咽咽。用心劳苦貌。三界：佛教名词，指尘俗世界中有情众生存在的三种境界，即欲界、色界、无色界。

⑥灵物：有灵性的生物，此处指人。无始：不要。无通“毋”，始通“使”。

⑦瞥然：突然地，很快地。纷：多而杂乱。

⑧太虚：太上虚空，指天空。廓：广大，空洞。

⑨法界：佛教名词。界是种类，诸法一一差别，名为法界，指现象界的全体或指宇宙万物的本体。该：包括一切，尽备。该通“赅”。

【导读】

闾丘太守患病曾蒙丰干救治，后来他往国清寺拜访丰干，打听丰干住处时，知客僧指着后院，说其处荒僻，常有猛虎盘踞，时闻虎啸，只有丰干敢往。闾丘太守到后院，推开房门，但见地下尽是老虎足印，主人丰干却早已避之而去，房中壁上题有这首诗。此诗阐述了佛学道理，记述了佛隐生活，通俗明朗，具有明显的散文倾向。

【思考与研讨】

题壁诗是古代诗歌中的瑰宝，是一种值得研究的文化现象。请课外开展研究性学习，了解其载体、内容和类型等。

杳杳寒山道

唐 · 寒山

杳杳寒山道①，落落冷涧滨②。
啾啾常有鸟，寂寂更无人。
淅淅风吹面③，纷纷雪积身。
朝朝不见日，岁岁不知春。

【注释】

寒山，生卒年不详，字、号均不详，又称寒山子，长安人，隐居天台寒岩，唐代著名诗人。传说他以桦树皮作帽，破衣木屐，喜与群童戏，言语无度，人莫能测。常至国清寺，与寺僧丰干、拾得为友，将寺院残余饭菜倒进竹筒，背回寒石山维持生活。其诗通俗，表现山林逸趣与佛教出世思想，蕴含人生哲理，讥讽时态，同情贫民。后人辑有《寒山子诗集》。清代雍正皇帝封寒山为“和圣”、拾得为“合圣”，合称“和合二仙”。

①杳杳：幽暗状。寒山：始丰县（今浙江天台县西）天台山有寒暗二岩，寒山即寒岩，乃诗人所居。

②落落：寂静冷落的样子。

③淅淅：象声词，形容风声。一作“磧磧”。

【导读】

天台寒山湖

此诗写了诗人居住寒岩时所见的山路和周围的景致。先描述山道的形势和位置，再从声音上描摹寒山道的静寂宁远，而后从静态转向动态描画，表现顶风冒雪的自我形象，最后抒写诗人的情怀，情中见景。全诗用景物渲染气氛、以气氛烘托心情，大量使用叠字，使诗篇富于一种特殊的音乐美。

【思考与研讨】

这首诗最吸引你的是什么？试着探究一下，并分享阅读感受。

送天台僧

唐・贾岛

远梦归华顶，扁舟背岳阳。
寒蔬①修净食②，夜浪动禅床③。
雁过孤峰晓④，猿啼一树霜。
身心无别念，馀习在诗章。

【注释】

贾岛（779—843），唐代苦吟派诗人，字阆仙，唐朝河北道幽州范阳县（今河北省涿州）人。擅长五律，意境多孤苦荒凉，风格奇僻清峭。人称“诗奴”，与孟郊共称“郊寒岛瘦”，自号“碣石山人”。有诗文集《长江集》。

①寒蔬：寒天生长的蔬菜；冬天食用的蔬菜。南朝梁沈约《休沐寄怀》诗：“爨熟寒蔬翦，宾来春蚁浮。”

②净食：佛教用语。依佛戒，禁止比丘啖食生物。草、菜、瓜果等，必以火烧煮，或以刀、以爪甲除去皮核后食用，故称净食。

③禅床：坐禅之床。宋张元幹《喜迁莺令》词：“悬知洗盏径开尝，谁醉伴禅床。”

④晓：一作“晚”。

【导读】

此诗主要写设想僧人回天台后的修行生活情况。环境荒冷，生活清苦，却也清净。心若安宁，自有清欢。本诗语言质朴自然，感情纯真率直，于幽独中表现清美的意境。

【思考与研讨】

请解释颔联和颈联的意思，结合诗的主旨和意境，说说好在哪里。

玉楼春[1]·天台

宋·周邦彦

桃溪[2]不作从容住，秋藕绝来无续处[3]。当时相候赤阑桥[4]，今日独寻黄叶路。

烟中列岫[5]青无数，雁背夕阳红欲暮。人如风后入江云，情似雨馀粘地絮[6]。

【注释】

周邦彦（1056—1121），北宋词人。字美成，号清真居士，钱塘（今浙江杭州）人。少年时性疏散，喜读书。徽宗时，提举大晟府（最高音乐机关）。精通音律，曾创作不少新词调。作品多写闺情、羁旅。格律谨严，语言曲丽精雅，长调尤善铺叙。作品在婉约词人中长期被尊为“正宗”。旧时词论称他为“词家之冠”或“词中老杜”。有《清真居士集》，已佚，今存《片玉集》。

①玉楼春：词牌名，亦称《木兰花》等。双调五十六字，前后阕格式相同，各三仄韵，一韵到底。

②桃溪：《幽明录》记载刘晨、阮肇入桃源遇仙的故事中写“山上有桃树，山下有一大溪”。

③秋藕绝来无续处：“秋藕”与“桃溪”，约略相对，不必工稳。俗语所谓“藕断丝连”，这里说藕断而丝不连。

④赤阑桥：顾况《题叶道士山房》：“水边垂柳赤栏桥。”赤阑桥未言杨柳，是春景却不说破。

⑤列岫：陈元龙注引《文选》“窗中列远岫”。这里宕开，写远山景如画。

⑥“情似雨”句：晏几道《玉楼春》有词句“便教春思乱如云，莫管世情轻似絮”。本词上句意略异，取譬同，下句所比亦同，而意却相反。

【导读】

此词以仙凡恋爱的故事起头，写词人与情人分别之后，旧地重游而引起的怅惘之情。全词纯用对句，凝重之外而兼流丽风姿。字字含情，前后照应，累累如贯珠。陈廷焯《白雨斋词话》评此词云“似拙实工”，又说“上言人不能留，下言情不能已，呆作两譬，别饶姿态”。

【思考与研讨】

王又华《古今词论》称周词是“词家神品”。王国维《人间词话》说：“美成深远之致，不及欧、秦，唯言情体物，穷极工巧，故不失为第一流之作者。”请品读这首词，写一段赏析文字。

天台道中

宋·释惠崇

满川梨雪照斜曛①，野水交流路不分②。
隔岸一声牛背笛③，和风吹落渡头云④。

【注释】

惠崇（965—1017），福建建阳人，北宋僧人，擅诗、画。专精五律，多写自然小景。忌用典，尚白描，力求精工莹洁。诗风清俊潇洒，明朗豪迈，颇为欧阳修等大家称道。苏轼为惠崇画作《春江晚景》的题诗，名传千古。

①梨雪：指梨树上开满了白花，似笼罩着一片白雪。斜曛：斜日。曛，指日落时的微光或日落黄昏之时，此取前义。

②“野水”句：谓春夏间，溪水溢涨得使道路都分不清了。

③牛背笛：指牧童骑在牛背上吹笛。

④“和风”句：谓笛声随风而去，直达云端。云之飘落，似被笛声吹落，此系极度夸张的形象写法。

【导读】

天台山是佛门弟子心向往之的一座圣山。它是五百罗汉的道场，中国汉地佛教最早创立的宗派——天台宗的发源地。国清寺是僧徒渴望瞻仰的一座名寺。惠崇便是在朝觐天台山国清寺的路上写下了这首名诗。此诗写春夏之交，浙东水乡风光。日将西落，远水迷茫，一派农家乐景象。有意境，有韵味，情调清雅，旋律悠扬。

【思考与研讨】

请选择你最喜欢的一句诗，结合诗境，将它改写成一段散文。

【南吕】四块玉·天台路

元·马致远

采药童，乘鸾客[①]，怨感刘郎下天台。春风再到人何在？桃花又不见开[②]。命薄的穷秀才，谁教你回去来？

【注释】

马致远（约 1251—约 1324），字千里，晚号东篱，大都（今北京）人，原籍河北省东光县马祠堂村，元代杂剧家、散曲家，被后人誉为“马神仙”，还有“曲状元”之称，与关汉卿、白朴、郑光祖并称“元曲四大家”。年轻时热衷功名，但仕途坎坷，晚年不满时政，隐居田园，以衔杯击缶自娱。作品《天净沙·秋思》被称为秋思之祖。杂剧以《汉宫秋》最著名。散曲集有《东篱乐府》。

①乘鸾客：传说春秋时秦有萧史善吹箫，得到秦穆公之女弄玉的爱慕，结为夫妇。萧史教弄玉学箫作凤鸣声，后凤凰飞止其屋，夫妇俱乘凤凰升天而去。后世以“乘鸾”比喻成仙或得佳偶。

②“春风”二句：相传唐代崔护清明郊游，至村居求饮。有一女郎持水至，含情脉脉，倚桃花而立。第二年清明再访，则门庭如故，人去室空。因题诗曰：“去年今日此门中，人面桃花相映红。人面不知何处去，桃花依旧笑春风。”这里绾合刘阮重入天台访仙之事，写其失望怨悔之情。

【导读】

这支小令咏刘晨入天台事。传说东汉末年，剡县人刘晨、阮肇入天台山采药，遇二仙女，结为夫妇，共居半年，及至回乡，子孙已历七世。此曲以对比的手法抒怀。刘晨由“采药童”成为“乘鸾客”，写仙境令人向往。待到下天台，离开仙境，却世事皆非。重返天台，却又有“花不开”“人何在？”的悲凉。结尾以反问句，增强情感力度。全曲表达了作者对现实人世的嫌恶和胸中的激愤之情。

【思考与研讨】

朱权《太和正音谱》评价：“马东篱之词，如朝阳鸣凤。其词典雅清丽。”何良俊《四友斋丛说》说：“马之辞老健而乏滋媚。”从此曲看，你同意他们的评价吗？请做简要分析。

【中吕】红绣鞋·天台瀑布寺①

元·张可久

绝顶峰攒雪剑②，悬崖水挂冰帘③。倚树哀猿弄云尖④。血华啼杜宇⑤，阴洞吼飞廉⑥。比人心，山未险。

【注释】

张可久（约 1270—约 1350），字小山（《录鬼簿》），庆元（浙江宁波）人，元朝重要散曲家，剧作家，与张养浩合为“二张”。现存小令 800 余首，为元曲作家最多者。他仕途失意，诗酒消磨，徜徉山水，作品大多记游怀古、赠答唱和。擅长写景状物，刻意于炼字断句。讲求对仗协律，风格清丽典雅。

①天台：山名，山有石梁瀑布，附近有方广寺。

②绝顶峰攒雪剑：形容山峰尖削、高寒，好像聚集着一排寒光闪闪的剑。攒：聚积。雪剑：寒光闪烁的宝剑，喻群峰。

③冰帘：指瀑布。

④弄云尖：指猿在白云缭绕的山巅啼叫、嬉戏。

⑤“血华”句：即“杜宇啼血华”，谓杜鹃啼血，鲜血变成了鲜红的杜鹃花。华，同“花”。

⑥飞廉：风伯，传说中的风神，此指风。

【导读】

此曲写天台瀑布的壮观，突出其高险，并连类取譬，针砭世情，将写景和讽世结合一起，独出一格。全曲立意奇特，构思奇妙：名为写“寺”，笔墨并非在“寺”；看似写“山”，意又不在“山”。当险恶的山林染尽恐怖气氛时，笔锋一转，“比人心，山未险”一句戛然而止，看似突兀，实则意味无穷。其发人深思并痛恨人心险恶的力度，实有四两拨千斤之功效。笔势峭拔雄健，景观瑰奇，针砭有力。末句画龙点睛，振起全篇，近乎词中豪放一派。

天台方广寺旁的石梁飞瀑

【思考与研讨】

将此曲与乔吉的《双调·水仙子·重观瀑布》对读，说说这两首曲子在表现内容、艺术手法上有何异同。

清溪[1]落雁

元·曹文晦

清溪溪口荻花[2]秋，底事年年伴白鸥[3]。
北去不辞书帛寄[4]，南来非为稻粱谋[5]。
荒烟渺渺[6]长桥外，落叶萧萧古渡头。

见说洞庭风月⑦好，碧波千顷少渔舟。

【注释】

曹文晦，生卒年不详，元代天台人，字伯辉，号新山道人。不乐仕进，优游山水，筑室赤城。与刘基以诗唱和，著作有《新山稿》。少颖悟多识，而雅尚萧散。好吟咏，大有情致。鄞邑令许广大聘为儒学教谕，辞不赴。

①清溪：在天台县城西，谢灵运诗句“旦发青溪阴”指此。源出洞天山，流入始丰溪。平沙浅濑，葭苇丛生。秋天有鸣雁栖此。

②荻花：多年生草本植物，生在水边，叶子长形，似芦苇，秋天开紫花。

③底事：何事。伴白鸥：喻隐者悠闲自在的生活。

④书帛寄：相传大雁能传寄书信。

⑤稻粱谋：本指禽鸟寻觅食物，多用以比喻人谋求衣食。

⑥渺渺：水势浩大的样子。

⑦风月：清风明月。泛指美好的景色。

【导读】

本诗描写了清溪优美的环境，富有画意。溪边荻花，江上渔舟，天空白鸥，落叶长桥，色彩鲜明，动静相宜，构思巧妙，意境优美，是一幅美丽的清溪秋景图。诗作寄托了作者爱自由、爱自然的情怀，体现了他高远冲澹、悠然脱俗的意趣。

【思考与研讨】

反复诵读本诗，展开想象，让作者描摹的情景在你的脑海中浮现出来。

文章

游天台山赋（并序）

晋·孙绰

天台山者，盖山岳之神秀者也[①]。涉海则有方丈、蓬莱[②]，登陆则有四明、天台[③]。皆玄圣之所游化，灵仙之所窟宅[④]。夫其峻极之状、嘉祥之美，穷山海之瑰富，尽人情之壮丽矣。所以不列于五岳、阙载于常典者，岂不以所立冥奥，其路幽迥[⑤]。或倒景于重溟，或匿峰于千岭；始经魑魅之涂，卒践无人之境；举世罕能登陟，王者莫由禋祀，故事绝于常篇，名标于奇纪[⑥]。

【注释】

孙绰（314—371），字兴公，太原中都（今山西平遥）人，东晋文学家、书法家，玄言诗派代表人物。博学善文，早年居会稽，放旷山水，参与王羲之兰亭集会，累官至廷尉。其赋以《游天台山赋》最为出名。善写碑文，为世人推崇。尤工书法，张怀瓘《书断》列入第四等。辑有《孙廷尉集》。

①盖：发语词。

②方丈、蓬莱：神话传说中的海外仙山，与瀛州合称为三仙山。

③四明：山名，在浙江省宁波市西南，有着第二庐山之称。

④玄圣：指仙人。游化：谓游行各处而教化之。窟宅：洞窟宅所，亦指居住、盘踞。

⑤五岳：中国五大名山的总称，东岳泰山、西岳华山、南岳衡山、北岳恒山、中岳嵩山。阙：通“缺”，空缺。冥奥：昏暗幽深。

⑥重溟：指海。魑魅：传说中山林里能害人的怪物。陟：登。

然图像之兴，岂虚也哉！夫遗世玩道、绝粒茹芝者，乌能轻举而宅之[①]？非夫远寄冥搜[②]、笃信通神者，何肯遥想而存之？余所以驰神[③]运思，昼咏宵兴，俯仰之间，若已再升者也。方解缨络，永托兹岭。不任吟想之至，聊奋藻以散怀[④]。

【注释】

①绝粒：即辟谷。道家以不火食，不进五谷为修炼方法，称绝粒。茹芝：吃灵芝草。

②冥搜：尽力寻找搜集。

③驰神：驰思，遐想。

④缨络：珠宝缀成的饰物，比喻世俗的束缚。聊：姑且。奋藻：奋力运用文采。

太虚辽阔而无阂[①]，运自然之妙有。融而为川渎，结而为山阜。嗟台岳之所奇挺，实神明之所扶持。荫牛宿以曜峰，托灵越以正基[②]。结根弥于华岳，直指高于九嶷[③]。应配天以唐典，齐峻极于周诗[④]。邈彼绝域，幽邃窈窕[⑤]。近智以守见而不之，之者以路绝而莫晓。哂[⑥]夏虫之疑冰，整轻翮而思矫[⑦]。理无隐而不彰，启二奇以示兆。赤城霞起而建标，瀑布飞流以界道。

【注释】

①太虚：指天空。阂：阻隔不通。

②台岳：指天台山。牛宿：牵牛星。曜（yào）：照耀。灵越：越地神灵。

③九嶷：即九嶷山，又名苍梧山。

④唐典：尧唐的典制。周诗：指《诗经》，因其为周代诗歌，故称之。

⑤绝域：与外界隔绝之地。

⑥哂：嘲笑。

⑦翮：禽鸟羽毛中间的硬管，代指鸟翼。

睹灵验[①]而遂阻，忽乎吾之将行。仍羽人[②]于丹丘，寻不死之福庭。苟台岭[③]之可攀，亦何羡于层城？释域中之常恋，畅超然之高情。被毛褐[④]之森森，振金策之铃铃。披荒榛之蒙笼[⑤]，陟峭崿之峥嵘。济楢溪而直进，落五界[⑥]而迅征。跨穹窿之悬磴[⑦]，临万丈之绝冥。践莓苔之滑石，搏壁立之翠屏。揽樛木之长萝，援葛藟[⑧]之飞茎。虽一冒于垂堂[⑨]，乃永存乎长生。必契诚于幽昧[⑩]，履重崄而逾平。

【注释】

①灵验：神奇的效应。

②羽人：古代神话中的飞仙。

③台岭：指天台山。

④毛褐：兽毛或粗麻制成的短衣。

⑤蒙笼：草木茂盛貌。

⑥五界：佛教分世界为天、地、人、鬼、修罗五界。

⑦悬磴：指石桥。

⑧葛藟：葡萄科植物，果实味酸，不能生食，根、茎和果实供药用。

⑨垂堂：靠近堂屋檐下。

⑩幽昧：昏暗不明。

既克嶒于九折[①]，路威夷而修通。恣心目之寥朗[②]，任缓步之从容。藉萋萋之纤草[③]，荫落落之长松。觌翔鸾[④]之裔裔，听鸣凤之邑邑。过灵溪[⑤]而一濯，疏烦不想于心胸。荡遗尘[⑥]于旋流，发五盖之游蒙。追羲农之绝轨，蹑二老之玄踪。

【注释】

①克嶒于九折：谓能令山成就多曲折状。

②寥朗：空阔明朗。

③纤草：细草。

④翔鸾：飞鸾。

⑤灵溪：灵秀的小溪。

⑥遗尘：指残留的灰尘。

陟降[①]信宿，迄于仙都。双阙[②]云竦以夹路，琼台中天而悬居。朱阁[③]玲珑于林间，玉堂阴映于高隅。彤云[④]斐亹以翼棂，皦日炯晃于绮疏。八桂[⑤]森挺以凌霜，五芝含秀而晨敷。惠风[⑥]伫芳于阳林，醴泉涌溜于阴渠。建木[⑦]灭景于千寻，琪树璀璨而垂珠。王乔[⑧]控鹤以冲天，应真飞锡以蹑虚。驰神辔[⑨]之挥霍，忽出有而入无。

【注释】

①陟降：指上下，或往来。

②双阙：两相邻之山峰如古代宫殿之双阙。

③朱阁：红色的楼阁。

④彤云：指密布的阴云。

⑤八桂：《山海经·海内南经》："桂林八树，在贲隅东。"郭璞注曰："八树而成林，言其大也。贲隅，今番禺县。"

⑥惠风：柔和的风。

⑦建木：传说中木名。生天地之中，高百仞，众神缘之上天。

⑧王乔：古代神话人物、道教崇奉的神仙。即王子乔，周灵王的太子、王氏始祖。相传是蜀人，在邢台为柏城（今隆尧柏城人）县令数年，后弃官在邢台隆尧的宣务山修炼道术，得道后骑白鹤升天。

⑨辔：驾驭牲口的嚼子和缰绳。神辔：神仙用的御马用具。

于是游览[①]既周，体静心闲。害马[②]已去，世事都捐。投刃皆虚[③]，目牛无全。凝思幽岩[④]，朗咏长川。尔乃羲和[⑤]亭午，游气高褰。法鼓琅以振响，众香馥以扬烟。肆觐[⑥]天宗，爰集通仙。挹以玄玉[⑦]之膏，嗽以华池之泉。散以象外之说，畅以无生之篇。悟遗有之不尽，觉涉无之有间。泯色空[③]以合迹，忽即有而得玄。释二名之同出，消一无于三幡。恣语乐[⑨]以终日，等寂默于不言。浑万象以冥观，兀同体于自然。

【注释】

①游览：从容地到各处参观、欣赏名胜风景等。

②害马：害群之马。后指危害集体的人。

③投刃皆虚：比喻处理事务得心应手。

④幽岩：幽静的山石。

⑤羲和：中国古代神话传说中人物，是驾御日车的神。

⑥肆觐：原谓以礼见东方诸国之君，后常用为语典，以称见天子或诸侯之礼。

⑦玄玉：黑色的玉。

⑧色空：指现实与虚无。

⑨语乐：指语言和音乐。

【导读】

《游天台山赋》是孙绰在永嘉太守的任上所作的一篇赋，并非真实游记，而是他所向往的山水佳境。此赋不是将天台山作旁观、静止的描写，而是紧紧围绕一个“游”字，循着作者的游踪，将千姿百态的景色，步步展现在读者眼前，构成一幅幅色彩鲜明的图画。全赋工巧骈骊，无滞涩之病。想象丰富，波澜起伏，意奇语新，景物摹写更显得情采飞动，可谓有摇笔散珠，动墨横锦之妙。清代洪若皋《天台纪游诗自序》云：“读孙公之赋，声贬金石。”

【思考与研讨】

铺叙、渲染、夸张是赋体的特征。结合苏轼的《赤壁赋》、杜牧的《阿房宫赋》等文章，反复诵读本文，仔细体会赋体的特征。

与梵才[①]大师帖

宋 · 林逋

累日前，辱惠长韵一章[②]，并出示古、律诗一集，共百余篇。某累年弃去笔墨，忽忽惟省，心腑间如未知有诗雅之趣。一得上人高句之辱，良用叹服，虽病且慵，读之三四过而不欲已[③]。然殊喜见古调者，岂仆向之所尚或泥于古耶？

且天台不独甲于东南，实为天下之胜，千峰万壑，山水重深，云霞猿鸟之清绝，高木秀草之瑰奇[④]，复居其间作高僧，能用声诗写状其融结[⑤]之精妙，以内适我真常之性[⑥]，其为乐可量耶？

风霜摇落，园卉加芜，独坐虚斋，颇觉岑寂[⑦]。然不饮酒茹荤，亦复罕睡，庶[⑧]时接清谈，啜佳茗，以为慰慕也。

【注释】

林逋（967—1028），字君复，钱塘（今浙江杭州）人。归隐结庐于西湖孤山，终生不仕不娶，“以梅为妻，以鹤为子”，人称“梅妻鹤子”，真宗赐号“和靖处士”。善行草书，诗风孤峭澄淡。其“疏影横斜水清浅，暗香浮动月黄昏”为写梅之千古绝唱。

①梵才：即长吉，天台山高僧。擅诗，与林逋、宋庠等交善，互有酬唱。作有《桐柏观》等。有诗集、帖、书信。

②累日前：数日前。辱惠长韵一章：承蒙赐给我长诗一篇。

③慵：懒散。过：遍。

④瑰奇：瑰丽奇特。

⑤融结：融合凝聚，语出孙绰《游天台山赋》：“融而为川渎，结而为山阜。”

⑥真常之性：犹真性、佛性。

⑦岑寂：寂寞。

⑧庶：表希望之词。

【导读】

这是隐士与高僧诗书往来的一封信，从中可以看出二人之间互相想念倾慕之情。行文高度评价了天台的神秀山水，并为梵才能居住在这样的佛国仙山中其乐无穷而感到欣喜。其实诗人何尝不想亲往一游。在《送僧游天台》里，就用“金策若回聊为说，慰予终老爱山心”来表达自己的渴望。只是目前还只能以“时接清谈啜佳茗，以为慰慕”而已。论者以为“此信用语精工、简洁，状物、写景、抒怀，都能透现出一种冲淡的意趣”，显其隐逸诗人的本来面目。

天台塔头寺一角

【思考与研讨】

联系上下文，“风霜摇落，园卉加芜，独坐虚斋”几句，表现了诗人的一种什么境界？“庶时接清谈，啜佳茗”的情景，与刘禹锡《陋室铭》中的哪两句有相同的意境？

游天台山日记

明 · 徐霞客

癸丑①之三月晦②，自宁海出西门。云散日朗，人意山光，俱有喜态。三十里，至梁隍山③。闻此地於菟④夹道⑤，月伤数十人，遂止宿。

【注释】

徐霞客（1587—1641），名弘祖，字振之，号霞客，江阴（今江苏江阴）人，明代地理学家、旅行家。自幼好学，博览群书，欲“问奇于名山大川”。21岁开始专心旅行，30多年间历尽艰险，足迹南至云、贵、两广，北到燕、晋，遍及现在的19个省区。有《徐霞客游记》。

①癸丑：即万历四十一年（1613）。

②晦：农历每月最末一天。

③梁隍山：又称梁皇山，在浙江省宁海县西南。

④於菟：老虎的别称。

⑤夹道：沿途，一路上。

四月初一日，早雨。行十五里，路有歧，马首西向台山，天色渐霁①。又十里，抵松门岭，山峻路滑，舍骑步行。自奉化②来，虽越岭数重，皆循山麓；至此迂回临陟③，俱在山脊。而雨后新霁，泉声山色，往复创变，翠丛中山鹃④映发，令人攀历忘苦。又十五里，饭于筋竹庵。山顶随处种麦。从筋竹岭南行，则向国清⑤大路。适有国清僧云峰同饭，言此抵石梁，山险路长，行李不便，不若以轻装往，而重担向国清相待。余然之，令担夫随云峰往国清，余与莲舟⑥上人就石梁道。行五里，过筋竹岭⑦。岭旁多短松，老干屈曲，根叶苍秀，俱吾阊门⑧盆中物也。又三十余里，抵弥陀庵。上下高岭，深山荒寂，恐藏虎，故草木俱焚去。泉轰风动，路绝旅人。庵在万山坳⑨中，路荒且长，适当其半，可饭可宿。

【注释】

①霁：雨止天晴。

②奉化：明为县，隶宁波府，即今浙江奉化。

③临陟：攀登。

④山鹃：指山岭上盛开的杜鹃花，又称映山红。

⑤国清：国清寺，在天台县城北 3.5 公里的天台山麓。

⑥莲舟：江阴迎福寺僧人。

⑦筋竹岭：应即今金岭，在宁海、天台两县界上。

⑧阊门：苏州的一个城门，这里指代苏州。

⑨坳：山间洼下的地方。

初二日，饭后，雨始止。遂越潦攀岭，溪石渐幽。二十里，暮抵天封寺[①]。卧念晨上峰顶，以朗霁为缘，盖连日晚霁，并无晓晴。及五更梦中，闻明星满天，喜不成寐。

【注释】

①天封寺：今仍称天封，在天台县东北境。

初三日，晨起，果日光烨烨[①]，决策向顶。上数里，至华顶庵；又三里，将近顶，为太白堂，俱无可观。闻堂左下有黄经洞，乃从小径。二里，俯见一突石，颇觉秀蔚。至则一发僧结庵于前，恐风自洞来，以石甃[②]塞其门，大为叹惋。复上至太白[③]，循路登绝顶[④]。荒草靡靡[⑤]，山高风冽，草上结霜高寸许，而四山回映，琪花玉树[⑥]，玲珑弥望。岭角山花盛开，顶上反不吐色，盖为高寒所勒耳。

【注释】

①烨烨：明亮灿烂的样子。

②甃：砌。

③太白：即太白堂，相传为李白读书处。

④绝顶：华顶峰，在天台县东北境，为天台山绝顶，海拔 1098 米。峰下有善兴寺，即华顶寺。

⑤靡靡：风吹草偃的样子。

⑥琪花玉树：古人想象中仙境里的花木。

仍下华顶庵，过池边小桥，越三岭。溪回山合，木石森丽，一转一奇，殊慊[①]所望。二十里，过上方广，至石梁，礼佛昙花亭，不暇细观飞瀑。下至下方广，仰视石梁飞瀑，忽在天际。闻断桥、珠帘尤胜，僧言饭后行犹及往返，遂由仙筏桥向山后。越一岭，沿涧八九里，水瀑从石门泻下，旋转三曲。上层为断桥，两石斜合，水碎进石间，汇转入潭；中层两石对峙如门，水为门束，势甚怒；下层潭口颇阔，泻处如阈[②]，水从坳中斜下。三级俱高数丈，各极神奇，但循级而下，宛转处为曲所遮，不能一望尽收。又里许，为珠帘水，水倾下处甚平阔，其势散缓，滔滔汩汩。余赤足跳草莽中，揉木缘崖，莲舟不能从。暝色[③]四下，始返。停足仙筏桥，观石梁卧虹，飞瀑喷雪，几不欲卧。

【注释】

①慊：满足。

②阈：门槛。

③暝色：夜色。

初四日，天山一碧如黛。不暇晨餐，即循仙筏上昙花亭，石梁[①]即在亭外。梁阔尺余，长三丈，架两山坳间。两飞瀑从亭左来，至桥乃合流下坠，雷轰河隤[②]，百丈不止。余从梁上行，下瞰深潭，毛骨俱悚。梁尽，即为大石所隔，不能达前山，乃还。过昙花，入上方广寺。循寺前溪，复至隔山大石上，坐观石梁。为下寺僧促饭，乃去。饭后，十五里，抵万年寺[③]，登藏经阁。阁两重，有南北经两藏。寺前后多古杉，悉三人围，鹤巢于上，传声嘹呖[④]，亦山中一清响也。是日，余欲向桐柏宫，觅琼台、双阙，路多迷津，遂谋向国清。国清去万年四十里，中过龙王堂[⑤]。每下一岭，余谓已在平地，及下数重，势犹未止，始悟华顶之高，去天非远！日暮，入国清，与云峰相见，如遇故知，与商探奇次第。云峰言："名胜无如两岩，虽远，可以骑行。先两岩而后步至桃源[⑥]，抵桐柏，则翠壁、赤城，可一览收矣。"

【注释】

①梁：桥。石梁：在中方广。山腰有衔接两山的天然石梁，长约7米，中央隆起如龟背，狭处仅半尺左右。水有两源，东为金溪，西为大兴坑溪，合流后自梁底向下飞坠。

②隤：坠落。

③万年寺：在八峰山，晋兴宁（363—365）年间高僧昙猷创建。

④嘹呖：形容声音响亮而清远。

⑤龙王堂：今作龙皇堂，在天台县北境。

⑥桃源：即桃源洞，又名刘阮洞，即传说中刘晨、阮肇入天台山采药遇仙处。

初五日，有雨色，不顾，取寒、明两岩道，由寺向西门觅骑。骑至，雨亦至。五十里至步头，雨止，骑去。二里，入山，峰萦水映，木秀石奇，意甚乐之。一溪从东阳[①]来，势甚急，大若曹娥[②]。四顾无筏，负奴背而涉。深过于膝，移渡一涧，几一时。三里，至明岩。明岩为寒山、拾得隐身地[③]，两山回曲，《志》[④]所谓八寸关也。入关，则四围峭壁如城。最后，洞深数丈，广容数百人。洞外，左有两岩，皆在半壁；右有石笋突耸，上齐石壁，相去一线，青松紫蕊，蓊苁[⑤]于上，恰与左岩相对，可称奇绝。出八寸关，复上一岩，亦左向。来时仰望如一隙，及登其上，明敞容数百人。岩中一井，曰仙人井，浅而不可竭。岩外一特石，高数丈，上岐立如两人，僧指为寒山、拾得云。入寺。饭后云阴溃散，新月在天，人在回崖顶上，对之清光溢壁。

【注释】

①东阳：明为县，隶金华府，即今浙江东阳。一溪即始丰溪，今名同。

②曹娥：今仍名曹娥江，源自天台山北麓，往北流经新昌、嵊州、上虞入杭州湾。

③寒山、拾得：参见《杳杳寒山道》注释。

④《志》：指《大明一统志》。下同。

⑤蓊苁：草木茂盛。

初六日凌晨出寺，六七里至寒岩。石壁直上如劈，仰视空中，洞穴甚多。岩半有一洞，阔八十步，深百余步，平展明朗。循岩右行，从石隘仰登。岩坳有两石对耸，下分上连，为鹊桥，亦可与方广石梁争奇，但少飞瀑直下耳。还饭僧舍，觅筏渡一溪。循溪行山下，一带峭壁巉崖，草木盘垂其上，内多海棠、紫荆，映荫溪色。香风来处，玉兰芳草，处处不绝。已至一山嘴，石壁直竖涧底，涧深流驶，旁无余地。壁上凿孔以行，孔中仅容半趾，逼身而过，神魄为动。自寒岩十五里至步头，从小路向桃源。桃源在护国寺旁，寺已废，土人茫无知者。随云峰莽行曲路中，日已堕，竟无宿处，乃复问至坪头潭[①]。潭去步头仅二十里，今从小路，反迂回三十余里宿，信桃源误入也！

【注释】

①坪头潭：即今平镇，在天台县西境，始丰溪北岸。

初七日，自坪头潭行曲路中三十余里，渡溪入山。又四五里，山口渐夹，有馆曰桃花坞。循深潭而行，潭水澄碧，飞泉自上来注，为鸣玉涧。涧随山转，人随涧行。两旁山皆石骨，攒峦夹翠，涉目成赏，大抵胜在寒、明两岩间。涧穷路绝，一瀑从山坳泻下，势甚纵横。出饭馆中，循坞[1]东南行，越两岭，寻所谓"琼台""双阙"[2]，竟无知者。去数里，访知在山顶。与云峰循路攀援，始达其巅。下视峭削环转，一如桃源，而翠壁万丈过之。峰头中断，即为双阙；双阙所夹而环者，即为琼台。台三面绝壁，后转即连双阙。余在对阙，日暮不及复登，然胜已一日尽矣。遂下山，从赤城后还国清，凡三十里。

【注释】

①坞：四面高中间低的山洼。

②阙：古代宫殿、祠庙、陵墓前面的建筑物。先筑高台，上修楼观，通常左右各一，中央缺而为道，故称"阙"或"双阙"。此处形容天然峰崖如一对阙楼，故得名"双阙"。

初八日，离国清，从山后五里登赤城[1]。赤城山顶圆壁特起，望之如城，而石色微赤。岩穴为僧舍凌杂，尽掩天趣。所谓玉京洞、金钱池、洗肠井，俱无甚奇。

【注释】

①赤城：为天台山支阜，在天台县西北3.5公里，高339米。上有石洞12个，以紫云洞和玉京洞最著名，山顶有赤城塔。

【导读】

《游天台山日记》是《徐霞客游记》的首篇，记叙作者初游天台山的情况。本文对天台山做了全景式的描写，基本上反映了天台山的全貌，比较详细地记叙了前后九天游览的过程。描绘了华顶峰、断桥、珠帘瀑布、明岩石洞、寒岩、琼台等各景。喜用四字句，往往成二二式结构，或上下句对称，显得典雅而匀整。语言清新朴素，简练优美，生动而传神。从此篇可以看出徐霞客游记的基本风格。

天台石梁飞瀑

【思考与研讨】

古代有许多著名的山水游记散文，如柳宗元的“永州八记”等。你读过哪些游记？试收集整理，并总结其特色。

游苍山龙潭记

清·齐周华

山行竣，欲访冯夷①幽宫。于戊申②十月五日，自天马饮泉谒始祖墓，回宿葛姥，柱道宝花古寺。寺山枯老，石颇秀润，择红、白二色袖之。出寺西行十里，经榧树谢氏村落，会谢元展先生。止宿殷勤，相与登楼小酌。而东苍一扇，即障村后，爽气已先入户窥人矣。急欲就道，主人以迫暮不肯放，遂觉一夜间如笼中鸷鸟，左翔右触，精神都出笼外飞舞。质明③，又大雾迷离，人面莫辨，取尤展成④《西堂杂俎》一解躁性。少霁，便挈伴东行。

【注释】

齐周华（1698—1767），字漆若，号巨山，天台县城龙门坦人。其人秉性刚直，因病跛不谐于俗，自号独孤跛仙。文有奇气，书法钟、王，余事作花鸟，灵动有致。所著书籍唯《名山藏副本》初集传世。民国期间，浙人将他与黄宗羲、吕留良、杭世骏合称“四贤”，于杭州里西湖建“四贤祠”。沈德潜称他“动经年岁，似江阴之徐霞客”。他的《台岳天台山游记》近 14000 字，堪称“台岳全图”。

①冯夷：传说中的河神。

②戊申：乾隆四十七年，即公元 1728 年。

③质明：天刚亮。

④尤展成：尤侗（1618—1704），字同人、展成，号艮斋、西堂老人，清长洲（今江苏苏州）人。康熙中试博学鸿词，授检讨，分修《明史》，后告归。天才富赡，诗文多新警之思。又工词曲，著有传奇杂剧合集《西堂曲腋》。另有《鹤栖堂文集》《西堂杂俎》等。

将至龙王堂①，舍桥向北觅樵路。路逢生客，第一潭②卤莽蹉过。逾岭，下溪涧，见两翠壁，青玄夹暎③，水石奇峭，知山灵欲造龙潭，特先辟门径也。随涧屈曲，走石上如雀跃。得龙潭，潭沉郁古奥。水自高泻下如白虹，两崖树木盘护，自非凡境。然予于石梁、紫凝、铜壶、瀑水岭、仙人桥数处，久已腹果，此一染指便足。取涧侧狭道上，俗名棺材衖④。过此一二里，又有潭二三，约类前所见，足供临眺。而草菰⑤黏衣，殊败人意。因坐潭上刷之，掬湍流止渴，啖干枣数枚，再整履，探五潭消息。秋兰馥馥，香气逼人，拨青丛力索，而兰幽草茂，目眩南分，仅得二三本。前望烟光萦树，出自炭窑，急欲相就，反误入恶道，竟在岩檐藤络中，如猿、如猱、如狐鼠，匍匐行半里，遂使从前赏心好景，碌碌俱销。肺渴甚，居人煮茗相饷，不意兴过卢仝[6]。随指小径得五潭[7]。数丈危崖，中凹，旁隆起，如古瓦，如半筒竹，直立潭上，一练挂其中，作狮子吼。潭下岩石滑泽，水滚出不浓细响。潘稼堂[8]记此谓："龙之性情，嗜欲如是。"可谓传神之笔。一路所阅，潭不止九，而此才称五，想拔尤而言也。

【注释】

①龙王堂：在坦头镇苍宝片，与石梁镇所在地龙皇堂异。

②第一潭：俗称"缄丝潭"，沉一绞纱线不能到底，故名。

③暎：同"映"。

④衖：同"巷"。

⑤草蔴：蔓草。

⑥卢仝：饮茶专家。

⑦五潭：俗称"蜂桶潭"。

⑧潘稼堂：潘耒（1646—1708），字次耕，一字稼堂、南村，晚号止止居士，藏书室名遂初堂、大雅堂，吴江（今属江苏苏州）人，师事顾炎武。清康熙十八年（1679），举博学鸿词，授翰林院检讨，参与纂修《明史》，主纂《食货志》。晚年崇信佛学，好山水，遍游天台、雁荡、武夷、黄山诸名山，为文记之，名篇有《游南雁荡记》《仙居诸山游记》等。著作有《类音》《遂初堂集》等。

足力疲于险道，不能深入，因缓步而去。至香枫岩，见两山有团结势，定属好景潜藏。下岭，取侧径走。未及一里而入一峡，涧道类第五潭，而湛碧渊静，更觉灵异。涧似蛰龙袒腹思龙殊不得，印此辗转反侧痕。稍入，则翠羽之木幔其上，下挂一瀑，如白地光明锦，如堂壁挂画。左右岩融结如月洞，下铺绿玉石，南开甬道，峡石险镇，所为"一夫当关，万夫莫敌"者也。坐对片时，神魂摇曳，似中有物焉欲跃而出。水声阗[1]耳，噌吰镗鞳[2]如鼓钟，又如仙龙[3]吠客。予时侧耳细聆，潭底隐隐雷动，四顾草木掠风，岩壁出雾，石根涌水，知不可久留，急别去。

【注释】

①阗：满。

②噌吰镗鞳：钟鼓声。出自苏轼的《石钟山记》："因笑谓迈曰：'汝识之乎？噌吰者，周景王之无射也；窾坎镗鞳者，魏庄子之歌钟也。'"

③仙龙：仙狗（长毛狗）。

至谢氏村中宿焉。有言数载前有游者，携果酒钓竿，往憩其下。见潭上小蛇浮出，以竿戏击其手，蛇沉潭底，即雷声大作，雨雹如卵，从空中乱射。信知神龙变化莫测。然神人道异，吾辈凡胎，窥其堂奥[1]足矣，焉可伤其族属，自取罪戾[2]为也。

【注释】

①堂奥：厅堂和内室。喻含义深奥的意境或事理。

②罪戾：罪过，罪恶。

明晨，别主人至咸塘，谒先高祖墓。塘北亦东苍山绵亘。遥见飞瀑数处可人，不暇访，割爱西行，乃访天柱、河胤[1]。

【注释】

①河胤：地名，在天台龙溪乡。

【导读】

开头点明往游心切，却屡遭耽搁，一折于天暮留宿，二折于生客指路，三折于误入恶道，不料于蹭蹬中传出幽奇灵异来，又以其境过清而急于离去。闻以村言，转生后怕。足证古人"文似看山不喜平"为写作真诠。当然，这跌宕起伏的文势乃出于自然，绝非有意为之。前人曾以此篇与宋濂《五泄山水志》媲美。

天台一水潭

【思考与研讨】

你有过难忘的游赏经历吗？请回想当时的情景，与人交流分享。

游天台山记

清·洪亮吉

天台山者，山水清深，灵奇栖止之所也。其径路迥殊，卉草亦别，霜霰异色，风霜态歧。

【注释】

洪亮吉（1746—1809），清代经学家、文学家，毗陵七子之一。字君直，号北江，阳湖（今江苏常州）人。文工骈体，与孔广森并肩，学术长于舆地。洪亮吉论人口增长过速之害，实为近代人口学说之先驱。

山最幽者为琼台。沉埋沧溟，凌厉世宙[①]。金碧之影见层霄之中，云霞之光衣九地之表。山花抽蓝，圆叶疑扇；林翼接翠，和声同琴。樵踪蛇纤，升降数十；石脊猱奋，回皇[②]半时。岩果润肺，作朝霞之红；灵泉清心，漾夕涧之绿。双阙峙其前，绝壑振其表。霜同剥藓，偶印来踪。云与昔贤，难停去影。登陟既疲，久坐石室，作华佗[③]五禽戏乃返。

【注释】

①凌厉世宙：犹凌空飞越世界。

②回皇：彷徨不定。

③华佗：东汉名医，仿虎、鹿、熊、猿、鸟的动作和姿态创五禽戏以健身。

最奇者为石梁。长不计丈，狭仅盈咫。潜蛇窥而甲惊，飞鸟过而魄堕。余斋心[①]既空，往志益奋。青苔十层，去履不啮；飞瀑万仞，来国未眩。遂休神于蓝桥，啸咏于碧涧。飞花积衣，重至盈寸；惊笋碍帽，长皆及寻。至鱼鳖啖其影，而步不移；猿猱摄其神，而坐不返。盖浑浑乎身世两忘焉。

【注释】

①斋心：清心寡欲。

最高者为华顶。此山本斜侵东溟，高压南峤。乌兔重叠，交辉于其巅；鱼龙万千，出没乎其趾。于是山栖谷汲、餐松饵柏之士，无不萃焉。

结茅[1]以居者至七十二所，类皆委形神于土木，冀寿命于金石者也。灵雨界山，春霰迷谷，余与清凉僧振屧[2]欲往。笠飘于上，衣裂于下；隔岁槲叶，横来吓人；经时颶风，险欲飞客。土人云“海雾至重，即上亦无所睹也。”重以松桧拔地，振龙鸾之吟；尘霾蔽天，现蚊螟[3]之影。凛然瑟然，半道乃返，距顶尚百步耳。

【注释】

①结茅：茅棚，盛时上百座。

②屧（xiè）：木屐。

③蚊螟（lì）：传说中的神龙。

最丽者为赤城。水复注水，云头已穿；山仍戴山，日脚亦碍。途经百盘，望乃咫尺。施丹埤垸[1]之上，焕采乾坤之中。晴日堕而转红，冻雨洗而逾赤。游客十憩，方臻松扃[2]；巢禽百飞，乃届石窦。一塔冠斗，双桥冒虹。绛萼万树，疑飞仙之饭桃；元宫[3]一区，云化人[4]之委蜕[5]。心神澄澈，视听凝一，而游遂止于此矣。

【注释】

①埤垸：城上有孔的矮墙。

②松扃：松门。

③元宫：原指佛寺道观。

④化人：指神佛变形为人，以化度众生。

⑤委蜕：言脱去外衣。

凡居山者五日，耳疲于听，而鸿蒙[1]之响万劫[2]不停；目倦于观，而惝恍[3]之形六时[4]屡变。手劳于笺记，而腕不欲休；心痒于描摹，而兴不可遏。遂至揭藏经之纸竞写记游。坐团蕉之僧，愿传诗诀，亦可谓方外之胜游，尘表之奇福矣。

【注释】

①鸿蒙：谓宇宙形成以前的浑沌状态。

②万劫：即万世，佛教以世界一成一毁为一劫。

③惝恍：模糊不清。

④六时：佛教分一昼夜为晨朝、日中、日没、初夜、中夜、后夜六段。

凡宿清凉寺、方广寺、桐柏宫者各一夕，雨阻国清寺者二夕。所历者，为腾空岭，万年岭，寒风岭，桐柏南峰、北峰，赤城上寺坡、下寺坡，共得诗三十首。

时嘉庆十年二月十一日也。

【导读】

本文开篇总体勾勒出天台山的殊异。之后，重墨描绘了琼台、石梁、华顶、赤城四处形胜。既言最，则幽者不独琼台，奇者亦不独石梁。幽、奇、高、丽，天台之美也。美与殊，回环照应，浑然一体。这种艺术构思和表现手法，既严谨，又不失活泼。文章运用骈散结合的句式，语言清丽，节奏感强，读起来甚具韵味。

天台琼台栈道

【思考与研讨】

学习本文的写作章法，为你的家乡写一篇文章，描绘你心中美丽的风景。

齐召南传[①]

《清史稿》

齐召南，字次风，浙江天台人。幼而颖敏，乡里称神童。雍正十一年，命举博学鸿词[②]，召南以副榜贡生被荐。乾隆元年，廷试二等，改庶吉士，散馆授检讨。八年，御试翰詹各官，擢[③]中允，迁侍读。九年，以父丧去官。时方校刻经史，召南分撰《礼记》《汉书考证》，命即家撰进。服除，起原官。十二年，迁侍读学士。十三年，复试翰詹各官，以召南列首，擢内阁学士，命上书房行走。迁礼部侍郎。上于宁古塔得古镜，问召南，召南辨其款识[④]，具陈原委。上顾左右曰："是不愧博学鸿词矣！"上西苑射，发十九矢皆中的，顾尚书蒋溥及召南曰："不可无诗！"召南进诗，上和以赐。十四年夏，召南散直[⑤]堕马，触大石，颅几裂。上闻，遣蒙古医就视，赐以药。语皇子宏瞻："汝师傅病如何？当频使存问！"幸木兰，使赐鹿脯十五束。及冬，入谢，上慰劳，召南因乞归，固请乃许。及行，赐纱、葛各二端。

【注释】

①本篇选自《清史稿》。

②博学鸿词：考试科目名。要求很高，必须得有渊博精深的学识和优美恢宏的文词。

③擢：提拔。

④款识：指古代钟鼎彝器上铸刻的文字。颜师古注："款，刻也；识，记也。"

⑤散直：官名，侍从之官。一作"值班结束"。

上南巡，屡迎驾，辄问病状，出御制诗命和。上尝询天台、雁宕两山景物，召南对未尝游览。上问："名胜在乡里间，何以不往？"召南对："山峻溪深，臣有老母，怵[①]古人登高临深之诫，是以未敢往。"上深嘉之。既而，以族人周华为书讪[②]上，逮诣京师，吏议坐[③]隐匿，当流，籍其家，上命夺职放归，还其产十三四[④]。召南归，遂卒。

【注释】

①怵：害怕，恐惧。

②讪：谤毁。

③坐：因……犯罪，触犯法律。

④十三四：十分之三，十分之四。

召南易直[①]子谅[②]，文辞溶雅。著《水道提纲》[③]，具详源委脉络；《历代帝王年表》，举诸史纲要：并行于世。

【注释】

①直：正直。

②谅：诚信。

③《水道提纲》：此书有“清代水经”之称，是专叙水道源流分合的地理著作。记载了当时全部国土的真实情况，山水城镇，海岸岛屿、关隘海口等多采用当时名称。第一次清晰地勾画出中国18世纪的海岸线，系统、正确地记述了当时全国范围水道的源流分合，确认的黄河源头与现代相同，肯定长江的正源是金沙江，而不是岷江。全书以巨川为纲，以所会众流为目，故名提纲。每卷首有小序，概述大势和编记次第。然后依水系叙述，脉络清晰，源委详明。最早用经纬度定位，为中国地理著作中的一个创举。

【导读】

本文简述了齐召南的生平。叙述其为官经历、个性特征及主要著作。主要写了几个他与皇帝对话的片段，只用寥寥数语就可看出他学识渊博，深受皇帝倚重。全文要言不烦，语言描写传神，人物鲜活，如跃纸上。

【思考与研讨】

通读全文，概括齐召南的主要事迹。

怀陆圣泉[①]

巴金

六年前一个夏天的早晨我坐“怡生轮”去海防。圣泉赶到金利源码头来送行。开船时，他和我哥哥都立在岸上对我微笑。我对他们说，两年后再见。

我绝没有想到这就是我和圣泉的最后的一面。

我离开上海后第二年，在成都得到圣泉被捕的消息，那是从桂林传来的，后来又听说他已经出狱。但是我到了桂林才知道他入狱后下落不明。我各处打听，一直得不到确实消息。朋友们见面时，常常谈起圣泉，我们想念他，暗中祝他平安。有时在静夜，我们三四个友人对着一盏油灯围着一张破旧而有油垢的方桌寂寞地闲谈。桂林郊外的寒气从木板壁缝侵入。我们失去了热情。怀念和焦虑在折磨我们。我们的谈话变得没有生气了。我们便安慰自己：“等到抗战胜利了，圣泉就会回到我们中间来的。”

四年来我们就用这个希望来安慰自己的焦虑的心。时光在木板壁缩裂时发出的清脆响声（那是我们静夜中的音乐）中匆匆逝去。抗战终于胜利，我们几个朋友也终于回到上海。可是圣泉一直没有消息。他就这样令人不能相信地失踪了。

我不愿相信他已经死亡，所以我不想写纪念他的文章。一个像他那样爱憎分明而且敢爱敢恨的人不能死得这么简单。他有着那么强烈的爱，绝不能不留下一点踪迹。我们固然不能相信他活，但是我们也没有证据证明他死。只要希望未绝，我们愿意等待一生。

虽然他是一个视死如归的人，但他为什么必须死呢？他与其说是被捕，不如说是自首。日本人找不到他，他自己走到捕房去，准备跟那些人讲道理，辨是非。他有着强烈的正义感，他相信敌人也会在正义面前低头。据说他唯一的罪名就是他的口供强硬，他对敌人说，汪精卫是汉奸，大东亚战争必然失败。他可能为这几句真话送命。可是许多地下工作的人都保全了生命，为什么敌人偏偏毒恨这个赤手空拳的书生，必欲置他于死地？有人揣测他受不了牢中苦楚，患病身亡。但他是一个身心两方面都健全的人，再大的磨炼他也必能忍受。

以上是议论，猜想，担心。而事实却是他那时和两个朋友守着书店[②]，书店被抄去两卡车的书，他失去了踪迹。书店保全，他却不见了。

我和圣泉相知较晚。“一·二八”沪战后一年我在福建泉州看朋友，在一个私立中学里第一次看见他。可是我们没有谈过十句以上的话。他给我的印象，是一个沉默寡言的人。抗战前两年参加了书店的编辑工作，第二年他也进来做一部分事情，我们才有了谈话的机会。

抗战后，书店负责人相继离去，剩下我们三四个人维持这个小小的事业。我和他都去过内地，但都赶回来为书店做一点事情。共同的工作增加了友情，我们一天一天地相熟起来。在一年半的时间内，我们常常在书店见面。一个星期中至少有一次聚餐的机会，参加的人还有一位学生物学的朋友③。我们在书店的客厅里往往谈到夜深，后来忽然记起宵禁的时间快到了，我和那位生物学者才匆匆跑回家去。在那样的夜晚，从书店出来，马路上不用说是冷冷清清的。有时候等着我们的还是一个上海的寒夜，但我的心总是很暖和，我仿佛听完了一曲贝多芬的交响乐，因为我是和一个崇高的灵魂接触了。

我这种说法在那些不认识圣泉或者认识他而不深的人看来，一定是过分的夸张。圣泉生前貌不轩昂，语不惊人，服装简朴，不善交际，喜欢埋头做事，不求人知。他心地坦白，忠诚待人，不愿说好听的话，不肯做虚夸的事。他把朋友的意义解释得很严格，故交友不多。但是对他的朋友，他总是披肝沥胆地贡献出他的一切。他有写作的才能，却不肯轻易发表文章。他的散文和翻译④得到了读书界的重视，他却不愿登龙文坛。他只是一个谦虚的工作者。但这谦虚中自有他的骄傲。他不是“文豪”“巨匠”，甚至他虽然真正为“抗”敌牺牲，也没有人尊他为烈士。他默默地活，默默地死（假定他已死去）。然而他并不白活，他确实做了一些事情，而且也有一些人得到他的好处。但是这一切和那喧嚣的尘世的荣誉怎么能联在一起呢？那些喜欢热闹，喜欢铺张，喜欢浮光的人自然不会了解他。

在我活着的四十几年中间，我认识了不少的人，好的和坏的，强的和弱的，能干的和低能的，真诚的和虚伪的，我可以举出许多许多。然而像圣泉这样有义气、无私心、为了朋友甚至可以交出自己生命、重视他人幸福甚于自己的人，我却见得不多。古圣贤所说“富贵不能淫，贫贱不能移，威武不能屈”，他可以当之无愧。

有了这样的朋友，我的生存才有了光彩，我的心才有了温暖。我们平日空谈理想，但和崇高的灵魂接触以后，我才看见了理想的光辉。所以当我和圣泉在一起的时候，我常常充满快乐地想：“我不是孤独的。

我还有值得骄傲的朋友。”我相信要是我有危难，他一定会不顾一切地给我援助。

我和他就是这样的朋友。我认识他的心灵，而且和它非常接近。我对人说我了解圣泉，我谈到他的刚直，他的侠义，他那优美的性格和黄金的心。然而要是有人向我问起他的生平，他的家世，甚至他的年龄，我却无法回答，唯一的原因是我不知道。我认识的只是他的人和心，此外便是他的文章。别的，他从未对我谈过，我也始终没有向他问起。胜利后回到上海，我才知道他台州的家里还有年老的双亲和他前妻留下的女儿。在上海我才见到他新婚的太太。听说他和她只过了一个半月的结婚生活。现在她已经空等了四年了。

朋友们登过报找寻他，又曾在各处打听他的下落。有一个时期，我们还梦想第二天早晨他提着一只箱子在外面叩门。又有一个时期我们等待一封不识者的来信。告诉我们圣泉死在何时，埋骨何处。又有一个时期我们盼望着他从太平洋某岛上集中营里，寄来信函，向我们报告他还健在。

但是，这一切都成了一场空，我们又白白地等了一年了。自然我们还得等待下去。难道真要我们等待一生么？

一个崇高的心灵就这样不留痕迹地消失了，这是可能的么？我常常这样问自己。

我知道，万一他还活着，万一他能看到我这篇短文，他一定会责备我：“在中国有那么多的人在受苦，你们为什么只关心到我一个？”

是的，在我们中国每天有千千万万人死亡，许多家庭残破，生命像骨头似地被随意抛掷。一个读书人的死活更不会有人关心。然而就在这样的中国，也有人爱理想，爱正义，恨罪恶，恨权势，要是他们有一天读到圣泉的书，知道圣泉的为人，明白他的爱和恨，那么他们会爱他敬他，他们会跟着我们呼唤他，呼唤他回来，呼唤那个昙花一现的崇高的心灵重回人间。

1946 年 11 月在上海。

【注释】

巴金（1904—2005），原名李尧棠，字芾甘，四川成都人，祖籍浙江嘉兴。中国杰出的现代文学家、出版家、翻译家。主要作品有著名的“激流三部曲”《家》《春》《秋》。“文革”后撰写的《随想录》，充满着作者的忏悔和自省，他因此被誉为“二十世纪中国文学的良心”。

①陆圣泉（1908—1942）：即陆蠡，天台人，著名文学家、翻译家、抗日烈士。巴金认为他是一位真诚、勇敢、文如其人的作家。

②书店：指文化生活出版社。

③朋友：即《蛋生人与人生蛋》的作者朱洗。

④散文和翻译：他用陆蠡的笔名出版了三本散文集《海星》《竹刀》《囚绿记》和三册翻译小说屠格涅夫的《罗亭》《烟》和拉马丁的《葛莱齐拉》。

【导读】

作为一篇写人记事的散文，本文没有详细叙写陆圣泉的生平事迹，而侧重表现他的个性品质，抒写作者的感想。全文以巴金的情感为线索，表达了对其人格品质的赞美崇敬。结尾处，蕴含了作者对生命的呼唤与怀念。文章语言朴实自然，感情真挚动人。

【思考与研讨】

陆蠡身上鲜明地体现了鲁迅先生所说的“台州式硬气”，你还能举出本地其他的代表性人物吗?

蟋蟀（故乡杂记之三）

陆蠡

小的时候不知在什么书上看到一张图画，题的是“爱护动物”。图中甲儿拿一根线系住蜻蜓的尾，看它款款地飞。乙儿摇摇手劝他，说动物也有生命，也和人一样知道痛苦，不要残忍地虐杀它。

母亲曾告诉我：从前有一个读书人，看见一只蚂蚁落在水里，他抛下一茎稻草救了它。后来这位读书人因诬下狱，这被救的蚂蚁率领了它的同类，在一夜工夫把狱墙搬了一个大洞，把他救了出来。

父亲又说：以前有一个隋侯，看见一只鹞子追逐着黄雀。黄雀无路可奔，飞来躲在他的脚下。他等鹞子去了，才把它放走。以后黄雀衔来一颗无价的明珠，报答他救命的恩德。

在书上我又读到：“麟，仁善也，足不履生草，不戕生物。”所以，我自幼便怀着仁慈之意，知道爱惜它们的生命。我从来不曾用线系住蝉的细成一条缝似的头颈，让它鼓着薄翅团团转转的飞。我从来不曾用头发套住蟋蟀的下颚，临空吊起来飕飕地转，把它弄得昏过去，便在它激怒和昏迷中引就它们的同类，促使它们作死命地啮斗。我从来不曾用蛛网络缠在竹箍上，来捉夏日停在墙壁上的双双叠在一起的牛虻。也从来不曾撕断蚱蜢的大腿，去喂给母鸡。

在动物中，我偏爱蟋蟀。想起这小小的虫，那曾消磨了多美丽的我的童年的光阴啊！那时我在深夜中和两三个淘伴蹑手蹑脚地跑到溪水对岸的石滩，把耳朵贴在地上，屏住气息；细辨在土磡的旁边或石块底下发出的瞿瞿的蟋蟀的声音所自来的方向。偷偷跑上前去，用衣袋里的麦麸做了记认，次晨在黎明时觅得夜晚的原处，把可爱的虫捉在手里。露濡湿了赤脚穿着的鞋，衣襟有时被荆棘抓破，回家来告诉母亲说我去望了田水回来，不等她的盘诘，立刻便溜进房中，把捉来的蟋蟀放在瓦盘里，感到醉了般的喜悦，有时连拖泥带水的鞋子钻进床去，竟倒头睡去了……

我爱蟋蟀，那并不是爱和别人赌钱斗输赢，虽则也往常这样做。但是我不肯把战败者加以凌虐，如有人剪了它们的鞘翅，折断了它们的触须，鄙夷地抛在地上，以舒小小的心中的怨愤。我爱着我的蟋蟀，我爱它午夜在房里蛩蛩的“弹琴”，一如我们的术语所说的。有时梦中恍如我睡在碧绿的草地上，身旁长着不知名的花，花的底下斗着双双的蟋蟀，我便在它们的旁边用粗的石块叠成玲珑的小堆，引诱它们钻进这石堆里，我可以随时来听它们的鸣斗，永远不会跑开……

我爱蟋蟀，我把它养在瓦盘里，盘里放了在溪中洗净了的清沙，复在其中移植了有芥子园画意的细小的草，草的旁边放了两三洁白的石块，这是我的庭园了。我满足于自己手创的天地，所谓壶底洞天便是这般的园地更幻想化的罢了，我曾有时这样想。我在沙中用手指掏了一个小洞，在洞口放了两颗白米，一茎豆芽；白米给它当作干粮，豆芽给它作润喉的果品。我希望这小小的庭园会比石滩上更舒适，不致使它想要逃开。

在蒙蒙的雨天，我拿了这瓦盘到露天底下去承受这微丝般的烟雨，因为我没有看到露水是怎样落下来的，所以设想这便是它所喜爱的露了。当我看到乌碧的有美丽的皱纹的鞘翅上蒙着细微的雾粒，微微开翕着欲鸣不鸣似的，伴着一进一退地颤抖着三对细肢，我也感到微雨的凉意，想来抖动我的身躯了。有时很久不下细雨，我使用喷衣服的水筒把水喷在蟋蟀的身上。

听说蟋蟀至久活不过白露。邻居的哥儿告诉我说。

“为什么呢？”

“那是因为太冷。”

“只是因为太凉么？”

“怕它的寿命只有这几天日子罢。”

于是我翻开面子撕烂了的旧黄的历本，去找白露的一天，几时几刻交节。我屈指计算着我的蟋蟀还可以多活几天，不能盼望它不死，只盼望它是最后死的一个。我希望我能够延长这小动物的生命。

早秋初凉的日子，我使用棉花层层围裹着这瓦盘，沙中的草因不见天日枯黄了，我便换上了绿苔。又把米换了米仁。本来我想把它放在温暖的灶间里，转想这是不妥的，所以便只好这样了。

我天天察看这小虫的生活。我时常见它头埋在洞里，屁股朝外。是避寒么，是畏光么？我便把这洞掏得更深一些。又在附近挖了一个较浅的洞。

有一天它吃了自己触须，又有一次啮断自己的一只大腿，这真使我惊异了。

“能有一年不死的蟋蟀么？”我不止一次地问我的母亲。

“西风起时便禁受不住了。”

“设若不吹到西风也可以么？”

“那是可怜的秋虫啊！你着了蟋蟀的迷么？下次不给你玩了。”

我屈指在计算着白露的日期。终于在白露的前五天这可怜的虫便死了。天气并不很冷，只在早晨须得换上夹衣，白昼是热的。园子里的玉蜀黎，已经黄熟了。

我用一只火柴盒子装了这死了的虫的肢体，在园子的一角，一株芙蓉花脚下挖了一个小洞，用瓦片砌成了小小的坟，把匣子放进去，掩上了一把土，复在一张树叶上放了三粒白米和一根豆芽，暗暗地祭奠了一番。心里盼望着夜间会有黑衣的哥儿来入梦，说是在地下也平安的罢。

“你今天脸色不好。着了凉么！孩子？”

母亲这样的说。

【注释】

陆蠡（1908—1942），原名陆考源，字圣泉。现代著名散文家、翻译家，抗日烈士，天台平镇岩头下村人。资质聪颖，童年即通诗文，有“神童”之称。著作有散文集《海星》《竹刀》《囚绿记》等，曾翻译俄国屠格涅夫的《罗亭》、英国笛福的《鲁滨逊漂流记》等。1942 年，年仅 34 岁的陆蠡死于日寇酷刑之下。

【导读】

陆蠡的散文，从琐细的生活情节中，挖掘出某种耐人寻味的人生哲理，透出作者真诚、淳朴的心灵之光。那乡野泥土的气息，忧郁动人的情调，优美清丽的文笔，严谨的构思，形成他独特的风格。文笔缜密、漂亮、醇厚，感情深沉、朴实、诚挚。

【思考与研讨】

斗蟋蟀是天台的习俗之一，宋人贾似道还著有《蟋蟀经》，民间流传着济公斗蟋蟀的故事。你能搜集有关的资料，并和大家分享吗？

南游日记（节选）

郁达夫

十月二十二日，旧历九月十五日，星期一，阴晴，天似欲变。午后陪文伯游湖一转，且坚约于明晨侵早渡江，作天台雁荡之游。

二十三日（九月十六），星期二，晴，有雾……车入新昌界后，在这卫士岭上，已能够远远望见天姥山峰天台山脉了，过关岭，在天台山中穿岭绕过，始入天台界。文伯姓王，我姓郁，初入天台山境，只见清溪回绕，与世隔绝，自然也生了些邪念，但身入山中，前从远处看见的山峰反而不见了，所以就唱出了两句山歌："山到天台难识面，我非刘阮也牵情。"知昨天在湖上，文伯曾向霞作过谐谑说："明儿我们俩要扮作刘晨阮肇，合唱一出上天台了，你怕也不怕。"

午后四时，渡清溪，望赤城山，至天台县城东北之国清寺宿。寺为隋时智者禅师所手创，因禅师不及见寺成，只留一隐语说："寺若成，国即清"，故名。规模宏大，僧众繁多，且设有佛学研究所一处，每日讲经做功课不辍，真不愧是一座天台正宗发源地的大丛林。来陪我们吃夜饭的法师华清，亦道貌秀异，有点像画里的东坡。这一晚，只看了些寺里的建筑，和伽蓝殿外的一株隋梅，及丰干桥溪上的半溪明月，八点多钟，就上床睡了。

二十四日（九月十七），星期三，晴爽。晨七时上轿，去方广寺看"石梁飞瀑"。

金地岭头，树丛里有一个真觉寺，寺门外立有元和四年的唐碑一块，寺内大殿里保存着一座智者大师真身的骨塔，相传大师于隋开皇十七年圆寂于新昌大佛寺后，他的徒众搬遗蜕来葬于此地的；传说中的定光禅师在梦中向智者大师招手之处，亦即在这岭头的一大岩石上，现称作"招手岩"者是。

在金地岭头西北的一大村落，俗称"塔头村"，因为真觉寺的俗名是塔头寺，所谓"塔头"者，系指智者大师的骨塔而言；乡人无智，谓国清寺前之塔，系一夜中由仙人移来，塔身已安置好了，只少一塔头，仙人移塔头到此，金鸡唱了，天已将亮，不得已就只能弃塔头于此地；现在上国清寺前那枝塔中去向天一望，顶上果有一个圆洞，看得出天光，像是无顶的样子；而金地岭，俗名也叫作"金鸡岭"。

我们到了塔头村，看到了这高山上的大平原，以及东西南三面的平谷与远景，已经有点恋恋不忍舍去了；及到了更上一层的俗称“水磨坑”、“落水坑”上的高原地，更不觉绝叫了起来。山上复有山，上一层是一番新景象，一个和平的大村落，有流水，有人家，有稻田与菜圃；小孩们在看割稻，黄白犬在对我们投凝视的眼光，桃花源上更有桃源，行行渐上，迭上三四条岭，仍不觉得是在山巅，这一点我觉得是天台山中最奇特的地方。

天台塔头寺古樟

自金地岭北去，十五里到龙王堂，又十五里到方广寺。寺处万山之中，上岭下岭。一谷之中，依山的倾斜位置，造了上方广，中方广，下方广的三个寺。中方广在石梁瀑布之旁，即旧昙花亭址。

一道金溪，一道不知名的溪，自北自东的直流下来；到了上方广寺前，中方广寺侧的大磐石上，两溪会合，汇成了一条纵横有数十丈宽广的大河；河向西南流，冲上了一块天然直立在那里有点像闸门似的大石。不知经过了几千万年，这一块大石壁的闸门，终被下流之水，冲成了一个弓形的大窟窿。这石窟窿有四五丈宽，丈把来高，水经此孔，一沿石直捣下去，就成了一条数十丈高的飞瀑。这就是方广寺的瀑布与石梁的简单的说明。

上方广寺，在瀑布之上；中方广寺，在瀑布与石梁之旁，登中方广寺的昙花亭，可以俯视石梁，俯视石梁下的数十丈的飞瀑；下方广寺，在瀑布下的溪流的南面，从中方广寺渡石梁，经下方广寺走下去里把来路，立在瀑布下流的溪旁，向上一看，果然是名不虚传的一个奇景，一幅有声有色的小李将军的浓绿山水画。溪上半里路远的地方悬着那一条看上去似乎有万把丈高的飞瀑；离瀑布五六尺高的空中，忽有一条很厚实很伟大的天然石梁，架在水上，两头是连接在石岩之上的；这瀑布与石梁的上面，远远还看得见几条溪流，一簇远山，与半角的天光；在瀑布石梁及溪流的两旁，尽是些青青的竹，红绿的树，以及黄的墙头。可惜在飞瀑上树林里撑出在那里的一只中方广寺昙花亭的飞角，还欠玲珑还欠缥缈一点；若再把这亭的挑角造一造过，另外加上一些合这景致的朱黄涂漆，那这一幅画，真可以说是天下无双了。

二十五日（九月十八），星期四，晴和。昨夜在寒风与雾雨里，从后山爬上了华顶。华顶寺虽说是在晋天福元年僧德韶所建，但智者禅师亦尝宴坐于此，故离寺三里路高的极顶那座拜经台，仍系智者大师的故迹。据说，天晴的时候，在拜经台上，东看得见海，西南看得见福建界的高山，西北看得见杭州与大盆山脉；总之此地是天台山的极顶，是“醉李白”所说的高四万八千丈的最高峰；在此地看日出，和在泰山的观日峰，崂山的崂顶，黄山的最高处看日出一样，是天下的奇观。我们人虽则小，心倒也很雄大，在前一晚就和寺僧们说：“明天天倘使晴，请于三点钟来叫醒我们，好去拜经台看一看日出。”

拜经台后的一座降魔塔，拜经台前的两块“台山第一峰”与“智者大师拜经处”的石碑，以及前后左右的许多像城堡似的茅棚，和太白读书堂，墨池，龟池等，倒也看的。

高明寺亦系智者大师十二刹之一，唐天佑年间始建寺，传说大师发现此地，因他在佛陇讲《净名经》，忽风吹经去，坠落此处，大师就觉此处是一绝好的寺基；其后寺或称“净名”，堂称翻经者，原因在此，而现名高明寺者，因寺依高明山之故，或者高明山的得名，正为了此寺，也说不定。

在高明寺东北六七里地远的地方，有一处名胜，叫“螺溪钓艇”，是几块奇岩大石和溪水高山混合起来的景致，系天台八景之一。所谓天台八景者，是元曹文晦的创作，其他的七景是，赤城栖霞（赤城山），双涧回澜（国清寺前），华顶归云（华顶寺），断桥积雪（在“铜壶滴漏”近旁），琼台夜月（桐柏宫西北），桃源春晓（桃源岭下），寒岩夕照（天台县西，去大西乡平镇二十里）。

二十六日（九月十九），星期五，晴暖。上午八点，自国清寺门前，七如来塔并立处坐汽车到何方店。一路上看赤城山，颜色浓紫，轮廓不再像城，因日光在东，我们在阴面看去，所以与午后看时，又觉两样。

自何方店向北偏东经何方村而入山。山是桐柏岭，瀑布是“桐柏瀑”。瀑身之广，在天台山各瀑布当中，应称为王，“石梁瀑”远不及它的大。从前在瀑布附近，有瀑布寺，有福兴观，现在都只剩了故址。

由何方店起，行十里，再上山五里，由桐柏岭头落北向西就是桐柏宫了。桐柏宫是一道观，西南静躺在桐柏乡正中的田野里。据说，这道观的由来，系因唐司马子微承祯隐居于此，故建（唐景云二年）。宋大中祥符元年，改桐柏崇道观，当时因宋帝酷信道教，所以在志书上的桐柏崇道观的记载，实在辉煌得了不得；明初毁于火，现在的道观，却是清雍正十三年奉敕所建，当时大约也规模庞大，有绝大之石磉石基等存在，雕刻精绝。现在可真坍败不堪，只有一块御碑尚巍然屹立在殿前败屋中。道院西边，有清圣祠，供伯夷叔齐石像二座，系宋黄道士由京师辇至者，像尚完整，而司马子微之塑像，已经不在了。两庑有台郡名贤配享牌位，壁上游人题咏很多，这道观西面的一隅，却清幽得很。

天台桐柏宫

我们在桐柏宫吃过中饭，就走上西面三里多地的山头，去看“琼台双阙”。琼台的风景，实在是奇不过。一条半里路宽的万丈深坑曲折环绕，有五六里路至十里内外的长。两岸尽是峭壁，壁上杂生花草矮树，一个一个的小孔很多，因而壁的形状愈觉得奇古。立在岩头，向对面一望，像一幅米襄阳黄庭坚的大草书屏，向脚下一转眼，可了不得了，直削下去的黑黝黝的石壁，那里何止万丈，就说它千万丈万万丈，也不足以形容立在岩上者的战栗的心境。而这深坑底下，又是什么呢？是一条绿得来成蓝色的水，有两个潭，据说是无底的，还有所谓双阙的两枝石山呢，是从谷底拔地而起，像扬子江中的焦山似地挺立在潭之上，坑的中间，两阙相连，中间低落象马鞍，石山上也有草花松树及几枝红叶的柏树枫树，颜色配合的佳妙及峻险的样子，若在画上看见，保管你不能够相信，古来说双阙者，聚讼纷纭，有的说有仙人座的地方，两峰对峙，就是双阙；有的说，这深坑的外口，从谷底上望，两峰壁立，就是双阙。但这些无聊的名义，去管它作什么。我们在仙人座这面的岩头坐坐，更上一处象半岛似地向西突出在谷里的平面岩峰上爬爬，又惊异，又快活，又觉得舍不得走开，竟消磨了一个下午。循原路回到何方店，上车返国清寺的时候，赤城山上的日光，只剩得塔头的一点了。

晚上躺在床上，翻阅着徐霞客的游记及《天台山全志》里的王思任（季重）、王士性（恒叔）、潘耒（稼堂）等的《游天台山记》，与天台忍辱居士齐巨山周华的《台岳天台山游记》等，我与文伯在讨论商量，明天究竟还是坐车到雁荡去呢，还是再留一二日去游明岩寒岩？雁荡也只打算住它三日，若在此地多留一日，则雁荡就须割去一日；徐霞客岂不是也有两度上天台两度游雁荡的记事的么？我们何不也学学他，留一个再来的后约呢！这是文伯的意见。我自然是乐于赞同的了。于是就收拾行李等件，草草入睡，预备明天早晨驱车上雁荡去。

一九三四年十一月三日

【注释】

郁达夫（1896—1945），原名郁文，字达夫，浙江富阳人，中国现代作家、革命烈士，“创造社”的发起人之一。其代表作有《故都的秋》《春风沉醉的晚上》《怀鲁迅》等。小说集《沉沦》是我国现代文学史上的第一本小说集。1945年，49岁的郁达夫被日军杀害于苏门答腊丛林。夏衍先生曾说：“达夫是一个伟大的爱国者，爱国是他毕生的精神支柱。”

【导读】

作者倡导“日记文学”，是现代作家中日记发表得最多的一位。他“记行程，叙游踪”，台岳在他的笔下显得如此妩媚多姿、妖娆可人，令读者如入其境。特别是金地岭到石梁方广、华顶拜经台和桐柏琼台这三处，更是描述的重点。赞赏之余，还对景区建设提出了有见地的建议，有的正在逐步成为现实。

【思考与研讨】

结合郁达夫的《江南的冬景》《故都的秋》等作品，分析其散文的艺术特色。

天台行

吴冠中

山间老树成林，屈曲舒展，绿荫掩映黄墙，绕墙溪清苔滑，人知道，该是名山古寺了。果然就是天台山国清寺，隋代古刹。高耸的隋塔久经岁月渲染，色彩沉着而斑驳，躯体筋骨外露，显得苍老坚劲。

佛塔阅尽人海波澜，深谙世态炎凉，今日俯瞩山寺前喧扰着各式新颖汽车和五彩缤纷的人群，依然无动于衷。寺院显然已几经修饰，佛像有的属新塑，有的从外地借调而来。有人说不幸中尚有幸，如果红卫兵连老树统统毁尽，则国清寺的恢复就不可设想了。

人们皈依宗教，祈求心灵的寄托，而宗教需皈依大自然的独特环境气氛；幽深的山林、惊险的峭壁、奇特的崖洞、难攀的绝顶、恐怖的荒漠……我并不信教，只探寻大自然的景观，却往往在人胜、人奇、令人肃穆处，与寺、庙、观、庵邂逅。

寺院多种花，国清寺的幽静庭院里名花相聚，庭院十分洁净，一尘不染，花叶如洗，暗香浮动。穆静与优美令人凝思，涤人烦恼，期间似乎已寓有宗教的熏陶。蔡元培先生倡导以美育代宗教，他早已体会到“美”对陶冶性情的潜移默化之感染力。

石梁飞瀑离天台县城数十公里，单行车路，交通不甚方便，但通过重重茶山，进入参天竹林，发现白练在岩石间咆哮奔泻，气势壮观。这避暑佳境同时必然也是菩萨的别墅。庙虽地处偏僻，仍见新加坡的信徒来虔诚跪拜。人们在香烟鼎盛的国清寺膜拜之后意犹未尽，似乎寻根要寻到根之须尖。

从竹丛中窥探，可见山谷间的小块水田里正有农民同水牛耙田，这原始落后的生产方式也正是现代物质文明之根须。陪伴我们的小朱知道我爱寻农舍，便带领我们翻过两个松林之坡，来到一户她相熟的农家。这山坡上独户人家种田、种橘、种菜，门前有棕榈、竹林、春笋林立，高的已丈余。屋旁有桃、杏、枇杷、

天台寒岩

樱桃、茭白……还有仅供观赏的月季、绣球、兰花……

进屋入座，女主人端上一人一碗糖水煮蛋，小儿子得意地打开黑白电视机，可惜白天无节目，煞他兴致。他们是幸福的，对目前的生活条件已感满足，因这是自己勤劳的果实。我深深感到他们是真正幸福者，他们身体健康、心境恬静，没有病痛，更没有内疚。人生的幸福不决定于物质生活的奢华程度，而往往系于无罪、纯朴、创造与贡献。宗教为人赎罪，在现代物质生活浸染中褪了色的人们想回归自然。

主人出门挖笋，我跟去看。据说露出地面的毛笋便不宜吃，须观察、寻找被春笋顶裂的土口，细心破土挖下去，那尚未出土的嫩笋才好吃。鬓色已斑的老农选定了土口，挖出了一棵偌大的鲜笋，有好几斤重，他用旧报纸包好，用几根苎麻捆扎，又找来一段丝瓜络，系在手提处，以免苎麻勒手，然后交给了小朱，为她准备了迎客佳品。

热心的朋友竭力想让我游遍天台胜迹，雇车到尚很少人去参观的寒岩，据说那里的先僧寒山与苏州寒山寺有联系。我无意研究佛门宗谱，对寒岩粗略看过，便匆匆下山。司机办自己的事去了，迟迟不回，我们便利用这空隙到附近山村看看。这一看，令我兴奋起来。背靠山岩，建立在高低曲折地基上的古老山村隐现于大岩石之间。

入村，村里有巨石、池塘、棕榈、野藤……处处入画，因具备块面、点及线之多样形式变化，且男女老幼相呼应，老牛犊子随处走，生活气息十分浓厚。

我来天台，本意是想寻找浙江山区的独特风貌，但得到一个最突出的印象；处处盖新房。路途所见几乎是一式的二层楼房，偶有三层的，式样也相仿。汽车从这个县驰到那县，经过那么多小镇与村落，不时碰到建房的砖、木、灰泥阻碍交通，人们手忙脚乱，欢欢喜喜，诚是一派农村富裕起来的新气象。

光景虽好，但少风景画意。谁爱画人人一式的西装或制服！踏破铁鞋无觅处，眼前这个小山村却令我动心了，这村房屋大都是旧的，同时因粪坑多，也脏。我并非青睐于旧和脏，是形象的性格特征启示我美感，笔底的山村之美是真实的，因脏和旧并不能掩盖山村本质之美。

我们翌晨带着干粮重到山村，整整画了一天。我从村里画到外，拐弯抹角到处钻，同去的老伴久久找不见我，最后一位七八岁的小姑娘带着她找到大石与草垛间的我。老伴说这姑娘特别淘气，但偏偏她帮她找到了我。我们给她吃饼干，她大大方方地吃，很快活。她的鞋很破，脸很脏，问及她妈，她说妈嫁人了，她一岁时爸就死了，现在跟奶奶过，她已十二岁了。

天台溪水里的白鹅

后来转到小学附近作画，课间休息时小学生们蹦跳着围拢来看画，这位小姑娘也来了，手里还捏着一支毛笔，手上、脸上、衣服上都染有墨迹，她猛力挤到跟前来亲切地同我搭腔，像是很相熟了……

离开天台后，有三个人的形象总不易忘怀：石梁瀑布旁小庙里跪拜的新加坡老妇、用苎麻和丝瓜络捆扎大笋的老农、看来只七八岁其实已十二岁的小姑娘。

【注释】

吴冠中（1919—2010），江苏宜兴人，当代著名画家、美术教育家、散文家。油画代表作有《长江三峡》《北国风光》《黄山松》《鲁迅的故乡》等。个人文集有《吴冠中谈艺集》《吴冠中散文选》《美丑缘》等。此文是他于 1987 年 5 月游天台后所作。

【导读】

天台的神秀山水和深厚文化，吸引了历代书画家前来访古问幽，留下了珍贵墨宝。古有颜真卿、柳公权、苏轼、米芾等，近有康有为、黄宾虹、张大千、郭沫若等。吴冠中也在此创作了多幅作品。这篇《天台行》文字洗练而隽永，情意真切，平易近人。险峻的山、灵动的水、平静的小村庄及纯朴的乡农，天台的风光与人文都尽在其中。

【思考与研讨】

读了这篇散文，你触动最深的是什么？请写一篇读后感。

第六单元　仙居篇

诗词

山行

唐·项斯

青枥①林深亦有人，一渠流水数家分。
山当日午回峰影，草带泥痕过鹿群。
蒸茗②气从茅舍出，缫丝③声隔竹篱闻。
行逢卖药归来客，不惜相随入岛云。

【注释】

项斯（802—847），字子迁，晚唐著名诗人，仙居县城东朝阳山下（今杨府乡项斯坑村）人。项斯是台州第一位进士，也是台州第一位走向全国的诗人。他的诗在《全唐诗》中就收录了 1 卷共计 88 首，被列为唐朝百家之一。会昌三年（843），项斯听说国子祭酒杨敬之“性爱士类”，最喜提携后辈，便带着自己的诗作前去谒见。杨敬之阅后，果然大加赞赏，赠诗云：“几度见诗诗总好，及观标格过于诗。平生不解藏人善，到处逢人说项斯。”从杨敬之的诗里我们可以看出，他对项斯的诗及人品道德都甚为赞赏，欣喜之余，逢人便说，四处推荐。项斯“由是显名”，“诗达长安”，会昌四年（844）登进士第，授润州丹徒尉。“说项”成为文坛千古流传的一段佳话。

①枥：同“栎”，落叶乔木。

②蒸茗：炒茶。

③缫丝：煮蚕抽丝。

【导读】

项斯除做过小官丹徒县尉外，长期身居草野，很熟悉山野风光。这首《山行》，便是写山村野景。由于诗人观察入微，体验深刻，诗写得清新、细腻、贴切、逼真，读来如闻如见，引人入胜。

仙居公盂古村

首联用十四字绘出一幅恬美的山村图；颔联写景更细，为读者展示出富有动态美的境界；颈联里，诗人准确地捕捉暮春山村最具特色的事——烘茶与抽茧来开拓诗的意境；尾联收笔，意味深长，是诗旨所在。

这首诗的特点是构思奇巧，移步换形，环绕山中之行，层次分明地写出作者在村里村外的见闻。景物明丽，情味隽永，境界深邃，委实是一首佳作。

【思考与研讨】

1. 颔联“山当日午回峰影，草带泥痕过鹿群”历来为人所称道，请简要赏析。

2. 尾联中的“不惜”一词隐含着作者怎样的心态？

仙居县署岩老亭

宋 · 陈襄

手持养性书，此地学耕渔。
身似龙蛇蛰①，情忘木石居。
地迷成远复，政静得中虚②。
何必求深隐，幽蒙③即所庐。

【注释】

陈襄（1017—1080），北宋理学家、教育家和诗人，“海滨四先生”之首，仁宗、神宗时期名臣。字述古，因居古灵，故号古灵先生，与郑穆、陈烈、周希孟并称“古灵四先生”，侯官（今福建福州）人。庆历八年（1048）到仙居任县令。当时，“民尚朴野，罕知读书”“民穷多变，监狱患满”，陈襄莅任，首抓教化，改文庙，创学宫，延聘名师。先后作《劝学文》《劝俗文》，劝谕乡民遣子入学，并亲至县学讲学。自此仙居办学之风日盛，“弦诵相闻，人才蔚起”。到了南宋时期，仙居县科举呈现出人才辈出、灿若星辰的鼎盛景象。离任时，民众攀车遮道，依依不舍。又逢县境大水，着手赈济灾民。卒于神宗元丰三年（1080）。

南宋乾道七年（1171），后人在南峰山桃花洞建古灵祠，以示纪念。

①龙蛇：指隐匿、退隐。《易·系辞下》：“龙蛇之蛰，以存身也。”龙蛇蛰，比喻人暂时忍辱求全，是为了日后有更大的发展，泛指循环往复是一切事物的运动规律。

②中虚：指心。

③幽蒙：犹幽暗，暗昧。

【导读】

陈襄一生仕宦，在各地任官期间，劝学兴农，政绩卓然，官至右司郎中枢密直学士。这位活跃在北宋仁宗、英宗、神宗政坛的学者型官员，是闽中提倡理学的早期代表人物之一。为人处世，立场鲜明。前期是“庆历新政”的积极支持者，后期对“王安石变法”持否定态度，曾多次上书神宗皇帝反对变法。被贬后，与苏轼同在杭州为官，两人相互唱和，成就了一段文学史上惺惺相惜的佳话。

陈襄诗歌数量虽不是很多，但由于其文学家、教育家、理学家和名臣的多重身份，故而使他的诗具有了更多的文学和社会意义。其诗风格平淡而寄情遥深。

【思考与研讨】

搜集陈襄的其他有关仙居的诗歌，并重游陈襄作品中出现的仙居名胜，尝试仿作一首诗歌。

忆昔

宋·吴芾

忆昔从吾友，兹焉事笔耕①。
萤窗②秋夜短，莲社③晚风清。
乱后成陈迹，重来怆故情。
惟余云水客④，依旧戏长鲸⑤。

【注释】

吴芾（1104—1183），字明可，号湖山居士，台州（现今浙江省台州市仙居县田市吴桥村）人。绍兴二年（1132）进士，官秘书正字，因揭露秦桧卖国专权被罢官。后任监察御史，上疏宋高宗要自爱自强、励精图治。卒年80岁，谥康肃。墓葬于县西十里申岙。朱熹为其作神道碑文。著有表奏5卷，诗文30卷，今存《湖山集》10卷，收入《四库全书》。

①笔耕：以笔代耕，谓以笔墨工作谋生。

②萤窗：晋人车胤，家贫无钱买灯油，就捕捉许多萤火虫放在丝囊中，供夜读时照明。后世便常以萤窗、萤案比喻刻苦读书。

③莲社：结社提倡念佛的组织称为莲社。

④云水客：云游四方的人。

⑤长鲸：大鲸。晋左思，《吴都赋》："长鲸吞航，修鲵吐浪"。喻壮志豪情，亦喻巨寇。唐刘知几《史通·叙事》："论逆臣则呼为问鼎，称巨寇则目以长鲸。"此处亦可解，因诗中称"乱后""重来"。

【导读】

诗歌前两联回忆昔日与友人读书畅谈的快乐时光。后两联感慨世事变迁，难掩内心之悲。此诗反映诗人归隐乡里后，终日寄情山水，勤于著述，钻研学术的情怀。

【思考与研讨】

时人评论"芾为文豪健俊整"，请结合诗句做具体赏析。

偶 题

宋·郭磊卿

更无清兴[①]在杯觞，不用蒲葵扇[②]自凉。
月色静时山鹤叫，一庭秋景藕花香。

【注释】

郭磊卿（1186—1239），字子奇，号兑斋，船山村人（现属浙江仙居县城关镇），其父郭晞宗，其兄郭垚卿、郭哲卿。少时看到门前竹子丛生，就写了一副对联："遍地冗枝都与去，倚天高干一齐留。"表达其除邪扶正、治暴安良的抱负。嘉定元年（1208）中铨试，授迪功郎，后出任湖南湘潭县丞，嘉定七年（1214）中进士，授邵州州学教授。嘉熙三年（1239），任枢密院编修兼兵部侍郎官、左正言兼侍讲，纂修国史。

①清兴：清雅的兴致。唐王勃《山亭夜宴》诗："清兴殊未阑，林端照初景。"

②蒲葵扇：俗称蒲扇，炎夏可用来扇风，得一份清凉。古代也用来在煮药时，药童加大火力之用，也是众人所熟悉的活佛济公手持之物。今俗称"芭蕉扇"。

【导读】

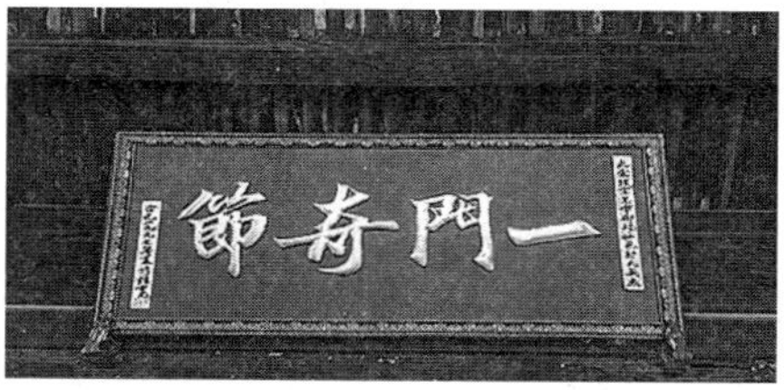

大宋理宗皇帝御赐仙邑郭氏英杰匾额

诗人捕捉住生活中的感受，选取秋天的典型意象，创造出和谐、宁静的意境，描绘了秋夜乘凉的悠闲自得。诗人描写感受细腻，语言流畅自然，寄情于景，韵味十足。前两句写秋夜乘凉。"不用蒲葵扇"，自有一股清凉萦绕。"月色静时山鹤叫"，动静结合，以动写静。"山鹤叫"，看似打破了夜的静谧，实则用声音衬托月夜里的幽静与闲适：静静的月光流泻下来，几声山鹤的鸣叫声，将寂静的意境烘托在读者眼前，与王籍"蝉噪林愈静，鸟鸣山更幽"（《入若耶溪》）有异曲同工之妙。"一庭秋景藕花香"，从嗅觉写藕花的清香，花香可嗅，使人感到此外更无声息，更显出夜的静寂。

【思考与研讨】

搜集古诗词中运用以动衬静手法的诗句并进行比较阅读，深入品味这种手法的妙处。

游洞霄

宋 · 陈仁玉

天柱峰头叠紫烟，遥看万玉耸相连。
云深九锁①疑无路，翠豁一区俄②有天。
爽气袭人森石树，嗔雷飞雨响山泉。
倏然不类人间世，今日自惊平地仙。

【注释】

陈仁玉（1212—？）字德公，一字德翁、德韬、德翰，号碧栖。仙居城南黄村（今仙居县城关镇小南门附近）人。陈仁玉自幼颖悟过人，且生性好学。年轻时即以“博物多闻，工词翰”闻名遐迩。他通过观察、品尝、研究，于淳祐五年（1245）完成了《菌谱》。此书为目前所知的世界最早的食用菌专著，被编入《四库全书》，成为中国植物学研究上的一个骄傲。淳祐三年（1243）秋，陈仁玉把自己历年所写的游记进行编撰，辑成《游志篇》，一共88篇，成为我国第一本有关旅行的文献集。

①九锁：道路曲折险阻。

②俄：短时间、突然间。

【导读】

道教思想对陈仁玉影响颇深，此诗可为例证。首联寥寥数语，即勾画出一个空灵优美、超脱逍遥的神仙境界。颔联、颈联对仗工整，用语精炼，写景绘色，别具风致。这首诗词藻娴雅，格调清奇，从中可看出诗人好道慕仙的人生理想。这恐怕也可以算是仙居山水文化、道真文化的一种表现吧。

【思考与研讨】

此诗如何表现诗人超尘脱俗、优游自得的人生旨趣？

四时读书乐

宋 · 翁森

春

山光照槛水绕廊，舞雩[①]归咏春风香。
好鸟枝头亦朋友，落花水面皆文章。
蹉跎莫遣韶光老，人生惟有读书好。
读书之乐乐何如？绿满窗前草不除。

夏

新竹压檐桑四围，小斋幽敞明朱曦[②]。
昼长吟罢蝉鸣树，夜深烬落萤入帏。
北窗高卧羲皇[③]侣，只因素稔[④]读书趣。
读书之乐乐无穷，瑶琴一曲来薰风。

秋

昨夜庭前叶有声，篱豆花开蟋蟀鸣。
不觉商意[⑤]满林薄，萧然万籁涵虚清。
近床赖有短檠[⑥]在，及此读书功更倍。
读书之乐乐陶陶，起弄明月霜天高。

冬

木落水尽千崖枯，炯然吾亦见真吾。
坐对韦编[⑦]灯动壁，高歌夜半雪压庐。
地炉茶鼎烹活火，四壁图书中有我。
读书之乐何处寻？数点梅花天地心。

【注释】

翁森（1255—1326），字秀卿，号一瓢，今浙江仙居县双庙乡下支村人，南宋诗人，活动于南宋末期至元朝初期。因不愿做元朝的官而隐居浙江仙居乡里，他在至元年间（1271—1294）于县东南二十五里的自家居所创办安洲书院。他取“朱文公（朱熹）白鹿洞学规以为训”办学并亲自讲学授徒，先后“从学者达八百多人”。据《翁氏宗谱 · 行第》所载：“（森）建乡学以淑教子弟，乃构书舍三十楹，安教近远异邑诸生。”

①舞雩：台名。鲁国求雨的坛，现在山东曲阜。古代求雨祭天，设坛命女巫为舞，故称舞雩。雩，古代求雨的一种祭祀。曾皙曰：“莫春者，

春服既成，冠者五六人，童子六七人，浴乎沂，风乎舞雩，咏而归”（《论语·先进》）。

②朱曦：灿烂的阳光。

③曦皇：即伏羲氏。上古部落首领，后世追尊的“三皇”之一，为华胥氏之子。

④稔：指的是庄稼成熟，如丰稔、稔年（丰收之年）。也指年，古代谷一熟为年。稔，也有熟悉、习知之意。

⑤商意：秋意，秋气。

⑥檠：灯架，烛台，借指灯。

⑦韦编：古代用竹简书写，用皮绳编缀称“韦编”，泛指古籍。

【导读】

这组诗是文化中国传世很久、流传甚广的关于春夏秋冬四时读书情趣的著名诗作，被清代《四库全书》收录。民国初期曾被教育部部长叶楚伧编进国文教科书，为中学生所必读。《四时读书乐》以生动的艺术形式、绮美的文学意象，概括了中国古代社会的读书情趣。

仙居谷坦水库

《四时读书乐》诗中有画，画中有诗，或者说是诗画并茂，景情并茂，以其蕴含的无限书香雅趣，点缀着古城小巷的人文风情，尤其是它那“凡人及时读书，便可无时不乐”的理性主题，曾几何时，又构建了多少读书人在漫漫历史岁月里和坎坷人生旅程上的精神家园，鞠育了多少书童学子于书卷中求学求知，并甘为中国文化香火之传人的志愿抱负？

这首组诗因其生动与绮美，在中国读书史上广为播颂千余载，脍炙人口数百代。在中国历史文化名城苏州，它曾成为明代“吴中四才子”之一、书画大家文征明着墨的题材，被绘成“布景设色、清雅绝尘”的《四时读书乐图》，为江南收藏家珍赏秘鉴，世代相传；它也曾被演为砖刻这种艺术形式，镶嵌于古城民宅的门楼之上，与其主人朝夕相伴，出入相亲。

成名的学者和作家中，郑逸梅、季羡林、陈从周、梁厚甫、陆文夫、鲍昌、许杰等许许多多先生对此过目难忘，并对他们个人的读书生活发生了潜润暗滋的有益影响而至今心口相诵。

【思考与研讨】

课外搜索并诵读、品味其他作家劝学、劝读的作品。

题文与可①画竹

元 · 柯九思

湖州②放笔夺造化，此事世人那得知。
跫然③何处见生气④？仿佛空庭月落时。

【注释】

柯九思（1290—1343），字敬仲，号丹丘生，别号五云阁吏。临海人。有《丹丘生集》。父谦，曾任翰林国史检阅、江浙儒学提举，是元朝仙居较为显扬的一个官宦。大德元年（1297），随父迁居钱塘（今杭州）。延佑元年（1314）以父荫补华亭县尉，不就。博学能诗文；善书，四体八法，俱能起雅去俗。他的书法作品传世绝少，多散见于题跋书翰。行楷是其所长，字体早期秀逸，晚年沉郁。雄伟中具质朴之骨力，厚重中见挺拔之秀气，具有独特的艺术魅力。柯九思笔下的墨竹“各具姿态，曲尽生意”。新竹拔地而起，枝茂叶盛，欣欣向荣；老竹稍稍倚斜，枝叶扶疏，劲节健骨；幼竹奋发向上，稚叶初长，充满朝气。正如元朝国子祭酒刘铉所赞叹的“晴雨风雪，横出悬垂；荣枯稚老，各极其妙”。竹间点缀树石、荆棘、野卉，饶有奇趣。亦善墨花。所画山水，苍秀浑厚，丘壑不凡，意境含蓄、清新。其画、诗、书法，被时人称为“三绝”。论者有“文同之后，三百年间无此笔墨”之誉。此外，明朝刘伯温、清朝乾隆皇帝对柯九思的墨竹都有题咏之作。

①文与可：即文同，字与可，北宋画家与诗人，以画竹著名。

②湖州：指文同，他曾被任命为湖州知州，人们习惯叫他“文湖州”。

③跫（qióng）然：猛然，一下子。

④生气：神气。

【导读】

此诗描写北宋大画家文同把竹子画得生气勃勃，仿佛真的长在庭院里，在淡淡的月光下清秀无比的景象。前两句说文同把竹子画得这么好，不是一般人所能理解的。这里有诗人的难言隐痛，身为一个汉文人，破格受到重用，常常被人忌恨，一直想离开朝廷。他曾多次辞官都不被准许。元文宗对他说："有我在，你还怕什么？"所以诗人欣赏竹子的清雅亮节，不是偶然的。

【思考与研讨】

赏析诗中的竹子形象。

冬景

元 · 吕起猷

斗室萧萧[1]日晏[2]眠，疏狂[3]惟与懒相便。
寻常甲子[4]无心记，看到梅花又一年。

【注释】

吕起猷，生卒年不详，字徽之，号六松，仙居人，元末明初隐士。博学工诗文，宋亡后，深晦不仕，长年隐居仙居万山中，以渔樵自给。吕徽之诗作清新高格，为人处世有魏晋遗风，与当时学者翁森友善。逝后入祀南峰山三处士祠。

①萧萧：萧条，寂静。

②日晏：天色已晚。

③疏狂：豪放，不受拘束。白居易《代书诗寄微之》诗："疏狂属年少，闲散为官卑。"

④甲子：泛指岁月，光阴。杜甫《春归》诗："别来频甲子，倏忽又春华。"

【导读】

前两句写斗室萧萧人疏狂，诗人慵懒欲眠，精神颓然。第三句说这样无聊的日子日复一日，毫无意思。前三句蓄势极言冬景之萧条和人之落寞，实为与末句形成跌宕反差，衬托冬日之梅使人眼前一亮，精神一振。触景生情，见梅生思，有赞梅之色、梅之香、梅之高洁、梅之韵味，又有感新的一年到来的惊讶，而更多的是痛惜浑浑噩噩中又虚度一年，光阴逝去。情思之美，令人回味。

【思考与研讨】

诗人还写了《春景》："脱溪冻解绿生波，好雨催花向晓过。宿酒未醒眠未起，半窗红日鸟声多。"《夏景》："竹几藤床石砚屏，熏风帘幕篆烟清。空斋数点黄梅雨，添得芭蕉绿满庭。"《秋景》："商声早已到梧桐，夜气生凉湛碧空。闲倚小窗待明月，紫箫吹彻木樨风。"请任选一首赏析。

愚溪

明·吴时来

愚溪[①]何处在，往事怅江津。
湾处还余鸟，鸣时若有人。
下流不可处，晚节竟难伸。
最是八才子[②]，荆公[③]论更新[④]。

【注释】

吴时来（1527—1590），字惟修，号悟斋，浙江仙居县白塔镇厚仁上街村人。明代著名的军事家、改革家、文学家。七岁能诗文，有神童之称，后参加县试、府试，均占鳌夺魁。嘉靖二十八年（1549）乡试中举。次年会试不第。归来后至离家二十里的景星岩古刹，面壁苦读，三年不下山。三十二年（1553）中进士，任松江府推官。三十七年（1558），为严嵩诽谤，谪戍横州（今广西横县）十年。隆庆元年（1567），回京任工部给事中，曾筹划多处治河事宜，造益于民。二年（1568），受命巡抚广东，赴任前滥举亲信五十九人，被劾罢官，回籍闲居16年。万历十二年（1584），任湖广按察副使，旋升任刑、吏二部侍郎。十五年（1587），官至左都御时，劾诚意伯刘世延，并对其违法的下属也予治罪，但不久又随波逐流，“晚节不能自坚，委蛇执政间”。十八年（1590），连为饶伸、薛敷教、史孟麟等所劾，病逝于北京。赠太子太保，谥忠恪，不久被夺谥。墓葬于仙居县横溪大林。著有《横槎集》。

①愚溪：水名，在湖南省永州市西南，本名冉溪。柳宗元谪居于此，改其名为愚溪，并名其东北小泉为愚泉，意谓己之愚及于溪泉。见柳宗元《愚溪诗序》。

②八才子：即八司马。唐顺宗即位，擢任王叔文、王伾等，谋夺宦官兵权，实行改革。失败后，旧派官僚与宦官对参与其事者皆予斥逐：贬韦执谊为崖州司马，韩泰为虔州司马，陈谏为台州司马，柳宗元为永州司马，刘禹锡为朗州司马，韩晔为饶州司马，凌准为连州司马，程异为郴州司马，时称“八司马”。

③荆公：对王安石的尊称。

④论更新：指的是王安石写的一篇散文《读柳宗元传》，文章高度评价参加王叔文革新的柳宗元等八司马在遭受政治上的严重挫折之后，仍坚持理想，自强不息，实现了自己的人生价值。

【导读】

这首诗流露出对柳宗元不幸遭遇的深切同情。柳宗元以如许才名赫耀于中唐，但仕途上却屡遭坎坷，一贬再贬。柳宗元在柳州期间的诗文创作是其文学成就的高峰，他内心的忧愤无论如何也掩饰不住。在这一点上与吴时来有很大的相通之处。作者对柳宗元的半生落魄寄予了深深同情，也许我们能从中会体会到吴时来本人对柳宗元如此深情缅怀的原因，相似的命运，使之产生了异代共鸣。

【思考与研讨】

赏析颔联“湾处还余鸟，鸣时若有人”。

文章

春秋无贤臣论

唐·孙郃

春秋列国，周之诸侯。受周之封，分为五等。五等之下臣，为陪臣。陪臣于诸侯，君父[1]也；诸侯于周王，亦君父也；陪臣于周，义犹大父[2]也。夫为子之道，孝于父者，必欲父孝于祖；陪臣忠于诸侯者，必欲诸侯忠于天子。则忠孝两全，上下有序，康乂[3]天下。

【注释】

孙郃，字稀韩，仙居人。大约生于唐懿宗咸通年间（860—873），卒于五代后梁末或后唐时期（920—936）。史称孙郃"好孟（子）、荀（子）、杨（朱）之书，学韩愈为文"。897年登进士，是仙居继项斯后的第二位进士。中进士后入仕，历官校书郎（中央秘书省属官，掌典校群书、评定典籍）、河南府文学（学官，以五经教授诸生）、左拾遗（谏官）。

①君父：对父为国君者的称呼。

②大父：指祖父。

③乂：治理。康乂：安治。

今春秋陪臣，张公室，侵王室。弱周以强诸侯，是弱祖而强父；佐诸侯而敌周，是佐父而敌祖。遗[1]祖之怨，成父之逆，恶莫大焉！言之于臣，则非忠；语之于子，则非孝；论之于道，则伤义；推之于情，则辜恩。遂使姬周削弱，祀号而已。桓、文虽以为霸，何能正之，反有封禅[2]、请隧[3]之僭[4]；管、晏虽有其功，何能谏之，而有反坫、毁孔之恶。于时风教大坏，海内焚如[5]。天不能阴骘[6]下民，降大圣以为木铎[7]。历国七十余，说而不遇；奔走齐、鲁、宋、卫之郊，反若丧家之狗。知不可训，虑后世不惧，乃修《春秋》，明向背。其有甚者，或夷之，或狄[8]之；弑君三十六，亡国五十二；奔走失社稷者，不可胜纪。

【注释】

①遗：造成。

②封禅：封为“祭天”，禅为“祭地”，是指古代帝王在太平盛世或天降祥瑞之时的祭祀天地的大型典礼。

③请隧：请求隧葬。隧葬，天子的葬礼。《左传·僖公二十五年》：“晋侯朝王。王享醴，命之宥。请隧，弗许。”后以指图谋统治天下。

④谮：谗言。

⑤焚如：谓火焰炽盛，亦指火灾或战事。

⑥阴骘：原指上苍默默地使安定下民，转指阴德。

⑦木铎：以木为舌的大铃，铜质。古代宣布政教法令时，巡行振鸣以引起众人注意。《论语·八佾》：“天下之无道也久矣，天将以夫子为木铎。”以喻宣扬教化的人。文中指孔子。

⑧狄：通“逖”，疏远，反对。

《书》曰：“帝乃震怒”，致今海内无一嘉祥，但有妖怪。谓春秋乱世，岂不诚然。于时人不堪命，何耶？无贤臣也！予谓此论警众，士大夫多称之。遂闻鬷嘏[①]，鬷嘏徵而奇之。或谓可刊金石，训乎今后。既而喧传[②]，则有难仆曰：“春秋岂乏贤者？子谓之无，激之耶？鲜之耶？奈乎孔门何？”曰：“孔门仕者鲜，又家臣耳！子不读圣贤书乎？《易》云：‘屯其膏。小贞吉，大贞凶。’[③]春秋之大夫，小贞耳！盍以大贞取之？以王道取，五霸犹罪人。”

【注释】

①鬷嘏：鬷，通“奏”，进献。嘏，通“假”，至，指神灵来到。

②喧传：哄传，盛传。

③膏：油脂，比喻土地、权利与财富。屯其膏，是指聚集土地、财富、权力在手中，而不肯与人分享。所以，这种人只是占问小事时，才会吉利；而若是占问大事，就会有凶险了。

【导读】

孙郃是仙居古代一位著名的儒学推崇者，他的忠君为国情怀、特别是他的在唐亡之后，写此文以讽之，辞官归隐，采取了与梁朝不合作的态度，尽显古代文士崇高的民族气节和清高的文人品格，值得后人去探究品鉴。

孙郃的《春秋无贤臣论》字数不足一千，但文约义丰，意义深远。在这篇政论文中，言辞尖锐，入木三分，用韩愈笔法，借古讽今，其文其法俱佳。孙郃的振聋发聩、自成一家的政论，实是人民呼声的一种代言。按刘勰《文龙雕龙》对政论文的定义和要求看，孙郃的《春秋无贤臣论》确也提出了适宜的见解、使人悦服的意见，他的真知灼见也有着共通的普遍意义，使其有利于当时而又不失其正义。

仙居大神仙居

【思考与研讨】

细读《春秋无贤臣论》，说说孙郃在文中流露出的主要思想。

吴芾传

《宋史》

吴芾，字明可，台州仙居人。举进士第，迁秘书正字。与秦桧旧故，至是桧已专政，芾退然①如未尝识。公坐旅进，揖而退，桧疑之，风言者②论③罢。通判处、婺、越三郡。何溥荐芾材中御史，除监察御史。时金将败盟，芾劝高宗专务修德，痛自悔咎，延见④群臣，俾⑤陈阙失⑥，求合乎天地，无愧乎祖宗，则人心悦服，天亦助顺，上韪其言。迁殿中侍御史。两淮战不利，廷臣争陈退避计，芾言："今日之事，有进无退，进为上策，退为无策。"既而金主亮毙，上疏劝亲征。车驾至建康，芾请遂驻跸⑦，以系中原之望，又言："去岁两淮诸城望风奔溃，无一城能拒守者，此秦桧求媚媾和之余毒也。能反桧壅塞言路、挫折士气之歧途，则士气日振，而见危授命者有人矣。"知婺州，劝民义役，金华长山乡民十有一家，自以甲乙第⑧其产，相次执役，几二十年。芾舆致十一人者，与合宴，更其乡曰"循理"，里曰"信义"，以褒异之。

【注释】

①退然：恬退的样子。

②风言者：谏官。

③论：论告，弹劾。

④延见：延请接见。

⑤俾（bǐ）：使。

⑥阙失：失误，错误。

⑦驻跸（bì）：皇帝外出，途中暂停小住。文中指以建康作为首都。

⑧第：评定。

知绍兴府。会稽赋重而折色①尤甚，芾以攒宫②在，奏免支移折变③。鉴湖久废，会岁大饥，出常平米募饥民浚治。芾去，大姓利于田，湖复废。权刑部侍郎，迁给事中，改吏部侍郎，以敷文阁直学士知临安府。内侍家僮殴伤酒家保，芾捕治之，徇④于市，权豪侧目。执政议以芾使金，复除吏部侍郎，且议以龙大渊为副，芾曰："是可与言行事者邪？"语闻，得罢，不行。下迁礼部侍郎，力求去，提举太平兴国宫。时芾与陈俊卿俱以刚直见忌，未几，俊卿亦引⑤去，阎安中为孝宗言："此非国之福也。"

后起知太平州，造舟以梁姑溪。历阳卒久戍，溃归，声言欲趋郡境，芾召而厚犒遣之，然密捕倡乱者系狱以闻。诏褒谕。芾前后守六郡，各因其俗为宽猛，吏莫容奸，民怀惠利。屡告老，以龙图阁直学士致仕。后十年卒，年八十。尝曰："视官物当如己物，视公事当如私事。与其得罪于百姓，宁得罪于上官。"立朝不偶，晚退闲者十有四年，自号湖山居士，为文豪健俊整，有表奏五卷，诗文三十卷。

【注释】

①折色：古代田地所征赋税用征银布帛等代替，官员俸禄亦以折发钱钞。

②攒（cuán）宫：古代皇帝、皇后暂殡之所。宋南渡后，帝、后茔冢均称"攒宫"。表示暂厝，准备收复中原后迁葬河南。

③支移折变：宋赋税输纳办法，实际上成为一种加税名目。支移是赋税与劳役相结合的又一种两税加税名目。征科赋税有固定物品，官府根据一时所需，变而取之，谓之折变。

④狥（xùn）：在市集示众。

⑤引：罢官。

【导读】

自宋以来，位于浙东南的台州也出现了大批的人才，其中仙居在科举上、文化上的成就也非常显著。比如像桐江书院那样的民间教育机构，让更加多的平民受到儒家思想的教育，为今后理学思想在民间的传播奠定了基础。或许是仙居民风淳朴，子弟好学成风，并且多出清正之官、隐逸之士。儒家思想逐渐的民间化使得隐逸乡间的文人学士与身在朝堂的官宦有了互动。南宋初期，在仙居儒者中，吴芾以学识、人品成为一时之领袖。

【思考与研讨】

自主阅读《宋史·吴芾传》，结合台州其他历史人物分析"台州式硬气"。

夙兴夜寐箴[1]

宋·陈柏

鸡鸣而寤[2]，思虑渐驰。盍于其间，澹[3]以整之。或省旧愆[4]，或细[5]新得。次第条理，了然默识。本既立矣，昧爽[6]乃兴。盥栉衣冠，端坐敛形。提掇此心，皦如出日。严肃整齐，虚明[7]静一。乃启方册，对越圣贤。夫子在坐，颜曾后先。圣师所言，亲切敬听。弟子问辨，反复参订[8]。事至斯应[9]，则验于为。明命[10]赫然，常目在之。事应既已，我则如故。方寸湛然[11]，疑神息虑。动静循环，惟心是监。静存动察[12]，勿贰勿参。读书之余，间以游咏。发舒精神，休养情性。日暮人倦，昏气易乘[13]。斋庄整齐，振拔静明。夜久斯寝，齐手敛足。不作思惟，心神归宿。养以夜气，贞则复元。念兹在兹，日夕乾乾[14]。

【注释】

陈柏，生卒年不详，字茂卿，号南塘，浙东南著名理学家。南宋年间，“晦翁传递道江南，而吾台特盛”。浙东常平使朱熹驻节台州，并两主台州崇道观。政务之余，传道授业解惑，结交了许多朋友，培养了大批人才。在朱熹众多门徒中也有四位仙居人，他们是吴梅卿、吴谅（吴梅卿之子）、陈柏和郑雄飞。这四人“深于道德性命之学”，尽得朱熹之所传，或著述（吴梅卿《经说语录》、陈柏《夙兴夜寐箴》），或从教（吴谅在南峰山蓝光轩授徒），或从政（郑雄飞官至户部侍郎，“以清节著”），“以其学行之同通”，时人号称仙居“四君子”。

①箴：古代一种文体，以告诫规劝为主的韵文。“铭”是刻在器物或碑石上兼于规戒、褒赞的韵文。因两者作用有相似之处，故后人多连称。

②寤：睡醒。

③澹：恬静、安然的样子

④愆：罪过，过失。

⑤细：抽引，理出丝缕的头绪。

⑥昧爽：拂晓；黎明。

⑦虚明：指内心清虚纯洁。

⑧参订：检验订正。

⑨应：应对。

⑩命：指天命。

⑪方寸湛然：方寸，心也；湛然，清澈透明的样子。

⑫静存动察：静时要善于保存本心而不为外物引诱，动时心要能体察万物而不妄乱发作。

⑬乘：乘虚而入。

⑭乾乾：自强不息貌。

【导读】

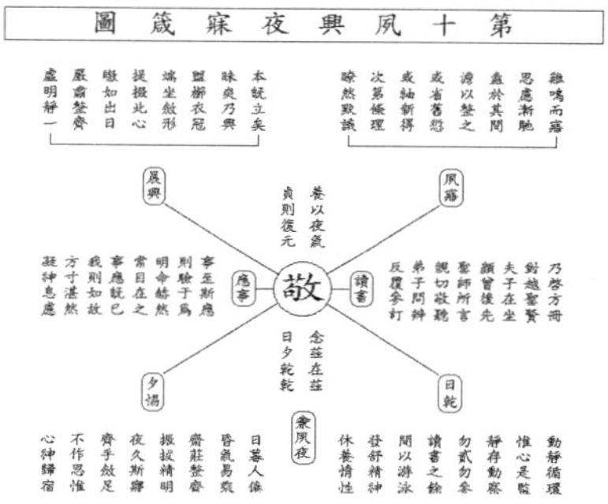

朝鲜李滉《夙兴夜寐箴图》

此文又名《朝夕箴》，深为时贤所推许。“夙兴夜寐”是起早睡晚之意，言勤劳。这是要我们时时刻刻照顾本心，不忘作功夫。所以文章特别强调慎独。金华学者王柏任仙居上蔡书院山长时，使诸生人手录一通，并置诸座右。文学家、学者宋濂称此箴“本末明备，体用兼该”。

明代学者宋濂，在《题朝夕箴后》中写道：“右《朝夕箴》，一名《夙兴夜寐箴》，凡二百八字，南塘先生陈公之所撰也。先生讳柏，字茂卿，台之仙居人。与同邑谦斋吴梅卿清之，直轩吴谅直翁父子游，而深于道德性命之学。盖自谦斋从考亭门人传其遗绪，而微辞奥旨尧生得之为多。当时有慥堂郑雄飞景温，辈行虽稍后，而事先生为甚谨。人以其学行之同通，以四君子称之。今观先生之著此箴，本末明备，体用兼该，非真切用功者当不能为是言。乡先生鲁箴王柏会之读而善焉，以教上蔡书院诸生，使人录一本置于坐右。则其所以尊尚者为何如哉！呜呼，前修日远，后生小子不知正学之趋，惟文辞是攻，是溺志亦陋矣。濂故表而出之，并系先生师友之盛于其后，以励同志者云。”

【思考与研讨】

以下是后人写在《夙兴夜寐箴》后的一段评论文字，试翻译并说说你对此的理解。

夫道之流行于日用之间，无所适而不在，故无一席无理之地，何地而可辍工夫，无顷刻之或停，故无一息之时，何时而不用工夫？故子思子曰：“道也者，不可须臾离也。可离非道也。是故君子戒慎乎其所不睹，恐惧乎其所不闻。”又曰：“莫见乎隐，莫显乎微。故君子慎其独也。”此一静一动，随处随时，存养省察，交致其功之法也。果能如是，则不遗地头而无毫厘之差，不失时分而无须臾之间，二者并进，作圣之要，其在斯乎。

辍耕录·隐逸

元·陶宗仪

吾乡吕徽之[①]先生，家仙居万山中，博学能诗文，问无不知者，而常逃其名[②]，耕渔以自给。一日，携褚币[③]诣富家易谷种，值大雪，立门下，人弗之顾。徐至庭前，闻东阁中有人分韵作雪诗，一人得“滕”字，苦吟弗就，先生不觉失笑。阁中诸贵游子弟辈闻得，遣左右诘之。先生初不言，众愈疑，亲自出见，先生露顶[④]短褐，布袜草屦，辄侮之，询其见笑之由。先生不得已，乃曰：“我意举滕王蛱蝶事[⑤]耳。”众始叹伏，邀先生入坐。先生曰：“我如此形状，安可厕[⑥]诸君子间？”请之益坚，遂入阁。众以“藤”“滕”二字请先生足之。即援笔书曰：“天上九龙施法水[⑦]，人间二鼠[⑧]啮枯藤。鹜鹅声乱功收蔡[⑨]，蝴蝶飞来妙过滕[⑩]。”复请粘“昙”字韵诗，又随笔写讫，便出门。留之，不可得。问其姓字，亦不答，皆惊讶曰：“尝闻吕处士名，欲一见而不能，先生岂其人邪。”曰：“我农家，安知吕处士为何如人？”惠之谷。怒曰：“我岂取不义之财？必易之。”刺船而去，遣人遥尾其后。路甚僻远，识其所而返。雪晴，往访焉，惟草屋一间，家徒壁立。忽米桶中有人，乃先生妻也。因天寒，故坐其中。试问徽之先生何在，答曰：“在溪上捕鱼。”始知真为先生矣。至彼，果见之，告以特来候谢之意。隔溪谓曰：“诸公先到舍下，我得鱼，当换酒饮诸公也。”少顷，携鱼与酒至，尽欢而散。回至中途，夜黑，不良于行，暂憩一露棚下，适主人自外归，乃尝识面者，问所从来，语以故。喜曰：“是固某平日所愿见者。”止客宿，翼旦，客别。主人蹑[⑪]其踪，则先生已迁居矣。又一日，先生与陈刚中[⑫]治中遇于道。治中策蹇驴，时犹布衣，见先生风神高简。问曰：“得非吕徽之乎？”曰：“然。足下非陈刚中乎？”曰：“然。”握手若平生欢，共论驴故事。先生言一事，治中答一事，互至四十余事，治中止矣。先生曰：“我尚记得有某出某书，某出某传。”又三十余事，治中深敬之。

【注释】

①吕徽之：名起猷，字徽之，号六松，元末明初隐士。仙居人。

②逃其名：逃避声名而不居。

③褚币：纸币的别名。

④露顶：脱帽露顶，不修边幅。

⑤滕王蛱蝶事：指唐滕王李元婴喜画蛱蝶的典故。

⑥厕：厕身，谦语，混杂意。

⑦天上九龙施法水：指佛法能消除心中烦恼，犹如清泉能洗涤污垢。

⑧二鼠：佛家以黑白二鼠指代白天、黑夜。

仙居安岭

⑨鹜鹅声乱功收蔡：典出“李愬雪夜入蔡州”，见《资治通鉴·唐纪》：“近城有鹅鸭池，愬令击之以浑军声”，最后擒获吴元济，此役是奇袭成功战的典型案例。

⑩滕：指善画蛱蝶的滕王。

⑪蹑：追随。

⑫陈刚中：陈孚（1259—1309），元代学者，字刚中，号勿庵，浙江临海县太平乡石唐里（今白水洋镇松里）人。至元年间，上《大一统赋》，后讲学于河南上蔡书院，为山长，曾任国史院编修、礼部郎中，官至天台路总管府治中。诗文不事雕琢，纪行诗多描摹风土人情，七言古体诗最出色，著有《观光集》《交州集》等。

【导读】

吕徽之是一位博学多才、安贫乐道、恬淡自守、特立独行又不乏随和的隐士。从文中我们可以看到一位品质高洁的士子在乱世中独善其身，坚守心中之圣土的情怀。他为仙居的历史文化添上了浓墨重彩的一笔。

【思考与研讨】

结合具体细节，分析吕徽之形象。

金克厚[1]监厨

明 · 王守仁

嘉靖元年壬午，先生[2]五十一岁，在越。

正月，疏辞封爵。

二月，龙山公[3]卒。

……

二月十二日己丑，海日翁年七十，疾且革[4]。时朝廷推论征藩之功，进封翁及竹轩、槐里公，俱为新建伯。是日，部咨[5]适至，翁闻使者已在门，促先生及诸弟出迎，曰："虽仓遽，乌可以废礼？"问已成礼，然后瞑目而逝。先生戒家人勿哭，加新冕服拖绅[6]，饬内外含襚诸具，始举哀，一哭顿绝，病不能胜。门人子弟纪丧，因才任使。以仙居金克厚谨恪，使监厨。克厚出纳品物惟谨，有不慎者追还之，内外井井。室中斋食，百日后，令弟侄辈稍进干肉，曰："诸子豢养习久，强其不能，是恣其作伪也。稍宽之、使之各求自尽可也。"越俗宴吊，客必列饼糖，设文绮[7]，烹鲜割肥，以竞丰侈，先生尽革之。惟遇高年远客，素食中间肉二器，曰："斋素行于幕内，若使吊客同孝子食，非所以安高年而酬宾旅也。"后甘泉先生[8]来吊，见肉食不喜，遣书致责。先生引罪不辩。是年克厚与洪同贡于乡，连举进士，谓洪曰："吾学得司厨而大益，且私之以取科第。先生常谓学必操事而后实，诚至教也。"

【注释】

①金克厚，字弘载，号竹峰，明嘉靖癸未（1523）进士，仙居西乡吕前人。据《光绪仙居县志》记载，金克厚年轻时曾久困于科举，听闻王阳明为圣贤之学，而往事之，成为王阳明的学生。

②先生：王守仁（1472—1529），幼名云，字伯安，别号阳明。浙江绍兴府余姚县（今属宁波余姚）人，因曾筑室于会稽山阳明洞，自号阳明子，学者称之为阳明先生，亦称王阳明。明代著名的思想家、文学家、哲学家和军事家，陆王心学之集大成者，精通儒家、道家、佛家。弘治十二年（1499）进士，历任刑部主事、贵州龙场驿丞、庐陵知县、右佥都御史、南赣巡抚、两广总督等职，晚年官至南京兵部尚书、都察院左都御史。因平定宸濠之乱军功而被封为新建伯，隆庆年间追赠新建侯。谥"文成"，故后人又称王文成公。

③龙山公：王阳明父亲。王华，字德辉，号实庵，晚号海日翁。曾读书龙泉山中，学者又称他龙山先生，浙江余姚人。

④革：病势危急。

⑤部咨：部颁的公文。

⑥拖绅：亦作“拕绅”，引大带于朝服之上。

⑦文绮：华丽的丝织物。

⑧甘泉先生：湛若水（1466—1560），明代哲学家、教育家、书法家。字元明，号甘泉，广东增城（今广州市增城区）人。拜名儒陈白沙为师，成为白沙学说的衣钵传人。在继承陈白沙学说的基础上，提出“体认于心，即心学也”“随处体认天理”等主张，成理学的一大门派，被誉为“甘泉学说”（甘泉学派），与王守仁的阳明学说并称为“王湛”之学。

先生卧病，远方同志日至，乃揭帖[①]于壁曰：“某鄙劣无所知识，且在忧病奄奄中，故凡四方同志之辱临者，皆不敢相见；或不得已而相见。亦不敢有所论说，各请归而求诸孔、孟之训可矣。夫孔、孟之训，昭如日月，凡支离决裂，似是而非者，皆异说也。有志于圣人之学者，外孔、孟之训而他求，是舍日月之明，而希光于萤爝[②]之微也，不亦缪乎？”

【注释】

①揭帖：张贴的启事、公告。

②萤爝：萤，萤火；爝，烛光。谓微弱的光。

【导读】

王阳明平乱成功后，被朝廷赐封新建伯，族中乡里，人人庆贺。这个时候，父亲王华却对儿子说：“盛者衰之始，福者祸之基，虽以为荣，复以为惧也。夫知足不辱，知止不殆，吾老矣，得父子相保于牖下，孰与犯盈满之戒，覆成功而毁令名者邪？”就是劝儿子，这个时候人人都来恭贺你，你却不能沾沾自喜。水满则溢，月盈则亏，你要知道盈守之道。

王华临终前，王阳明和他的弟弟们一起围绕在父亲的榻前。王华交代过家事，已经奄奄一息，即将撒手人寰。这个时候刚好朝廷因为王阳明的功绩，又封王华及他的列祖列宗。王华听到这个消息之后，交代王阳明说其他都是小事，不可失了朝廷礼仪，不可失了知识分子的气节。王华教导王阳明，我生死事小，你赶快设礼迎接使臣。于是，王阳明把这个礼仪都进行完。王华也硬撑到礼仪结束才溘然长逝。王阳明这时候悲痛不已，但是虽心中万分悲痛，却还要约束家人，为父亲换上朝廷新赐的礼服后，才放声大哭，只哭了一声就昏了过去。

【思考与研讨】

王阳明的父亲王华是状元，学问、人品都十分杰出，在当时堪称一代人的楷模。请结合选文探究我国传统的家风文化。

吴时来传（节选）

《明史》

吴时来，字惟修，仙居人。嘉靖三十二年进士。授松江推官，摄府事。倭犯境，乡民携妻子趋城，时来悉纳之。贼攻城，骤雨，城坏数丈。时来以劲骑扼其冲①，急兴版筑②，三日城复完，贼乃弃去。擢刑科给事中。劾罢兵部尚书许论、宣大总督杨顺及巡按御史路楷。皆严嵩私人，嵩疾之甚。会将遣使琉球，遂以命时来。时来抗章劾嵩曰："嵩辅政二十年，文武迁除，悉出其手。潜令子世蕃出入禁所，批答章奏。世蕃因招权示威，筐篚③苞苴④，辐辏山积，犹无餍足。每行事推官，必先禀命世蕃而后奏请陛下，但知议出部臣，岂知皆嵩父子私意哉！虚官帑⑤以实权门，臣窃谓除恶务本，若不去嵩父子，陛下虽宵旰⑥忧劳，边事终不可为也。"时张翀、董传策与时来同日劾嵩。而翀及时来皆徐阶门生，传策则阶邑子，时来先又官松江，于是嵩疑阶主使。密奏三人同日构陷，必有人主之，且时来乃惮琉球之行，借端自脱。帝入其言，遂下三人诏狱，严鞫⑦主谋者。三人濒死不承，第言"此高庙神灵教臣为此言耳。"主狱者乃以三人相为主使谳上。诏皆戍烟瘴，时来得横州。隆庆初，召复故官。进工科给事中。条上治河事宜，又荐谭纶、俞大猷、戚继光宜用之苏镇，专练边兵，省诸镇征调。帝皆从之。隆庆二年，给事中光懋等劾其滥举。会高拱掌吏部，雅不喜时来，贬云南副使。复为拱门生给事中韩楫所劾，落职闲住。万历十二年，始起。十五年拜左都御史。诚意伯刘世延怙恶，数抗朝令，时来劾之，下所司讯治。时来初以直窜⑧，再遭折挫，晚节不能自坚，委蛇⑨执政间。连为饶伸、薛敷教等所劾，时来亦连乞休归。未出都，卒。赠太子太保，谥忠恪。寻为礼部郎中于孔兼所论，夺谥。

【注释】

①冲：要道，要处。

②版筑：古代修建墙体的一种技术，指筑土墙，把土夹在两块木板中间，用杵捣坚实，就成为墙。

③筐篚：原指盛物的竹器，方曰筐，圆曰篚。亦谓财产。

④苞苴：包装鱼肉等用的草袋，也指馈赠的礼物。

⑤官帑：国库；国库里的钱财。

⑥宵旰：天不亮就穿衣起床，天黑了还不休息，指人勤奋。

⑦鞫：审问犯人。

⑧窜：放逐。

⑨委蛇：随顺、顺应貌。

吴氏宗祠

【导读】

选文再现了吴时来几经起落，颇为传奇的人生。历任嘉靖、隆庆、万历三朝谏官，曾抗疏弹劾严嵩，为严嵩暗算，谪戍横州；后被高拱门生论劾，落职闲住；再次起用后，接连被弹劾，病死异乡。纵观吴时来的一生，他孜孜不倦、鞠躬尽瘁所追求的理想，归根结底是为了减少百姓的苦难，维护封建统治的长治久安。他的刚强正直、大义凛然，对国家民族利益的高度关注，时刻心系百姓的精神，为后人所敬仰。

【思考与研讨】

阅读下面文言文语段，结合译文，概括吴时来的官吏形象。

嘉靖时，倭寇发难，郎、土诸路兵援至。吴总臣计犒逾时，众大噪。及至松江，抚臣属推官吴时来除备。时来度水道所由，就福田禅林外立营，令土官以兵至者，各署部伍，舟人导之入，以次受犒，惠均而费不冗，诸营贴然。客兵素犷悍，剽掠即不异寇。时来用赞画者言，为好语结其寇长，缚治之，迄终事无敢犯者。

仙居境界

胡明刚

一进入仙居这块土地，我就进入一种清净与欢乐之中，那是一种无忧无虑的境界。

在步路村的溪边小竹轩小坐片刻，品一杯浓茶，遥望溪边的滩林，宁静而舒雅。此刻正是清明时节，细雨连绵，把溪岸的风景倒映在朦胧的涟漪中，撑一顶小伞，登上竹筏，艄公发一声喊，竹篙就划皱了这里的青山绿水。

永安溪是条母亲河，是安详而宁和的河，仙居人非常好客的，每张竹筏配上一位歌手来，如云又如雾又如仙。她为我们介绍了溪边的一个风景点后，就唱起本地的山歌来，没有丝毫的雕琢，与溪山烟雨配合得极为和谐。身旁，一队水鸭子悠闲地拍打着翅膀，追逐着我们的竹筏尽情地漂游。我低头看水中我的脸庞不是很清晰，因为两岸的青山和云影，早已把我与它们叠印在一起，又渐渐地弥散开来。我看清水下的溪石、小蚌、水草和游弋的鱼群，不知不觉地，竹筏已经通过石仓洞。那是一个采石场。叮当的锤声已经被竹筏的吱嘎声和游人的歌唱声代替了，这使我想起广天台始丰溪边的岩庵黑洞来。我有了回家的感觉。

我一直以为仙居西罨寺[①]的“罨”与“天台岩庵”的“庵”本是同一个字，但翻过字典后才知道“罨”是覆盖的意思。朋友把我带到西罨寺，我终于发觉那里确实覆盖着一种氛围，另一种神仙居的境界一直网罗着我的思想。

西罨寺遗址

西罨寺的谷中有一片蓊郁的小杉林，许多杉树两两依偎，如情侣携手，脉脉含情于罗曼史中。风从树梢中穿过，直溜直溜地响，若情人的絮语，多少能给人温馨。鸟儿在林间啼啭着，在深情地歌唱着，而沉凝着的似乎是那座将军岩了。他默默地厮守这一带风景，不知道他在想什么。没走几步，转几个弯，来到一处拱桥上回望将军岩附近对面的山脊，竟描出一个古装少女的剪影。她也在枕着高崖“辗转反侧，寤寐思服”么，我发觉，西罨寺的山水与人间的情爱竟糅合得如此的谐美。

西罨寺的奇岩怪石千姿百态，涉目成趣，一块金鸡石，转几步可以化成神笔画天，再转几步可以化成仙翁观瀑，这种观赏方式是很传统保守的。山水的阅读是不用指点的，她在于自己的心情领会。西罨的山水有点像雁荡[②]，飞天瀑更像雁荡的小龙湫，在瀑下濯足清流，沐浴朝雨，却是雁荡不能比拟的。雁荡过于热闹了，人工的东西太多太杂，而这里，山水是原档的；或陶醉或呐喊，或攀越或俯瞰，情绪是相对的自由奔放。当我们从一块崖壁上看出斑驳的水痕写有一个大大的仙字时，我叹服了，山水有灵啊！沉迷在西罨寺的风光里，竟忘记了时空，就连朋友大声地呼唤都听不见了。

永安溪和西罨寺的风景是纯粹的，仙居的每一个地方都是让我忘情的。

【注释】

胡明刚，1965 年出生于浙江天台华顶山东麓外湖村。自由作家，现居北京，浙江省作协会员，台州市在京知名文艺家协会副秘书长。著有《蛤蟆居随笔》《天台茶》《北漂者心声》《天台行旅》等书，编有《皇家珍宝》《艺术课堂》《北欧神话》等多种文化普及读物。

①西罨寺：位于仙居县西大神仙居景区内的一座寺庙。据《康熙仙居县志》记载，西罨寺旧在十七都境内，其创建得益于宋代的雪崖禅师。明代时，左都御史吴时来少年时曾力学于寺内，后至清代时寺内还藏有吴时来的遗像。明代万历前夕，西罨寺或曾一度出现过圮毁，由僧人广正于万历十年（1583）重建。清代康熙十九年（1680），僧人晓正进行了修葺。不过，至当代以西罨寺之名进行景区开发时，寺庙已经芜没于荒草了。本文中指的是现在的大神仙居景区。

②雁荡：雁荡山以山水奇秀闻名，素有“海上名山、寰中绝胜”之誉，史称中国“东南第一山”，主体位于浙江省温州市东北部海滨，小部在台州市温岭南境。

【导读】

作者以西罨寺之景为主要写作对象，从西罨寺的名字领起，移步换景，突出“西罨寺的奇岩怪石千姿百态，涉目成趣”，最后在与雁荡山水的对比中赞美永安溪和西罨寺风景的“纯粹”，饱含对仙居山水的喜爱。

【思考与研讨】

本文是一篇优美的写景小文，请赏析文章的景物描写。

仙居，根的归土

朱红萍

根的情结，是整个人类共同且共通的情结。

我对根的念想，是血脉的念想，也就是对爷爷的念想。

爷爷，朱世坤，字国梁，约于1893年出生于仙居白塔，约于1955年离世于舟山朱家尖。我很爱惜给予我生命的这条根源，它来自仙居。

爷爷离世15年后，我才来到这个世上，与爷爷没有交集，却始终交融；相隔得那么遥远，却又如此亲近。

仙居，是爷爷的家乡，我的故乡。舟山，是我的家乡，却是爷爷的异乡。爷爷在舟山故去，按了中国传统的观念，落叶未能归根。

听父辈讲爷爷的故事，大都是些似流水又非流水的碎片。对爷爷的亲近，除了从父辈的口中去追问，余下的便是对根的追寻。关于寻根，总带着一种沧桑。

爷爷随着他的父母和兄长（同父异母）为逃荒而离开仙居。那年，他大约11岁。他们先来到了余杭。没过多久，父母带着他去了杭州，已20多岁的兄长也就独自留在了余杭，从此再未相见。

在杭州，爷爷被送进了养育堂，他的父母成了天主堂的管门人。天资聪颖的爷爷，在养育堂读书到16岁，被推荐给一位法国神甫毛公，后又跟随一位比利时神甫彭公。爷爷教他们学中文，他们教会了爷爷说法语和英语。

17岁后，他随彭公到了宁波天主堂。19岁时，彭公给爷爷500大洋，让他重回杭州，去过另一种生活。他回到杭州，找回父母，请了一位账房先生，开起了一家店铺。年轻的爷爷一定不懂世道的复杂。不知过了多久，店铺无法继续经营，原来，那些钱都被账房先生拿去吸食鸦片了。后来，到了舟山……

大约30岁时，爷爷带着妻女，来到朱家尖，从此落脚，直至离世。

那时的朱家尖，有成片生长的芦苇，还有成片飞翔的鸥鸟。岛上的居民大都住茅草房。尽管爷爷奶奶带着两个乖巧的女儿住进了岛上少有的瓦房院落，但从本岛落脚小岛，远离了父母的奶奶，在最初的日子，还是忍不住地哭。

在朱家尖岛上，爷爷奶奶又生养了6个儿子，并以他们的为人和对岛民的关心救护获得尊重，爷爷成了当地的一位乡绅，被尊敬地称为“朱先生”。

仙居杨丰山

每一位离乡者，一定都不会忘记返乡的路途，哪怕他自幼离家，只要略有记忆，总能以根的经纬寻回家乡。不知爷爷如何联系上了仙居老家的族人，他的堂兄堂侄等开始来往于朱家尖。有时，清明节族人祭祖后分到的青饼碗筷等，老家人会千里迢迢送来。

据说，一百年前的仙居时有盗匪出没，但他们决不盗抢家乡人，只要你说得仙居话、挑着仙居特有的板箩[1]就行。

爷爷曾穿着长衫挑着一担仙居板箩回家。但爷爷离家时太小，那时他的仙居话已很不利索，那担板箩还是被扣下了，好在放了人。爷爷告知族人后，就有类似族长的长辈去告知盗头，扣下的东西马上拿了回来。再后来，世道越来越纷乱，那担板箩弄丢了，族人也渐渐断了联系。爷爷再没回乡……

在朋友的帮助下，终于联系到仙居的亲戚，已是二十世纪末。

2001 年，我陪同父母第一次回到爷爷的家乡。那时，爷爷离乡已近 100 年，诞辰近 110 年。在入乡的三岔路口，与福成兄见面的那刻，竟然没有丝毫陌生感。看着那张脸那个身影，居然看到其中一位伯伯的影子。这是血缘的神力，还是自我心理的认同？实在无以回答。

跨入家门了，那是一栋两层木结构的老房子。亲朋老少都来了，一碗碗满满的“桂圆茶”递上来，这也许是老家最传统的待客方式。那么，爷爷离乡前的仙居也是这样待客的吧？手捧这碗古老的“桂圆茶”，我微笑的泪眼里看到了爷爷童年时隐约的生活场景。

福成兄领着我们去看依旧保留着的爷爷住过的老房子。面对堂屋顶部略有些塌陷的两层木结构的老房，那种惊喜是一种无声无息的气息，弥漫在我心底，但房子充斥着一种被遗弃的空寂与黯然。不知有多长时间没开启过那扇门了。屋里有灰，摆着杂什，还有柴火，在看似零乱中有一种井然。往上走了几级楼梯，想到爷爷小时候曾如此地上下，此刻，我就踩在他那 11 岁的脚印上，扶在他那 11 岁的手背上。这是一种特别的感觉，隔空相遇的感觉。百年的距离，在同一个空间，找到一种共同的存在。这就是最为真切的回家！走得再远，始终有根的归土。

【注释】

朱红萍，普陀山机场任女职委副主任，浙江省作协会员，浙江省诗词与楹联学会理事、台州市作协副秘书长，已出版有诗集《回望》和散文集《六根亮桅》。

①箩：一种用框架和纱网材料组成的器具，传统农业用于分离谷物与微小尘土，可以漏掉灰尘和碎末工具。

【导读】

文章详细记述了爷爷颠沛流离的一生，让人深切感受到异乡漂泊生活的不易及作者去仙居寻根的感受。“百年的距离，在同一个空间，找到一种共同的存在。”语境亲切感人。

【思考与研讨】

本文情感细腻真挚，请思考文章的情感脉络。

无骨的花灯，有骨的仙女

毕淑敏

仙居有一特产，无法顾名思义领略它的美丽与繁复。

“仙居无骨花灯”[①]——分开来，每个字都识得，合在一处，若无亲睹，断乎想象不出它的奥秘和辛劳。

古人恒久不变的光明来源，白天取自阳光，暗夜要靠烛火。灯是被驯服的光焰，花灯便是行走的骄阳。

花灯的来历很多，独喜一说。古时有只神鸟迷路凡间，被不知情的猎人射杀。天帝震怒，欲为神鸟复仇，遂令天兵于正月十五日将大地焚净。天帝之女不忍看生灵涂炭，提前将消息透露人间。众人皆慌，一老者说，不妨在这天家家挂灯笼、燃爆竹、放烟火……让天帝以为人间已爆发大火。到了那天晚上，天兵果然眺望地面一片红光，以为自燃，天帝便收回了成命。人们活下来，从此每到正月十五，家家户户悬灯放烟花，纪念死里逃生。这故事里有误会与愤怒，有肆虐与谍报，有智慧和侥幸，更有漫天赤焰和久远奠念。

参观了仙居的针刺无骨花灯博物馆，拜见了瑰宝的传承人。这灯获奖无数，荣获联合国教科文组织认证评审的“2014 世界杰出手工艺品徽章”。心中笃信的花灯故事开始动摇，只因这灯太柔美了，只怕天帝不会上当。

花灯的工艺十分单纯。先取彩色电光纸，内附朦胧的半透明白纸，再辅以韧纸。三纸叠加后，原料基本齐备。再将竹筷截断，劈成两半，取一支 12 号绣花针镶夹其中，最主要的工具也置备妥当。将拟好图案在素纸上绘出，可人物、可花鸟、可山水、可文字……，以绣花针笔直戳于纸上，手起手落，针孔绵延。无数小洞洞起承转合，勾勒出玲珑的曲径直线。朴素又颇有寓意的线条，组成古朴典雅形态逼真的图案。后将刺好针孔的各组纸片，以白胶粘成圆、方、梅、菱、鼓、六角、八角等结构，纸张缀起坚固整体。约十数道工序，一枚仙居皤滩花灯方呱呱落地。

初见，这灯谈不上富丽堂皇，只凭精致小巧，让人疼惜。一旦燃亮灯光，花灯轻如鸿毛的躯体中，突然弥散出皎月般澄澈的光芒，如同馒人肺腑的香氛，悠悠地散播开来，直抵你心中最幽深的缝隙。花灯的每一张纸片，都千疮百孔。被刺伤的累累孔痕，组成瑰丽图案，在胸中之光照耀下，熠熠生辉，让人陡地想起多舛的命运与不屈的灵魂。

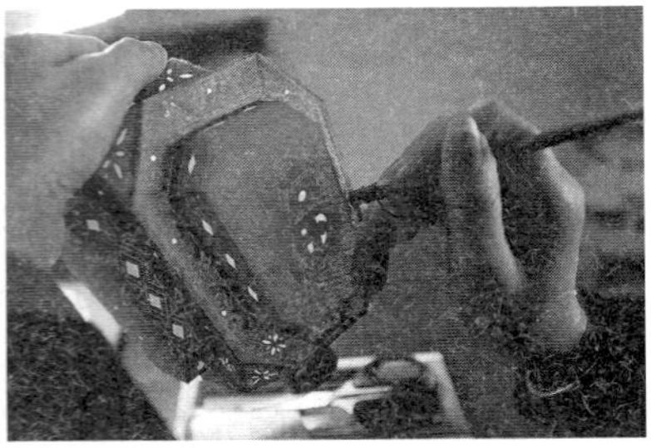

仙居无骨花灯制作

我见到仙居无骨花灯非物质文化遗产继承人王汝兰阿姨，笑容粲然[②]和暖。她已82岁，每日仍刺灯不止。她老人家美丽而聪慧的媳妇陈彩平，是第二代传人，花灯技艺在她手中不断发扬光大。

陈彩平说，整个花灯没有一丝内在骨架，全靠物理力学原理彼此支撑，如此光芒普照时，才不见丝毫阴影。制作一盏普通的灯，要花数天到十天，至少要刺10万针。若是大灯，便要刺几十万上百万针，时间需几个月。每针都要平稳妥帖，针斜了，光的线条便糊了。若针孔大小不一，光芒也会粗细不等。一旦这种情况出现，她都会毫不犹豫地销毁灯片。12号绣花针的直径只有0.45毫米，执针人需全神贯注，心态澄净。气息匀称，眼眸清明，手力平衡，身心融汇……人的状态，犹如幽蓝的万古深潭，波纹不起。

“执”这个字，在篆书中，为手铐之形，表示人被抓住了。梵语中，指对事理不舍，佛称“迷执”。仙居的灯和人，都“执”得深沉，“执”得流光溢彩。灯，是菲薄的纸做的，注入的力道却顽强不息。10万+的锤炼，可锻造一柄寒凛宝剑。十万+的锋利针刺，方成就一朵温煦花灯。

千百万次的伤痕，加上心中光焰，组成人间绝美图案。无骨花灯背后，执立有骨的仙女。

【注释】

毕淑敏，1952年10月出生于新疆伊宁，中共党员，文学作家、内科主治医师、北京市作家协会副主席、北京师范大学文学硕士，心理学博士方向课程结业，注册心理咨询师。著有长篇小说《红处方》《血玲珑》《拯救乳房》《女心理师》《鲜花手术》等。她的散文笔触细腻，内涵丰富，被各个年龄段的读者喜爱，影响深远。《学会看病》入选小学语文课本。王蒙称她为“文学界的白衣天使”。近年出版《带上心灵去旅行》《非洲三万里》《破冰北极点》《毕淑敏母子航海环球旅行记》《藏在这世界的优美》《终要有一场触及灵魂的旅行》等20余部旅行书籍。

①无骨花灯：又称仙居皤滩花灯，中国传统手工艺品之一。起源于

唐朝，据当地宗氏堂簿记载，明朝万历年间，皤滩民间就有盛大的闹花灯活动。唐太宗李世民曾下诏每年进贡仙居“皤滩花灯”十对，曰：“十全十美”。唐之后的宋、元、明、清（至同治）各以十对花灯为数进贡皇上。仙居皤滩花灯造型别致，工艺独特，制作精美，小巧玲珑，古朴典雅。更奇的是，灯身没有骨架，全由用绣花针刺成各种花纹图案的纸片粘贴而成，且轻巧能飞。2006 年 3 月，仙居针刺无骨花灯被中国艺术研究院收藏，6 月，其制作工艺被列入为首批国家级非物质文化遗产名录。其中作品龙凤灯被国家邮政总局入选为“中国灯彩”特种邮票。

②粲然：形容笑容灿烂的样子。

【导读】

本文是作者在参加了首届神仙居“梦游天姥”文化研讨会暨 2018 中国名作家名学者“诗意仙居”品鉴行活动后，有感于仙居的慢生活而写下的。在这篇散文中，作者的笔触不仅仅停留在花灯的制作上，更多的是停留在花灯制作人的精神和传统文化上。不仅能让人感受到情感的细腻，文辞的华美，更能使人受到深深的启迪。在作者笔下，我们看到的是一位用充满睿智的眼光在对生活、对生命进行理性思索的智者。

【思考与研讨】

分析文题“无骨的花灯，有骨的仙女”中“骨”的含义。

旷野上的明灯——寻访浙江仙居桐江书院[1]

葛水平

初夏的仙居很美，花开在绿中，灿然可爱。潺潺溪水，小潭，两岸的竹林，道路分开了左侧和右侧，也分开了时间的过去和现在。我没有想到还有这么好的地方，没有人，植物疯长，老的建筑就立在那里，它叫“桐江书院”，旧时代读书人生长的地方。雨刚过，有一丝阳光低远地铺过来，突然间一片开阔地上出现了白墙黑瓦的建筑，弓箭形的外墙上立着两只翠鸟，龙头鱼尾图案恰如书院洞开的“心”眼，却依然感到了明显的强势气场。风推着我的脚步，让我轻松地走向它的正面，多么美，“众里寻他千百度，蓦然回首，那人却在灯火阑珊处”。

仙居桐江书院正门

桐江书院正门写着一副对联，上联：文公到访地，下联：殿元受业家。字体古拙，被书声浸染过的笔画中吐出耀眼的寒芒。据说桐江书院始建于宋乾道年间（1165—1173），为晚唐诗人方干第九世孙方斫所建。因其祖先方英是桐庐人士故名桐江书院。桐江，是富春江在桐庐县境段的别称，桐庐的桐江书院早已不再，可台州仙居却还有个同样名字的桐江书院。我看到两棵苦槠树很醒目地婆娑在桐江书院的右侧，很是壮观的两棵树，我能感觉树在暮年“放下”的重要性。放下“妄”，放下“执”，枯木逢春，一道风景，那可是满枝头茂密的“青山”啊。

桐江书院在这里矗立了800年，一股出尘的清气，大地与心境，处处鲜活着。我和我同行的作家朋友们惊叹好风水给了书院，可书院里有多少年没有了读书的琅琅声。“四方之学士文人，负笈从游者尝踵相接”，那样的一个名闻遐迩。以至于南宋哲学家、教育家朱熹曾两次来到桐江书院，慕名遣子从学于桐江书院，作《送子入板桥桐江书院勉学诗》：“当年韩愈送阿符，城南灯火秋凉初。我今送郎桐江上，柳条拂水春生鱼。汝若问儒风，云窗雪案深功夫。汝若问农事，晓烟春雨劳耕锄。阿爹望汝耀门间，勉旃[2]勉旃勤读书。”并手书“桐江书院”“鼎山堂”两匾，据说眼前的这个“鼎山堂”是朱熹的真迹匾额。

朱熹来这里两次讲学，朱熹把自己的儿子送到这里来读书。那是一个构建理性的时代，也是一个知识分子对读书和读书的环境怀有选择和虔敬的年代。

院子里安静得能听到蝴蝶的拍翅声。一棵石榴树下，落红满地。我滞留在树下很久，蜜蜂嘤嘤嗡嗡飞起飞落，来了一只蝴蝶，落在长满青苔的墙上。我想象点亮灯盏的夜晚，最后的晚霞和仓促遮起的窗帷的颜色所包裹着的火苗闪耀着，舒适的空气和氛围，风在外面徘徊，各种各样的小动物、小植物，着了魔似的注视着学子们的教室，吟诵声渐起，天光的影子，夜的影子，书生的影子，屋外听众的影子，影子们和叠在一起，交响成生命的韵。我多么期待在一个不经意的瞬间，时间能够把琅琅书声重新点燃，长久的读书声，长久停滞在时空中。我期盼中华民族骨骼里的拔节声是读书声惊醒的，很谦卑，很清爽，在夜里，那读书声有些血性，金属似的铿锵，很醉人。

可以想象，在当时，桐江书院以民间学术机构的形式出现，不单促进了当地科举的成就，培养了众多的文人儒士，更加宝贵的是以桐江书院为载体，吸引了南宋当时一流的学者。诸如朱熹、吴芾、王十朋、陈庸等人，这种交往形成相对固定的学术圈子，相互砥砺。桐江书院的远去，那个时代就结束了，所有人的生活也都隐隐地随着一切逝去而改变。同在蓝天下，远去的桐江书院可能与我们的生活不相干，而当你看到它，你会猛然觉得，时间的魔掌，将你所处的时代往前推了一把，原先还站在后排的，这时就要承担新的责任，迎面经受风雨的吹打浇淋。会突然明白，我们这个时代少了真诚敏感、耿介正直的学人，一些杰出的思想者、一些杰出的文学表现者，一座让灵魂得以再生的场所。

桐江书院对于后世的儒士来说，更多的是精神上的归宿。他们往往抱着朝圣者的心理来寻访或许已经残垣断壁的桐江书院，来此抚今思古，追怀桐江书院那一段辉煌的历史。乾隆辛亥（1791），当地农民锄田得到一片明嘉靖年间书院遗瓦。自宋至清，历代政权更迭，兵燹毁坏，屡毁屡建，周围数株合抱的苦槠树见证了日月沧桑。历代歌咏诗词不少，清乾隆年间张龙圻的《鉴湖映月》：

满目玻璃夜静时，天心水面两相宜。

菱花看向波中落，桂影才从镜里移。

鹊结柳梢惊寒蝉，鱼潜萍毯畏垂丝。

当年奇迹任人在，景仰先生百世师。

诗中所描写的正是张龙圻寻访桐江书院遗址时的情景。这是一次永远的寻访，在唤醒什么东西，而在唤醒的过程中，也变成了与上苍交流的虔诚的战栗。

我在院子里看见了桐江书院的学规：

凡学于此者，必严朔望之仪③，谨晨昏之令。居处必恭，步立必正。试听必端，言语必谨。容貌必庄，衣冠必整。饮食必节，出入必省。读书必专一，写字必楷敬。几案必整齐，堂室必洁净。相呼必以齿，接见必有定。修业有余功，游艺有适性。使人庄以恕，而必专所听。

多好，它让此处生长出儒雅。

【注释】

①桐江书院：系宋乾道（1165—1172）方斫建，以其八世祖唐代诗人方干是桐庐人，因名桐江。桐江书院位于今台州皤滩乡山下村与板桥村之间。据当地老人介绍，当时的桐江书院前有鼎山叠翠，后有溪水萦回，东有鉴湖烟柳，西可登临道渊山，确是环境清幽的钟灵毓秀之地。由于方斫“卓然屹立于众醉独醒之中”，是“东南学者表正之师”。所以，桐江书院创办后，名闻遐迩，“四方之学士文人，负笈从游者尝踵相接”。朱熹、王十朋等历史名人新笔题写的“鼎山堂”“桐江书院”匾额沿存。

②勉旃：努力，多于劝勉时用之。旃，语助词，“之焉”的合音字。

③朔望之仪：古代书院于每月朔望所举行的一种仪式。是日黎明，值日人员以击云板为号令，诸生闻之即起，漱洗，着深衣或凉衫。再击云板，齐集升堂。师长率诸生到先圣像前行再拜之礼；焚香毕，又行再拜礼。礼毕退下，师长西南向立，诸生之长者则率众以次东北向立齐，给师长行再拜礼；其中长者一人往前致辞，后又行再拜礼。师长进入室内，诸生以次环立，最后一次行再拜礼，毕，退到各自课案前就座。仪式庄重，旨在感发先贤精神。

【导读】

仙居桐江书院，被称为八百年文脉的传承。桐江书院对于后世的儒士来说，更多的是精神上的归宿，一种对于根脉的追索，一盏乱世中的明灯，一腔对于盛世乐土的追忆与向往。

作者用大气、磅礴、厚重的文笔和深沉的情感再现桐江书院的历史，但不是站在远处眺望历史和现实，而是“行走”到生活的深层和历史的深处，不仅“身临其境”，并且“心临其境”。作家冯骥才曾这样评价葛水平的散文：“历史是不会死亡的，它把灵魂深深埋在大地里，留在了人间，然而在急剧的时代转型期，这灵魂也会迷失。葛水平苦苦地找到了它，并紧紧抓住它，用心温习它叩问它。我听见作家对它骄傲的赞美，痛惜的呼喊。历史的灵魂就是民族的灵魂……这是当代散文的新收获。我对葛水平这样的文学精神与追求表示敬意。”读此文，也能让我们感受到作家对历史灵魂的思考和叩问。

【思考与研讨】

理解文中“那是一个构建理性的时代，也是一个知识分子对读书和读书的环境怀有选择和虔敬的年代”一句的含义。

第七单元　三门篇

诗词

丹邱寺[1]

唐 · 贾岛

何处是丹邱？深林林尽头。
金星耀沙渚，铁屑浑溪流[2]。
冷落残僧少，荒芜古殿幽。
披[3]图考名实，曾有凤来游。

【注释】

①丹邱寺：位于亭旁镇东灵凤山南麓，同系天台山山脉，向东延伸入东海，林深谷幽，钟灵毓秀，为东晋章安令梅盛隐居之处。始建于南北朝宋文帝元嘉六年（424），北宋开宝年间改为“丹邱院”，大中祥符年间赐额“丹邱讲寺”，寺名一直沿用至1958年被拆毁之时，2014年丹邱讲寺得以重建。

②金星、铁屑：指铁沙。沙渚：小沙洲。渚，水中小块陆地。溪流：指依傍寺庙的南溪。溪上游两岸盛产铁砂石，人们洗砂取铁，制作铁器。

③披：翻开。

三门丹邱寺全貌

【导读】

唐代诗人贾岛来到丹邱寺，并留下诗文，使得这座千年古刹文蕴深厚。本诗写丹邱寺荒芜、冷落、幽寂的环境氛围，富有意境。首联以设问“何处是丹邱”开篇，随答“深林林尽头”，两句巧妙点明了丹邱寺的地理位置。颔联描写了当时南溪两岸的人们洗砂取铁的景象。颈联写出了丹邱寺的冷落荒芜景象。尾联抒发了诗人怀古幽情。

【思考与研讨】

本诗中的颔联和颈联是诗人贾岛赴丹邱寺途中所见之景。请你根据诗意对此展开想象，并运用准确生动的语言加以描绘，至少使用两种修辞手法。

过黄塘岭①

宋·朱熹

屈曲危塍②转，阴沉山气昏。
蝉声高树喑③，石濑④浅流喧。
已过黄塘岭，欲觅桃花源。
无为此留滞，驱马逾三樊⑤。

【注释】

①黄塘岭：在三门县海游街道山董村北。

②塍：田间的土埂子，小堤。

③喑：不能出声，失音。

④石濑：湍急之水，水激石间为濑。屈原《九歌·湘君》："石濑兮浅浅，飞龙兮翔翔。"

⑤樊：篱笆。

【导读】

全诗写了诗人过黄塘岭的所见所闻所感。首联从视觉角度描写小道屈曲蜿蜒、山气阴沉的景象，颔联从听觉角度描写蝉儿喑哑、湍流撞击之声，颈联和尾联写诗人过了黄塘岭，欲觅桃花源的想法，表达了一种无心留恋美景、想要早些到达目的地的迫切心情。整首诗写得朴实无华、清新自然。

【思考与研讨】

作为宋代理学集大成者，朱熹为后人留下了大量的理学著作，他一生游览过许多名山大川，也创作了不少山水游览诗和咏物诗，请你搜集朱熹具有代表性的这类诗歌，谈谈朱熹这类诗词创作的语言风格。

过乱礁洋[1]

宋·文天祥

海山仙子国，邂逅[2]寄孤篷[3]。
万象画图里，千崖玉界[4]中。
风摇春浪软[5]，礁激暮潮雄[6]。
云气东南密，龙腾上碧空。

【注释】

①乱礁洋：在三门湾海中，舟行不半日可抵达仙岩，其中羊礁、石柱、牛门、白豸、赤金诸岛出没于波涛，星罗棋布于海上，又称棋盘洋。驾轻舟行驶其间，风景异常优美。南宋德祐二年（1276），文天祥自元营脱险，自北海渡扬子江至苏州下海，兴师抗元，船过乱礁洋。

②邂逅：谓不期而遇。

③孤篷：孤舟。

④玉界：指碧玉一样的海洋。

⑤春浪软：即春浪柔软不大之意，细小的风，鼓起波浪。

⑥暮潮雄：傍晚涨潮时，潮水激打着礁石的雄伟景象。

三门乱礁洋面

【导读】

南宋末年，民族英雄文天祥在起兵抗元的几年间，留下了两首以漂洋过海为题的诗，一首是《过零丁洋》，另一首就是《过乱礁洋》。南宋德祐二年（1276），右丞相文天祥自元营脱险，乘舟从长江口南下，经过乱礁洋时，面对海天胜景，想起以往九死一生的坎坷境遇和此去东南将匡扶社稷重任，遂感慨作诗。这首诗歌描写了行船过万象如画的乱礁洋诸岛时的所见之景，岛礁星罗，风轻潮大，云蒸霞蔚，尽是一派雄伟景象。同时，诗歌也寄寓了文天祥经历“孤愤愁绝”之后，对国事的满怀希望和胜利信心。全诗将言事、抒情融于写景之中，兼有清新秀丽与雄浑苍劲之美，虚实相生，立意高远，成为千古绝唱。

【思考与研讨】

1. 这首诗的前面还有一篇诗序，序云：自北海渡扬子江至苏州洋，其间最难得山，仅得蛇山、洋山大小数山而已。自入浙东，山渐多，入乱礁洋，青翠万叠，如画图中。在洋中者或高或低，或小或大，与水相击触，奇怪不可名状。其在两旁者如岸上山，实则皆在海中，非有畔际。是日风小浪微，舟行石间，天巧迭出，令人应接不暇，殆神仙国也。孤愤愁绝中，为之心旷目朗，是行为不虚云。

请你将诗序的内容进行解读。

2. 颈联“风摇春浪软，礁激暮潮雄”明写自然景象，却也暗寓时事，请你对此进行赏析。

仙岩岭①

明 · 张廷璧

一上仙岩望，孤高万岭低。
乾坤②分上下，日月列东西。
沧海浮鳌③背，红尘隔马蹄④。
仙人磨石壁，留待老夫题。

【注释】

张廷璧，生平不详，明代临海人。洪武时任河南太仓训导。永东初，校帖翰林。

①仙岩：位于三门县东南海滨，浬浦镇仙岩村。

②乾坤：乾之象为天，坤之象为地，即天与地。

③鳌：传说中海里的大龟，此指海上岛屿。

④红尘隔马蹄：骑马登岭，如入仙境，恍然似与红尘相隔。红尘，即人世。

【导读】

此诗写登仙岩岭的所见所感。仙岩岭高入云霄，登临其上，见群山皆在其下，它将天地分开，使日月隔绝。东望大海诸岛，如在沧海沉浮。人历此境，如在远隔尘世的仙境。全诗气象恢宏，意境高远。

【思考与研讨】

本诗曾被明代方孝孺称为“刻削森秀，为世俗异味，其辞信奇矣”，请结合全诗，试赏析这首诗的语言风格。

游多宝寺[1]

明·释西雨

探幽来古寺，地僻路不通。
尘世隔天外，溪山疑画中。
僧归三径[2]月，钟吼一林风。
此夕禅关[3]内，清淡百虑空[4]。

【注释】

释西雨，生平不详，字蕉隐，宁海寿宁寺僧，著有《云响诗钞》。

①多宝寺：江南最大的一个藏传密宗禅林，寺中供奉着藏传佛教格鲁派创始人宗喀巴大师。位于三门县高枧村岩峰竖尖山麓，旧名龙翔院，为东晋高僧昙猷法师所建，宋代改建今址，清同治七年（1868）重建。

三门多宝寺

②三径：陶渊明隐居田园，院子前有几条小路，后用“三径”代指隐居之处。

③禅关：禅门或比喻悟彻佛教教义必须越过的关口。

④清淡百虑空：月夜清明景象让人顿悟禅机，使人内心清静澄明，百虑皆空。

【导读】

这首诗写了作者探寻古寺时的见闻和感受，描写了多宝寺一带月夜的幽深、静谧、清明景象，使人心生空灵飘逸之感。整首诗传达了作者恬静安宁、忘却尘世的生活心态。

【思考与研讨】

本诗描绘了多宝寺一带的幽深春光，请赏析诗歌的颔联和颈联。

广润寺①

明 · 曹学程

问俗郊行晚，停驺②海上山。
潮随初月涌，僧共白云闲。
越峤③年无警，花村夜不关。
青青麦秀野，一望且舒④颜。

【注释】

曹学程（1563—1608），字希明，号心洛，全州西隅（今桂林全州县才湾镇田心铺）人。明代万历年间进士，任宁海县令，因政绩卓著而擢为御史。

①东晋兴宁年间（363—365），天竺（古印度）僧人昙猷乘枫槎（枫树制的筏）从海上东渡，在三门湾畔登岸，“见有山五彩祥云绕其（即为瑞云山）顶”，遂在山南麓建造普济院。宋大中祥符年间（1008—1016），赐额“广润禅寺”。明洪武、万历、崇祯年间不断增修扩建，规模宏伟。广润寺是台州最早建立的寺院之一，绵绵千年，香火不息，高僧辈出，是浙江东部的著名寺院。全寺有山门、弥勒佛殿、大雄宝殿、藏经楼、方丈堂、斋堂、千佛楼等建筑。民国二十八年（1939），改建为校舍，现为浙江省三门中学校址，寺中仅存“千佛楼”1幢，2屋5楹。面阔26米，深10.2米，硬山顶，穿斗式构架。此外，广润寺旧有南宋丞相叶梦鼎墓葬寝，后来也被毁坏了，尚有雕刻精美绝伦的石翁仲及一些墓构件等遗存。

三门广润寺中的千佛楼

②驺：此处指驾车。

③越峤：宁海县山区。

④舒：舒展。

【导读】

广润寺周围古木参天，松竹繁茂，雅致幽静，既可赏美景，又可悟心性。本诗作者运用细腻的笔触描写了风清月朗，寺僧悠闲，官衙无警，夜不闭户，庄稼丰茂的盛世太平景象。诗歌抓住最富特征的细节，自然地流露出了作者从容闲适、怡然自乐的心情。

【思考与研讨】

中国古典诗词意蕴丰富、字字珠玑。请赏析诗歌的颔联中“涌”“闲”二字。

乱礁洋

明 · 黄宗羲

乱礁浮海国，千年两度臻①。
太空留寒翠，世外发奇文。
草木柔弱枝，不得丽云根。
中原②佳丽地，堕为耳目尘。
上帝命巫咸③，设此招沉魂。
礁声寄古哭，古哭尚殷殷。
谁谓孤篷间，新恨高氤氲④。

【注释】

黄宗羲（1610—1695），字太冲，一字德冰，号南雷，别号梨洲老人、蓝水渔人等，世称黎洲先生。明清之际思想家、经学家、史学家、教育家，浙江余姚人。“东林七君子”之一黄尊素长子。黄宗羲与顾炎武、王夫之并称“明末清初三大思想家”，与顾炎武、方以智、王夫之、朱舜水并称为“明末清初五大家”，与陕西李颙、直隶容城孙奇逢并称“海内三大鸿儒”，亦有“中国思想启蒙之父”之誉。明鲁王时，任左副都御史，随驾来到健跳镇。

①臻：至。谓华夏数千年，只有元、清两度为异族入主。

②中原：黄河中下游地区。

③巫咸：商朝大臣。相传他是用筮占卜的创始者，又是个占星家。

④氤氲：指湿热飘荡的云气，烟云弥漫的样子。

【导读】

明末学者黄宗羲曾去乱礁洋凭吊古迹，缅怀文天祥，作《乱礁洋》一诗。乱礁浮现，险象奇丽，千年只有两度，国家兴亡亦如是。涛声触礁，声如志士哀国之将亡。寄身孤舟，亡国之恨比海气还高。诗歌抒发了作者反抗异族侵略的爱国主义情感。

【思考与研讨】

同样是抒写乱礁洋的诗歌，试比较这首诗与文天祥的《过乱礁洋》在表情达意上有何不同？

三门湾①

清·鲍谦

明州割界②忆当年，健跳东关③一水连。
月落潮平风色好，一帆稳趁夜航船。

【注释】

鲍谦（生卒年不详），字立枢，号益斋，宁海人，清嘉庆十八年（1813）举人。次年授翰林院典簿，有诗集《一砚斋选》《梧岭杂咏》等。

①三门湾：位于浙江三门、宁海、象山三县交界地带。据《三门县志》记载，东北有三门山（万金山）、庵山（白蛇山）、狗山（船岛），统名三门。三山矗立海旁，形成航门三道，故名“三门湾”。

②明州割界：象山县于唐神龙二年（706）正式设置，本台州所管之邑。唐广德二年（764）割入明州（今属宁波）。

③健跳、东关：健跳，今属三门县；东关，即象山县石浦镇。

【导读】

这首诗描绘了三门湾烟波浩茫、风光旖旎、交通便利的特点。通篇用语朴实无华，读后却韵味无穷。月色朗照、海风吹拂、波平浪静的景色让夜行人的内心安谧闲适，轻松自在。

三门湾海面

【思考与研讨】

根据诗歌内容和意境的需要，诗人往往会精心挑选最贴切、最富有表现力的字词来表情达意。请从诗中找出一个最具表现力的字，并加以赏析。

族中学校毕业生二十五人会予于广润寺赋赠两首

清·章梫

其一

祖泽全城远，迁居八百年[①]。
艰难蓝缕业[②]，清白缙绅[③]传。
他族多名世，吾宗尚隐贤[④]。
精英沉郁久，光气照山川。

其二

藐藐[⑤]一茎质，同为大雅材[⑥]。
白衣[⑦]僧寺出，名士草庐来。
百炼冰霜骨，千钧铁石才。
我家知汉腊[⑧]，消息到寒梅。

【注释】

章梫（qǐn）（1861—1949），名正耀，号一山。三门县海游人。著名学者、教育家、书法家。新中国外交家章文晋的祖父。清光绪三十年（1904）登进士，殿试选授翰林院检讨。历任京师大学堂译学馆提调、监督，国使馆协修、纂修，功臣馆总纂，北京女子师范学校校长等职。章梫工草书，富有盛名。著述有《康熙政要》《一山文存》《一山息吟诗集》等。

①“祖泽”句和“迁居”句：海游章氏于宋高宗绍兴二年（1132）自福建迁此，至民国年间，已历八百年。

②蓝缕业：指读书。

③缙绅：旧为官宦的代称。

④“吾宗”句：我族崇尚隐逸的贤士。

⑤藐藐：美盛貌。

⑥大雅材：指大才、高才。

⑦白衣：没有功名的读书人。

⑧汉腊：汉代的祭祀名。腊，即“猎”，谓田猎取兽以祭祀先祖。

【导读】

广润寺，在海游城北瑞云山山麓，环境清幽，章梫曾读书于寺内。诗（其一）以章氏一族源远流长、人才辈出、风范世袭来激励后进，对学子们寄予“光气照山川”的厚望。诗（其二）以梅花作喻，希望学子们能自强不息，百折不挠，成为德行高雅的谦谦君子，举足轻重的栋梁之材。“名士草庐来”一句暗用“三顾茅庐”这一典故，希望学子们能如诸葛亮一样成为满腹经纶的贤士，得人慧眼赏识，大用于天下。作为乡贤名仕，章梫为家乡办校治学作了很大的贡献。光绪二十七年（1901），在他的倡导和捐资下，创办了台州首家现代学堂——海游学堂（今三门县实验小学）。

【思考与研讨】

这首诗中，章梫对广润学子的谆谆嘱咐和勉励激发了后学者努力向上、开拓进取的拼搏精神。请你说一说关于勉励学习的古诗文有哪些？写出诗的朝代和作者，并细细品读。

闻意迫索三门湾有感

清·康有为

凄凉白马市中箫[①]，梦入西湖数六桥[②]。
绝好江山谁看取[③]？涛声怒断浙江潮[④]。

【注释】

康有为照片

康有为（1858—1927），原名祖诒，字广厦，号长素，广东南海人，清光绪年间进士，授工部主事。近代著名政治家、思想家和教育家，维新运动发起人。光绪二十五年（1899）夏历正月，意大利向清政府租借三门湾，并以兵轮进泊浙江相威胁。此时作者正因戊戌变法失败，逃亡日本，闻此消息，颇为感慨，于是写下此诗。

①"凄凉白马市中箫"一句："凄凉白马"，借用春秋时期楚臣伍子胥被害屈死，曾乘素车白马于浙江潮头而来的典故。"市中箫"，见《史记·范雎蔡泽列传》：伍子胥"出昭关，夜行昼伏，至于陵水，无以餬其口，膝行蒲伏，稽首肉袒，鼓腹吹篪，乞食于吴市"。作者借喻变法失败后，像伍子胥一样被迫逃亡国外，过着凄凉的流亡生涯，表达了胸中忿然不平并时刻怀念祖国之情。

②六桥：宋朝苏轼建的外湖六桥和明朝杨孟瑛建的里湖六桥。

③取：语助词。

④浙江潮：指钱塘江潮。

【导读】

三门湾在浙江省三门县以东，是我国重要港湾。1899年，意大利命驻京公使马丁诺向清政府要求租借浙江三门湾，派三艘军舰以武力相威胁，向总署发最后通牒。全国人民一致愤慨，竭力反对。意方只得罢休。一、二两句大意是作者把自己的身世与处境与春秋时伍子胥的遭遇相比，暗喻自己亡命日本，乃时时梦见祖国的大好河山，比如在梦境中恋看西湖六桥的旖旎风光等，表达了自己热爱祖国大好河山的真挚感情。三、四两句是说壮丽的江山谁来守护呢？只有奔腾的钱塘江潮在发出怒吼。作者愤怒斥责意帝国迫索三门湾，妄图霸占祖国的绝好江山，人民反抗的声势犹如浙江怒潮，截断浙江潮，赶走侵略者。

【思考与研讨】

康有为的这首诗，充满了爱国主义精神。特别是“涛声怒断浙江潮”一句，写的气势磅礴，读后让人热血沸腾，充满力量。请你查找资料，搜集近代名人爱国主义诗篇。

又和蛇蟠岛①韵

包定

一

浪花磅礴暗鸿蒙②，夭矫神蛇③起海中。
石骨撑空芒射日④，待看飞上扶桑⑤东。

二

飞起三门⑥万丈霞，平临天际落渔艖⑦。
野人⑧家住神蛇顶，下视中原⑨付笑嗟⑩。

【注释】

包定（1901—1930），原名包本锭，号次庵，三门县亭旁镇包家村人。1928 年亭旁农民暴动的主要领导人，浙江省第一个红色政权——亭旁区苏维埃的创立者，革命烈士。包定工诗善词，著有《鹅湖遗矩》，被时人誉为“亭旁才子”。1929 年 3 月 31 日，他在杭州武林路被捕，被关在浙江陆军监狱，经受酷刑，坚贞不屈。1930 年 6 月 22 日临刑时，大义凛然，慷慨赋诗：“碧血洒芳草，正气壮山河。笑看刀光闪，高唱《国际歌》。”包定牺牲时，年仅 30 岁。

①蛇蟠岛：位于浙东三门湾内蛇蟠洋，介于宁波与台州的交界处，

台州第二大岛。自宋始，岛上因长期采石而留下姿态各异的1300多个奇异洞穴，故称“千洞岛”，堪称一绝。有大洞小洞、横洞竖洞、水洞旱洞、直洞弯洞，且支洞旁出，洞中套洞。洞内有水，水中藏洞，杂以奇岩怪石，山岚烟霞，草木花树，清水游鱼，使其涧洞为景，千姿百态，妙趣无穷。

三门蛇蟠洋

②鸿蒙：元气未分，即天日俱暗。

③夭矫：屈伸自如而有气势。神蛇：指蛇蟠岛。

④石骨撑空：蛇蟠岛上因长期开采石板，留下许多巨大的石洞，石骨嶙峋。芒射日：光芒四射之日，即天晴日。

⑤扶桑：上古神话中的树木，是日出的地方。《山海经·海外东经》：“汤谷上有扶桑，十日所浴。”

⑥三门：指蛇蟠岛外三门山。

⑦渔艖：渔船。艖，小船。

⑧野人：在野从事农渔业生产的人。一说是无官爵，不受拘束的人。

⑨中原：岛上平野。

⑩笑嗟：偏义复词，嗟叹，叹息。

【导读】

这两首都是写蛇蟠岛的诗，是诗人豪放诗风的代表作。把蛇蟠岛喻作神蛇，象征着三门潜在的革命力量，期待着如东方之日喷薄而出，如万丈霞光升起。

【思考与研讨】

诗人运用比喻和夸张的修辞手法，生动形象地写出了蛇蟠岛耸峙海中、气势磅礴的特点。你认为这首诗中哪一个字最具表现力，请结合全诗进行赏析。

三门湾开埠

林培之

旋转乾坤非偶然，孰知人定可回天。
东南宏业初开创，留与勋名待后贤。

【注释】

林培之，生平不详，三门县六敖镇小蒲村人。清光绪年间秀才，丹山诗社十才之一。

【导读】

民国十八年（1929），上海总商会发起开发三门湾，许廷佐为发起人。商埠地址选择在巡检司。计划建三义铁路（三门湾至义乌），办林场、渔业公司，建机场，建工厂。后因种种原因辟埠受挫。作者对三门湾开埠欣喜万分，认为开埠是“旋转乾坤”的“东南宏业”。

【思考与研讨】

一方热土，一群英雄，三门的英雄儿女们挥洒血汗，践行理想。请你尝试以“美丽三门”为主题创作一首诗歌，赞美这群可爱的奋斗者或者描绘美丽三门的美好蓝图。

浙东红旗第一飘①

诸敏

雪压四明②竹叶青，云盖天台钟声鸣。
更赖壮士慷慨③志，三门赤帜气象新。

【注释】

诸敏（1921—1999），江苏人，在解放三门的战斗中，任浙东人民解放军第二游击队政治部主任。

①浙东红旗第一飘：三门于1949年2月17日解放，为解放军渡江前浙江省第一个解放的县。

②四明：山名。位于浙江省东部，曾是全国十九个革命根据地之一，是浙东纵队的主要活动区。

③慷慨：意气激昂。

【导读】

亭旁起义，英雄业绩，彪炳史册。它被亲身经历解放三门的诸敏将军誉为“浙江红旗第一飘”。在黑暗冷酷社会里，四明山的游击健儿，如四明山的竹叶郁郁苍苍，如天台古刹晨钟划破长空。这首诗写出了志士奋力战斗，率先解放三门，在浙东高扬起第一面红旗的豪迈之举。整首诗高昂雄壮，荡气回肠，感人肺腑。

三门亭旁浙江红旗第一飘

【思考与研讨】

品读诗歌，说说这首诗的感情基调是怎样的？请发挥想象，用生动形象的语言，说说“雪压四明竹叶青，云盖天台钟声鸣”描绘了一幅怎样的画面。

文章

桐山石桥记

宋·罗适

距县东北隅半舍之近①，有聚落②焉，曰桐山③。而一溪经其中，溪亦因山而名。按④图志，诘⑤诸父老，而皆莫究其称谓之由。每以霖雨暴澍⑥，诸壑⑦毕会，则是溪漱啮⑧堤址，汹汹不可御⑨。昔为梁以木，济⑩诸行者，曾⑪无期月⑫之固，由是往来之人，常病⑬其涉⑭也。

【注释】

罗适（1029—1101），字正之，号赤城，三门县海游镇马家山人，北宋有影响的水利学家。登治平二年（1065）进士，历任桐城县尉，泗水、济阴、陈留、江都、开封县令及提点两浙刑狱、提点京西北路刑狱等。他为官清正，革除弊端，注重兴修水利。北宋思想家叶适称其为“浙学先河”“理学先声”。著《易解》及《赤城集》100卷。宋时郡贤有专著自先生始，入祀乡祠。

①隅：角落。舍：古时行军计程以三十里为一舍。

②聚落：村落。

③桐山：在宁海县东北二十里。宋嘉祐八年（1063），应宗贵建石桥，罗适，唐仲友为之记，桐山桥因之出名。

④按：审察，考察。

⑤诘：询问，追问。

⑥霖雨：连绵大雨。霖：久下不停的雨。澍（shù）：雨水。

⑦壑：坑谷，深沟。

⑧啮：咬，这里是侵蚀的意思。

⑨汹汹：水腾涌貌。御：驾驭，控制。

⑩济：过河，渡河。

⑪曾：竟然。

⑫期月：一整月。

⑬病：忧虑，忧思。

⑭涉：本义是在溪水中行走。泛指渡水。

邑[①]有姓应氏名宗贵者，实良民也。其先京洛[②]人，钱氏霸国[③]，始居于此，亦有承制[④]而为校书郎者。宗贵视昔桥之不能固而人病其涉，遂一日集其族人与一乡之强有力者议之，曰："桥之为患也如是，吾属馀[⑤]金谷矣，将焉为哉？苟[⑥]能置石而易[⑦]之，其利不亦博乎？诸君勖[⑧]之！"于是各捐镪以给其用[⑨]，召释子[⑩]普宁以督其役，不逾月而桥成。凡植柱二十有五，镵[⑪]板二十余[⑫]，为钱总五十万。一邑之老幼，四方之商旅，有过而观者，莫不嘉叹[⑬]之。

【注释】

①邑：人民聚居的地方，此指桐山。

②京洛：洛阳的别称。

③钱氏霸国：五代时期，钱镠（Liú）割据浙江，建立吴越国。

④承制：谓秉承皇帝旨意而便宜行事。

⑤馀：剩余。

⑥苟：如果。

⑦易：更改，替换。

⑧勖：勉励。

⑨镪：本指成串的钱，后多指银子或银锭。用：用度。

⑩释子：僧徒的通称，取释迦弟子之意。

⑪镵：针刺，引申为"开凿"。

⑫余：引申指成数后的不定零数。

⑬嘉叹：赞叹。嘉，赞美。

噫！东皋野人世服农力穑[①]而已，非有文史之教也，非有法令之驱也，其守镪啬粟以愚[②]其子孙也，宜矣[③]。而能捐有余之资，兴无穷之利，以起千万人之嘉叹者，不其伟哉！使之推夫是心，能择子弟，率亲戚[④]，教之以儒术，已而成粹美[⑤]之器，中[⑥]廉能之选，俾德泽仁术有所沾润，其为利也，岂止若此而已哉？彼之嘉叹者，又岂止千万人哉？

邑之士民罗适，嘉其存心也，为之序其本末而书之。其同议者之名氏，则附于碑阴焉。

【注释】

①东皋：水边向阳高地，也泛指田园、原野。服，力：从事，致力，做。穑：本义为收割谷物，泛指农事。

②愚：愚昧，这里是使动用法。

③宜矣：正恰当呀。宜：本义为力与着力点匹配，引申为恰当、正好。

④率：做表率。亲戚：古代指父母兄弟。

⑤粹美：纯正美好。

⑥中：恰好合上。

【导读】

北宋名臣、水利学家罗适祖上务农，家境贫寒，幼即好学。他为官清廉，体察民情，关心民间疾苦，为百姓办了不少好事实事。罗适毕生从事千百项水利工程，其遗泽已使故乡人民受益 900 余年。本文讲述了县城东北角桐山村有一条溪流横亘村落，每当大雨倾盆之时，众多沟壑之水都汇集到这条溪里，溪水冲击堤岸，汹涌澎湃，给行人带来了诸多不便。一位名叫应宗贵的普通百姓集合乡人商议修桥事宜，并和乡人们一起捐钱修筑石桥，为百姓解决困难，造福后代。作者高度赞扬了他这种超出流俗、心系乡民、行善积德的义举，并期望他能做当地表率，推广仁义之德，用儒家学说来教导子弟，用仁义道德来敦化风俗，体现了作者重视礼乐教化的思想。

【思考与研讨】

从现存古代文著看，北宋名臣罗适名列台郡乡贤祠之首，堪称“三门文祖”。请你自主阅读罗适的《重修庙胜院记》《永乐院记》两篇散文及其若干诗歌，请列举其若干事迹。

罗君生祠记

宋·秦观

罗君之为江都，以诚心为主。耻言钩距惠文[①]之事。凡民有讼，曲直径[②]决于前，不以属吏诖误[③]。若小过，辄诲谕[④]遣去。视鳏寡孤独之有失其所者，如己致焉。黎明视事，入夜犹不已。或讥其太劳，君曰：“与其委成[⑤]于吏，民有不尽之情，孰若劳人之耳目哉？”居数月，政化[⑥]大行。民知其长者，不忍欺绐[⑦]之，讼益少。君乃出行诸郊，所过，召其耆老[⑧]，问以疾苦及所愿欲而不得者，为罢行之。始复大石湖，改名元丰。广袤[⑨]数百步，溉田千有余顷，是岁大穰[⑩]，亩收皆倍。于是远近自陈愿复陂塘沟渠之利者相属[⑪]，君一切听许。亲至其地，与之经始。筑大堤以却潮之患，疏潦水[⑫]而注诸江，凡水利之兴复者五十有五，溉田六千顷。而筑之以课种者亦八十五万有奇，徙其治于东南爽垲[⑬]之地，为屋数百盈，以其赢财，新驿堠亭馆之在境者。又颇出私钱营制药剂，以给疾病之民，所愈之不可胜计。岁中乾溢[⑭]，有祷群祠，雨旸[⑮]辄应如响，世益为神其享之。岁满代去[⑯]，民思之，不置，乃聚而谋曰：“我民之德罗君至矣，顾无以自效，闻古有召伯[⑰]者，善治民，民追思之，至不忍伐其所憩之棠。又有谢公[⑱]者，亦其流也。尝于斯城北筑埭[⑲]，后人因名其埭为召埭。今埭实在江都之北境，盍即其地，堂画罗君之像而祠之，以慰吾民？”且曰：“使罗君之名与召、谢共传而不朽，不亦可乎？”众曰：“善。”于是即召埭之东法华佛寺，置生祠焉。

罗君名适，字正之。台州宁海人。学术有本末，通于世务，风节凛然，国士也。尝再被召见，皆以不合罢归。其莅官行已，所可书者甚多。书在江都者，以为生祠记云。

【注释】

秦观（1049—1100），字少游、太虚，别号邗沟居士，高邮（今属江苏）人。少有才名，研习经史，喜读兵书。熙宁十年（1077），往谒苏轼于徐州，次年作《黄楼赋》，苏轼以为“有屈、宋姿”。元丰八年（1085）进士及第，授定海主簿，调蔡州教授。元祐三年（1088），应制科，进策论，除宣教郎、太学博士，校正秘书省书籍。六年，迁秘书省正字。预修《神宗实录》。秦观与黄庭坚、晁补之、张耒同游苏轼之门，人称“苏门四学士”。绍圣元年（1094），坐元祐党籍，出为杭州通判，再贬监处州（今浙江丽水）酒税。三年（1096）又因写佛书削秩徙郴州（今属湖南）。明年，编管横州（今广西横县）。元符元年（1098）再贬雷州（今广东海康）。徽宗即位，复宣德郎，允北归，途中卒于藤州（今广西藤县）。《宋史》《东都事略》有传。存《淮海集》40卷，另有《淮海词》单刻本。其诗、词、文皆工，而以词著称。词属婉约派，内容多写男女情爱，颇多伤感之作。

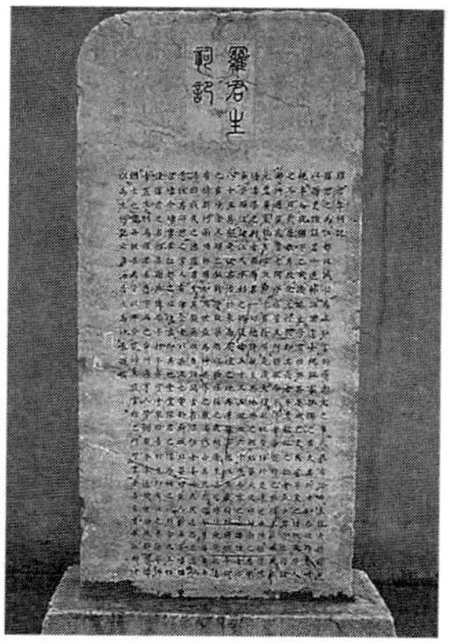

三门罗君生祠记石碑

①钩距惠文：代指暴力与强权。钩距，水战用的兵器；惠文，指惠文冠，武官所戴。

②径：直接。

③诖误：牵连、连累。

④诲谕：教诲晓谕。

⑤委成：委托责成。

⑥政化：德政教化。

⑦绐：同“诒”，欺骗，欺诈。

⑧耆老：年高而有声望的人。

⑨广袤：广阔，从东到西的长度叫“广”，从南到北的长度叫“袤”。

⑩穰：丰收。

⑪复：修复。陂塘：狭窄的池塘。相属：相接连；相继。

⑫潦水：古同“涝”，雨水过多，水淹。

⑬爽垲：也作塽垲，地势高而土质干燥。

⑭乾溢：旱灾和水灾。

⑮雨旸：雨天和晴天。旸：本意是指旭日初升，引申为晴天。

⑯岁满代去：任期届满，（因官员）更替离开。

⑰召伯：西周初的大臣，曾佐周武王灭商。周成王时，他常巡行乡邑，为避免扰民，曾在甘棠树下断案治事。召，同“邵”。

⑱谢公：指谢安（320—385），东晋著名政治家、军事家。史载，谢安在淝水之战后受权奸煽动构害，出镇广陵（今扬州）。

⑲埭：堵水的土坝。

【导读】

罗适在担任山东泗水县令和扬州江都县令时，革除弊端，平反冤狱，奖励农耕，兴修水利。罗适调离江都时，十里长街，万人相送，高呼："生我黎民罗青天！"北宋神宗元丰年（1085）后，百姓建生祠于法华寺侧，请名士秦观撰写《罗君生祠记》，为生者建祠、绘像、立碑以祀，足以看出当时百姓对这位县令的敬仰。

【思考与研讨】

结合文章内容，概括并简要分析短文中罗适的人物形象。

台州府宁海县广润禅寺重建佛殿化疏并序

明·姚广孝

三门重修广润寺碑记

寺在县之瑞云山，昔昙猷尊者航海[1]而来，因见此山胜特，宜建梵刹，故兴其业焉。历岁弥[2]远，大佛宝殿及旁宇[3]皆毁，不足称其瞻仰[4]，难以容祝釐[5]之多士。兹欲鼎新[6]重建，然其木石工佣等费甚大，非藉[7]众力乌[8]能成之。住山以道禅师来京都，命余作疏以告四方富仁长者同道高流，伏望肯首题注[9]。共成胜缘，则其福报不言可知矣。于是燕山庆寿道衍不拂[10]其来意，欢喜合掌，制之以词曰：

伏以昙猷尊者，肇开千载精蓝[11]释迦如来，原建五楹宝殿，雕栋画桷[12]，照日倚天，碧瓦璇题[13]。凌风震雨，瑞云地涌，惟此处最吉祥，摘星岭依视众山皆培塿[14]。然岁月之深矣，奈梁木其坏乎，拟欲新之，当求长者，人心斯举，天道攸从[15]。贫施力，富施金，要见檀家[16]度量。左执斧，右执杖，即看梓匠轮舆[17]。雅制作之惟新，称观瞻之如旧。众庶[18]多福，吾皇万年。

【注释】

姚广孝（1335—1418），元末明初政治家、高僧。法名道衍，字斯道，自号逃虚子。苏州人。通儒、道、佛诸家之学，善诗文。与文学家宋濂、高启等交友，又从灵应宫道士席应真习道家《易经》方术及兵家之学。明洪武十五年（1382），朱元璋选高僧侍诸王。经人举荐成为燕王朱棣的重要谋士。永乐二年（1404）授为太子少师，复其姓，赐名广孝。晚年主要承担太子、太孙的辅导讲读，主持《永乐大典》《明太祖实录》等书的修纂。主要著作有《逃虚集》《逃虚子诗集》《逃虚类稿》等。

①航海：漂洋过海。

②弥：久，远。

③宇：房檐，泛指房屋。这里指庙宇。

④称：述说，声称。瞻仰：仰慕，敬仰。

⑤祝釐：祈求福佑，祝福。

⑥鼎新：书面语，意为革新。

⑦藉：凭借，依托，借助。

⑧乌：疑问代词，哪里，怎么。

⑨疏：一种文体。伏望：表希望的敬辞，多用于下对上。肯首：点头表示同意。题注：僧道之进见，此指布施。

⑩道衍：为姚广孝法名，“燕山庆寿道衍”为其自称。拂：动词，违背，不顺。

⑪精蓝：佛寺，僧舍。精：精舍。蓝：阿兰若，树林、寂静处。

⑫桷：方形的椽子。

⑬璇题：玉饰的椽头。

⑭培塿：小土丘。

⑮攸从：就会顺从。攸，就。

⑯檀家：信徒。

⑰梓匠：木工。轮舆：制车轮和车厢的人。泛指有手艺的人。

⑱众庶：众民；百姓。

【导读】

广润寺地处瑞云山南麓（现为三门中学所在地），此处峰峦叠翠，古木参天，林木葱茏，自晋兴宁中（363—365）昙猷禅师创建以来，其间屡兴屡废。本文序部分简单介绍了广润禅寺的创建历史及庙宇殿堂毁损情况，以及自己受住山以道禅师托付写作这篇疏的缘由。正文部分先回顾了广润禅寺过去的辉煌：由高僧昙猷建造，历史悠久，建筑精美，气势宏伟；且山势高峻，有着绝佳的风水。接着道明写作目的：由于时间久远，梁木损坏，希望大家都能布施，有力出力，有钱出钱，重建广润寺，让它既能供大家观赏，又能给大家带来福佑。

【思考与研讨】

三门广润寺历史悠久，香火鼎盛，闻名遐迩。此处高僧辈出，圣者云集，又有历代文人学者到此求学问道，或是驻足流连，因此留下众多吟诵广润古刹的诗篇，请你搜集抒写广润寺的诗篇，了解和感受广润寺的历史变迁和寺庙文化。

振衣亭记

明·任大治

宁邑南六十里为海游，其族蕃①而人文秀出者为章氏。章之居，枕山夹流，面离负坎②。艮③位之麓，浮图④卓立，七级凌虚，若干霄⑤之彩笔者，则章氏之所筑，以壮风气者也。稍迤⑥而左，有亭翼然，高丈许，广可趺坐⑦数人，其楹、其榱、其题、其桷⑧，俱伐石为之。右招浮图，左瞰鲛室⑨，为伯昏瞀人⑩之所慑者，振衣亭也。亭成于万历辛卯，毁而再新，历二纪⑪矣。而未有名之者，岂山灵秘惜不以视人，抑⑫主名⑬岩石品题胜迹，慨往古来兹，而有待耶?

【注释】

任大治（1571—1629），初名以治，字天卿，亭旁镇任家村人。历任无锡知县、南京国子监博士、刑部主事、庐州知府、河南督学副使、山西主考等职。他聪颖过人，文学上颇有成就，尤精诗赋。任职期间，他忠于职守，从严治吏，清除积弊，兴文重教。

①蕃：繁盛，兴盛。

②面离负坎：面西背东。离，八卦之一，象征火，在八卦图中位于正西。坎，八卦之一，象征水，在八卦图中位于正东。

③艮：八卦之一，象征山，在八卦图中位于东南方。

④浮图：佛教名词。本为“佛陀”的旧译，指佛教徒。这里指佛塔。

⑤干霄：直冲云霄。干：冲，犯。

⑥迤：延伸，往。

⑦趺坐：佛教中修禅者的坐法，即双足交叠而坐。

⑧楹：厅堂前部的柱子。榱：屋椽、屋桷的统称。题：椽子的头。桷：方的椽子。

⑨鲛室：鲛人水中之室。鲛人，传说中的人鱼。

⑩伯昏瞀人：即伯昏无人，复姓伯昏，列子（道家思想代表人物）的朋友，和列子一同在壶丘子林处进行学习。一说是庄子虚构的人物，见《庄子·列御寇》。

⑪纪：古代纪年单位，有十二年和三十年两种，这里是指十二年。

⑫抑：还是。

⑬主名：确定名称、名分。

甲寅春，莆田映苍林公以进士高第令宁[1]，观风问俗，道兹亭憩焉。乐其宜霁[2]宜雨，宜风宜雪，宜登高，宜远眺，宜观海，宜搔首[3]青天，颜[4]以“振衣”，盖[5]命之矣。于是章之多俊咸喜，而属予记。

【注释】

①令宁：做宁海的县令。

②霁：雨后或雪后转晴。

③搔首：以手搔头。焦急或有所思貌。

④颜：本指堂上的横梁或门上的横木，这里指在横木上题字。

⑤盖：大概。

予惟[1]古之命名于物者必以意，子云[2]之“问奇”也，永叔[3]之“醉翁”也，子瞻[4]之“超然”也，皆以意[5]所独得，寄之庄楣[6]。侯之“振衣”名亭意，可不识[7]哉？侯以出世之姿，绝尘之韵令宁，诸美政载在口碑中不具论[8]，乃其清虚旷达之襟，真有只立九天之上俯瞰人寰，不独行千仞岗头振衣欲举者也[9]。观其勰心厝意[10]，操割加调者[11]，直将种碧桃于天上，栽红杏于日边，人间鸡犬皆为云中之鸣吠世跻仁寿[12]，人乐春台[13]，斯满侯之雅志，使足毕“振衣”之旨耳。侯既名亭，复命莳[14]其旁以花木，则四时之烂焉，披云锦而焚百和[15]者，非即侯所留乎？河阳之花满县[16]，蔽芾之棠勿剪[17]，千百世后，人将指兹亭为侯之所憩，过其下，徘徊不忍去者。是亭且托[18]侯以不朽，章氏又安得独私[19]兹亭耶？语[20]诸父老，章氏之亭之为甘棠也，予属与若辈共[21]之矣！

【注释】

①惟：思考，思索、思念。《说文解字》：惟，凡思也。

②子云：扬雄，字子云，西汉著名辞赋家。擅识古文奇字。

③永叔：欧阳修，字永叔，北宋著名文学家。

④子瞻：苏轼，字子瞻，北宋著名文学家。

⑤意：心志，心意。

⑥楣：门框上的横木。

⑦识：通“志”，记住，记下。

⑧具论：详细论说。

⑨仞：古代长度单位，周尺八尺或七尺。周尺一尺约合二十三厘米。

振衣：抖衣去尘，整衣。《楚辞·渔父》：“新沐者必弹冠，新浴者必振衣。”左思《咏史诗八首》其五：“振衣千仞冈，濯足万里流。”举：飞、去。

⑩勰心：协调思想。厝意：留意；注意。“厝”同“措”。

⑪操割：用《论语》典，子游以礼乐治武城，孔子笑其“割鸡焉用牛刀”。指治理地方的意思。加调：用商朝贤相伊尹典故。伊尹用五味调和的烹饪之道向商汤阐述治国道理。

⑫跻：登，升。仁寿：有仁德者多长寿，亦称仁厚而且长寿。

⑬春台：指美好的游观之处。《老子》：“众人熙熙，如享太牢，如登春台。”

⑭莳：移栽。

⑮百和：“百和香”的简称。古人在室中燃香，取其芳香除秽。为使香味浓郁经久，又选择多种香料加以配制，因称为“百和香”。

⑯西晋潘安在作河阳令时，遍种桃李，号“河阳满县花”。

⑰蔽芾：树干树叶幼小的样子。《诗·召南·甘棠》：“蔽芾甘棠，勿翦勿伐。”《史记·燕召公世家》记载，西周初年，召公奭“巡行乡邑，有棠树，决狱政事其下，自侯伯至庶人各得其所，无失职者。召公卒，而民人思召公之政，怀棠树不敢伐”。

⑱托：依赖。

⑲私：私有，私自享受。

⑳语：告诉。

㉑共：共有，共享。《论语·公冶长》：“愿车马，衣轻裘，与朋友共，敝之而无憾。”

【导读】

振衣亭建于明万历十九年（1591），当时尚未取名，旧在海游龙山南麓。相传三国时葛玄曾在丹山炼丹。丹山向东逶迤至龙山入海，山势突起，旧龙山头浮图卓立，七级凌虚。其左有亭翼然，名振衣亭。文中作者借阐述宁海县令林映苍为振衣亭命名的缘由，表达了为官者当造福一方并要与民同乐的思想。

本文中提到海游宗族繁衍兴盛并且文人优秀杰出的是章氏。海游章氏，素来热心公益，崇尚教育，又好兴建书院，创办学堂。在崇尚教育的风气中，勤学奋发的章氏子弟涌现出大量人才。其中就有三进士、两状元。三进士有可与方孝孺齐名的明翰林院庶吉士章朴、晚清翰林章一山和钦赐进士、御书“孝节流芳”章士麟。两状元为明武状元、福建都司指挥使章黼和号称“日本状元”的章亮元。还有文举人章思开，太学士章业培，曾任外交部副部长章文晋，中共中央党史研究室副主任章百家，中国人民解放军海军东海舰队福建基地副司令员章宏，北京军区军事法院院长章洪珊，中央电视台著名节目主持人章伟秋等。尤其是章一山家世百年，代代皆荣，章一山与章文晋祖孙双双入选三门县十大历史名人。

【思考与研讨】

请你就上述某一位章氏乡贤名士为例，搜集其相关资料，谈谈乡贤身上有哪些值得学习的品质和风范。

武事一纲三目

明·叶兑

愚[①]闻取天下者，必有一定之规模[②]。韩信初见高祖[③]，画[④]楚、汉成败。孔明卧草庐，与先主[⑤]论三分形势者是也。今之规模，宜北绝李察罕[⑥]，南并张九四[⑦]。抚温、台，取闽、越[⑧]，定都建康[⑨]，拓地江、广[⑩]。进则越两淮[⑪]以北征，退则画长江而自守。夫金陵[⑫]，古称龙蟠虎踞帝王之都。藉[⑬]其兵力资财，以攻则克，以守则固，百察罕能如吾何哉？江之所备，莫急上流。今义师[⑭]已克江州[⑮]，足蔽[⑯]全吴。况自滁、和[⑰]至广陵，皆吾所有。非直守江，兼可守淮矣。张氏倾覆[⑱]可坐而待，淮东诸郡亦将来归。北略中原，李氏可并也。今闻察罕妄自尊大，致书明公[⑲]，如曹操之招孙权。窃[⑳]以元运将终，人心不属，而察罕欲效操所为，事势不侔[㉑]。宜如鲁肃计，鼎足江东，以观天下之衅[㉒]，此其大纲也。

【注释】

三门叶兑塑像

叶兑（1307—1389），字良仲，号四梅先生，别号归根子，宁海县纡岸（今浙江三门县上叶村）人。元末明初名儒。以经济才自负，尤精于天文、地理和卜筮之学。元末，干戈四起，群雄争霸。叶兑以布衣身份，去金陵（今南京）向朱元璋呈献《武事一纲三目》，陈取天下策略，称为“一纲三目之天下大计”。朱元璋登基后，几次下诏叫叶兑去做官，叶兑坚辞不受，仍以教授为业，筑楼一座，广植梅花，取名“四梅轩”。数年之后，朱元璋削平天下，规模次第基本上和叶兑所说相同。叶兑《明史》有传，是三门进入正史的第一人。

①愚：谦称，称自己。

②定：确定。规模：规划，筹谋，计划。

③高祖：汉高祖刘邦。

④画：谋划，策划。

⑤先主：蜀汉先主刘备。

⑥绝：断绝。李察罕：生于颍州沈丘（今河南沈丘），原名察罕

帖木儿，官居中书平章政事，兼知河南山东行枢密院事、陕西行台御史中丞。

⑦并：吞并。

⑧抚：招抚。闽：福建省的别称。越：浙江省的别称。

⑨建康：南京的古称之一。

⑩广：这里指两广，大致相当于今广东省、广西壮族自治区。

⑪两淮：指今江苏省长江以北淮河南北的大部地区。

⑫金陵：南京的古称之一。

⑬藉：借助。

⑭义师：为正义而战的军队，这里指朱元璋的军队。

⑮江州：今江西省九江市。

⑯蔽：遮盖，挡住，保护。

⑰滁：滁州，今安徽省滁州市。和：和州，今安徽省马鞍山市和县。

⑱倾覆：颠覆，灭亡。

⑲明公：旧时对有名位者的尊称。

⑳窃：谦辞，称自己。

㉑事势不侔：形势不同了。

㉒衅：争端。这里是可乘之机的意思。

至其目有三。张九四之地，南包杭、绍，北跨通、泰[①]，而以平江[②]为巢穴。今欲攻之，莫若声言[③]掩取杭、绍、湖、秀[④]，而大兵直捣[⑤]平江。城固难以骤拔，则以锁城法困之。于城外矢石不到之地别筑长围，分命将卒四面立营，屯田[⑥]固守，断其出入之路。分兵略定属邑，收其税粮以赡[⑦]军中。彼坐守空城，安得不困？平江既下，巢穴已倾，杭、越[⑧]必归，余郡解体[⑨]。此上计也。

【注释】

①通：通州，今江苏省南通市。泰：泰州，今江苏省泰州市。

②平江：今江苏省苏州市。

③声言：声称，扬言；声张。

④湖：湖州，今浙江省湖州市。秀：秀州，包括旧嘉兴府（除海宁外的今嘉兴地区）与旧松江府（今上海直辖市的吴淞江以南部分）。

⑤捣：冲击，攻打。

⑥屯田：利用戍卒或农民、商人垦殖荒地。

⑦赡：供给。

⑧越：越州，即绍兴。

⑨解体：崩溃，瓦解。

张氏重镇在绍兴。绍兴悬隔江海，所以数攻而不克者，以彼粮道在三江斗门[1]也。若一军攻平江，断其粮道；一军攻杭州，绝其援兵，绍兴必拔。所攻在苏、杭，所取在绍兴，所谓多方以误[2]之者也。绍兴既拔，杭城势孤，湖、秀风靡，然后进攻平江，犁[3]其心腹，江北余孽随而瓦解。此次计也。

【注释】

①三江斗门：地名，在绍兴城北，濒杭州湾。

②误：迷惑。《史记·齐太公世家》："桓公之中钩，详（通"佯"，假装）死以误管仲。"

③犁：摧毁，扫荡平定。

方国珍[1]狼子野心，不可驯狎[2]。往年大兵取婺州[3]，彼即奉书纳款[4]。后遣夏煜、陈显道招谕，彼复狐疑不从。顾遣使从海道报元，谓江东委之纳款，诱令张昶赍[5]诏而来。且遣韩叔义为说客，欲说明公奉诏。彼既降我，而反欲招我降元。其反覆狡狯[6]如是，宜兴师问罪。然彼以水为命，一闻兵至，挈家航海，中原步骑无如之何。夫上兵攻心，彼言杭、越一平，即当纳土，不过欲款我师耳。攻之之术，宜限以日期，责其归顺。彼自方国璋[7]之没，自知兵不可用。又叔义还称义师之盛，气已先挫。今因陈显道以自通，正可胁之而从也。事宜速不宜缓。宣谕之后，更置官吏，拘集舟舰，潜收其兵权，以消未然之变。三郡[8]可不劳而定。

【注释】

①方国珍（1319—1374），元末台州黄岩（今台州市路桥区）人，第一个反元的农民起义领袖。

②驯狎：驯服亲近。

③婺州：今浙江省金华市。

④纳款：降服。

⑤赍：携带。

⑥狡狯：狡猾。

⑦方国璋：方国珍之兄。没：通“殁”，死。

⑧三郡：指方国珍占据的庆元（今浙江宁波）、台州、温州。

福建本浙江一道[①]，兵脆城陋[②]。两浙既平，必图归附。下之一辩士力耳。如复稽迟[③]，则大兵自温、处[④]入，奇兵自海道入，福州必不支。福州下，旁郡迎刃解矣。威声已震，然后进取两广，犹反掌也。

【注释】

①元朝设置江浙行省，治杭州路，领有今江苏省、安徽省长江以南地区、江西省鄱阳湖以东地区及浙江省、福建省全境地，至元中又析置福建行省，后并入江浙行省，至正十六年（1356）正月改福建道宣慰司为福建行省。

②陋：狭小。

③稽迟：拖延。稽：停留。

④处：处州，今浙江省丽水市。

【导读】

在元末时期，草根皇帝朱元璋遇到了一位如诸葛亮般能替他规划蓝图的奇才，他就是教书先生叶兑。元末第一学问家宋濂曾说，叶兑是一位上知天文下知地理，四书五经倒背如流的全才。

元朝末年，朱元璋立足于以应天府为中心的根据地，四周强敌环绕。《武事一纲三目》是叶兑向朱元璋献上的如何处理与元朝、张士诚、陈友谅、方国珍的关系，并完成统一大业的大政方针。叶兑先说计策的总纲，即“一纲”，讲的是此时朱元璋的战略态势，即“今之规模，宜北绝李察罕，南并张九四。抚温、台，取闽、越，定都建康，拓地江、广。”“三目”则是朱元璋接下来平定南方的基本策略，即用锁城法攻打张士诚的巢穴——平江，或先攻打重镇绍兴，而后“犁其心腹”；用攻心术招降浙东方国珍；福州、两广的归顺则易如反掌。后来，朱元璋推翻元朝、削平群豪、统一中原、建立明朝，过程与《武事一纲三目》的谋划若合符契。据史书记载，朱元璋听后备受鼓舞，准备留用叶兑。而叶兑却婉拒道：使苍生早获安乐，吾愿已足。后来，叶兑回到了台州家乡，在明初只以耕田教书为乐事，教书育人一辈子。

【思考与研讨】

细细品读文章及导读部分，你能从中看到一个怎样的叶兑呢？请结合文章做简要分析。

四梅轩记

明·叶兑

梅为天下之尤[①]物，草木中之拔萃者也。当风霜冱锢[②]，万物凋萃之时，独含英扬翅，吐花发秀，有瘁立万仞之操，故幽人贞士[③]爱之。

予于所居之左，辟屋数楹[④]，植梅四种于其侧，为隐居读书之所。披诵余暇，举首则梅在目，游神则梅在心，吟诵笑傲莫不于梅发之。

一曰“玉梅”。即梅之白者，举世有之。山巅水涯，竹篱茅舍，名园丽苑，不择地而出，著于商书，咏于周诗，唐宋诗人之品题[⑤]皆此本也。

二曰“绯梅[⑥]”。标格绝类，梅而花色粉红者。范致能《梅谱》谓宋承平独盛于姑苏[⑦]，题亦颇多。公独取方子，适“紫府与丹来换骨，春风吹酒上凝脂”即此种也。

三曰“蜡梅”。其类与众不同，叶极粗大，以其开同时，故得梅名。色似蜜，脾而香尤芬馥，虽盛开而口常半含，故亦号为磬梅。东坡赠赵景贻所谓“天公点酥作梅花”。山谷简齐，以其难题[⑧]，仅作五言小诗，独杨廷秀“来从真蜡国，自号小黄香”乃为特出耳。

四曰“金梅”，亦非梅，以其在玉蜡梅之次，有凌风霜之节，故人亦以梅名之。本体柔袅[⑨]，颇类藤蔓，又不能自立，必傍枯干倚之，而成树枝条，屈曲随人所揉[⑩]，花之大小，与梅不异。其色则吐耀金影，特立中黄，既无绿叶障蔽，炫目晔然[⑪]，遇雨雪积粉之时，尤为奇观。昔人于玉蜡绯三者，皆以见于咏歌，而独于此本未之或见也，岂亦有所遗欤。抑金梅当昔日名贤继作之时，汩没[⑫]于遐陬僻壤[⑬]，沉沦于樗散蒿莱[⑭]，而未之遇耶！何异抱道守贞之士，无闻于世也。

予于是窃有感焉，尝昶案读易对四梅而玩剥[⑮]之。上九圣人取硕果不食之，象夫剥九月卦也，剥尽则为纯坤，须历建亥十月而后一阳来复。今上九之硕果，即有生之象，是生意已萌纯坤之月矣。夫物芸芸，各归其根，独于梅见之，术家谓木生于亥，于梅观之，尤为亲切。盖梅之萼[⑯]，胚胎硕果不食之时，而蓓蕾始见于纯坤，阖户[⑰]之月，至一阳来复而始花，以易图考之，正当坤复之间，邵子曰：“无极之前阴含阳也。”朱子曰：“坤复之间，乃无极也。”其谕密矣，梅之结英吐花适契其时，乃贞元之会静之中动之端也。可以见太和元气之流行，无间容息与造化生物之心于穆不已者，乃梅之精微也。若乃品为花魁，标其香影，特其浅浅者耳。

于是，味易图坐。兹轩友四梅，以终身焉。

【注释】

①尤：特异的，突出的。

②冱：冻结，闭塞。锢：禁锢，隔绝。

③幽人：一指幽隐之人，隐士；二指幽居之士。贞士：志节坚定、操守方正之士。

④楹：本义为厅堂前部的柱子。此处作量词，房屋一间为一楹，为古代计算房屋的单位。

⑤品题：诗文书画等的评论。

⑥绯梅：红梅。

⑦范致能：范成大，南宋诗人。《范村梅谱》："承平时，此花独盛于姑苏。"

⑧题：题咏。

⑨本仫：事物的本身。柔袅：柔弱。

⑩揉：使木弯曲或伸直。

⑪晔然：明亮、灿烂的样子。

⑫汩没：埋没。

⑬遐陬僻壤：极其偏远，而对外部世界了无所知的区域。遐陬：边远一隅。出自《宋书·谢灵运传》："内匡寰表，外清遐陬。"僻壤：偏僻的地方，引申为偏远而信息不畅通的地区。

⑭樗散蒿莱：指不为世用，投闲置散。樗散，樗木材劣，多被闲置。蒿莱，草野。

⑮剥：又卦名。《易·剥卦》剥也，柔变刚也。卦象上九位居五阴爻之上，有统制五阴之象。卦辞讲："剥，不利有攸往。"

⑯萼：花朵盛开。

⑰阖户：闭门。《易·系辞上》："是故阖户谓之坤，辟户谓之乾。"

【导读】

本文是叶兑为自己隐居读书之所四梅轩所写的一篇记，叙写了作者在家乡教书育人之余，在楼前种下了玉梅、绯梅、蜡梅、金梅等四梅，描述了四种梅花的不同特征，由此引发感怀，结合《易经》的卦象对梅的特征和品质加以论说，可见其对梅的研究之精深。表现了作者在读书之余能观赏梅花的怡然自得之趣。本文是作者消遣时光的自娱自乐，从中可见他爱梅喜梅，如醉如痴。在他心中，庙堂之上的荣华富贵敌不过乡野的一株寒梅让他来得更快乐，表现了作者真正的淡泊和超脱情怀。

梅花

【思考与研讨】

踏雪寻梅、诗酒赏梅，是旧时文人生活中的雅事。叶兑喜梅爱梅，也写下不少咏梅的诗篇，请你赏析下面这首《咏梅》，说说梅有何象征意义？

咏梅

叶兑

玉梅

十月纯坤阖户时，含英不受雪霜欺。
一阳端倪谁先觉，万象胚胎独预知。
消息早迎南至日，机械徐透北窗枝。
花魁香影诗名世，孰把先天物理推。

金梅

江南别有一般香，玉骨冰枝未足矜。
茆舍竹篱成富贵，霜朝雪夕眩精神。
梨云不入生前梦，秋菊犹疑幻后身。
脱略古今题咏手，沉沦泉石赖幽人。

蜡梅

石崇灶下爨薪余，金谷园中幻出奇。
采采蜜脾封片雪，垂垂馨口缀枯枝。

色余尚想黄蜂吐，香回那容粉蝶窥。
欲寄所思人罕识，巡回留看月明时。

绯梅

化工造物巧无端，又撚彤霞沁一团。
清操不争桃李艳，绛纱轻护雪霜寒。
玉妃淡抹胭脂腻，月姊偷尝换骨丹。
莫为角声归阆苑，可人几度倚栏杆。

渔西坎头记

清·陈阳谷

台郡之东百余里，有地曰渔西，以多山水而名之也，其中曰坎头，陈氏之族聚焉。岗岭回合，独缺其东一面，为潮汐之所冲。登高而望，烟云竹树，村落丘墟，历历在目，盖别开一天地也。其地旧分内外两岙，衡宇①相望，鸡犬相闻，而弦诵②之声，不绝于耳，如南阮北阮之居③。然村之西有庙，庙建于山之阿④，阶级层层，松荫夹道。当迎猫祭虎⑤之时，村人咸于此祈祷焉。庙之前有池，池宽半亩，山岚倒影，藻荇抽妍⑥，游人常倚石栏而观。名曰积翠，洵⑦不诬⑧也。

【注释】

陈阳谷，生平不详。三门县浬铺镇坎头人，三门陈氏三十三世孙。

①衡宇：这里代指房屋。衡：即衡门，横木为门。宇：屋檐。

②弦诵：古代授《诗》学《诗》，配弦乐而歌者为弦歌，无乐而朗读者为诵，合称“弦诵”。后即用以泛指授业、诵读之事。

③南阮北阮：南朝宋刘义庆《世说新语·任诞》：“阮仲容、步兵居道南，诸阮居道北。北阮皆富，南阮贫。”指聚居一处的同族人家。

④阿：山的转弯处。

⑤迎猫祭虎：指民间的祭祀活动。

⑥藻荇：藻和荇都是水草名。妍：美。

⑦洵：文言副词。实在，确实。

⑧诬：言语不真实，欺骗。

离村百余步，其东有潭，曰长江潭。潭之上有亭，其亭翼然①，不甚高广，为行人之所憩息。前绕双溪，水声潺潺，萦亩络②丘，状若环带。每当春夏之交，绿泛鸭头，红拖鹭足，两岸垂杨，互相掩映。绿溪而前有一沙，平正高旷，可容坐数百人。故老相传，谓自海浮来，至今以为美谈云。

【注释】

①翼然：像鸟儿张开翅膀的样子。

②络：缠绕，环绕。

南望五指一山，掀天揭地，壁立千仞，势若青莲吐空，承仙露而焕彩云。由南而北，怪石异岩，诡状奇形，不可迫视①。归乘所云仙人石，是耶，非耶？旁有魁星岩，磊磊落落，气象峥嵘，有掷笔天外之意。峰回路转，屋舍俨然②，亦为陈氏之所居地，名下岙，乃大房三十一世国佑公雅③爱其地，卜居④于此，今已成望族矣。过此则有木杓山⑤，前临大海，水石相搏，声如洪钟，余原与友人禺山憩息其地，恍如成连⑥鼓琴，不觉有移我情之概。

【注释】

①迫视：逼近并紧盯着。

②俨然：整齐的样子。

③雅：很，极。

④卜居：择地居住。

⑤木杓山：形似木杓，地势平坦，海拔约 30 米。其西南方向为三门木杓沙滩，木杓沙滩位于三门湾海岸线中段，呈弯月状，背山面海，滩面平整，沙质纯净，现为休闲度假的观光景区。

⑥成连：春秋时名琴师，俞伯牙之师。《乐府解题》记载有伯牙学琴的故事：伯牙学琴于成连先生，三年不成，至于精神寂寞，情之专一，尚未能也。成连云：“吾师方子春今在东海中，能移人情。”乃与伯牙俱往。至蓬莱山，留宿伯牙曰：“子居习之，吾将迎师。”划船而去，旬日不返。伯牙近望无人，但闻海水洞滑崩澌之声，山林寂寞，群鸟悲号，怆然而叹曰：“先生将移我情！”乃援琴而歌。曲终，成连回，划船迎之而返。伯牙遂为天下妙矣。后以此典故形容大自然对人性情的陶冶及人对艺术境界的追求；也以“成连”指擅长弹琴的人。

余思渔西诸景，幽致奇绝，非惟可以入长吉之囊①，而并可以入辋川②之画矣。夫美不美，因人而彰，兰亭是也，不遇右军③，则清流修竹，芜没④空山而已。以渔西僻在海隅，苟⑤不得其人而为之点缀，不且发寂寂笑人⑥之叹欤！禺山氏以为不可负此山水也，余遂不揣固陋，约略而为之记，并作八景著于前。

【注释】

①长吉：李贺，字长吉，唐代诗人，常骑驴，背旧锦囊，作诗即投囊中。

②辋川：王维，盛唐诗人，善画山水，因有别业在辋川，后人称他为王辋川。

③右军：王羲之，东晋著名书法家。因做过右军将军，世称王右军。他在作会稽内史时，曾在永和九年三月三日在会稽兰亭邀请当时名士贤人集会，饮酒作诗，写下名篇《兰亭集序》。

④芜没：荒芜埋没。

⑤苟：如果。

⑥寂寂笑人：《南史·王融传》载：南朝齐王融年轻时自恃才高，急于做到公卿，“及为中书郎，尝抚案叹曰：‘为尔寂寂，邓禹笑人。’”按，东汉邓禹辅佐汉光武帝刘秀得天下，二十四岁即封鄼侯，官拜大司徒。后因以“邓禹笑人”为慨叹功名迟暮之典。

【导读】

三门海洋四周

渔西坎头村，古名渔溪（因传该溪盛产各种鱼类），后来叫作渔西。东毗前山村、贺家村，南与小渔西村隔海相望，西邻里宅村，北依山，东南临大海，是一个依山傍海的半山区，被誉为“海天山乡”“世外桃源”。本文是一篇山水游记。作者生动形象地描写了渔西坎头幽致奇绝的诸多美景，既描写了山林清幽平坦、绿意葱茏的秀美，又描写了海岛怪石奇诡、浪礁拍击的壮美，是祈福游览的“海天山乡”，也是生活求学的“世外桃源”。文章笔墨清新自然，画面感强，同时也蕴含着浓浓的文化气息。

【思考与研讨】

山水游记主要是写登山临水的见闻观感，以描写自然景物见长。请你品读全文，展开想象，将文章第二段用描述性语言描绘这幅画面。

仙岩洞[1]大忠祠记

清·齐召南

天地予人以灵，于万物之性[2]，使亘万古而不易者，曰纲常[3]。其同于万物，随时变易，使人有苦乐寿夭。国盛衰兴亡，亦若寒暑递嬗[4]，草木荣枯。气运[5]既有转移，天地亦不能以复挽。而忠臣、义士乃于国之既亡，冒险图存[6]，蹈死[7]如归，经百折志不少挫，岂非当时人心所共指为逆天者？既然其生也是一息存，其国虽亡不亡，不亡者其寸心[8]也：其死也，国虽亡其寸心亦实不死，不死者万古之人心也。天地不能自挽气运于一时，特生此人树君臣准的[9]，留纲常之不易者于万古，如宋丞相信国文公其一人也。

【注释】

①仙岩洞：位于三门县东南海滨浬浦镇仙岩村，传说为神仙所造，有“台州海天胜境”之誉。据《仙岩大忠祠录》记载，仙岩洞祠始建于晋代，称“法云院”，宋大中祥符元年（1008）改额为“百花清洞”。洞极高，洞内建三层楼房。由一层至二层，视界豁豁，可望见山麓江水，至第三层直窥东海。三层之上，岩势益雄，凹处又分为两洞，左为文信国公大忠祠，右则为天然泉亭。迎面是正门，额书“第一洞天”，两侧对联为“忠祠崇福地正气长存，丹室辟洞天仙踪犹在”。

三门仙岩洞第一洞天

②灵、性：人的精神、性情、情感。

③纲常：“三纲五常”的简称，封建时代以君为臣纲，父为子纲、夫为妻纲为三纲，仁、义、礼、智、信为五常。它是人伦道德准则，是中国儒家伦理文化中的重要思想，儒教通过三纲五常的教化来维护社会的伦理道德、政治制度。

④递嬗：依次更替，逐步演变。

⑤气运：指命运；气数。语出北宋沈括《梦溪笔谈·象数》：“小则人之众疾，亦随气运盛衰。”

⑥图存：谋划国家存亡大计。

⑦蹈死：就死，赴死。

⑧寸心：指心。旧时认为心的大小在方寸之间，故名。引申为渺小的生命或心意。

⑨准的：标准，准则。

吾台临海东北百二十里滨海地，曰“仙岩洞”，甚奇秀。德祐时，公自扬浮海至此，纠合义旅[①]，图恢复而南行。明嘉靖中，里人叶琰、邓景、张拔等捐产建祀配以杜公浒、张公和孙、胡公文可、吕公武，春秋享祠[②]勿懈，事具志乘[③]，又有《大忠祠录》备载田亩、文移[④]及碑记、诗歌可考。积岁[⑤]既久，住持每不得人，田散祠颓，享祀成缺。今首事者暨道士立志重修，广募捐助。不数载，栋宇、神像、器物翼然焕然[⑥]。督学都宪宁化雷公颜以大字，贤守令俱为重刻祠志，里人复请余文勒石。

【注释】

①纠合义旅：聚集军队。纠合：集合；聚集。义旅：犹义师。起义军或为正义而战的军队。

②春秋：指春秋两季的祭祀。享祠：宴飨，犒劳。享，通“飨”。祠，祭祀的牺牲。

③志乘：志书。

④文移：文书，公文。《后汉书·光武帝纪上》：“于是置僚属，作文移，从事司察，一如旧章。”

⑤积岁：多年。

⑥翼然：指山石或亭台等建筑物高耸开张之状。焕然：鲜明，光亮，有光彩。

呜呼！为臣如公，虽穷陬僻壤[①]，妇人孺子、武夫走卒、目不识史传者，亦莫不熟闻姓名，如亲睹其忠烈，敬之慕之。其祠在海内，人人虔奉[②]，亦不必论。生庐陵，卒燕市，流寓瓯江、闽岭数处，游踪所及，始于祀典[③]有合也。况在仙岩信宿，与吾台义士杜、张诸公，诗篇激昂赫赫，若前日事。官吏士民有不入庙知敬，闻风兴起，共思无负纲常，始可戴天履地[④]，称灵于万物乎哉！公当宋末，所遭际何如其苦，所树立何如其难也！而公矢心不易，上与日月争光，下与河岳并寿。

【注释】

①穷陬僻壤：荒原偏僻的地方。

②虔奉：恭谨地供奉。

③祀典：记载祭祀仪礼的典籍。

④戴天履地：恩德深广，如天高地厚。戴：顶着天；履：踏，踩着。头顶着天，脚踩着地。形容人活在天地之间。《左传・僖公十五年》："晋大夫三拜稽首曰：'君履后土而戴皇天，皇天后土实为君之言，群臣敢在下风。'"

我国朝文德武功，抚有六合①，圣圣相承，重熙累洽②，致治③远超前古，敷天④共享升来之盛，边海销烽卧鼓⑤者百余岁矣。人生光天化日中，食德饮和⑥，安常处顺⑦。仕者勉为贤臣，为循吏⑧，为正直奉公，为清勤尽职；处者以诗书礼义，勉为良民，型仁讲让⑨，驯⑩至俗美风淳，斯不亦时之甚乐，而事之最易者也？是祠也，振厉风教⑪合古法，施于民之祀，所关于万古纲常者甚大。前后捐助首事，宜列名左方，垂示后人。至迎享送神用乐，公自有《正气》一歌，声满天地，道士可吹弹丝合其音节，以上和神听，下感人心也。

乾隆庚辰春正月，予告资政大夫、礼部侍郎加一级，天台后学齐召南撰。

【注释】

①抚有：据有，占有。六合：上下和东西南北四方，即天地四方，泛指天下或宇宙。

②亘熙累洽：指国家接连几代太平安乐。熙：光明；洽：谐和。汉班固《东都赋》："至乎永平之际，重熙而累洽。"张铣注："熙：光明也。洽：合也；言光武既明，而明帝继之，故曰重熙累洽。"

③致治：使国家在政治上安定清平。

④敷天：普天下。敷，通"溥"。《诗・周颂・般》："敷天之下，裒时之对，时周之命。"高亨注："敷，读为普。"

⑤卧鼓：息鼓。常示无战争，或战事已息止。卧：停息。

⑥食德饮和：给人吃（喝）后感觉到自在、享受和乐，享受到先人的德泽。简单说，饮要和谐，食应道德。出处："饮和"语出《庄子・则阳》："故或不言而饮人以和。""食德"语出《周易・讼》："六三，

食旧德。”

⑦安常处顺：习惯于平稳的日子，处于顺利的境遇中。安：习惯于；处：居住，居于；顺：适合，如意。《庄子·养生主》：“安时而处顺，哀乐不能入也。”

⑧循吏：奉公守法的官吏。

⑨型仁讲让：施行仁爱，讲求礼让。《礼记·礼运》：“刑仁讲让，示民有常。”孔颖达疏：“讲让者，民有争夺者，用礼与民讲说之，使推让也。”

⑩驯：顺服。

⑪振厉风教：振厉亦作“振励”，奋勉，振作。风教，指风俗教化。《诗大序》：“风，风也，教也。风以动之，教以化之。”

⑫首事：谓为首主持其事。

【导读】

德祐二年（1276），元军大举南下，文天祥受命去元营会谈，被伯颜扣留，押送大都（北京）。途经镇江时，文天祥与杜浒等12人深夜出逃。后驻足三门县城门（花桥）方前村张和孙（号哲斋）家。文天祥就在张和孙家与杜浒、吕武、胡文可等计议复宋大事，以仙岩洞为联络据点，筹集粮饷，训练义勇，伺机出击，收复失地。

据《临海志》载，文天祥“至此募兵”，明朝洪武年间，仙岩洞中建起“文信国公大忠祠”，以纪念民族英雄文天祥在台州的遗迹。清代大学者齐召南为记录重修仙岩洞大忠祠之事而撰写此文，高度赞扬了文信国公的忠义气节和成仁精神，文信国公恩德深广，如日月经天。为此，仙岩洞建祠，岁时伏腊两度祭享，以示后人怀念先哲之情。齐召南的精彩议论，实是“借宋思明”的典型事例。

【思考与研讨】

阅读文天祥的《〈指南录〉后序》，了解文天祥出使元营、面斥敌酋、冒死逃脱、颠沛流离、万死南归的冒险经历，感受文天祥坚定不移的战斗意志、忠贞不屈的民族气节和生死不渝的爱国激情。

清给谏张嘉禄上疏开埠

清 · 张嘉禄

清光绪二十五年八月十日，清给谏[①]张嘉禄向朝廷上疏，请开三门湾商埠[②]。奏章陈述："奏为浙江三门湾形势紧要，请旨饬[③]开商埠，以杜窥伺[④]，而重筹防，恭折仰祈圣鉴事。窃维[⑤]先发制人，用兵之要义；有备无患，经国之良图。浙江之三门湾，环山滨海，可藏巨舰，其间岛屿纷列，尤足资控制而裕利源。闻从前刑部候补主事王咏霓，自随使泰西[⑥]归，有于此地定辟船坞之请。本年春间，意国向我租地，浙江抚臣刘澍堂电请总理衙门，有于此地自开辟商埠之议，谋虑所及，具有远猷[⑦]。目下意国虽有寖[⑧]谋，而既为外人所垂涎，不能不筹先时之曲突[⑨]。揆[⑩]自力量，库藏既未充盈，船坞只从缓办。若度地自开商埠，预占主权，作先事之图，惟未始非无形之牵制。或请开设商埠，一切经费，筹款良难，矧[⑪]该处土产无多，若专持洋货为大宗，无论征收税钞，未必畅旺。即使日有起色，而界在宁、瓯[⑫]二关之间，盈于此者，必细于彼，欲以收利，特恐失算。不知商埠之耗损有数，而海防之钜縻[⑬]无穷，若非据帜先登，绸缪未雨，倘别国复从而觊觎[⑭]，一波甫平，一波又起，则沿海之地，疲于设防。通盘计算，孰少孰多，不待知者而办矣。且该处距南田又隔龙头浅港，南田本属禁山，自开垦以来，田亩约有数万亩之多，特以滨海之区，盗踪易集，即金漆门等处，间或派兵巡缉[⑮]，而防不胜防，每逢秋获，强割肆行。其间固尚有地未成熟，即有熟，亦未升科[⑯]。今若开设商埠，则士卒梭巡[⑰]，既可清萑苻之渊薮[⑱]，农民麇[⑲]至，即可化瘠坏为膏腴，予以报部升科[⑳]，一举而数善备，似于安内攘外两端，不无裨益。应请饬下总理各国事务王大臣并浙江抚臣，迅速筹设，度量施行，庶上以抒朝廷宵旰[㉑]之忧，而下以杜强邻觊觎之渐[㉒]。臣籍隶浙宁，据所见闻，谨恭折具陈皇太后上圣鉴训示。谨奏。"

【注释】

张嘉禄（1846—1900），字肖庵，浙江省鄞县（今宁波市鄞州区）人。光绪二十四年（1898）任兵科给事中，提兵科掌印给事中。民国著名教育家、藏书家张寿镛之父。著有《困学纪闻补注》《寸草卢奏言》《小谟觞馆文集注》《寸草卢庸言》，编有《寸草卢赠言》。

①给谏：给侍中和谏议大夫的别称。

②商埠：通商港口。埠：码头。

③饬：命令。

④杜：堵塞，断绝。窥伺：暗中观望，等待时机，含有不良企图。

⑤窃：私下，常用作表示个人意见的谦辞。维：通“惟”，考虑。

⑥泰西：极西之地，旧时用以指欧美等西方国家。

⑦猷：谋划。

⑧寝：停止，平息。

⑨曲突：使烟囱弯曲。突，烟囱。成语有“曲突徙薪”，比喻防患于未然。

⑩揆：度量，揣度。

⑪矧：况且，何况。

⑫宁：宁波。瓯：温州。

⑬钜糜：巨大的浪费。

⑭觊觎：非分的希望或企图。

⑮巡缉：巡逻搜捕。缉，搜捕。

⑯升科：开垦的无主荒地由当地官府登记造册。

⑰梭巡：像织布的梭子一样来回巡逻。

⑱萑苻（huán fú）：强盗集聚之所。渊薮：鱼和兽类聚居的地方，比喻人或物类聚集的处所。

⑲麇：成群，聚集。

⑳报部升科：地方政府登记的新垦土地上报户部。

㉑宵旰：“宵衣旰食”的简称，意为天不亮就穿衣起身，天晚了才吃饭。旧时用来称谀帝王勤于政事。

㉒渐：事物发展的开端。

【导读】

三门湾资源丰富，又是个天然良港，帝国主义列强早就垂涎三尺。清光绪二十五年（1899），意大利兵舰驶入三门湾，公使马丁诺公然向清廷提出“租借”，遭清廷拒绝。后兵科掌印给事中张嘉禄向朝廷上书，请求开发三门湾商埠。然而，此时清廷政权摇摇欲坠，内外交困，无力开辟，故张嘉禄开发三门湾的奏章未被采纳。1916年，孙中山偕胡汉民乘建康舰考察三门湾海域，随后在《建国方略》中，定三门湾为东方第九渔业港。在其感召下，开拓者们前赴后继踏上了恢宏而艰难的辟埠之旅，并由此催生了一波又一波开发三门湾热潮。

【思考与研讨】

新时代下的三门，大力发展湾区经济，打造中国最鲜美城市，正在开启三门海洋经济新时代。请你就三门湾的开发前景，试创作一首诗赞颂三门湾。

鹅湖遗矩·自序①

包定

凡物莫不有鸣者也，草木鸟兽昆虫各逞其所能焉而鸣之。虽其音有宏有沉、有刚有柔，其为鸣一也②。人为万物之灵，则固③不能无鸣。故有以道④鸣，有以术鸣；若文词也，若诗也，其鸣者代不乏人⑤。虽发于喜怒哀乐之余，其音不同，而其为鸣亦一也。余癖性好闲，每蹑足⑥于山岨水涯⑦之间，听草木鸟兽昆虫之鸣，观古人书，见各以其鸣鸣⑧，余不禁而亦自鸣其鸣焉。其鸣维何⑨？诗也，聊将喜怒哀乐之怀，为之少伸⑩也。至于词藻之华丽，对仗之工拙，尤⑪非所计及，不过兴之所至，辄⑫握管缮写，而当⑬歌哭悲笑耳！

亭山引笑轩⑭主人包定蛰霞氏⑮自序。

【注释】

①《鹅湖遗矩》现藏临海市博物馆。内容系包定生前自录手稿。封面题名“鹅湖遗矩”应为包定牺牲后别人所加。包定故居院内中有巨石群和池塘，常有鹅游集。疑包定曾以鹅湖作为自己居住地的名称。矩，义为法度、规则，这里把包定遗作称作“遗矩”，表示的是钦仰之情。

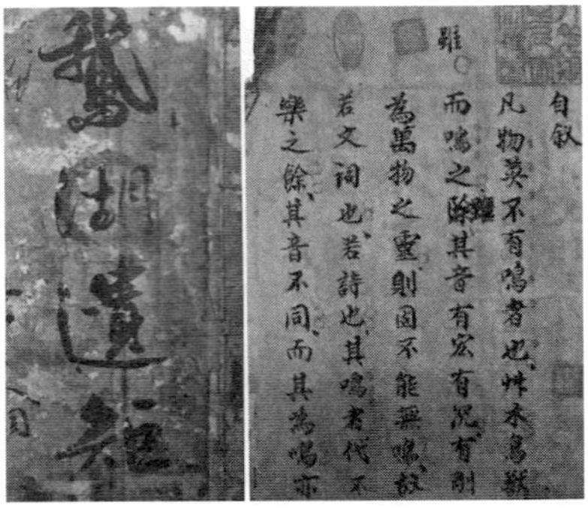

三门包定《鹅湖遗矩》自序手稿遗迹

②其为鸣一也：它们（指前述草木鸟兽昆虫）都要鸣叫是一样的。

③固：本来，当然。

④道：道德。与下文“术”对举，“术”指术业专长。

⑤代不乏人：历朝历代人（指鸣者）都不少。

⑥蹑足：行走。

⑦山岨水涯：石山和水滨，泛指荒僻的地方。

⑧各以其鸣鸣：各以自己的鸣叫方式发出鸣叫。

⑨维何：凭借什么。

⑩少伸：稍微抒发一下。少，稍。

⑪尤：尤其，特别。

⑫辄：就。

⑬当：当作，作为。

⑭引笑轩：包定自号书斋名，含有讽世之意。

⑮蛰霞氏：包定自号，含有不得志而潜身于大自然之意。

【导读】

这是包定为《鹅湖遗矩》手录诗稿所作的自序，是迄今发现的包定论诗词创作的唯一一篇文章。由《自序》文可以看出作者的诗词创作观：伸喜怒哀乐，当歌哭悲笑，即抒发自己的思想感情，而不过于追求艺术形式的完善。包定的诗词创作观是有高度的，从诗歌内容上看，包定诗词展现了20世纪初混乱的旧中国里，一个才华横溢、正直而有抱负的乡村知识分子的青春梦想，传统士大夫式的忧国忧民美德和高蹈情怀，人生价值不能实现的忧郁、惆怅和深刻的时代感伤，以及投身革命、立志救国救民后的壮志豪情。

【思考与研讨】

包定是一位革命者，也是一位诗人。读包定诗歌，你会发现他是一个胸襟开阔、抱负远大、品格高尚的革命青年，也是一个温文尔雅、才气过人、睿智可爱的文学青年。请你品读包定诗歌，感受这位旧中国知识分子的革命豪情、侠骨柔情和美丽心灵。

参考文献

［1］ 王康艺、陈楚编著：《百名诗人咏椒江》，北京：作家出版社，2009 年 9 月。

［2］ 谢灵运著，顾绍柏校注：《谢灵运集校注》，郑州：中州古籍出版社，1987 年 8 月。

［3］ 陈与义：《简斋集》，台北：台湾中华书局，1966 年 1 月。

［4］ 左纬：《委羽居士集》，《文渊阁四库全书》，上海：上海古籍出版社，1987 年 9 月。

［5］ 范成大著，富寿荪校：《范石湖集》，上海：上海古籍出版社，2006 年 4 月。

［6］ 王十朋著，梅溪集重刊委员会编，王十朋纪念馆修订：《王十朋全集》，上海：上海古籍出版社，2012 年 12 月。

［7］ 杜范：《清献集》，《文渊阁四库全书》，上海：上海古籍出版社，1987 年 9 月。

［8］ 朱熹：《朱子全集》，上海：上海古籍出版社，2010 年 9 月。

［9］ 严振非：《黄岩志》，北京：中华书局，2002 年 8 月。

［10］ 戴复古：《石屏诗集》，《四部丛刊续编》，上海书店，1991 年 9 月。

［11］ 北京大学古文献研究所编：《全宋诗》，北京：北京大学出版社，1998 年 12 月。

［12］ 陶宗仪著，吴春荣、俞仁良笺注：《南村诗集笺注》，上海：上海教育出版社，2019 年 4 月。

［13］ 刘基：《诚意伯文集》，上海：上海古籍出版社，1991 年 11 月。

［14］ 赵大佑著，王英础校：《燕石集》，北京：中国文史出版社，2009 年 12 月。

［15］ 杨晨：《湖墅唱和集》，瑞安：瑞安广明印刷所石印，民国三年六月。

［16］ 杨晨编纂，杨绍翰增订，杨景成校字，管彦达、陈志超点校：《路桥志略》，北京：线装书局，2009 年 10 月。

［17］ 宋世荦：《红杏轩诗抄》，清道光十四年（1834）刻红杏轩诗抄本。

［18］ 路桥编印：《诗画 · 十里长街》。

［19］ 柯璜：《柯璜诗文集》，太原：三晋出版社，2013 年 9 月。

［20］　刘本仁：《白云稿》，《文渊阁四库全书》，上海：上海古籍出版社，1987 年 9 月。
［21］　黄瑞辑：《台峤文征》，临海县博物馆藏本。
［22］　柯柏章：《续台考》。
［23］　台州市文学艺术界联合会编：《名人笔下的台州》，杭州：浙江文艺出版社，2008 年 12 月。
［24］　苏绍康：《台州之赋》，杭州：杭州出版社，2017 年 7 月。
［25］　台州市椒江区文学艺术界联合会编：《潮起东海 椒江文艺丛书：民间文学作品选》，北京：中国文联出版社，2014 年 12 月。
［26］　金岳清:《台州优秀文学作品选集：1994—2014 散文卷》，上海：文汇出版社，2016 年 9 月。
［27］　脱脱：《宋史》，北京：中华书局，1976 年 4 月。
［28］　普济：《五灯会元》，北京：中华书局，1984 年 10 月。
［29］　徐建国：《民国黄岩县新志》，北京：线装书局，2006 年 12 月。
［30］　陈钟英修，王咏霓纂:《光绪黄岩县志》，光绪三年刻本。
［31］　严振非：《黄岩县志》，上海：上海三联书店，1992 年 3 月。
［32］　黄岩文联编：《黄岩笔会》。
［33］　沈雷：《沈雷散文集》。
［34］　叶适：《水心先生文集》，《四部丛刊》，上海：上海涵芬楼。
［35］　陶宗仪：《南村辍耕录》，济南：齐鲁书社，2007 年 7 月。
［36］　陈叔亮著，小草编：《陈叔亮文集》，济南：山东美术出版社，2011 年 3 月。
［37］　谢冕：《路桥的红灯笼》，《作家》，2004 年 第 7 期。
［38］　郑九蝉：《猫的尊严》，郑九蝉名家工作室，台州人峰文化传播有限公司联合出版，2013 年 7 月。
［39］　叶文玲：《我“台”路桥》《中华散文》，2004 年 第 8 期。
［40］　骆宾王，陈熙晋笺注:《骆临海集笺注》，上海：上海古籍出版社，1985 年 9 月。
［41］　彭定求：《全唐诗》，北京：中华书局，2003 年 7 月。
［42］　萧涤非、倪其心，等:《唐诗鉴赏辞典》，上海：上海辞书出版社，1983 年 12 月。
［43］　临海市社会科学界联合会编：《临海文化十讲》，北京：中国文史出版社，2012 年 10 月。

［44］　《台城郑氏宗谱》。
［45］　曾枣庄、刘琳主编：《全宋文》，北京：上海辞书出版社，2006 年 8 月。
［46］　方孝孺著，徐光大校点：《逊志斋集》，宁波：宁波出版社，1996 年 10 月。
［47］　舒婷：《大美临海》，《人民日报（海外版）》，2010 年 8 月 11 日第 06 版。
［48］　高洪波：《临海琐记》，《人民日报》，2010 年 4 月 28 日。
［49］　叶文玲：《再识临海》，《风景名胜》，2009 年第 11 期。
［50］　张岳主编：《温岭历代诗词精华》，北京：中国文史出版社，2009 年 8 月。
［51］　庆霖修、戚学标纂：《嘉庆太平县志》，嘉庆十六年（1811）刻本。
［52］　缪钺、马祖熙，等编：《宋诗鉴赏辞典》，上海：上海辞书出版社，2010 年 3 月。
［53］　温岭地方志办公室主编：《温岭风景名胜》，杭州：浙江摄影出版社，1996 年 4 月。
［54］　吴茂云主编：《温岭丛书·王居安集》，杭州：浙江大学出版社，2016 年 7 月。
［55］　林丙恭编，张岳校注：《花山九老诗存》，北京：中华书局，2019 年 10 月。
［56］　谢铎：《桃溪净稿》，明正德十六年刻本。
［57］　毛济美：《尺园诗草》，清乾隆五十九年香祖庐刻本。
［58］　曾才汉修，叶良佩纂：《太平县志》，明嘉靖十九年刻本。
［59］　吴福寿选编：《温岭古代文选》，北京：中国文联出版社，2013 年 5 月。
［60］　李东阳撰，周寅宾校点：《李东阳集》，长沙：岳麓书社，1984 年 1 月。
［61］　浙江省温岭市地方志办公室整理：《太平县古志三种》，北京：中华书局，1997 年 10 月。
［62］　叶良佩著，张宏敏点校：《叶良佩集》，杭州：浙江大学出版社，2016 年 6 月。
［63］　张廷玉，等编撰：《明史》，北京：中华书局，1974 年 4 月。
［64］　政协玉环县文史资料委员会汇编：《玉环古诗选编》，《玉环

文史资料（第 23 辑）》，2009 年 10 月。
［65］　郭世镛：《双松庐吟稿》，北京：北京燕山出版社，1998 年 12 月。
［66］　万兴坤：《回乡的路不再遥远》，《人民日报》，2019 年 1 月 19 日。
［67］　苏沧桑：《时光蝶影》，《人民日报》，2017 年 5 月 20 日。
［68］　葛水平：《面朝大海》，《中国文化报》，2017 年 7 月。
［69］　龙一：《海岛食珍》，《人民政协报》，2017 年 7 月。
［70］　彭程：《忽闻海上有仙山》，《浙江散文》，2017 年第 3 期。
［71］　叶文玲：《心香》，天津：百花文艺出版社，1981 年 4 月。
［72］　王寒：《文旦》，《台州日报》，2017 年 11 月 19 日。
［73］　朱封鳌：《台州山水方外诗词选》，北京：宗教文化出版社，2012 年 10 月。
［74］　黄勇：《唐诗宋词全集》，北京：北京燕山出版社，2007 年 8 月。
［75］　唐圭璋，等著：《唐宋词鉴赏辞典》，上海：上海辞书出版社，1988 年 8 月。
［76］　许尚枢编著：《天台山诗联选注》，西安：西安地图出版社，2004 年 8 月。
［77］　蒋星煜：《元曲鉴赏辞典》，上海：上海辞书出版社，2014 年 8 月。
［78］　陈振鹏、章培恒：《古文鉴赏辞典》，上海：上海辞书出版社，2014 年 7 月。
［79］　许尚枢、徐永恩编著：《天台山游记选注》，西安：西安地图出版社，2004 年 8 月。
［80］　徐霞客著，蔡晓峰译注：《徐霞客游记》，南京：江苏凤凰文艺出版社，2020 年 5 月。
［81］　赵尔巽，等撰：《清史稿》，北京：中华书局，1997 年 8 月。
［82］　巴金：《从容地去度那生活：巴金笔下的人生随想》，北京：中国国际广播出版社，2008 年 1 月。
［83］　陆蠡：《陆蠡散文选集》，天津：百花文艺出版社，2004 年 8 月。
［84］　郁达夫：《郁达夫散文全集》，哈尔滨：哈尔滨出版社，2013 年 2 月。
［85］　吴冠中：《天台行》，《新观察》，1987 年。
［86］　姚广孝总编：《永乐大典》，北京：中华书局，1986 年 6 月。
［87］　陈世隆编：《宋诗拾遗》，沈阳：辽宁人民出版社，2000 年 1 月。
［88］　孟宗宝：《洞霄诗集》，《余杭古籍再造丛书》，杭州：浙江

古籍出版社，2011 年 6 月。
［89］　李镜渠：《一瓢稿剩稿》，《仙居丛书》，1935 年。
［90］　顾嗣立：《元诗选》，北京：中华书局，1987 年 1 月。
［91］　董诰、阮元，等编纂，陆心源拾补：《全唐文》，北京：中华书局，1987 年 2 月。
［92］　王阳明：《王阳明全集》，上海：上海古籍出版社，2014 年 1 月。
［93］　项军美：《仙乡流韵》，大连：大连出版社，2003 年 12 月。
［94］　朱红萍：《仙居，根的归土》，《散文百家》，2015 年第 9 期。
［95］　毕淑敏：《无骨的花灯，有骨的仙女》，《海内与海外》，2018 年第 4 期。
［96］　葛水平：《旷野上的明灯——寻访浙江仙居桐江书院》，《中国作家》，2016 年第 8 期。
［97］　邵凡户：《三门诗词选注》，合肥：黄山书社，1993 年 3 月。
［98］　文天祥：《文天祥全集》，北京：北京市中国书店，1985 年 3 月。
［99］　仲馗：《人文三门丛书·诗歌卷·山海听声》，北京：中国文联出版社，2013 年 8 月。
［100］三门乡土读物丛书编委会：《我是三门人》，2011 年 4 月。
［101］三门县政协文史资料：《三门文献辑录》，北京：中国文史出版社，2011 年 12 月。
［102］梅军：《三门县历代散文作品选：听海写意》，北京：中国文联出版社，2015 年 11 月。
［103］三门县志编纂委员会编：《三门县志》，杭州：浙江人民出版社，1992 年 3 月。
［104］陈祥麟编校：《包定诗词注析》，北京：中国文联出版社，2009 年 12 月。
［104］洪颐煊著，徐三见点校：《洪颐煊集》，杭州：浙江古籍出版社，2018 年 4 月。

后记

受上海社会科学院长三角城市历史文化研究中心的委托，我们组织相关人员选编了《台州乡土语文读本》，供全市学生作为课外补充读本，以便让台州的学子更了解台州的乡土文化，熟知台州的文化名人及作品，更为台州丰厚的文化底蕴而自豪，同时增加作为台州人的文化自信和传承乡土文化的自觉，也可以作为广大市民了解台州本土文化的参考读物。本书得到相关部门和领导的高度重视，台州市教育局局长黄人川先生说：“台州，山水神秀，人杰地灵。很多文人墨客为台州的山水人物留下了许多佳作，编集成册，成为学生乡土语文教材，播芳六合，功莫大焉！读书，是一件幸福的事情，让书香成为台州这座城市最浓郁的芬芳！”并非常热情地为本书题词；原局长戴冠福先生不仅给予“很好，这是一件大事”的高度评价，还欣然为本书题词；台州教育局党委委员副总督学王晓剑先生认为工作室干了一件非常有价值的好事，而且觉得本书可以推广到学校以供学生选读；台州学院王正副院长慎重地为本书作序。在此，一并致以深深的谢意！

编撰过程中，我们上溯几千年，在台州乡土文化的历史长河中浮沉，感受几千年前台州新鲜得略带野蛮的气息，阅晋文，读唐诗，背宋词，览先贤名作，悟前人情怀，多中选好，好里选优。但几千年来的历史厚土孕育的台州文化何止入选的这些，限于编者的视野和本书的篇幅，我们只能注重作品的时代性、思想性、艺术性和可读性。所选作品，涵盖了台州市（椒江、黄岩、路桥三个区）及下辖的六个县市的山川风物，乡俚习俗，要么是台州作家的本土名作，要么是异地作家的台州名篇，受编者鉴赏水平限制，可能所选作品不一定都合众口，敬请谅解。

鉴于所选作品古代为多、作者离世已久，有些作品创作的背景和作者的生平难以细考，诗文内容也存在理解上的困难，编者尽了最大努力对所选作品做了认真的对比阅读，仔细考订，并对部分艰涩的内容做了注释以帮助理解。为了使读者读后有所思、有所获，我们还设计了若干思考题，在思中悟，在悟中爱。

参与本书编写工作的是项香女浙江省及台州市两级语文名师工作室的成员。考虑到区域覆盖面，各个章节由各县市区如下学校的教师承担，编写者分工如下：

椒江篇：台州市第一中学王丽君老师；

黄岩篇：黄岩中学刘强老师；

路桥篇：路桥中学蒋丽老师；

临海篇：台州中学项琪老师；

温岭篇：温岭中学田继松老师；

玉环篇：玉环中学苏素老师；

天台篇：天台中学奚旭慧老师；

仙居篇：仙居中学丁敏老师；

三门篇：三门中学陈佳老师；

全书由项香女老师统稿编辑。

由于工作量大，本书中难免存在差错，敬请各方文史学者、当代作品部分的作者指正。

编　者

2020年10月